장애인스포츠
Disability Sport

Karen P. Depauw & Susan J. Gavronr 지음
최승권, 한동기, 강문주, 김권일, 박병도, 이재원 옮김

Disability Sport   Second Edition
by Karen P. Depauw & Susan J. Gavron

Copyright ⓒ 2005 Karen P. Depauw & Susan J. Gavron
All rights reserved.

Korean translation copyright by ⓒ 2005 by Rainbow book
This Korean translation right was arranged with Human Kinetics Publishers, Inc. through Daehan Media Co.

이 책의 한국어판 저작권은 도서출판 대한미디어를 통한 미국 Human Kinetics Publishers, Inc. 사와의 독점계약으로 무지개출판사가 소유합니다.
저작권법에 의하여 한국 내에서 보호받는 저작물이므로 무단전재와 무단복제를 금합니다.

장애인스포츠 서적을 펴내며

　우리나라에 장애인스포츠가 보급되기 시작한지도 반세기에 이르고 있고 파랄림픽이라는 세계 최대의 장애인스포츠 제전을 개최한지 20여년이 되는 국가이지만 국민들에게 장애인스포츠를 알리고자 하는 노력은 좀 부족하였던 것으로 생각된다. 장애인스포츠와 관련된 제반 환경이 열악하였다고는 하지만 장애인스포츠를 지도하는 사람들이나 연구자들이 장애인스포츠를 발전시키는데 있어서 중요한 부분인 장애인스포츠 전문지도서 발간 및 보급에 깊은 관심을 기울이지 못하였으며 관심이 있었다고 하더라도 참고할만한 정보가 극히 제한적이었기 때문에 장애인스포츠를 지도하는 사람들은 자신의 전문성을 향상시키는데에 어려움이 있었다.

　우리는 장애인스포츠에 대한 연구를 하면서 각국에서 발행된 지도서를 모으고 이를 스포츠 현장에 적용하기 위한 노력을 기울이는 가운데 지도자들이 쉽게 활용할 수 있는 자료에 대한 필요성을 깊이 깨닫게 되었다. 각국에서 발간된 장애인스포츠 지도서는 '휠체어농구' '휠체어테니스' '장애인스키' '장애인수영' '론볼' 등 많지 않은 서적이 출판되어 있었지만 국내에는 널리 보급되지 않은 상태에 있었다. 자료를 수집하면서 우리는 장애인스포츠 지도서를 만들었던 저자들이 세계적으로 알려진 선수 또는 전문가들로서 자신의 경험과 전문 지식을 바탕으로 전문 서적을 저술한 사람들이라는 것을 알게 되었다. 이에 외국을 직접 방문하여 그들과 교류를 하거나 서신을 통하여 번역할 수 있는 기회를 얻어 여러 권의 서적을 발간하게 되었다.

애인스포츠 서적을 발간하기 위하여 오랫동안 준비는 하였었지만 본격적으로 번역에 착수하게 된 것은 금년에 들어서이다. 따라서 짧은 기간에 다수의 서적을 번역하면서 언어문화의 차이와 종목 또는 이론에 대한 전문성의 미흡으로 내용을 정확히 파악하는데 오류가 있지 않을까 하는 두려움이 있었으며 저자의 의도를 충분히 전달하는 데에는 한계가 있음을 절감하게 되었다. 이는 국내에서 처음으로 시도되는 장애인스포츠 전문지도서 발간 사업인 점을 감안하여 독자들께서 넓은 마음으로 이해하여 주시기를 기대하고 부족한 점이 많은 서적이지만 이를 바탕으로 훌륭한 서적들이 많이 발간되기를 기대한다.

이번 사업을 진행하면서 번역 및 저술에 참여한 연구자들은 물론 저작권을 얻는데 애쓴 김기홍 교수, 특수체육연구소의 박형진, 최지훈, 김운기 등을 비롯하여 서적 발간으로 이득을 얻지 못할 것을 예상하면서도 서적 발간을 흔쾌히 맡아주신 도서출판 무지개사의 민선홍 사장님과 편집을 담당한 탁은정, 김경아 님께 진심으로 감사드린다. 끝으로, 이와 같이 여러 권의 장애인스포츠 전문지도서를 발간할 수 있는 계기를 만들고 물심양면으로 지원을 해주신 대한장애인체육회의 관계자 분들께도 깊은 감사를 드린다.

특수체육연구소는 장애인체육 및 스포츠에 관한 국내 유일의 연구소로서 우리나라 특수체육의 발전을 위하여 지도서 발간 사업을 지속적으로 추진할 계획을 수립하고 있어 후속 사업에 대해서도 장애인체육에 관계하고 있는 많은 사람들의 기대와 성원이 있기를 간절히 바라는 바이다.

2006. 12.
용인대학교 특수체육연구소
소장 최승권

2판을 준비하며……

　우리는 좋은 자료들을 선정하고 그것을 발전시키려는 노력을 해왔다. 그 과정에서 우리는 친구들과 동료들의 조언을 주의 깊게 들었으며, 학생들은 첫 번째 책에 대한 의견들을 전달해 주었다. 우리는 기술적인 측면과 조직적인 측면에서 현재의 모든 정보들에 관심을 가지고 인터넷을 포함한 다양한 자료들을 참고했다. 우리는 몇 가지 내용을 재조직하는데 있어서 관련된 정보들은 최대한 그대로 두었다. 다른 장을 추가시키기도 하고, 또한 몇 개의 장은 삭제하기도 하였으며, 특정분야의 전문가들을 초청하여 조언을 들었다. 이처럼 재구성된 책의 결과로 첫 번째 책보다 훨씬 더 나은 책을 편찬했다고 생각한다.

　우리는 다른 나라의 장애인스포츠 실태를 포함하고 책의 범위를 확장시켜 달라는 요구를 수용하였다. 우리는 관련 내용들을 주의 깊게 검토하고 반영했다. 북미의 경계를 넘어 장애인 스포츠의 위상을 확장시켰고, 10년까지만 해도 접근할 방법이 없었던 다른 나라의 정보들도 포함하고 있다. 그러나 스포츠 운영 체계는 대부분 미국 사람들에 대한 것을 담았다.

　독자들은 1995년 "장애와 스포츠" 첫 번째 판이 발간된 이후로 장애인스포츠의 변화가 계속되어 왔다는 것을 알게 될 것이다. 그 결과로 사라지거나 다른 조직으로 통합된 몇 개 조직들이 있었다. 이번 책은 일반 스포츠를 포함한 장애인스포츠, 혈액 도핑, 운동 수행력을 높이는 약물, 그리고 마케팅에 대한 내용도 포함하고 있다.

　우리는 전 세계 학술대회에서 다루어진 최근의 자료를 포함하여 다수의 참고문헌을 근거로 책의 내용을 상당히 보완하였고 발전시켰으며, 기록된 조사 자료들을 있는 그대로 반영하였다. 하지만 불행하게도 내용상의 미흡함은 여전히 있는 것 같다. 특히 장애가 있는 엘리트 선수들의 운동 수행에 있어서 실시간으로 생동감 있고 현장에 기초한 부분을 더 많이 수록하지 못하여 아쉽다. 마지막으로 부록을 많이 추가하였으며 업데이트 시켰다. 관련 정보에는 웹사이트 주소도 포함했다.

이 책은 일반적으로 특수체육과 장애인스포츠 영역에서 독특한 역할을 할 것이다. 이 책은 장애인스포츠에 대한 정보들을 통합하고자 하는 현재의 추세를 다룬 첫 번째 책이다. 이 책의 또 하나의 목적은 전 세계의 많은 사람들이 장애인스포츠에 대하여 이해할 수 있도록 하는데 있다. 지난 몇 년 동안에는 이러한 정보들을 공유하려는 노력이 부족했던 것이 사실이다. 이 책은 코칭 요소(예, 휠체어 농구와 쿼드 럭비), 접근 가능한 스포츠 시설 및 장비 이용성, 장애인들의 스포츠 참여 기회 증가 등과 같은 내용과 스포츠클럽, 조직, 잡지 이용 관련 정보를 포함하고 있다. 우리의 독자들은 다양한 그룹의 연구원, 대학생, 대학원생, 체육교사, 특수체육교사, 레크리에이션 전문가, 장애인스포츠 선수들일 것이며, 이러한 독자들이 이 책을 더욱 특별하게 만들었다.

2판의 내용과 구성

장애인스포츠(2판)는 크게 3개의 부분으로 나뉘어 지는데, 이는 1판과 동일하다. 1장에서 6장으로 구성된 첫 번째 부분은 역사와 스포츠 참가 기회, 장애인스포츠 동향에 대한 세계적인 추세를 포함한 장애인스포츠의 사회적 구조에 대해서 이야기 하고 있다. 7장에서 11장으로 구성된 두 번째 부분은 더 많은 응용 및 적용 부분이다. 이 장의 저자들은 자신들이 직접 경험한 가치 있는 내용들을 기술하였다. 이 책의 7장은 파랄림픽 축구 선수인 Eli Wolff와 Dr. Mary가 코치나 운동선수가 되고 싶어 하는 사람들을 위해 써 주었다. 9장은 1996년 아틀란타 파랄림픽에서 일했던 Dr. Mike Ferrara와 Dr. Ron Davis에 의해 업데이트되었다. 10장은 새로운 측면이 강하고, 장비 디자인과 접근성의 전문적 지식을 가진 개인 사업가 및 전 운동선수 출신인 Patricia Longmuir와 Peter Axelson이 집필하였다.

세 번째 부분은 12, 13, 14장으로, 각 토픽들에 대한 깊은 내용을 다루고 있다. 12장은 종종 논쟁을 불러일으키는 이슈에 대한 몇몇 연구와 장애인스포츠에 대한 쟁점들에 대해 논의하고 있다. 13장은 스포츠에서 여성에 대한 쟁점을 다루었으며, 14장은 장애인스포츠에 대한 미래 전망에 대한 몇 가지 의견을 제시하고 있다.

2판의 특징

이 책(2판)은 실용적이고 창의적인 요소들을 많이 포함하고 있다.
- 각 장의 시작 부분은 각 장에서 독자들이 무엇을 얻을 수 있을 지에 대해 간단히 소개한다.
- 장의 개요부분은 각 장의 폭 넓은 주제에 대한 내용을 담고 있다.
- 주요내용은 장에서 중요하다고 생각되는 부분이며, 주의를 불러일으킬 수 있는 내용을 다루고 있다.
- 맺음말 부분은 각 장의 전체 내용을 종합하였다.
- 이 책에서 새로 추가한 스포츠 관련 내용을 전 세계 다양한 운동선수들의 특징을 다루고 있다.

이 책을 읽으면서, 우리 저자들이 장애인스포츠 동향에 대한 정보를 수집하면서 가졌던 즐거움을 여러분도 느끼기 바란다.

감사의 말

아이들이 함께 모여 성장하듯, 책을 쓰기 위한 협력 모임이 만들어졌다. 저자들의 활발한 움직임 속에서, 모임은 무엇인가를 만들어냈다. 어떤 모임이건 간에 훌륭한 것이 만들어지기 위해서는 서로간의 협력이 우선시 되어야 한다. 저자들과 편집자들, 책을 쓰기 위해 도움을 주신 분들은 흥미롭고 가끔은 부담도 되는 것을 경험하며 함께 협력했다. 우리는 진심으로 Bonnie Pettifor와 일을 시작하게 해준 Ray Vallese 편집장님, 간결하고 훌륭한 솜씨로 편집을 해준 편집자님들, 그래픽 아티스트님들, 스포츠에 관해 명확한 설명을 해준 Human Kinetics의 Eli Wolff와 Dr. Mary Hums, 스포츠의학 장을 보완해준 Drs. Ron Davis와 Mike Ferrara, 장애인들을 변호하는 두 명의 저명한 변호사인 Patricia E. Longmuir와 Peter W. Axelson, 인터넷 검색 등의 보조를 맡아준 Antonia Dzakula-Meek에게 감사의 말을 전하다.

각 분야의 전문가들이 이 큰 프로젝트에 참여하였을 뿐 아니라, 가족과 친구들, 동료들이 많은 지지를 해 주었다. 우리 둘은 10년 이라는 시간동안 책을 편집하며 웃었고, 또한 울었다. 그 뿐 아니라 건강을 지킬 수도, 그렇지 못할 때도 있었다. 또한 그 10년 이라는 시간은 새로운 연구의 기회와 퇴임이라는 것을 우리에게 안겨주었다. 주요 행사와 우리의 가족, 친구, 동료들의 격려 속에 이 책이 출간되었다. 지지와 격려를 해준 모든 분들에게 정말 감사하다.

나는(Sue) Karen De. Pauw, Dr. Gudrun Doll-Tepper, Dr. Claudine Sherrill, Dr. Jan Seaman, Dr. Bettyvan der Smissen, Dr. Mary Ann Roberton의 계속적인 지지에 정말로 감사를 드린다.

나는(Karen) 장애인스포츠와 특수체육에 관하여 다년간 헌신한 Sue 선생님께 뜨거운 갈채와 함께 고마움을 표한다.

마지막으로, 장애인스포츠에 뜨거운 열정을 쏟아 부은 이전과 현재의 학생들, 동료들에게 고마움을 표하며, 경쟁적 스포츠로서 체육활동을 하는 장애가 있는 체육인들에게도 고마움을 표한다. 우리는 이 책이 여러분의 흥미를 돋우며 학문적 연구의 자극제가 되길 바란다. 또한, 과거만큼 미래에 대해서 여러분의 궁금증이 조장되기를 바라는 입장이다.

처음 출판된 책에서는 장애인스포츠의 활동 시간이 왔다는 것이 주제였다. 오늘날, 우리는 장애인스포츠가 살아있는 좋은 것이라는 것을 알고 있다. 이 책을 읽는 독자들에게 흥미로운 장애인스포츠의 미래에 대한 관심이 생기기를 원한다. 독자들의 개인적이고 전문적인 헌신은 다음세대에 좋은 역사를 만들어주며 밝은 미래를 갖게 하는 원동력이 될 것이다.

감사합니다.

Karen P. DePauw, PhD
버지니아 공과대학 교무처장 및 동 대학원 학장
Susan J. Gavron, PED
Bowling Green 주립대학의 명예교수

목 차

제1장 장애인스포츠의 이해 / 1

현대사회에서의 장애인 스포츠 ·· 2
선수 ··· 4
용어의 정의 ·· 6
스포츠 환경 ·· 9
맺음말 ··· 22

제2장 장애인와 스포츠의 역사적변화 / 23

장애 있는 사람들에 대한 대우 ·· 24
신체활동과 스포츠의 역사적 관점 ·· 34
맺음말 ··· 41

제3장 장애인스포츠의 역사 / 43

국제 장애인스포츠 ··· 44
미국의 장애인스포츠 ·· 52
장애인스포츠에 대한 연구 ··· 67
장애인스포츠의 동향 ·· 70
맺음말 ··· 72

제4장 장애인스포츠의 구조와 조직 / 73

국제 장애인스포츠 구조 ·· 74
국제 장애인스포츠 조직 ·· 78
미국의 장애인스포츠 조직 ··· 99
맺음말 ·· 113

제5장 장애인스포츠 대회 / 115

파랄림픽 대회 ··· 116
데프림픽(Deaflimpics) ··· 124
스페셜올림픽 ··· 126
기타 국제경기 ··· 127
미국의 장애인스포츠 참가 기회 ·· 135
대학 연합 및 중등학교 연합 체육 프로그램 ······························· 141
맺음말 ·· 143

제6장 스포츠와 장애: 세계적인 시각 / 145

전문 용어 ·· 146
국제적인 전망: 20세기 후반 ·· 148
유럽의 생활체육 헌장 ··· 149
유럽 ·· 152
캐나다 ·· 158
오세아니아 ·· 160

아시아 ·· 164
아프리카 ·· 167
중동 ·· 170
맺음말 ·· 171

제7장 장애 있는 선수들의 스포츠 / 173

주요 장애인스포츠 대회: 파랄림픽, 스페셜올림픽, 데프림픽 ············ 174
장애인스포츠에서의 동등한 수준 규정 ····································· 180
종목별 소개 ··· 182
맺음말 ·· 203

제8장 선수 지도법 및 훈련법 / 205

지도법 연구 ··· 206
장애인스포츠 연구의 기초 ··· 208
장애인스포츠 선수 코칭의 관한 일반 원리 ····························· 219
장애에 따른 독특한 전략 ··· 224
맺음말 ·· 230

제9장 스포츠 의학과 트레이닝 / 231

스포츠 의학 ··· 233
스포츠 의학과 장애인스포츠 ·· 233
상해, 발생률, 관리 및 예방 ··· 236

처치 시 고려 사항 ·· 238
　　트레이닝 ·· 245
　　운동 시 고려 사항 ·· 255
　　맺음말 ··· 255

제10장 스포츠 장비 / 257

　　기능 향상 장비 ·· 259
　　개인 장비 ··· 260
　　활동 관련 장비 ·· 261
　　환경 공학 ··· 265
　　스포츠 테크놀로지 ·· 266
　　장비에 관한 정보 ·· 270
　　장비 변형 ··· 274
　　맺음말 ··· 279

제11장 대회 운영 / 281

　　스포츠 대회 운영 ·· 282
　　초기 계획 ··· 282
　　구조와 조직 ·· 286
　　위원회의 기능 ··· 287
　　대회 운영의 초점 ·· 291
　　미디어와 장애인스포츠 선수 ····································· 299

국제 스포츠 대회 계획 ……………………………………………… 300
　　　맺음말 ……………………………………………………………… 304

제12장 장애인스포츠에서의 논쟁 / 305

　　　통합(inclusion and integration) ………………………………… 306
　　　등급분류 …………………………………………………………… 311
　　　윤리적인 문제 ……………………………………………………… 315
　　　도핑 ………………………………………………………………… 317
　　　대중매체의 보도 …………………………………………………… 318
　　　소년 스포츠의 발전 ………………………………………………… 321
　　　마케팅 ……………………………………………………………… 323
　　　맺음말 ……………………………………………………………… 323

제13장 장애 있는 여성 스포츠 선수 / 325

　　　역사적 관점 ………………………………………………………… 328
　　　올림픽에서의 여성 선수 …………………………………………… 332
　　　마라톤에서의 여성 선수 …………………………………………… 333
　　　공정성 문제 ………………………………………………………… 334
　　　맺음말 ……………………………………………………………… 337

제14장 장애인스포츠의 미래 / 339

　　　동향 ………………………………………………………………… 340

통합 ··· 341
장애인스포츠의 이미지 ·· 342
스포츠와 사회 및 장애 ·· 343
맺음말 ·· 347

부록 / 349

장애인스포츠 연대표 ··· 350
약어 목록 ·· 355
국제 장애인스포츠 조직 ·· 358
지역 파랄림픽위원회 ··· 362
정기 간행물 및 저널 ··· 375
참고문헌 ··· 377
영문색인 ··· 412
저자소개 ··· 422

제1장

장애인스포츠의 이해

| 목표 |
- 사회에서 장애인스포츠를 바라보는 폭넓은 시각과 이해 추구

| 주요 내용 |
- 현대사회에서의 장애인스포츠
- 선수
- 용어의 정의
- 스포츠 환경

언제나 우리 사회에는 장애가 있는 사람들이 있었지만, 21세기에 들어오면서 장애 있는 사람들이 눈에 띄게 많아졌다. 전체 인구의 약 10%가 장애 있는 사람들이지만, 그들이 서비스를 접하고 그것을 이용하는 일이 많아진 것은 20세기 후반에 법률이 제정되면서부터이다. 매스컴에서 장애에 대한 관심을 많이 보였고, 장애 있는 사람들의 교육 기회가 증가하였으며, 장애와 관련된 정보를 쉽게 얻을 수 있게 되면서 우리들은 일상생활에서 장애 있는 사람들을 많이 볼 수 있게 되었다. 스포츠 세계를 비롯하여 사회에서는 장애 있는 사람들에 대해 좀 더 많이 수용하는 태도를 가지게 되었다. 100여 년 전부터 장애 있는 선수들이 경기에 참여하여 왔는데 우리들은 이제야 그들을 인정하고 보다 중요하게 인식하고 있다.

현대사회에서의 장애인 스포츠

스포츠와 장애 분야가 공유되어 장애인스포츠로 나타나기 시작한 것은 20세기 초이다. 현재는 장애인스포츠가 발전되고 있는 시대이다. 장애인스포츠가 발전되면서, 장애인스포츠는 조직이 복잡해지고 있고 목표와 목적이 재정립되고 있으며 세상에 널리 알려지고 있다. 그리고 경기의 기회가 많아지면서 장애 있는 선수들은 개인적인 업적을 쌓게 되었다. 그 동안 그들의 업적에 대하여 세상에서 몰라주었으나, 이제는 장애 있는 선수들이 선수로서 점차 알려지고 있으며 장애 있는 사람들에 대한 인식이 변화되고 있다.

스키의 활강이나 수영 경기에서는 장애 있는 선수들의 기록은 일반 선수의 기록에 비하여 단지 몇 초 또는 1/10초 정도의 차이를 나타낼 뿐이다. 100m 단거리에서는 양하지 절단 선수의 기록이 10.85초이며, 장애의 정도가 심하지 않은 선수는 더 좋은 기록을 내고 있다. 휠체어마라톤 남자부 경기에서 1마일(약 1.609km)을 평균 3분 30초 만에 주파하고 있으며, 전 코스를 1시간 30분 이내의 기록으로 주파하고 있다. 여자선수들도 1시간 49분 이내로 주파하고 있다(www.paralympic.org). 역도 경기에서 뇌성마비 역도 선수는 181kg을 들어 올렸으며 다른 지체장애 선수는 272kg 이상의 기록을 내고 있다. 육상의 높이뛰기 종목에서 한 다리 절단 선수가 2m를 넘기도 하였다(Atlanta Paralympic Organizing Committee, n.d.).

위와 같이 장애 있는 선수들의 경기력에 대해서는 더 이상 의문의 여지가 없지만, 장애 있는 선수들이 마케팅이나 광고에는 아직까지 활용되지 않고 있는 것이 현실이다. 올림픽과 같은 주요 국제 경기에 출전하는 대부분의 일반 선수들은 경기가 개최될 때마다 후원사가 있는 반면에 파랄림픽에 출전하는 장애 있는 선수들에게는 일반적으로 그러한 후원사가 없는 실정이다. 장애 있는 선수가 후원사로부터 광고 계약을 한 선수는 1990년에 Diana Golden이 처음으로서, 그녀는 한 다리 절단 스키 선수였고 미국 화장품 회사(ChapStick) 및 자동차 회사(Subaru)와 계약을 맺고 회사 제품을 설명하는 역할을 하였다(부록 A 참조). 그 이후 장애 있는 선수들은 기업을 후원사로 할 수 있게 되었다.

그림 1.1

Michael Teuber - 독일의 장애인 사이클링 선수로 국제적으로 잘 알려진 대선수이지만 일반 선수와 같은 대우를 받지 못하는 경우가 때때로 있다.

> **주요 내용**
>
> 장애 있는 엘리트선수들은 아직 일반엘리트선수만큼 인정받지 못하고 있지만, 장애인스포츠(disability sport)는 스포츠의 한 분야로 인식되고 있다.

선수

1980년대와 1990년대에 장애 있는 많은 선수들은 스포츠 무대에서 그들의 경기력을 인정받았다. 일부는 일반 스포츠 무대에서 다른 한편으로는 장애인스포츠 무대에서 업적을 나타내었다. 다음은 스포츠 전기에 있는 신인선수들의 업적에 관한 기록들이다.

- Dr. Donalda Ammons는 젊은 시절에 농구와 수영에서 우수한 기량을 나타내었다. 그녀는 외국어 공부에 대한 열정이 있었고 박사학위 취득 후 Gallaudet 대학의 외국어교육프로그램 관리자가 되었다. 그녀는 청각장애 스포츠에 대한 열정적인 옹호자로서 미국청각장애인스포츠연맹에서 여러 가지 일을 하였고, 여성으로는 최초의 미국청각장애국제경기팀위원회 의장이 되었다.
- Camille Waddell Black은 1992년 바르셀로나 파랄림픽대회에 미국 대표로 참가하여 100m 평영 종목에서 세계기록을 수립하고 금메달을 획득한 최초의 왜소증 선수였다.
- Loretta Claiborne는 장거리 선수로서 1992년 2월 미국여성스포츠심포지움 명예의 전당에 입회되었고, 여러 해에 걸쳐 스페셜올림픽대회에 참가하였다.
- Harry Cordellos는 시각장애 마라톤 선수로서, 경기에 100회 이상 참

가하였으며, 보스턴 마라톤에서의 최고 기록은 2시간 57분 42초이었다. 그는 하와이에서 개최하는 철인 3종 경기와 샌프란시스코에서 열리는 161km(100마일) 달리기에 참가하기도 하였다.
- Dr. Brad Hedrick은 장애 있는 엘리트 선수일 뿐만 아니라 장애인스포츠 분야의 활동적인 연구자이자 전문가이다. 그는 휠체어농구와 휠체어마라톤(기록: 1시간 54분)과 10km(기록: 26분 49초) 경기에 참가하였으며, 남·여 휠체어농구 코치를 하고 있고, 현재는 미국휠체어농구대표팀 코치를 맡고 있다.
- Sharon Hedrick은 보스턴 마라톤 여성휠체어 부분에 최초로 참가한 여성이다. 그녀는 1984년 로스엔젤래스 올림픽대회와 1988 서울 올림픽대회의 800m 시범 종목에 참가하여 금메달을 획득하였으며, 영양학자이고 일리노이에서 당뇨병 영양교육 전문가로 근무하고 있다.
- Duncan Wyeth는 사이클링과 육상 경기의 보행등급 뇌성마비 선수로서, 1978년 미시간지역 뇌성마비경기대회에 32살의 나이로 처음 참가하였다. 그는 국내외 뇌성마비 경기 대회에 참가하여 금메달과 은메달을 수상하였다. 1988년 서울 파랄림픽대회에 미국 팀의 선수와 코치로 참가하였고 미국올림픽위원회가 수여하는 그해의 선수(뇌성마비)상을 받았다.

이처럼 두각을 나타낸 선수들을 상기하면서 일반선수들처럼 장애 있는 선수들의 업적을 서슴없이 말할 수 있는 미래를 생각해볼 수 있다.

> **주요 내용**
>
> 장애 있는 선수들은 일반스포츠 무대뿐만 아니라 장애인스포츠 분야에서 훌륭한 업적을 나타내고 있다.

용어의 정의

어떠한 분야이건 일반적인 지식 기반을 정립하는 일이 무엇보다 중요하다. 장애인스포츠 분야의 조직들은 약어를 사용하는 경우가 많은데, 이는 부록에 수록하였다. 용어는 반드시 명확하여야 하는데 몇 가지 주요 단어의 정의는 다음과 같다.

장애(disability)

사람들은 오래 전부터 장애 있는 사람들(individuals with disabilities)을 설명하기 위한 여러 가지 용어들을 사용해 오고 있다. 현재 영어에서 선호하는 용어 중의 하나는 사람을 지칭하는 단어를 맨 앞에 위치시켜 'person with a disability'(장애 있는 사람) 혹은 'individuals with a physical impairment'(신체 손상이 있는 사람) 등과 같이 쓰는 것이다. 이 책에서는 사람을 지칭하는 단어를 앞 쪽에 위치시킨 'athletes with disabilities'(장애 있는 선수) 'athletes with a visual impairment'(시각 손상이 있는 선수) 등으로 쓸 것이다. 이는(역자주: 영어식 표현으로는) 장애에 초점을 두기보다는 서로 다른 특징을 가진 사람을 우선적으로 고려한 것이다.

장애인스포츠(disability sport)

일반스포츠에서 생각하는 것처럼 장애가 있는 사람들이 스포츠 세계에 들어왔을 때에 참가를 나타내는 용어들을 다양하게 사용하고 있다. 많이 사용하는 용어로는 'handicapped sports'(장애자 스포츠), 'sport for the disabled'(장애인을 위한 스포츠), 'adapted sport'(변형 스포츠), 'disabled sport'(장애인스포츠), 'wheelchair sport'(휠체어 스포츠), 'Deaf sport'(청각장애 스포츠) 등이다. 이 용어들은 장애 있는 사람들을 위해 계획된 스포츠 내용을 함축하고 있으며, 어떤 경우에는 장애의 형태를 구체적으로 언급하고 있다. 이 용어들은 장애 있는 선수들에게 제공되는 스포츠의 폭넓은 실체를 설명하는데 부적절하다. 장애 있는 사람들을 위한 스포츠는 본질적으로 장애와 관계없이 선수라면 누구나 포함되는 스포츠이다. 이 책에서 '스포츠'(sport)를 단독으로 썼을 때는 가장 광범위한 내용의 스포츠를 말하는 것이며, 대부분의 경우에 경쟁 스포츠(미국의 스포츠 개념에 따라)를 의미하여 쓰고 있다. 다른 국가에서 '스포츠'라는 단어는 경쟁 스포츠를 훨씬 많이 포함하지만, 이 책에서는 저자의 관점으로 범위를 한정하여 사용할 것이다.

이 책에서는 장애를 특징으로 나타내는(손상된) 사람들을 위한 스포츠를 다룰 것이기 때문에 **장애인스포츠(disability sport)**라고 하였다. 그러나 경쟁 스포츠와 장애(신체적, 감각, 지적 손상) 있는 선수들에게 대부분 초점을 둘 것이다. 장애 있는 사람들이 하고 있거나 장애 있는 사람들을 위해 만든 소위 장애인스포츠라고 말하는 것에 초점을 둘 것이다. 장애인스포츠는 시각장애 선수들을 위한 골볼, 휠체어를 이용하는 선수들을 위한 휠체어농구, 하지 손상 선수들을 위한 좌식배구 등과 같이 선별된 장애 집단을 위해 만든 스포츠들을 포함할 것이다. 또한 장애인스포츠는 장애 있는 선수를 포함시키기 위해 수정하고 변형한 스포츠(휠체어테니스, 2인용 사이클링 등)뿐만 아니라 장애 있는 사람들이 참가하는데 별다른 수정이 필요 없는 스포츠(육상, 레슬링, 수영)와 일반 사람들이 참가하고 있는 스포츠(육상, 배구, 수영) 등을 포함한다.

장애인스포츠(disability sport)를 설명하기 위해 'sport for the disabled(장애인을 위한 스포츠)', 'disabled sport(장애인스포츠)'라는 용어는 여전히 문헌에서 자주 사용하는 용어이다. 그러나 '스포츠는 무능함

(disabled)일 수 없으며, '장애인을 위한(for the disabled)'이라는 표현은 사람을 뜻하는 단어를 앞에 쓰지 않았기 때문에 'disability sport'라는 용어를 사용해야 한다. 전문가들 모두가 이 용어에 동의하지 않더라도 선수들과 전문가 사이에 발전 과정의 한 요소로서 이 용어를 주목하는 것이 중요하다.

이 책에서는 주요 국제 장애인 경기를 규정하기 위하여 여러 가지 용어들을 사용하였다. 정확한 역사 기록에 의해 처음에 쓰였던 용어를 사용하였고 새로운 용어를 추가로 설명하였다. 예를 들어, 파랄림픽(Paralympics)이라는 용어는 장애인국제경기(International Games for the Disabled)와 신체장애인올림피아드(Olympiad for the Physically Disabled)라고 알려져 있으며, 데프림픽(Deaflympics)은 국제무성자대회(International Silent Games)와 세계청각장애인대회(World Games for the Deaf)로 쓰다가 오늘날에는 데프림픽(농아인 올림픽, Deaflympics)이라 하고 있다.

청각장애 스포츠/데프림픽

청각장애 스포츠는 청각장애인들이 청각장애 스포츠 활동과 관련된 조직, 경기, 사회적 교류를 통해 자기 결정의 권리를 주장하는 사회적 제도이다(Stewart, 1991, p.2). 청각장애인을 영어 대문자로 'Deaf people'이라 하는 것은 청각 손상이나 농(deafness, 聾)인 사람을 말하며, 여러 문화권 가운데 하나의 문화로서 청각장애 문화를 주장하는 사람들을 뜻한다. 한편으로 청각장애 스포츠는 청각장애 선수들이 경기하는 스포츠이며, 청각이 손상된 사람들이 일반스포츠에 참가하는 것과 유사하게 농 선수가 참여하는 스포츠를 청각장애 스포츠라 한다. 이러한 배경에 의해 청각장애가 있는 선수들의 최고 수준의 경기를 나타내는 것이 데프림픽(Deaflympics)이다. 한편, 청각장애 스포츠는 문화적 시각에서 바라보아야 한다. 청각장애 스포츠는 청각장애인들 사회의 축제일뿐만 아니라 청각장애 사회의 축소판이다(Stewart, 1991).

청각손상이나 농인 일부의 선수들은 자신들을 장애인스포츠 선수로 생각하지 않을지라도, 그들은 장애가 있는 선수들에 포함되거나 넓은 의미로는 장애가 있는 선수들을 대상으로 한 스포츠의 선수이다. Stewart (1991)가 '장애라고 하는 것은 장애가 있는 사람들이 자산보다는 부채를 지고 있는 느낌이다.'라고 한 말을 충분히 이해하고 동의한다. 일반사람들이 전통적으로 생각하는 '표준'이 있고, 이 전통에 따라 언어를 사용한다면, 우리는 장애인 혹은 청각장애인이라는 말처럼 전통적 기준과 다른 사람을 언어로 표현하는 데에는 한계가 있다고 생각한다(Davis, 1995; DePauw, 1997; Shogan, 1998). 이 책에서는 청각장애 선수와 청각장애 스포츠를 포함할 것이며 스포츠와 장애의 부분으로서 뿐만 아니라 장애인스포츠 상황 내에서 모두 설명할 것이다. 청각장애 스포츠에 관심이 없었던 독자들도 통합하여 이해함으로써 의문을 해소할 수 있을 것이다.

> **주요 내용**
>
> 청각장애 스포츠는 장애인스포츠 환경에서 청각장애 선수와 청각장애 스포츠를 포함하는 것이지만 때때로 장애인스포츠와 분리하여 생각하기도 한다.

스포츠 환경

스포츠는 사회의 산물이며 사회를 반영하는 문화 현상이다(Donnelly, 1996; Giddens, 1977; Sage, 1987). 스포츠는 거대한 사회의 축소판으로써, 특정 사회 혹은 문화의 가치, 관습, 규범, 기준 등에 따라 사회문화적이고 사회역사적인 구조 속에서 정의되고 설명된다.

역사적으로 볼 때, 스포츠는 자본주의 사회에서 '대다수'의 백인, 중산층, 상류층, 신교도, 이성(異性)을 사랑하는 사람(heterosexual), 일반 남성 집단만을 위한 것이었다(Bonace, Karwas, & DePauw, 1992). 그래서 모든 사람이 원한다고 해서 경기장에 들어갈 수 있는 것은 아니었다.

여성, 소수 인종, 장애 있는 사람 등은 스포츠를 하지 못하거나 제한되었다. 문화, 성, 인종, 계층, 혹은 장애 때문에 배제되거나 한정적으로 수용되는 형태가 유사하여(DePauw, 1997; Karwas & DePauw, 1990), 여성, 소수 인종, 장애가 있는 사람들은 특정 문화나 사회의 '이방인'으로 간주되거나 사회 진보에서 쳐질 수밖에 없었다.

우리는 '인간 활동 속에서, 인간 활동을 통해 조직되고 재현되는 세상'에서 살고 있다(Giddens, 1977, p. 166). 스포츠는 사회 구조에서 중요한 부분이다. 스포츠는 매우 눈에 띄게 드러나는 일일뿐만 아니라 참여자이고 관람자이며 소비자로서 거의 모든 사람들에게 영향을 미치며, 사회 전반에 영향을 미치고 있다. 스포츠는 사회 속에 아주 깊숙이 퍼져 있기 때문에 사회에서는 인정받는 수단으로서 그리고 평등 장치로서 인식되고 있기 때문에 장애 있는 사람들은 스포츠에 참여하는 길을 모색하고 있다.

스포츠에서 장애 있는 사람들에 대한 태도

장애 있는 사람들은 사회의 소수(혹은 무시되는) 집단으로서 사회 참여에 제한을 받고 있다. 스포츠는 사회 구성 요소의 한 가지이기 때문에 스포츠 세계에 포함되는 데에 유사한 제재와 제한이 있어왔다.

스포츠의 역사를 보더라도 장애 있는 사람들은 배제당하거나 권리를 빼앗겼었지만 통합과 수용하려는 움직임이 천천히 이루어져 오면서 긍정적인 변화가 있었다(DePauw, 1986c; DePauw & Doll-Tepper, 2000; Mastro, Hall, & Canabal, 1988). 과거나 현재를 막론하고 스포츠와 장애에 대하여 사회가 취하는 태도는 진보와 직접적인 연관이 있다.

제2장에서 자세히 기술하겠지만, 역사적으로 볼 때 장애 있는 사람들에 대한 처우는 차별에 초점이 맞추어져 있었으며 이는 두려움과 미신적 행위 때문이었다. 이러한 관점에서 사회로부터 소외되었고 스포츠로부터는 '제외'되는 상태에 있었다. 장애 있는 사람들에 대한 인식은 체질이 약해서 신체적인 능력이 없는 것으로 생각되었으며, 스포츠는 신체적으로 용감한 사람들이 참가하는 것이었기 때문에 약하거나 신체적으로 손상된 사람들은 배제될 수밖에 없었다. 전통적인 스포츠 모델과 '신체적으로' 갖추어지지 못하였거나 혹은 신체적 능력이 있는 것으로 인식되지 못한 사람은 스포츠에 참여할 수 없었다. 이러한 제한은 여성들과 특히 장애 있는 여성에게로까지 확대되었다.

의료적인 제한은 장애 있는 사람들이 스포츠에 참가하는데 늘 따라다니는 문제였다. 아직까지는 제한 없이 참여할 수는 없지만, 장애 있는 사람들의 스포츠 참여 문제는 신체적으로 약한 측면, 과학적 연구, 능력 인정, 사회 교류 증대 등에 관한 사회의 태도 변화가 생기면서 의학적 제한이 점차 감소되고 있다.

사회화(socialization)는 개인이 사회의 일정한 가치를 받아들이거나 동화되는 과정이다. 사회화는 아동기의 중요한 과정으로서, 미래에 선택할 활동, 흥미, 포부 등을 결정한다. 스포츠에로의 사회화 또는 스포츠를 통한 사회화는 장애 있는 청소년의 사회화에는 때때로 또는 대부분 통하지 않는다. 스포츠의 역할과 기대는 인생 초기에 사회화되지만, 장애 있는 청소년들은 다른 역할(예, 관전자)과 기대(예, 경쟁 없이 참가)를 추구하려고 사회화되는 경향이 있다. 장애 있는 청소년들이 이들 사회적 역할이나 기대가 박탈되면 부정적으로 강화가 되는데, 예를 들어 그들은 참가를 거부하거나 지속하지 못한다.

장애 있는 아동의 삶에서 주요타자(사회화 주관자)는 종종 스포츠 행동의 적절한 모델이고 강화자이다. 교사, 부모, 학교, 지역사회 기관 등은 사회화의 요인이거나 환경이며, 그들의 태도, 행동, 활동이 장애 있는 사람들에게 적절하게 인식됨으로써 스포츠 행동의 본보기가 되고 혹은 강화시키는(혹은 본보기와 강화 둘 다) 역할을 한다. 사회화 주관자의 대부분은 장애 있는 사람들의 스포츠 참여 가치를 갖도록 하는 요소이다.

장애 있는 사람들의 스포츠 경쟁에 대한 사회적 태도는 다양하다. 패배는 약하다는 인식과 부정적인 경험을 갖도록 하기 때문에 장애 있는 사람들은 경쟁하는 것을 꺼리는 경우가 종종 있다. 장애 있는 사람들이 스포츠에 참여하여 수용하는 태도를 얻게 되지만, 장애 있는 사람들의 경기가 적절한지에 대한 문제는 계속 제기되고 있다. 이처럼 스포츠 경기에 대하여 다양하게 나타나는 반응은 장애의 형태와 정도에 대한 사람들의 인식, 능력의 한계, 스포츠 경기에서의 위험성 등과 관련이 있다. 장애 있는 사람들은 대부분 신체적으로나 정신적으로 뒤처지는 경우가 종종 있기 때문에 재활이나 치료 목적 이상의 스포츠 경기를 위한 문화적 욕구를 갖지 못하는 것으로 인식되고 있다(Lewko, 1979; Orr, 1979; Snyder, 1984).

그 동안 장애인 스포츠는 정식 스포츠라기보다는 그보다 못한 스포츠로 간주되어 왔다. 이에 따라서 장애 있는 선수들은 기회, 포상, 대중 인식 등과 같은 것이 있을 수 없었다. 어쨌든 별도의 대회와 경기가 인정되고 있지만 아직은 일반 스포츠 경기보다는 가치가 적은 것으로 인식되고 있다.

스포츠 대회에 함께 참가하는 것이 조금씩 인정되고 있지만 아직은 일상적인 스포츠 활동이 되지 못하고 있다. 장애가 없는 사람들과 함께 나란히 경기할 수 있거나 경기를 하는 장애 있는 사람들은 공식적이라기보다는 예외적인 일로 생각되고 있다. 그러나 장애 있는 사람들에 대한 태도가 변화되고 있으므로 아마도 스포츠에 대한 정의도 그러할 것이다.

장애인스포츠를 빛낸 인물

- 성   명: Chris Bourne
- 출 신 지: 캐나다 온타리오
- 종   목: 트라이애슬론, 2종경기, 도로경주, 수상스키
- 경기실적: 2001 세계트라이애슬론 우승, 세계트라이애슬론챔피온십 동메달, 2002 세계 2종경기 은메달

Chris Bourne는 달리기, 수영, 사이클링, 수상스키 등의 선수이다. 그는 기차와 자동차 충돌 사고로 하반신마비자(흉수 6번)가 되었다. 그는 트라이애슬론 경기와 같은 스포츠에 참여함으로써 사람들에게 "스포츠에서 자신이 바라는 것을 이룰 수 있다"는 뜻을 강력하게 전하고 있다. 그는 코치의 도움을 받으며 하루에 2회, 일주일에 6일 동안 코치로부터 고된 훈련을 받고 있다. Chris는 휠체어스포츠를 이해하기 위해서는 스스로 이러한 환경 조건에서 즐거워하는 사람들을 관찰하여야 한다고 지적하고 있다. 이것은 어린 시절에 장애가 없는 아이들이 스포츠에 빠져드는 것과는 다르다. Chris는 자신의 분야를 이해할 수 있도록, "스포츠는 미소를 짓게 하고 신체적으로 대단하게 느끼며…… 자신감을 크게 불러일으키며, 도전하도록 하고 항상 그 밖의 일들을 극복하도록 한다."고 말했다.

Chris는 Active Living Alliance for Canadian with a Disability에서 능력을 발휘하여 캐나다의 장애 있는 다른 사람들을 돕고 스포츠와 레크리에이션을 할 기회가 있었다. Chris는 사고 후에 대학을 졸업하였으며 그의 실제적인 경험에 따른 자신을 역할 모델로 하여 레크리에이션과 여가 연구로 석사학위를 받았다. 그는 일을 열정적으로 해오고 있다. Chris는 장애 있는 젊은이들, 재활 센터, 여러 전문가들이 잘 되기를 희망하고 있다.

스포츠 통합의 방해물

스포츠에서 장애 있는 사람들에 대한 사회적 태도는 스포츠 참여의 방해물이 되고 있다. 이러한 방해물은 대규모 사회에서 끊임없이 만들어내는 이야기와 걱정스러운 고정관념 때문이다. 대부분은 우리 사회 속에서 선택한 사람을 특징화하는 문제 혹은 장애(손상)를 이해하기 위해 만든 명칭들에서 유래하고 있다.

장애 명칭의 영향으로 달갑지 않은 일들이 많이 발생하고 있다. 장애에 따라 범주화하려는 생각은 고정관념을 만들어 내고 고정관념을 지울 수 없게 한다. 또한 고정관념은 지나치게 일반화시키거나 기대치 이하로 간주하게 만든다. 역사적으로 보면 이로 인해 장애 있는 사람들을 천벌 받은 사람으로 취급하여 왔고 그들이 스포츠에 참여하는 것은 제한하였다. 지적으로 손상된 사람(정신지체, 발달장애)은 경기를 이해하거나 혹은 즐기지 못한다고 생각하였고, 신체 수행력이 우수하다고 생각지도 않았다. 시각장애가 있는 사람들은 스키를 탈 수 없고 마라톤도 할 수 없다는 그릇된 인식을 가지는 것이 일반적이었으며, 휠체어마라톤 선수는 2시간 이내에 결코 완주할 수 없다고 생각하였다. 지나치게 일반화하고 기대이하의 생각을 가지면서 장애 명칭을 변화시키지 않으려는 경향을 나타내고 있으며, 변화에 대한 책임을 줄이려 하고 현재 상태를 강조하면서 변화를 추구하지 않고 있다.

아직까지 장애 명칭을 고집하고 있지만, 현재 장애인스포츠는 장애보다는 능력에 따른 등급부여를 보다 강조하는 경향이 있다. 장애에 따른 분류를 완전히 없앤 것이 아니라 기능적인 등급분류에 보다 많은 주의를 기울이고 있다. 일반적으로 1980년대를 기점으로 오늘날까지 장애 있는 선수들의 경기력이 향상되면서 장애 명칭과 장애분류에 따른 영향을 완전히 제거하지는 못했지만 상당히 사라지고 있다. 여성과 장애 있는 사람들의 스포츠 참여 욕구에는 유사한 점이 상당히 많다. 장애 있는 사람들이 스포츠에서 겪는 장애물의 대부분은 여성들도 비슷하게 경험하였으며(Grimes & French, 1987), 스포츠로부터 소외되었던 집단들과 유사하다(Karwas & DePauw, 1990). 이러한 경험에는 다음과 같은 것이 있다.

- 전문 스포츠 프로그램의 부족
- 어린 시절 스포츠 경험의 결핍
- 지도자와 프로그램 부족
- 스포츠 시설 미비
- 심리적, 사회적 요인의 한계

이러한 방해물은 최근의 변화로 말미암아 줄어들고 있는 추세이다. 장애인스포츠가 많이 행해지면서 선수가 되려는 사람들에게 역할 모델이 많이 나타나고 있을 뿐만 아니라 장애 있는 사람들이 스포츠를 할 기회가 많아지고 있다. 그러나 장애 있는 사람들이 스포츠에 참여하는데 있어서 아직까지 걸림돌의 하나가 되고 있는 것은 조직적인 스포츠 프로그램이 부족하기 때문이다. 장애 있는 사람들을 위한 학교 체육이나 방과 후 스포츠 프로그램이 증가하고 있고 스포츠 기회가 많아지고 있지만 장애 있는 사람들에 있어서는 아직 부적절한 상태에 있다(Gavron, 2000). 여러 해 동안 지역사회의 레크리에이션과 스포츠 프로그램이 놀랄 정도로 많아지고 있지만 장애 있는 사람들의 수와 그 욕구를 충족시킬 만큼 충분하지 못한 상태에 있다. 특수체육교사를 비롯한 체육교사, 스포츠와 레크리에이션 전문가 등이 상당히 많이 필요하다. 장애 있는 젊은이들을 자주 만나서 처치하는 의사들은 교육을 받아서 장애 있는 젊은이들이 체력을 유지할 수 있도록 신체활동과 스포츠의 활용을 권장해야 한다.

장애 있는 사람들이 스포츠에 참여하는데 장애물로서 작용하는 것에는 경제적, 심리적, 사회적 요인들이 있다. 장비를 구입하는 데에는 많은 비용이 든다. 대부분의 장애 있는 사람들은 부가적인 장비 혹은 보조기구(휠체어, 특히 의족, 시각장애 안내자, 시각 단서) 등이 꼭 필요하다. 장애 있는 사람들이 스포츠에 참여하기 위해서는 상당히 많은 걸림돌을 넘어야 되기 때문에 심리적인 문제에 직면하게 되며, 특히 남자보다는 여자의 경우가 더욱 그러한 현상에 격연하게 되었다.

눈으로 드러나는 역할 모델은 장애인스포츠의 발전과 장애 있는 모든 연령대 사람들의 스포츠 참여를 독려하는데 가치가 있다. 1980년대 이후로 장애 있는 선수들은 일반 선수들과 비슷하게 광고, 자서전, 스포츠 해설가, 매스컴, 신문 스포츠 특집란 등을 장식하고 있다. 이러한 광고 형태는 텔레비전이 다루는 종목이 많아짐에 따라 장애인스포츠의 발전에 도움이 되고 있다. 그러나 이러한 가시적 현실은 선수들을 특집으로 다루기 때문에, 대중이 편안하게 느끼기에 아직까지는 미흡한 상태이다.

> **주요 내용**
>
> 처음에는 장애가 있는 선수들이 스포츠에 뜻있게 참여하는 것을 제한하는 방해물로 신체적인 문제와 태도가 있었다. 오늘날 장애 있는 선수들을 위한 스포츠는 상당히 발전하였고 그들의 참여 기회가 많아졌지만, 아직까지도 선수들에게는 경제적, 심리적, 사회적 장애물이 존재하고 있다.

그림 1.2
"운동 용품" - 좌식 배구 후에 체육관에 널려 있는 옷가지와 보조기구 - 일반적으로 볼 수 있는 것들과 차이가 없음

스포츠에의 접근 방법

스포츠에 접근하는 방법(accessibility)은 장애가 있는 사람들이 스포츠와 레크리에이션 활동을 하려고 할 때에 부딪치는 중요한 문제 중의 하나이다. 스포츠에 참가하기 위해서는 스포츠에 접근할 수 있고 장애에 적합한 장비를 반드시 갖추어야 한다. 접근성에 관한 법이 통과되었지만 장애인들을 위해 접근성을 갖춘 시설은 아직 부족한 실정이다. 스포츠에 참가하기를 희망하는 장애 있는 사람들에게 물리적 편의(휠체어램프, 물리적 구조 변화)와 접근성(규칙, 절차, 태도)을 제공하는 일은 주 정부와 법률뿐만 아니라 지역수준에서 이루어지는 것이 중요하다.

접근성의 문제에는 일반적인 장애물을 규정하고 제거하는 내용이 중점적으로 포함되어야 한다. 장애 있는 사람들의 스포츠에 관한 법률 제정을 이해하는 것은 중요한 일이다.

장애 있는 사람들이 스포츠에 참가할 기회를 갖는 일은 매우 어려운 일이었다. 그러한 문제에는 정보, 기술, 의사의 권유, 필요한 장비 등이 부족했을 뿐만 아니라 경비, 두려움, 이동거리 등이 주요 영향 요소로 작용하기 때문이다(Frederick, 1991; Murphy-Howe & Charboneau, 1987). 스포츠 프로그램에 관한 정보를 얻기는 쉬워졌으나 아직까지 폭넓지 못한 상태이다. 장애 있는 사람들과 가족들은 스포츠에 관한 정보를 지역의 공원과 레크리에이션 협회, 상업회의소, 학교, 스포츠 프로그램 등에서 얻을 수 있다. 체육교사와 레크리에이션 전문가들은 장애 있는 사람들이 스포츠에 참여하는 것을 점차적으로 인식하고 있으며 가치 있는 정보를 제공해 줄 수 있다. 장애와 관련된 스포츠 협회나 연맹에 관한 주소록은 부록을 참조하면 된다.

재활로써의 스포츠는 제2차 세계대전 이후에 시작되었다. 스포츠의 폭넓은 상황에서 볼 때에 스포츠의 발전사는 이 책 이외의 경우에서 보더라도 재활로써의 스포츠로 보고 있다. 그러나 오늘날 장애 있는 사람들과 접촉할 기회가 많은 의사들은 환자의 재활이나 삶을 위해 스포츠 참여를 권장하지 않고 있다.

기술의 부족은 장애 있는 사람들이 스포츠에 참여하는데 영향을 미치는 또 하나의 변수이다. 농구와 휠체어농구의 기술과 목적이 동일하다고 할지라도 서서하는 농구와 휠체어에 앉아 하는 농구에는 차이가 있다. 장애 있는 사람들은 공립학교의 체육시간 혹은 지역사회의 레크리에이션과 청소년 스포츠 프로그램을 통하여 훈련을 받는다.

기술을 발달시키기 위해서는 코치의 지도를 받을 수 있어야 한다. 장애 있는 여성들은 그들을 훈련할 수 있는 코치가 부족한 상태이다. 코치가 있다고 하더라도 선수들은 자신이 스스로에게 코치를 하고 있는 실정이다. 장애인스포츠의 발달 초기 훈련 방법이나 스포츠 의학 프로그램은 상대적으로 알려지지 않았지만 최근에는 많아지고 있는 추세이다. 이후에 설명할 내용에는 스포츠 의학과 훈련 기법에 대한 정보를 많이 포함하여 기술하였다.

장애인스포츠 관련 법률 제정 요구

미국의 법률에서는 장애 있는 사람들이 스포츠 프로그램에 접근하는 방법과 권리를 보장하고 있다. 아마추어스포츠법과 같은 몇 가지 중요 법률은 나중에 자세히 설명할 것이다. 이 부분에서는 1990년에 제정된 미국장애인법(Americans with Disability Act, ADA)을 다루었으며, 이것은 접근성, 방해물 제거, 경제적·사회적·자립 지원 등을 향상시킨 법률이다(West, 1991).

미국장애인법은 5개 영역으로 되어 있다. 첫 번째는 고용 분야로서, 직업응시절차, 고용계약, 배치 혹은 종업원 책무, 임금, 직업훈련, 고용기간, 고용조건, 고용면책 등에 있어서 장애가 있다는 이유로 자격을 갖춘 사람을 차별대우 하지 못하도록 하고 있는 것이 주요 골자이다(West, 1991, p. 34). 장애 있는 사람들은 직업을 갖는데 다른 조건이 없는 것을 제외하고 스포츠 혹은 레크리에이션 환경에서 노동하는 것을 희망할 때에 장애가 있다는 이유로 제외시켜서는 안 된다.

두 번째는 공공 서비스 분야로서, 장애 있는 사람들의 스포츠 활동에 직접 영향을 미치는 내용이다. 이 부분에서는 '장애 있는 사람들이 국가가 제공하는 공공 서비스나 프로그램 혹은 활동에서 배제되거나 이득을 취하지 못해서는 안 되며 어떠한 조직에 의해서도 차별받아서는 안 된다'고 하고 있다(West, 1991, p. 37). 장애 있는 사람들이 가정이나 직장에서 트레이닝 센터로 이동하고자 할 때에 대중교통을 이용할 수 있어야 하고 차량에는 그들이 탈 수 있는 이용시설을 갖추어야 한다.

세 번째는 법으로서 아마도 가장 광범위한 분야 중의 하나이다. 법은 '개인이 공공시설을 소유, 임대, 운영하는 어떠한 사람에 의해 재산, 서비스, 시설, 특권, 이득과 편의의 도모 등을 충분히 그리고 동등하게 향유하는데 있어서 장애 때문에 차별받아서는 안 된다'고 하고 있다(West, 1991, p. 38). 이 부분에서는 선수들이 학교나 대학 체육관, 지역의 공원, 경기장, 레크리에이션 시설에서 연습할 수 있도록 하고 있다. 20세기 초에 미국의 올림픽 선수촌인 콜로라도스프링스는 휠체어를 탄 사람들이 이용할 수 있는 시설을 갖추었다. 전국에 있는 다른 훈련시설과 경기시설도 고칠 것을 요구하고 있다. 전국 스포츠 대회 운영자들은 부분적으로 장애인 스포츠를 포함하도록 하고 있으며, 숙박시설, 식당, 관람석, 개최지에 접근할 수 있는 방법을 만들도록 할 것이다. 법은 건축물을 개축하는데 직접적으로 영향을 미치고 있다(Munson & Comodeca, 1993).

장애 있는 사람들이 프로그램(예; 같은 도시내, 팀)에 참여하는 방법 또한 미국장애인법에 포함되어 있다. 이 부분의 초점은 물리적인 장애물을 제거하고 능력에 따라 개인을 통합하는데 있다. 활동에 참여하지 못하게 하는 것은 장애 있는 사람들이 '프로그램에 참여하는 정상적인 과정'보다 더욱 상처 받기 쉬운 일이다(Munson & Comodeca, 1993).

장애인스포츠를 빛낸 인물

- 성명: Tanja Kari
- 출신지: 핀란드 헬싱키
- 종목: 크로스컨트리 스키
- 경기실적: 파랄림픽 4회 메달 획득, 세계선수권 메달 획득, 일반선수 포함 핀란드 스키 선수 중 상위 25위

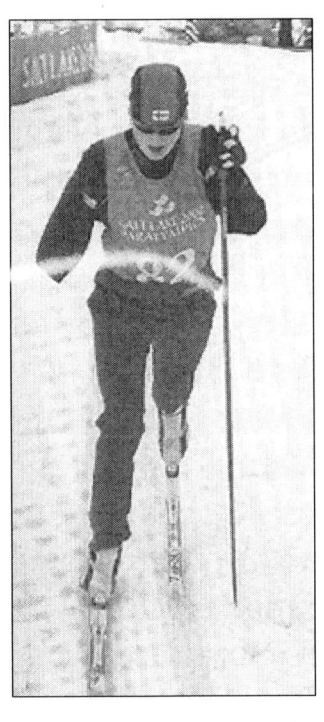

Tanja Kari는 현재 은퇴했지만 15년 동안 크로스컨트리스키 선수 생활을 했다. 그녀는 오른팔이 없었지만 그것이 선수로서 그녀의 능력을 성공적으로 발휘하는데 방해가 될 수는 없었다. 4번의 파랄림픽 대회(알베르빌, 릴리함메르, 나가노, 솔트레이크시티)에서 10개의 금메달과 단체 계주에서 동메달을 획득하였으며, 세계선수권대회에서 9개의 금메달을 획득하였고, 일반선수 100명이 참가하는 핀란드선수권 대회에서 24위를 하였다.

은퇴 후에 그녀는 그녀의 인생에서 스포츠의 역할에 대하여 말하기를, 스포츠는 '선수로서 자신을 개발함으로서 나의 한계를 찾아내는 아주 중요한 기회였으며 나의 정체성에 있어서 거대한 부분이었다.'라고 하였다. 현재 그녀는 스포츠경영학과 스포츠사회학 석사를 취득하고 다른 사람들에게 기회를 주기 위해 일하고 있다. 그녀는 핀란드플로우볼 연맹에서 근무하며 다른 사람들이 성공적으로 참여하도록 하는 청소년 스포츠 관리자로서 특히 어린 장애 있는 선수들을 위해 일하고 있다. 그녀는 이들 청소년들에게 '그들을 맞이할 엄청난 세계가 있을 것이며, 스포츠는 여러 가지 방법으로 한계를 알아내기 위한 용기, 경험, 기회를 제공할 것이고, 그것은 성장하는데 아주 좋은 방법이다'라고 말하고 있다.

그녀의 활동 무대에서 어린 선수들을 향한 그녀의 열정과 책무를 쉽게 느낄 수 있다. 그녀는 그녀의 목표를 이루었으며, 이제는 다른 사람들이 달성할 수 있도록 도울 것이다.

맺음말

스포츠는 '사람들이 공통적으로 지니고 있는 가치를 실현하는 사회적 체계 혹은 신분과 역할 연계 조직'으로서의 사회 제도이다(Leonard, 1980, p. 45). 사회제도이면서 사회의 축소판인 스포츠는 발전과정에서 정치적, 사회적, 문화적 변화의 영향을 받아왔다. 스포츠는 21세기의 새로운 질서에 의해서 다시 정의될 것이다.

장애인스포츠는 사회의 주목을 받기 시작하였다. 장애 있는 사람들은 스포츠에 통합되기 위해 노력해왔으며, 스포츠 선수로서의 업적을 인정받고 있다. 20세기 중반 이후, 장애 있는 선수들에 대한 태도는 변화되고 있으며, 통합으로의 장애물은 낮아지고 있고, 법률의 제정으로 스포츠에로의 접근 방법이 쉬워지고 있다. 아직 모든 것이 이루어진 것은 아니지만 현재의 추세는 통합과 수용의 방향으로 나아가고 있다(DePauw, 1986c; DePauw & Doll-Tepper, 2000). 21세기 이후에는 장애 있는 사람들이 스포츠에 참여할 기회가 많아질 것이다.

제2장

장애인와 스포츠의 **역사적 변화**

| 목표 |
- 장애 있는 사람들의 대우와 사회적 신분, 스포츠, 신체활동 등에 영향을 주었던 사회·정치적인 사건에 관한 역사적 관점 이해

| 주요 내용 |
- 장애 있는 사람들에 대한 대우
- 신체활동과 스포츠에 대한 역사적 관점
- 맺음말

역사적으로 장애 있는 사람들의 권리에 대해 많은 논란이 있어 왔으며, 20세기에 들어서는 사회적 쟁점으로 부각되었다. 또한, 장애 있는 사람들에 대한 사회의 태도와 행동에도 많은 변화가 일어나면서 장애 있는 사람들의 권리도 인정받게 되었다. 장애 있는 사람들이 사회 각계에서 능력을 인정받았지만(DePauw, 1986c; DePauw & Doll-Tepper, 2000), 그리 흔한 일은 아니었다.

장애 있는 사람들에 대한 대우

같은 시대를 살아가면서 행동이나 외모가 서로 다른 사람들은 언제나 다른 대우를 받아왔다. 이러한 사람들의 대우는 매우 잔혹하거나 혹은 인간적으로 존경을 받기도 하였다. 역사적으로 '차이'가 있는 것으로 인식된 사람들은 살해, 고문, 거세, 무시, 추방, 동정, 비난을 받거나 성인으로 추대되기도 하였다(Hewett & Forness, 1974). 이렇듯 장애 있는 사람들에 대한 대우는 장애의 수준과 그 시대의 문화적 가치나 규범에 따라 서로 달랐다. 역사적으로 신체 장애인과 정신 장애인의 대우가 서로 달랐다.

원시시대와 고대시대(B.C. 3000년~500년)에는 생존과 미신이 사회의 주요 요소이었으며, 이 시대에 사회구성원들은 생존이 최고의 가치였다. 신체 장애가 있는 경우에는 식량을 얻기 위한 사냥을 할 수 없었고, 자신을 보호할 수 없었으며, 그러한 사람들에게는 굶주림이나 약탈자들에 의한 죽음을 의미하는 거친 환경이었다(Davies, 1975). 선천적 기형인 사람들도 악마의 저주를 받은 것으로 간주되어 가족들로부터 외면당했다. 이러한 태도로 인하여 장애 있는 사람들은 죽을 수밖에 없었으며, 장애 있는 사람들이 죽는다고 하여도 가족의 기능이 상실되지는 않았다(Davies, 1975). 인도와 아시아권에서는 좋은 혈통을 위해 건강하지 않은 가족을 죽이는 적자생존의 개념이 존재하였다.

원시시대와 고대시대에는 남과 다른 사회적 행동을 하는 사람들을 미신적 방법으로 처리하였다. 이러한 사람들은 남에게 두려움을 주는 사람으로 여겨졌다. '착한 영혼이 깃든 사람'을 숭배하고 '나쁜 영혼이 깃든 사람'으로부터 보복을 당할까 두려워 접근하지 않으려고 하였다. 이 시대에는 사람으로부터 악령을 쫓는다는 구실로 두개골에 작은 구멍을 뚫어 악령을 쫓아낸다는 수술을 하는 엑소시즘이 있었다(Hewett & Forness, 1974).

그리스와 로마시대에는(B.C. 500년~A.D. 400년) 종족의 발전과 보호를 위하여 장애 아이들을 영아기 때 살해하였다. 신체장애가 있는 많은 영아들을 버리거나 추방하여 그대로 죽게 하였다. 이 시대의 거친 환경 및 가혹한 훈련, 벌에 적응하는 것이 적자생존의 원리였다.

그리스와 로마 사람들은 외부의 적으로부터 국가를 보호하고 지역의 안전을 위하여 국민의 신체 능력에 많은 관심을 가졌다. 전쟁은 생명을 유지하고 강한 신체를 만들기 위한 촉매제 역할을 하였다. 이러한 환경 속에서 장애 있는 사람들은 가치 없는 사람들이기 때문에 죽어야만 했다. 이와 대조적으로 건장한 사람이 전쟁터에서 한쪽 팔을 잃어 신체장애인 되면 영웅으로 대접받았다(Davies, 1975; Rothschild, 1968).

이 시대에 정신 장애가 있는 사람들은 신체 장애가 있는 사람들과는 다른 대접을 받았다. 왜냐하면 정신 장애가 있는 사람들은 신이 버린 사람으로 간주되어 정화, 굿, 그리고 기타 미신적 행위를 거행하였다. 초기에는 정신 장애가 있는 사람들에게 이러한 행위들이 지속적으로 적용되었다.

후기 그리스·로마시대에는 히포크라테스와 플라톤 같은 철학자들에 의하여 정신병에 대한 개념이 바뀌었다. 히포크라테스는 정신병이 신의 노여움이나 귀신 때문이 아닌 자연적으로 발생하는 것이라고 하였다. 플라톤은 그들을 보호해야 하며, 절대로 추방하고 굿을 행하여서는 안 된다고 하였다. 플라톤이 주장한 보호의 내용은 정신병이 있는 사람들에게 운동과 수중요법, 마사지, 일광욕 등을 해 주는 것이었다. 비록 생존과 미신이 이 시대의 주된 개념이었지만, 장애 있는 사람들에 대한 인도주의적 개선 움직임이 처음으로 나타난 시기이다(Hewett & Forness, 1974).

유대-기독교의 영향

초기 기독교(A.D. 400년 이후) 시대에는 장애를 지나치게 강조하는 것을 죄악시 하였다. 더 이상의 장애 유아들을 살해하는 일은 발생하지 않았다. 많은 기독교 신자들은 장애에 대한 개념이 바뀌어 장애 있는 사람들을 불쌍하게 여겼다(Davies, 1975). 선천적으로 장애가 있는 사람들은 생명을 유지하게 하였으나 그들이 적응하며 살아가기에는 사회적 환경이 좋지 않았다.

중세 시대의(5~15세기) 신체적·정신적 장애가 있는 사람들은 시설이나 왕립 재판소의 보호 환경에서 살아갈 수 있었다. 그들의 생활수준은 이전 시대보다 제한적이었지만 많이 개선되었다. 이 시대에 장애 있는 사람들을 수용하고 이해하며 인도주의적으로 대해 준 것은 종교적 영향이 매우 컸다.

또한 기독교의 확산으로 장애 있는 사람들의 대우에도 영향을 주었다. 정신지체 아이들을 '신의 아이들'이라고 하였으나, 정신병이 있는 사람들은 악마의 영향을 받은 사람들이라고 하였다(Lilly, 1983). 정신지체가 있는 사람들은 '신으로부터 은혜를 받은'것으로 인정하여 왕실의 어릿 광대로 고용하였다. 그러나 이들은 보호와 관용의 대상이었기에 노동조합의 가입이 거부되었으며, 생활에 필요한 기술이 없는 사람들로 인식되었다(Davies, 1975). 정신병과 굿, 고문, 마녀 사냥, 기타 귀신에 관한 연구들은 계속되었다.

과학과 의학의 영향

비록 16~17세기 동안 과학과 의학의 발달이 장애 있는 사람들의 대우에 많은 영향을 주었지만, 장애 있는 사람들을 다른 사람으로 바라보며 괴롭히는 일들은 여전하였다. 미신을 바탕으로 한 박해가 계속되었고, 정신병이 있는 사람들에게 화형이나 심한 고문을 가하였다.

이와 대조적으로 청각장애와 정신지체가 있는 사람들은 인도주의적 대우를 받았다. 청각장애가 있는 아동들 중 귀족인 경우 특별한 대우와 함께 교육을 받았다. 처음으로 그들을 위한 시설에서 청각장애가 있는 아동들에게 읽기, 쓰기, 산수(계산), 천문학, 그리스어 등을 교육하였다. 이들에게는 구화와 지화를 가르치기도 하였다. 이로 인하여 청각장애가 있는 아동들은 다른 장애가 있는 아동들과 달리 높은 수준의 생활을 영위할 수 있었다. 한편, 정신지체가 있는 사람들은 여전히 백치나 바보로 간주되었으나, 심리학적이고 교육학적인 관점에서 그들을 이해하려고 하였다. 하지만 그들은 사회로부터 격리되거나 노역장에서 일을 하거나 사회적인 부담으로 인식되었다.

18세기는 인간의 권리와 존엄성을 찾기 위한 대변혁과 함께 '악령'에 대한 새로운 변화가 일어난 시기이다. 18세기에는 장애 있는 사람들에 대한 공포, 미신, 적대 행위 등이 변화하여 장애 있는 사람들이 교육을 받을 수 있게 되었다. 이 시기는 거친 환경과 극단적인 혁명으로 이성과 계몽이 함께 공존하는 사회였다.

일반적으로 장애 있는 아동들은 인간적인 대우를 받게 되었다. 비록 이 시대의 평균 연령이 22세에 불과한 환경이었지만, 많은 아동들이 공공 기관에서 보호받았고, 나이가 들면 노역장에서 일을 하였다(Hewett & Forness, 1974). 산업 혁명 때 대부분의 여자와 아이들은 기술력이 없고 사망 사고가 자주 일어나는 노동 인력이었기 때문이었다.

프랑스 혁명으로 인하여 개인의 의무가 존중되어 정신병이 있는 사람도 인간적인 대우를 받게 되었다. 그들은 '병든 사람'에서 '괴로운 인간'으로 인식되었다. 그들은 수도원에서 제한적 중재나 교육을 받았다. 그러나 정신병자들에게 의·식·주에 관한 문제를 해결해주었더라도 장애 있는 사람들에 대한 대우가 크게 개선된 것은 아니었다. 이들이 있는 수도원은 지방에 있었고, 장애가 극히 심한 사람들은 '관심과 마음의 대상이 아닌' 사람들이었기 때문이다. 그래서 아직 일반인들이 그들을 사회의 구성원으로 인식하지 않으려고 하였다(Varter, Van Andel, & Robb, 1985).

이 시대에는 장애 있는 사람들을 위한 보호시설, 병원, 학교 등이 증가하였고, 수도원에서 거주하며 장애 있는 사람들을 교육하는 인간적인 교사들이 양성되었다. 시각장애·청각 장애가 있는 아동들을 위한 학교가 18세기 후반에 설립되었고, 미흡하지만 신체적 장애와 정신지체가 있는 아동들에 대한 관심도 증가하였다.

후기 계몽주의 시대에는 교사와 철학자들의 공헌으로 많은 변화가 일어났다. 장애 있는 사람들의 생활수준(삶의 질)은 낮았지만 이들을 더 이상 악마의 후예로 인식하지 않고 살아갈 수 있었다(Davies, 1975).

장애인스포츠를 빛낸 인물

- 성명: Lukas Christen
- 출신 국가: 스위스(Switzerland)
- 종목: 멀리뛰기
- 수상 경력
    - 세계 챔피언 대회 금메달 획득
    - 파랄림픽 100m, 200m, 멀리뛰기 금메달 획득
    - 100m, 200m, 400m, 멀리뛰기 전 세계신기록 보유자

Lukas Christen은 선수와 사업가로서 모두 성공한 사람이다. 그는 무릎 상지 절단의 장애에 굴하지 않고 그의 꿈을 이루었다. Lukas Christen은 바르셀로나(1992), 애틀랜타(1996), 그리고 시드니(2000)에서 많은 메달을 획득하였으며, 베를린(1994)과 버밍헴(연도 미상) 세계 챔피언 대회 필드 종목에서 우승하였다. 100m, 200m, 400m, 멀리뛰기 전 세계신기록 보유자였던 Lukas는 무릎 상지 절단 장애로 운동을 하는데 제한이 있으나, '즐거운 마음으로 운동에 집중하여 열심히'하였다. 그는 14세 때부터 운동에 대한 열정을 가졌다. Lukas는 사업가이지만, 스포츠가 우선이었으며, 또 다른 현장에서 무언가를 배우려고 하였다.

Lukas는 '즐거운 마음으로 당신의 모든 것을 걸면 당신 능력 이상의 결과가 나타지만 대부분의 사람들은 자신을 보호하려고만 해요'라고 하였다. Lukas는 장애 있는 사람들의 스포츠에 대해 '나는 장애를 인식하지 않으려고 해요. 나의 장애와 상관없이 나의 운동에만 집중하려고 해요.'라고 하였다.

지금은 사업가인 젊은 Lukas는 스포츠에서 얻은 경험을 사업 세계에서도 성공적으로 적용하고 있다. 그는 스포츠에 도움이 될 만한 운동 관련 의견들을 모은 웹 사이트를 제작하였다. 그의 이러한 경험은 중증인 다른 장애 있는 사람들에게 좋은 사례가 되었다. '즐거운 마음으로 당신의 모든 것을 다 하세요. 이것이 당신을 보호하는 것이에요.'

교육의 시작

19세기에 일어난 큰 사건 중의 하나는 Jean Marc Itard가 Victor라고 하는 '야생 소년'을 가르친 것이다. 이 소년은 사람의 손길이 닿지 않는 야생에서 자란 소년이었다. Itard는 처음에는 매우 심한 지체 아이를 교육하면서 많은 기능을 향상시켰다. 비록 어려운 일이었지만 이러한 훈련의 목표를 달성하는 것이 불가능하지는 않았다. Itard의 사례는 정신지체가 있는 사람들도 훈련을 통한 신체발달과 기능이 향상될 수 있음을 보여준 것이었다. 모든 장애가 극히 심한 정신지체가 있는 사람들이 훈련을 통해 향상된 변화가 없었지만, 19세기 후반 장애 있는 사람들에 대한 교육의 가능성이 나타나기 시작한 것이었다.

Itard는 학생-교사간의 관계 가치를 토대로 초기에 아동들을 이해할 수 있다면 개인의 발전과 치료적 수단이 가능함을 보여주었다. Itard의 후견인인 Eduard Sequin의 노력으로 아동들의 신체, 인지, 도덕성 발달을 강조한 단일 교육 체계가 마련되었다. 1890년에는 Maria Montessori가 Itard와 Sequin이 제공한 이론을 체계화 하였으며, 이러한 교육과 훈련 내용은 일반 아동들에게까지 적용되었다.

1800년대 초기에 보호 시설의 개념이 대서양을 건너 미국에까지 전파되었다. 1818년부터 1894년까지 미국에서는 시각·청각에 장애가 있는 아동과 정신지체가 있는 아동(이 시기에는 이들을 나약한 인격체로 간주하였다)을 위한 보호 시설을 설립하였다. 격리된 보호 시설에서 장애 있는 사람들을 가장 효과적으로 다룰 수 있다는 경향이 지배적이었다. 장애가 극히 심한 사람들은 평생 보호가 필요하지만, 보통의 장애 있는 사람들은 고용될 수도 있었다. 19세기 초 독일에서는 '특수 학급'이 처음 나타났으며, 분리된 환경에서의 장애가 있는 아동 교육의 시초였다.

주요 내용

역사적으로 장애 있는 사람들은 사회로부터 배척당하여 격리되거나 다양한 형태의 지위가 주어졌었다.

사회 개혁

20세기는 사회 개혁과 전쟁의 시대였으며, 장애 있는 사람들에 대한 정부의 관심이 특히 교육학, 심리학, 의학 등에서 크게 나타난 시대이다. Itard, Sequin 그리고 Montessori 등이 제공한 교육적 접근 방법은 20세기에 보급된 발달교육, 사교육 그리고 특수교육의 기초가 되었다. 이 시대에는 장애 유형을 조사하기 위하여 인지적 분석에 의한 심리 검사를 하였으며, Freud와 Pavlov, Leo Kanner에 의하여 정신병의 이해가 보다 명확해졌다. 그 결과 1920년대와 1930년대에 뇌 손상과 신경 기능에 대한 처치를 의학 분야에서 연구하기 시작하였다.

장애 있는 사람들의 일차적인 보호와 대우는 보호 시설에서 이루어졌지만, 19세기 후반에서 20세기 초반 특수교육이 유럽에서 발달하여 미국 전역으로 퍼져나갔다. 제1차 세계대전과 경제 공황의 결과로 미국에서는 특수교육 프로그램이 쇠퇴하였고, 제2차 세계대전 이후 장애가 있는 사람을 위한 프로그램과 서비스가 더욱 확산되었다.

세계 대전은 장애 있는 사람들을 위한 프로그램과 장애 있는 사람을 대하는 태도에 전반적으로 긍정적인 영향을 주었다. 첫째, 미국에서 징병을 위한 신체검사에서 많은 젊은이들이 신체장애가 있지만 평범하게 살아가고 있음을 알 수 있었다. 이러한 발견은 신체장애가 있는 사람들에 대한 폭 넓은 이해와 수용에 도움이 되었다. 둘째, 전후 퇴역 군인들이 장애가 있음에도 불구하고 사회에 모두 수용되었다. 즉, 전문가들 사이에서 신체장애에 대한 지식과 장애의 수용이 확산되었다.

20세기의 전쟁 이후 21세기에는 재활과 의료적 처치 역할이 강화되었다. 부상병들이 증가하면서 일반적으로 퇴역군인들의 사회 통합과 스포츠에서의 기회가 증가한 것이다. 20세기 미국에서는 교육적으로나 법률적으로 장애에 대한 사회적 대우에 관하여 의미 있는 변화가 일어났다(DePauw, 1986b; Lilly, 1983).

첫째, 아동노동법과 의무교육법이 통과되어 더욱 많은 아동들이 학교에 다닐 수 있게 되었다. 둘째, 학습 개념을 이해하기 어려운 아동들이 학교에 입학하였다. 지능검사는 그들을 관리하는데 편리한 도구였다. 아동들의 지식을 측정하고 학습 성공의 예측을 가능하게 한 지능검사는 많은 아동들에게 적용되었다. 이 결과 수정된 교육과정이 적용되는 새로운 학급과 특수학급이 증설되었다.

세 번째 중요한 변화는 Brown대 Topeka의 소송, Kansas 교육국의 1954년 판결을 통해 흑인 아동의 입학이 법률적으로 보장된 것이다. 많은 흑인 아동들이 백인 아동들과 통합되어 교육을 받게 되었으나, 그 이전에 열악한 교육 환경에서 교육을 받았던 흑인 아동들의 지능검사 결과 '지체된 아동'으로 판정된 경우가 많아 특수학급에 배정되었다. 이는 학교교육의 새로운 문제점으로 부각되었다.

이러한 변화들은 아동들 중 특수교육이 요구되는 '장애가 있는 아동'들에 대한 문제를 발생시켰다. 장애가 있는 아동들의 '사회적 장애'가 '학교에서의 장애'와 '사회에 의한 장애'로 확대된 것이다(Lilly, 1983). 장애로 인한 비슷한 능력의 아동들이 함께 교육을 받게 되었다.

1970년대에는 장애가 있는 아동 부모들의 요구에 의하여 교육을 다루는 연방 및 주에서 비차별적인 교육, 교육받을 권리, 평등한 기회 등에 관련된 교육법(전 장애아동 교육법, 재활법 504조)들을 제정하였다. 장애가 있는 아동들에게 시민권을 부여한 법률적 내용은 장애 있는 사람에 대한 사회적 태도와 반응의 변화를 의미한다. 이러한 일들은 미국뿐만 아니라 서구 여러 나라에서도 찾아볼 수 있다.

역사적으로 장애는 '신체적 혹은 정신적 상태에 근거한(Linton, 1998, p.10) 의학적 모델에 입각하여 병리학이나 결손의 개념으로 치료하려 하였으며, 평범하지 않은 사람들을 버리려고 한 개념이었다.'(Linton, 1998, p.11). 1990년 미국장애인법에 영향을 받은 1990년대의 장애 있는 사람들의 권리 운동은 우리들의 관점을 바꾸어놓았다. 장애가 사회적으로 구조화된다는 확신이 장애 있는 사람들의 권리 운동의 핵심이다(DePauw, 1997; Shapiro, 1993).

동향

장애 있는 사람의 완전 참여는 사회적으로 아직 어려운 일이다. 역사적으로 볼 때 장애 있는 사람의 완전 참여는 통합과 수용이었다(DePauw, 1986c; DePauw & Doll-Tepper, 2000). 장애 있는 사람들이 사회에서 배척당하는 시절도 있었지만, 지금은 최소한의 통합이 이루어지고 있다. 문화와 종교가 서로 다른 여러 사회에서 지속적으로 스포츠 현장에서 장애 있는 사람들을 통합하려고 시도하고 있다.

진정한 통합은 모든 사람들이 사회에 접근하기 쉬운 방법으로 운동할 수 있는 권리를 가능하게 하는 것이다. 운동을 하는데 있어서 친구들과 운동 장소, 거주 공간은 부차적인 문제이다. 개인의 문화, 인종, 성, 장애, 학력, 기타의 문제로 인하여 제한되거나 고립되어서는 안 된다.

> **주요 내용**
>
> 장애 있는 사람들이 한 때는 부분 통합이나 배척되었지만, 최근의 경향은 사회 통합과 수용이다.

신체활동과 스포츠의 역사적 관점

스포츠의 근원은 신체활동(physical activity)의 역사를 살펴봄으로써 알 수 있다. 신체활동에는 모든 시대의 운동, 여가, 치료, 스포츠 등이 포함된다. 오늘날에 신체활동이 개념화되고 실용화된 것처럼 스포츠 역시 시대적 변화의 결과이다. 장애 있는 사람들의 스포츠 역시 인간의 신체활동과 그 근원이 같다.

신체 활동

신체활동은 역사상 인간의 삶을 구성하는 중요한 요소이다. (표 2-1)에서는 신체활동의 역사적 주요 사건목록을 보여주고 있다. 고대 시대

표 2.1 신체활동 관련 역사적인 사건

시대	주요 내용
고대 시대	・생존을 위한 근력과 지구력 활동
기원전 2700년 중국	・신체장애 예방과 고통 완화를 위한 치료
기원전 15세기 그리스 시대	・정신적・사상적(사회적) 균형과 신체 훈련을 통한 미용과 건강한 신체 발달
16-17세기 유럽의 개혁 시대	・의료 체조를 통한 건전한 정신과 신체 육성
1850년대 미국	・미국 의사들의 의료 체조
1900년대 초기 미국	・청소년들의 체력 향상을 위한 체육
제1・2차 세계 대전 이후	・신체활동을 통한 재활　　・교정 체육
1950년대 교육적 접근	・발달 체육, 감각 운동 훈련
1960~70년대 사회 개혁과 시민권리	・분리된 환경에서의 체육(동등한 권리)
장애 있는 사람의 권리와 통합 움직임	법적으로・체육, 여가, 스포츠에서 동등한 기회 요구 ・체육과 스포츠에서 통합　・재활 스포츠 ・사회체육　　　　　　　・스포츠 경쟁

의 신체활동에는 생존을 위한 근력과 지구력이 필요했으며, 사냥, 낚시, 격투 등이 주를 이루었다. 훈련이 곧 교육이었다.

신체활동이 치료적 의미로 사용된 것은 기원전 2,700년 중국의 어느 기록에 나타나있다. 운동과 마사지, 목욕 등은 이집트, 인도, 그리스, 로마 사람들도 즐긴 것으로 나타나 있다. 사람들은 운동을 함으로써 신체 장애와 질병을 예방하였다. 병자, 회복기 환자 그리고 좌업 생활자들을 위한 특별한 운동도 개발되었다.

기원전 15세기경의 아테네에서는 스파르타의 잔인함과는 대조적으로 미용과 균형 잡힌 신체의 발달을 위한 신체활동이 보급되었다(Clarke & Clark, 1963). 즉, 아테네의 교육은 정신적, 사회적 그리고 신체적 훈련이 고루 강조되었다.

이러한 초창기 신체활동의 개념은 16~17세기에 들어서 비로소 중대한 변화가 일어나기 시작하였다. 영국의 철학자 **John Locke**는 건전한 신체를 기반으로 건전한 정신을 발달시켜야 한다고 주장하였다.

유럽인들은 다양한 형태의 체조를 하였는데, 오늘날의 신체활동으로 두 가지 의료 체조 형태가 나타났다. 독일식 의료체조와 스웨덴식 의료 체조는 신체와 정신의 발달과 청소년들이 많이 하는 체조, 집단 훈련 그리고 게임의 기술을 모두 발전시키려는 목적이었다. 그러므로 이 시대에는 의료 체조가 최고의 운동이었으며, 의사들은 의료 체조를 주로 강조하였다. 이러한 의료 체조는 19세기에 미국으로 전파되었다. 1850년대에 미국 의사들은 이러한 의료 체조 프로그램을 시작하였다. 이 결과 특별히 고안된 프로그램과 시설들로 자세를 교정시키고, 신체를 이완시키며, 체력을 향상시켰다.

세계 대전 이후 체육은 더욱 발전하였다. 전쟁에 나가지 않는 많은 청소년들의 체력을 향상시키는 체육 프로그램이 발달하였다. 신체활동을 권장하던 의사들은 제1차 세계대전에서 체력이 가장 우선순위였음을 알았고, 이러한 경향은 제2차 세계대전까지 지속되었다. 종전 후에 의사들은 교정·의료의 목적으로 신체활동을 하게 하였다. 체육은 번창하였고, 교정체육이나 의료체육은 장애 있는 사람들에게도 보급되었다. 재활과 치료(여가, 신체활동, 교정) 역시 의학적 모델에 기반을 두고 발전하였다. 신체활동 프로그램의 발달은 신체활동의 교육적 접근을 가능하게 하였다. 체육에 지각 운동 혹은 감각 운동 훈련 프로그램이 포함되었다.

1960년대의 시민 권리와 사회 개혁은 20세기 후반에서 21세기 초반의 통합 운동과 신체활동 프로그램을 함께 발전시켰다. 시민 권리의 역사에서 1990년대 장애 있는 사람들의 권리 운동은 법적으로 신체활동과 스포츠의 동등한 기회를 갖게 하여 통합체육을 장려하게 하였다. 비록 20세기 후반 장애인스포츠의 초점이 재활이었지만, 오늘날에는 사회체육, 여가 스포츠 그리고 스포츠 활동이 중요한 관심사가 되었다.

> **주요 내용**
>
> 장애 있는 사람들의 생활에서 신체활동의 역할은 시간이 지날수록 그 비중이 커져가고 있다. 시간이 지날수록 장애 있는 사람들의 신체활동은 운동, 여가, 치료, 스포츠 등의 형태를 갖추게 되었다.

여가 활동

선사시대나 고대시대의 신체활동과 여가 활동은 악마를 쫓기 위한 종교적 믿음에 의한 활동이 대부분이었다(Carter, Van Andel, & Robb,

1985). 그리스와 로마 사람들은 의학적 수단과 종교 활동을 결합시킨 여가 활동을 질병 치료에 이용하기도 하였다. 이 시대에는 검투사와 동물의 싸움처럼 개인적인 여가활동에 사람을 이용하기도 하였다.

중세 시대에는 교회에서 장애 있는 사람의 대우 수준을 결정하였다. 그러나 장애 있는 사람들에게 유익한 재활 서비스를 제공하지 않고 감금하였다(Carter, Van Andel, & Robb, 1985).

1800년대 산업혁명 기간에는 사람들이 여가활동에 참가하기 시작하였다. 병원의 간호사들이 잔디에서 볼링을 하고 음악과 흔들 목마를 이용한 여가 활동을 하였다. 장애 있는 사람들은 병원이나 학교에서 제한적이나마 여가 활동의 기회를 가질 수 있었다.

1900년대 초 전쟁이 발발하자 사회·도덕적 구조는 더욱 심한 시험대에 오르게 되었다. 전쟁에서 돌아온 퇴역군인들을 사회가 책임지게 되었다. 가령, 1930년대 미국의 루즈벨트 대통령의 뉴딜 정책과 불운한 사람들을 돌봐야 한다는 개념들이 그것이다. 이러한 결과로 1940~1950년대의 전쟁에서 부상당한 사람들이 군병원에서 생활의 일부분으로 여가 활동을 하였다. 1950년대에는 논문(문헌)에서 '치료 레크리에이션'이 처음 언급되었다. 미국에서 처음 시작되었지만 서구 국가들에서 많은 프로그램들이 개발되었다.

1960년대가 되면서 여가활동은 사람들의 필요에 의해서 더욱 발전하였다. 오늘날에는 병원과 재활 센터, 정신 보건소, 소년원, 요양소, 양로원 등에서 치료 레크리에이션 프로그램을 찾아 볼 수 있다.

야외 여가활동은 1800년대 치료적 수단으로 사용되었다(Gibson, 1979). 환경 교육과 야외 여가활동은 유럽에서 처음 시작되었다(Donaldson & Swan, 1979). 1901년 미국 맨해튼 주립병원의 정신질환자들을 위한 야외 여가활동이 치료적 목적으로 처음 사용되었다.

의사들은 환자들의 신체적·정신적 건강상태의 향상을 관찰하기 위하여 야외 여가활동을 이용하였다(Gibson, 1979). 10년 뒤에는 다른 주의 병원에서 하계 캠프 프로그램으로 이용하기도 하였다.

장애가 있는 아동을 위한 공식적인 캠핑활동은 1888년에 시작되었고 (Vinton et al., 1978), 1930년대 이후 장애가 있는 아동을 위한 캠프 활동 프로그램이 급속히 발전하였다(AAHPERD, 1976). 오늘날 다양한 프로그램이 장애가 있는 아동들의 독특한 요구를 충족시키고 있다. 청소년 환자들이 건전한 시간을 보낼 수 있는 McDonald 캠프와 신체장애 청소년들이 미국을 횡단하는 Easter Seal 캠프 등이 그 좋은 예이다. 야외 및 모험 레크리에이션 프로그램에는 Outward Bound 국제 황무지 개척단 그리고 장애 있는 사람들의 야외활동 협력 그룹(Cooperative Wilderness Handicapped Outdoor Group, C.W.HOG) 등이 있다.

승마 치료

고대 그리스 시대부터 불치병을 앓던 사람들은 승마를 이용하였다 (Mayberry, 1978). 18~19세기에는 의료기관에서 결핵과 신경 질환을 앓고 있던 환자들을 치료하기 위해 승마를 이용하였다. 말을 타는 사람의 활동적인 움직임과 말이 제공하는 수동적인 움직임을 통하여 자세와 균형감, 근력이 향상된다(DePauw, 1986a). 최근 Patterson(2000)은 근경화증을 앓고 있는 사람들의 승마치료 효과에 관하여 연구하였다. 그녀는 제한적이지만, 승마치료가 전반적인 균형감과 걷기 능력에 통계적으로 유의한 변화가 나타났다고 하였다. 그러나 Patterson의 연구는 실험에 참가한 대상이 적어 일반화시키기에는 어렵다. 이러한 활동을 보다 많은 사람들에게 적용시키기에는 어려움이 있다.

승마 치료의 특별한 프로그램은 1950년대가 되어서 비로소 나타나기

장애인스포츠를 빛낸 인물

- 성명 : Andrea Scherney
- 국가 : 오스트리아
- 종목 : 육상(트랙과 필드)
- 수상 경력
    - 멀리뛰기 세계기록보유자
    - 5종 경기 세계기록보유자
    - 1994년 세계선수권대회 육상 종목 유망주
    - 애틀랜타 파랄림픽 창던지기 금메달 획득

1988년부터 무릎 아래가 절단된 사람들이 육상 경기에 참가하였다. 그녀의 업적은 대단하였다. 그녀는 1994년 세계선수권대회 육상종목의 유망주였으며, 1995년에는 100m 달리기와 멀리뛰기에서 세계 신기록을 수립하였다. 또한, 1996년 애틀랜타 파랄림픽에서 창던지기 금메달, 2000년 시드니 파랄림픽대회에서 포환과 창던지기 은메달, 그리고 2003년 유럽 선수권대회에서 5종 경기 세계 기록을 수립하였다. 육상 전 종목에 출전한 그녀는 스포츠 과학을 연구하던 시기에 오토바이 사고를 당한 후 연구보다 재활에 전념하였다. 이러한 결과에 대해 Andrea는 비록 장애가 있었지만 일상으로 되돌아가는 최선의 길을 위하여 계속적인 노력을 하였다. 그녀는 스포츠를 처음 시작할 때 매우 어려운 시간을 보내며 당황하였지만 결국 자신감을 갖게 되었다. 비록 우리가 장애를 겪지 않아 잘 모르지만, 장애가 발생하더라도 새로운 신체활동과 움직임을 배워야 한다. Andrea는 그녀의 경험을 바탕으로 전쟁으로 피폐해진 보스니아 에르제고비나에서 활동하려 하고 있다. "장애 있는 사람들의 스포츠는 벽을 허물고 도덕적 윤리를 극복합니다. 또한 장애 있는 사람과 장애 없는 사람이 함께 평화롭고 행복하게 살아가는 방법입니다." Andrea Scherney는 선수로서 촉진자로서 장애인스포츠에 많은 영향을 끼쳤다. 그녀의 노력은 특수체육에서 매우 훌륭한 유산이다.

시작하였다. 체육과 여가활동으로서 승마를 이용한 것은 영국이 처음이었으며, 이후 유럽과 미국으로 전파되었다. 승마 치료 프로그램은 오늘날 전 세계적으로 이용되고 있다. 승마는 여가활동뿐만 아니라 스포츠나 교육 활동(승마 치료를 포함)으로 이용되고 있다(DePauw, 1986a). 승마치료에 관한 더 많은 내용을 알고 싶으면 Engel(1992)의 책을 참조하면 된다.

스포츠

오늘날 사회에서 가장 규모가 큰 스포츠는 올림픽이다. 기원전 776년 그리스 시대에 올림픽이 시작되었으며(근대 올림픽은 1896년 개최), 운동 경기는 그 이전부터 있었다. 스포츠의 초기 형태는 기원전 3천~2천 년 전 동양인들의 활동에서 찾아볼 수 있다. 이집트의 벽화에는 레슬링과 공놀이, 무거운 것 들기, 기타 여러 가지 형태의 운동 경기를 하는 모습이 그려져 있다. 여성들만 참여한 Herean Games은 점차 여성들의 모습이 자취를 감추고, 남성들이 주로 참여하는 올림픽으로 발전하였다.

그리스 시대의 스포츠는 인생의 전부였고, 교육에서 매우 중요한 부분이었다. 당시의 교육은 정신적·신체적 교육을 모두 포함하는 것이었다. 그리스 사람들은 정신이 없는 신체란 존재하지 않으며, 정신이 없는 신체는 아무런 의미가 없다고 믿었다. 스포츠의 초기 단계에서 신체의 아름다움과 힘을 경배하였고, 경쟁이 모든 대회의 중심이었다. 이후 스포츠는 신체의 아름다움과 힘뿐만 아니라 경쟁과 페어플레이 정신을 중요시하였다.

초기 그리스 시대의 문화와 같이 스포츠는 현대 사회의 모든 부분에 스며들고 있다. McPherson, Curtis 그리고 Loy(1989)는 스포츠가 문화를 반영하는 사회 제도라고 보았다. 그들은 스포츠를 '구조적이고 목표 지향적이며 경쟁적이고 즐거운 신체활동'이라고 하였다. 이러한 이유로 장애 있는 사람들 또한 스포츠에 참여하고 있는 것이다.

> **주요 내용**
>
> 장애 있는 사람도 신체활동과 경쟁 스포츠에 참여하게 되었다.

맺음말

장애 있는 사람들의 사회적 지위와 대우에 관하여 역사적으로 살펴본 결과, 장애 있는 사람들을 제한적으로 인정하면서도 방치하는 경향이 있었다. 장애 있는 사람들의 사회적 지위가 변화된 것은 시대적 상황이나 특별한 활동 그리고 개인차 등의 상호작용 결과이다. 일반적으로 장애 있는 사람들은 문화와 성, 인종, 계급, 장애의 종류에 따라 사회로부터 추방되거나 제한적으로 수용되었다(DePauw, 1997). 사회학적 관점에서 볼 때 이러한 장애 있는 사람들은 특수한 사회에 소속된 '주변인'이었다.(e.g., Hughes, 1949; Park, 1928).

'주변인'은 장애 있는 사람과 스포츠에 적용하기에 적합하지 않은 개념이다. 사람들은 스포츠와 신체활동 참여의 긍정적인 효과를 인식하고 있으며, 장애 있는 사람들의 주변성을 축소시키고 있다.

역사적으로 신체활동과 스포츠 추구는 인간의 표출방식이었고, 타인과 동등한 상태를 유지하여 인정받는데 스포츠를 이용하였다. 스포츠에 참가함으로써 사회에서 인정받고 돋보일 수 있기 때문에 많은 사람들이 스포츠에 참여하였다. 장애 있는 사람들 역시 이러한 이유로 스포츠 세계에 참여하게 된 것이다.

제3장

장애인스포츠의 역사

| 목표 |
- 장애인스포츠의 역사에 대한 이해, 평가, 지식

| 주요 내용 |
- 국제 장애인스포츠
- 미국의 장애인스포츠
- 장애인스포츠에 대한 연구
- 장애인스포츠의 동향

국제 장애인스포츠

국제 장애인스포츠 운동(movement)에는 어려움이 있다. 단체가 발전하고 광범해지면서 성장통(growing pain)을 겪기 마련이다. 국제 장애인스포츠가 발전적으로 나아가기 위해서는 현재 기구가 어떻게 만들어졌는지에 대한 역사를 이해하는 것이 우선 필요하다.

초기 역사

20세기 중반 이전에는 이례적인 일이 아닌 한 장애 있는 사람들이 조직화된 스포츠 경기에 참가할 수 있는 기회가 제한적이었다. 두 명의 예외가 있었는데, 그 한 사람은 헝가리 출신인 Karoly Takacs로서, 이 선수는 오른팔을 잃은 후 왼손잡이로 올림픽 사격 대회에 두 번 출전(1948 런던 올림픽대회, 1952 헬싱키 올림픽대회)하였으며, 또 다른 한 사람은 덴마크 출신의 Liz Hartel인데, 그는 1943년 소아마비에 걸려 휠체어를 사용하면서 1952년 올림픽 대회에서 마장마술로 은메달을 획득했다. 장애인스포츠와 장애 있는 선수들의 연표는 부록 A를 참조하면 된다.

청각에 장애가 있는 사람들은 처음으로 스포츠를 하기 시작한 집단이었다. 그들의 스포츠 활동은 1888년 베를린에서 창설된 청각장애인스포츠 클럽(Sports Club for the Deaf)으로 거슬러 올라간다. 1888년과 1924년 사이에 청각 장애인들을 위해 벨기에, 체코슬로바키아, 프랑스, 영국, 네덜란드, 폴란드 등 6개국에서 전국 스포츠 연맹을 발족하였다. 1924년 8월 10일부터 17일까지 프랑스에서 6개 연맹들이 모여 제1회 세계농아인체육대회(International Silent Games)를 개최하였는데, 대회에는. 헝가리, 이탈리아, 루마니아 선수들도 참가하였다. 제1회 대회를 계기로, 국제농아인스포츠위원회(CISS)는 장애인스포츠 경기를 개최한 최초의 국

CISS: Comité International des Sports des Sourds)

제기구가 되었다. 이 첫 번째 경기는 세계농아인경기대회(World Games for the Deaf)로 발전되었고, 올림픽대회 다음해에 2년(하계와 동계 대회를 번갈아가며)마다 개최되는 데프림픽(deaflympics)으로 정착되었다.

청각에 장애 있는 사람들뿐만 아니라 절단장애가 있는 사람들도 스포츠 활동을 즐겼다. 영국외팔골퍼협회(British Society of One-Armed Golfers)가 1932년에 설립되었고, 절단장애가 있는 사람들을 위한 연례 골프 경기가 영국 내에서 개최되었다.

20세기 초반의 세계 대전은 장애 있는 사람들에 대한 사회 관념과 처우에 주요한 영향을 끼쳤고, 재활을 생각하게 되었다(Huber, 1984). 전쟁 전에는 장애 있는 사람들을 사회에서 열외로 취급하였고, 종종 사회의 짐처럼 여겨졌었다. 전 세계를 통틀어 육체적 장애와 전통적인 방법으로 치유할 수 없는 심리적 장애를 가진 많은 상이군인들이 귀환했다. 그래서 이들의 사회 복귀를 돕기 위한 재활 프로그램이 개발되었다.

영국정부는 이러한 필요성을 최초로 인지하여 1944년 영국 Aylesbury에 스토크 맨드빌 병원 척수 손상센터(Spinal Injuries Centre at Stoke Mandeville Hospital)를 설립하였다. 이 센터의 원장 구트만 경(Sir Ludwig Guttmann)은 상이군인들의 재활 프로그램으로 스포츠 경기를 최초로 도입했다. 그 시대의 스포츠 경기로는 펀치볼 운동, 로프 기어오르기, 휠체어 폴로 등이 있었다(Guttmann, 1976).

1948년에는 Guttmann의 지도하에 제1회 하반신마비스토크맨드빌대회(Stoke Mandeville for the Paralysed)가 개최되었다. 이 대회에서 26명의 상이군인들(3명의 여성 포함)이 휠체어 양궁 경기를 실시하였다.

1940년대 후반에 스포츠는 의료 재활의 한 부분으로 유럽 전반과 미국에까지 확산되었다. 이러한 개념에 따라 휠체어 선수들을 위한 대회와 스포츠 종목이 옛 서구권 유럽에 걸쳐 생기게 되었다.

Guttmann은 1952년에 휠체어 선수들을 위한 제1회 국제 대회를 Stoke Mandeville에서 개최하였고, 영국과 네덜란드 팀이 경기를 하였다. 총 130명의 척추손상 선수들이 6개의 휠체어 스포츠 부분에서 경기를 하였다. 휠체어 스포츠 운동으로부터 파생된 사회적·인간적 가치를 기리기 위해 국제올림픽위원회(IOC)는 1956년 Guttmann의 업적을 인정하고, 올림픽 운동의 공헌을 기리기 위해 Stoke Mandeville 토마스 피어리 컵(Sir Thomas Fearnley Cup)을 수여하였다.

Stoke Mandeville 대회가 시작된 이후로, 휠체어 스포츠는 발전되었고 국제적으로 실체를 인정받게 되었다. 휠체어 양궁에 이어 론볼(lawn bowling), 탁구, 포환던지기, 창던지기, 곤봉던지기 등이 휠체어 스포츠 경기 종목으로 추가되었다. 1960년대에는 휠체어 농구, 펜싱, 당구, 수영, 역도 등이 소개되었다. 남아메리카와 미국은 1957년과 1960년에 개최된 Stoke Mandeville 대회에 팀을 출전시켰다. 1960년 국제스토크맨드빌휠체어경기연맹(ISMWSF)은 척추손상인 사람을 위한 모든 국제대회를 인가하였다. 이 대회는 원래 척추손상이 있는 사람들에게만 참가가 허용되었으나, 1976년 캐나다 토론토에서 열린 신체적 장애를 위한 올림피아드(Olympiad for the Physically Disabled)에서는 다른 신체 손상(절단)과 시각손상인 사람들이 참가할 수 있도록 하였고, 이 대회가 발전하여 드디어 파랄림픽(Paralympics)으로 불리게 되었다. 국제올림픽위원회(IOC)는 1984년에 파랄림픽이란 명칭 사용을 인정하였다.

1960년대에 국제 스포츠 경기는 청각장애인세계대회(World Games for the Deaf)나 국제스토크맨드빌대회(International Stoke Mandeville Games)에 참가하지 못했던 다른 장애 있는 사람들이 참가할 수 있도록 하였다. 이들 장애인스포츠 종목을 관장하기 위하여 국제장애인스포츠협회(ISOD)를 결성했다. ISOD는 1964년에 파리에서 공식적으로 시각장애,

---

IOC: International Olympic Committee
ISMWSF: International Stoke Mandeville Wheelchair Sports Federation
ISOD: International Sports Organization for the Disabled

절단장애, 다른 이동성 장애가 있는 사람들을 위한 국제 스포츠 참여기회를 제공하기 위해 공식적으로 발족되었다(Lindstrom, 1984). ISOD 설립자들은 IOC와 버금가는 구조와 기능을 갖으려는 의도가 있었다(부록 A 참조).

기존의 경기에 대한 불만족을 해소하고 뇌성마비인을 위한 제1회 국제대회를 지원하기 위해 1968년에 프랑스에서 국제뇌성마비협회(International Cerebral Palsy Society)가 결성되었다. 국제뇌성마비협회는 2년마다 대회를 개최하였으며, 이후 대회는 ISOD가 뇌성마비 스포츠를 위한 공식 기구로써 국제뇌성마비스포츠레크리에이션협회(CP-ISRA)를 공인하였고, 1978년까지 계속 개최되었다.

이와 비슷한 양상으로 전맹(blindness)을 포함한 시각 손상 선수들의 경기 기회를 늘리고 흥미를 끌기 위하여 1981년에 국제시각장애인스포츠협회(IBSA)가 설립되었다. 이 두 단체(IBSA, CP-ISRA)는 ISOD로부터 승인된 마지막 장애인스포츠 단체이었다.

장애 있는 선수들을 위한 국제 대회와 참가기회를 증대시키려는 새로운 총괄 조직을 만들기 위해 CP-ISRA, IBSA, ISMWSF, ISOD 등이 1982년 함께 모여 공통의 관심사를 나타냈다. 세계장애인스포츠기구국제조정위원회(ICC)는 전 세계적으로 장애인스포츠를 일반스포츠와 대등하게 보급하고, 장애인 선수들을 대신해서 IOC와 협상하기 위해 만들어졌다. CISS와 국제정신지체인경기연맹(International Sports Federation for Persons with Mental Handicap)이 1986년에 ICC에 합류했다.

ICC는 1982년에서 1987년까지 국제 스포츠 연맹으로서의 역할이 순탄하지 않았는데, 국제 장애인스포츠의 앞날에 대해 논의하기 위해 39명의 대표국과 6개의 국제 연맹 대표자가 회합을 가졌다. 이 회의는 아른헴세미나(Arnhem Seminar)로 알려져 있으며, 1987년 3월 14일에 네덜란드

CP-ISRA: Cerebral Palsy-International Sports Recreation Association
IBSA: International Blind Sports Association
ICC: International Coordinating Committee of the World Sports Organization

사례 연구: 이란

이란의 장애인스포츠 역사는 짧다. 이라크와 몇 년간의 분쟁이 종식되고 1979년 이후 이란 스포츠 동맹이 결성되었다. 4명의 조사원이 세계선수권대회에 대한 경험과 방책, 자료, 규정과 법규를 얻기 위해 네덜란드에 파견되었다. 전국 코치 클리닉 직후인 1979년에 육상, 탁구, 좌식배구, 휠체어농구와 수영을 포함한 첫 번째 대회가 Tehran에서 개최되었다. 이라크 전쟁으로 장애를 가진 사람들이 급격히 증가했고, 그들은 스포츠 활동을 통한 자신들의 가능성, 신체적 잠재력, 건강에 대해 관심을 갖게 되었다. 이란은 1981년 스토크맨드빌 대회에 처음으로 상이군경 스포츠 대표단을 참가시켜 상위 입상을 하였다. 1980년대에는 추가적으로 농구, 좌식배구, 탁구 등 여러 종목의 국제 대회에 참가하였다. 파랄림픽대회에 선수단을 꾸준히 참가시켜 선수들은 많은 경험을 갖게 되었다. 현재 이란은 1,400여명의 훈련된 코치와 14개 종목의 스포츠를 이용할 수 있는 탄탄한 하부조직을 갖추고 있다. 이란의 대표 종목은 좌식배구와 휠체어농구이다.

여기에 소개한 선수들은 이란에서 장애인스포츠에 많은 영향을 미친 몇몇 선수들이다. 짧은 기간임에도 불구하고 이들의 업적은 인상적이다. 여성이 포함된 사실에 특히 주목할 필요가 있다.

Mr. Ali Golkar는 34세로 좌식배구 선수이다. 선천적으로 소아마비를 앓은 그는 1988년 이후 장애인스포츠에 참가하게 되었다. 1990년 세계 선수권대회, 1992년 바르셀로나 파랄림픽대회, 1996년 애틀랜타 파랄림픽대회, 1998년 세계 선수권대회에서 금메달을 획득했으며, 2002년 세계 선수권대회에서는 동메달을 획득했다.

Mr. Amrollah Dehghani는 40세의 또 다른 금메달리스트이다. 그의 외상성 척수손상은 역도 경기력에 영향을 미치지 않았다. 2000년 시드니에서 금메달을 획득한 그는 100kg 체급에서 국가 기록 보유자이다. 1995년 영국 세계선수권대회에서 금메달을 획득했고, 벨기에 대회에서 동메달, 1998년 세계선수권대회와 1999년 헝가리 세계선수권대회에서는 은메달을 획득하였다. 매일 2시간의 훈련을 하는 그는 '스포츠는 미완성에서 완성에 이르게 하는 대학이다. 스포츠는 모두 친목을 의미하고, 건강한 방법으로 생각하고, 행동하는 것을 의미한다.'고 말했다.

Mr. Aref Khosravinia는 32세로 소아마비를 앓고 있다. 그는 1988년 이래로 선수로 출전했다. 영국 세계선수권대회, 뉴질랜드 세계선수권 대회, 아시아 및 중동 대회, 시드니 파랄림픽대회에서 금메달을 획득했고, 프랑스 세계선수권대회에서 은메달을 획득했다. 수많은 대회를 참가하며 그가 주창하고자 하는 것은 "스포츠가 우리의 삶을 새롭게 한다."는 것이다.

Mr. Enayatollah Bokharaei는 40세이며, 외상성 척수손상이 있다. 그는 1987년 이래 사격과 소총 부분의 선수로 활동했다. 1996년 애틀랜타 파랄림픽대회와 2000년 시드니 파랄림픽대회의 금메달 리스트였다. 또한 1993년 이래 영국, 오스트리아, 덴마크, 스페인과 태평양과 같은 여러 국제 대회에서 7개의 금메달, 4개의 은메달, 3개의 동메달(개인과 단체분분에서)을 획득했다. 그는 "스포츠가 내 삶의 고통과 어려움의 시점을 극복하는 발단이 되었다"고 믿었다. 그의 아내와 동료들은 1주에 한 번씩 그의 훈련을 도와준다. 그 일은 좋은 성과를 가져오게 되었다.

Mr. Mohammad Sadeghimehryar는 42세 소아마비로, 1979년 이래로 휠체어농구와 육상경기 종목에 참가했다. 원반 부분 4개의 세계 대회에서 금메달을 획득했고, 2000시드니 파랄림픽대회에서 은메달을 획득했다. 그는 초기부터 계속적으로 참여하여 장애인스포츠에 공헌했다.

Mr. Parviz Fitouzi는 35세로 1990년 좌식배구 경기에 첫 출전을 하였다. 매우 짧은 기간 동안 그는 1992년 바르셀로나, 1996년 애틀랜타, 2000년 시드니 파랄림픽대회에서 우승했다. 또한 1994년 독일과 1996년 이란 세계선수권대회에서 금메달을 획득했다. 그에게 있어서 스포츠는 취미이며, 인생을 보충해주는 것이라고 한다. 그의 성취는 삶과 스포츠에 대한 철학적 관점을 제공해 주었다.

Ms, Nayyerh Akef는 39세로 외상성 하반신 장애이고 세계 장애인스포츠의 새로운 인물이다. 그녀는 탁구와 사격에 출전했다. 탁구부분 세계 선수권 대회에서 우승했으며, 여러 국제 대회에서 은메달과 동메달을 획득했다. 소총부분에서 그녀는 1999년 이래로 국내 기록 보유자이고, 2000년 시드니 파랄림픽대회의 동메달리스트였다. 2001년 덴마크 유럽 선수권 대회에서 동메달, 2002년 서울 세계 선수권 대회와 2003년 독일 유럽 선수권 대회에서 은메달리스트였다. 그녀가 말하기를 '스포츠는 인생에 대한 관점을 변화시켰고, 삶의 커다란 영향을 주었다. 이 점은 모든 인간에게 다 해당될 것이다.'

작가 노트: Mr. Msaoud Ashafi는 이란 파랄림픽 위원 행정 비서로 장애인스포츠에 대한 정보를 주었다.

Arnhem에서 개최되었다. 이 세미나에서 전 세계의 남녀 장애인스포츠를 대표하기 위한 새로운 국제기구가 창설되어야하며, 조직 구성을 위해 임시 위원회가 선임되었다. 아른헴 세미나 중에 구체적으로 논의된 것으로는, 새로운 조직은 장애인스포츠 프로그램이 있는 모든 국가를 대표하는 것이어야 하며, 각국의 위원회를 통해 운영하도록 하였다. 선수와 장애인스포츠 기구는 국제적 수준으로 장애인스포츠를 관리하는데 있어서 의견을 발표해왔다. 이 새로운 조직은 국제적인 엘리트 스포츠 활동과 더불어 레크리에이션 활동을 발전시켜야 하는 책임을 갖게 되었다. 기존의 ICC 회원들은 이 새로운 조직에서 중요 부분이 되었다.

> **주요 내용**
>
> 장애인스포츠는 어떠한 형태로든 1800년대 후반부터 존재했었다. 20세기 세계대전은 장애 있는 사람들을 바라보는 사회의 관점과 처우에 중요한 영향을 끼쳤다. 스포츠를 재활의 수단으로 삼으려는 아이디어는 운동 경기에 장애인들이 참여할 수 있는 기회를 이끌어 내었다.

국제파랄림픽위원회 시대

IPC: International Paralympic Committee

국제파랄림픽위원회(IPC)는 1989년 9월 21-22일 독일 뒤셀도르프(Dusseldorf)에서 창설되었고, 1992년 바르셀로나 파랄림픽 대회 폐막 후 공식적으로 ICC를 대신하는 것으로 예정되어 있었다. 이 회의에서 조직 구성안에 따라 임원들이 선출되었고, 운영관리 체제가 채택되었다. IPC의 설립은 장애인스포츠 역사에서 가장 중요한 사건이었다. 처음에는 IPC 조직의 합리적 운영, 국제대회의 조정, IPC와 IOC의 안정된 대화유지 등에 주력하였다.

그래서 1992년 9월 이후로 IPC는 장애 있는 선수들을 위한 유일한 국제적 조정 실체로 인식되었다. IPC에 관한 자세한 설명은 4장에 기술하였다.

IPC는 전문적인 스포츠기구로 인정되었고, 점진적으로 성장하면서 운영에서 안정을 유지하는 가운데, 독일의 본(Bonn)에 본부를 두고 있다. 독일 연방 정부와 본시(City of Bonn)는 적합한 위치를 물색하여, IPC 본부에 필요한 자금을 지원하였다. 1900년대 초기에는 예전의 주거 지역이었던 곳이 새롭게 개조되어 휠체어 출입이 가능한 공공 건축물로 바뀌었고, 1999년 9월3일 IPC 본부는 공식적으로 업무를 개시하였다. 개회식에는 전 세계의 정부고관들과 공무원, 장애인 선수들, 코치, 관련 전문가 등이 참석하였다. Juan Antonio Samaranch IOC 위원장은 장애인 선수를 동적으로 묘사한 모습의 조각을 Robert Steadward IPC 위원장에게 선사하였고, 조각상은 IPC 본부에서 눈에 잘 띄는 곳에 전시되었다.

IPC와 IOC의 관계는 더욱 공고해졌다. 1988년부터 올림픽이 개최된 도시에서 파랄림픽을 개최하고 있다(하계대회-1988 Seoul; 1992 Barcelona; 1996 Atlanta; 2000 Sydney; 2004 Athens; 2008 Beijing; 동계대회-1994 lillehammer; 1998 Nagano; 2002 Salt Lake City). 2008년부터 올림픽대회를 개최함과 동시에 파랄림픽대회를 반드시 포함시켜야 한다는 입장을 공식화하였다. 2000년에는 Samaranch IOC 위원장과 Steadward IPC 위원장이 호주의 Sydney에서 이 협약에 서명하였다. IOC와 IPC는 "모든 인류는 육체적, 정신적인 성장을 추구할 권리에 대한 만인의 신념"을 공유하고, IOC 위원회와 단체에 IPC가 참석하고, Steadward IPC 위원장을 IOC의 회원으로 선임하는 내용에 동의하였다(DePauw, 2001c). 123번째 IOC의 회원으로 IPC 위원장 Phill Craven이 선출됨으로써 두 단체의 관계는 더욱 공고하게 되었다.

> **주요 내용**
>
> 파랄림픽은 IOC와의 공식적인 관계를 잘 유지하며, 조직화되고 기능적인 국제적 실체로 발전되었다.

미국의 장애인스포츠

미국의 일반 스포츠는 오래되고 잘 조직된 역사를 가지고 있는 반면, 장애인스포츠는 약간 다르다. 실제로 미국의 장애인스포츠 운동은 청각 장애 스포츠를 제외하고는 상당히 짧은 역사를 가지고 있다.

초기 역사

미국에서 처음 알려진 장애인스포츠 경기 종목은 California에 있는 상이군인 병원(Veterans Hospitals)과 미국하반신마비상이군경회 New England 지부(New England Chapters of the Paralyzed Veterans of America)가 휠체어농구를 한 것이었다. 초창기였던 1946년에 캘리포니아 Van Nuys의 Flying Wheels는 미국 전역에 걸쳐 순회 경기를 하였다. 이 순회 경기의 결과로 일반인들에게 휠체어농구가 스포츠 일뿐만 아니라 장애인들이 장애를 극복하여 운동선수가 될 수 있다는 인식을 점차 심어주게 되었다.

1947년과 1948년에 휠체어농구팀이 창단되었는데, 그 팀은 Missouri주 Kansas City의 Pioneer, Blooklyn의 Whirlaways, Minneapolis의 Gophers, New York주 Woodside의 Bulova Watchmake, Queens의 Chairoteers, Manhattan의 New York Spokesmen 등이었다.

1946년 이후, 미국에서는 휠체어농구 팀이 많이 창단되었으며, 그에 따라 휠체어농구 대회가 필요하게 되었다. 1949년 Illinois의 University 학생 재활 위원장 Tim Nugent는 제1회 휠체어농구 대회를 Illinois의 Galesburg에서 개최하였다. Nugent는 대회 준비 기간 동안 행정적인 부분을 총괄하기 위해 기획위원회를 조직하였는데, 이것이 미국의 휠체어농구의 기구인 미국휠체어농구연맹(National Wheelchair Basketball Association)으로 발전하였다.

1950년대 초반, Guttmann이 휠체어 선수들을 위한 제1회 국제 대회를 준비하는 동안, 미국 출신 Ben Lipton은 국내와 국제적 수준의 휠체어농구 대회를 포함한 휠체어 스포츠의 발전을 계획하는 중이었다. Lipton은 1957년에 미국하반신마비상이군경회와 뉴욕의 Adelphi 대학의 협조를 얻어 제1회 국내 휠체어경기대회를 개최하였다. 그 대회의 개회식에서 Stoke Mandeville 대회에서 실시하는 60야드 달리기, 100야드 달리기, 220야드 달리기와 220과 400야드 왕복 달리기(shuttle relays) 등의 몇몇 종목을 소개하였다.

국내 휠체어경기 대회의 성공에 따라 Ben Lipton과 그의 위원회는 미국휠체어경기연맹(NWAA)을 창립하였다. 이 조직의 주요 목적은 농구 이외의 다른 휠체어 스포츠를 위한 운영 규칙과 규정을 확립하는 것이었다. 궁극적으로 미국휠체어경기연맹은 각 주, 지역, 전국적 수준의 다양한 경기를 지원하는데 목표를 두게 되었다.

> NWAA: National Wheelchair Athletic Association

미국 팀은 1960년 로마에서 열린 국제스토크맨드빌대회(International Stoke Mandeville Games)에 국제경기로는 처음 참가하였고 이때의 감독은 Ben Lipton이었다.

1967년 이전까지 대부분의 휠체어스포츠는 하계 스포츠였다. 어떤 스포츠 협회도 장애인 선수들의 동계 스포츠에 대한 관심을 도모하려는 시도를 하지 않았다. 그 결과로 미국 장애인스포츠 및 레크리에이션 연맹(NHSRA, 후에 미국장애인스포츠협회[NHS]로 전환)이 절단장애가 있는 베트남 상이군인들에 의해 창립되었다.

미국 팀은 1976년 토론토에서 열린 신체 장애인을 위한 올림피아드(Olympiad for the Physically Disabled)에 27명의 시각장애 남녀를 참가시켰다. 이 선수들의 성공적인 참가 결과로 시각장애 선수들의 스포츠를 지원하는 조직 설립을 논의하기 위해 단체가 소집되었다. 1976년 후반기에 시각장애인 선수들의 지도자, 교육자, 코치들은 미국시각장애인경기연맹(USABA)을 창립하였다.

뇌성마비인과 비슷한 신경계 이상을 지닌 사람들을 위한 미국 운영조직의 모체가 되는 미국뇌성마비인스포츠협회(National Association of Sports for Cerebral Palsy)는 1978년에 창립되었다. 미국뇌성마비인스포츠협회는 1986년에 양궁, 승마, 역도, 탁구, 축구, 볼링, 수영, 육상 등을 포함한 다양한 종목의 대회를 주최하기 위해 미국뇌성마비인경기연맹(USCPAA)으로 재조직되었다.

1981년에는 소규모의 절단 장애가 있는 선수들이 미국절단장애인경기연맹(USAAA)을 설립했다. 다른 두 단체(NHS, NWAA)가 절단 장애가 있는 선수들을 지원하고 있었지만 USAAA는 이들 선수들에게 또 다른 기회를 제공하고 있었다. 절단 장애 스포츠를 위한 운영기구로서, USAAA는 NHS와 NWAA가 지원하고 있지 않은 양궁, 입식 농구, 좌식·입식 배구, 수영, 역도, 육상 경기 등을 지원하였다.

1985년 미국 뇌성마비/기타 장애인 대회(National Cerebral Palsy/Les Atures Games)의 후원으로 뇌성마비(예: 기타 장애 또는 다른 장애가 있는 사람들) 이외에 왜소증과 신체적 장애인 선수들도 처음으로 출전할 수 있는 기회가 주어졌다. 왜소증 선수들이나 기타 장애가 있는 선수들

NHSRA: National Handicapped Sports and Recreation Association
NHS: National Handicap Sports
USABA: United States Association of Blind Athletes
USCPAA: United States Cerebral Palsy Athletics Association
USAAA: United States Amputee Athletics Association

을 지원하는 단체가 없었기에, 두 개의 새로운 단체가 창립되었다(미국 왜소증장애인경기연맹[Dwarf Athletic Association of America], 미국기타 장애인경기연맹[United States Les Atures Sports Association]).

1989년에 USAAA가 해체되자 선수들을 후원하고 조정하는 권리를 얻기 위해 미국장애인스포츠협회(DS/USA - 이전의 NHS)와 미국절단장애인하계스포츠연맹(National Amputee Summer Sports Association)이 서로 다투게 되었다. 이러한 갈들을 해결하기 위하여 미국올림픽위원회(USOC)와 장애인스포츠위원회(COSD)는 1990년 9월에 DS/USA에게 절단 장애인 선수들의 하계 대회를 개최하고 감독할 수 있는 임시 권한을 주었다.

몇 달간의 협상 끝에 DS/USA와 미국절단장애인하계스포츠연맹은 절단장애인하계스포츠연맹이 지도자 역할에 깊이 참여하고 DS/USA는 선수에 대한 대표 업무를 보장하기로 하고, 또한 DS/USA가 절단 장애인 하계 스포츠 프로그램의 책무를 지는 과도기 계획에 동의했다.

이미 논의 되었던 장애인스포츠 연맹 외에도, 1970년대와 1980년대에 스포츠에 대한 관심이 고조된 가운데 수많은 종목 중심의 스포츠 단체와 레크리에이션 단체가 장애 있는 사람들에 의해서 설립되었다. 일례로 1974년에 장애인스쿠버협회(Handicapped Scuba Association), 1976년 미국휠체어테니스협회(National Foundation Wheelchair Tennis), 1969년 북미장애인승마협회(North American Riding for the Handicapped Association) 등이 창립되었다. 20세기 후반에 장애스포츠 운동에 대한 힘이 모아지면서, 장애 있는 사람들을 지원하는 새로운 스포츠 단체가 나타났으며 이러한 현상은 계속 진행되고 있다(부록 C와 D 참조).

> DS/USA: Disability Sports USA
> USOC: United States Olympic Committee
> COSD: Committee on Sports for the Disabled

장애인스포츠위원회 시대

20세기는 장애 있는 선수를 포함하여 장애인스포츠의 성장과 발전을 위한 입법이 추진된 시기이다. 비록 몇몇 서구권 국가들이 장애 있는 사람들을 위한 변화에 영향을 미치려고 법안, 헌장, 정부 정책 등을 활용했었지만 정작 법률을 제정한 것은 미국이었다. 미국에서는 입법 절차를 통해 변화를 모색하기 시작하였다.

1968년부터 장애 있는 사람들의 권리에 영향을 주는 법이 입법화되기 시작하였으며, 이에 따라 장애 있는 사람들이 프로그램, 체육교육을 포함한 교육, 스포츠 등에 참여할 수 있는 권리가 보장되었다. 이러한 취지를 포함하고 있는 법령으로는 공법 90-170인 건축장애물제거법(Architectural Barriers Act, 1998년), 장애에 따른 차별 금지를 명시한 공법 93-112인 재활법(1973년), 1997년 장애인교육법(IDEA) 수정조항으로 개정된 장애 아동에게 체육을 비롯한 교육을 명시한 공법 94-142의 장애아동교육법(1975년), 장애선수를 USOC 구성원으로 인정한 공법 96-606의 아마추어스포츠법(1978년) 등이 있다(표 3.1 참조). 장애를 직접적으로 명시하지는 않았지만 1964년의 시민권법과 1972년 Title IX 법령은 장애인의 운동권에 영향을 미쳤다.

스포츠와는 직접적으로 연관이 없었지만, 1980년대 후반에 통과된 법안으로 장애 있는 사람들의 인권을 재차 확인하게 되었다. 1990년의 미국장애인법은 1964년의 시민권법을 통해 장애 있는 사람을 폭 넓게 보호하도록 하였던 것을 더욱 확장하게 되었다. 이 법령은 공공 숙소, 공공 서비스, 취업에 있어서 장애로 인한 차별에 대하여 보호받을 수 있도록 하고 있다. 자세히 언급되지는 않았지만, 스포츠와 레크리에이션 프로그램은 공공 서비스 중에 포함되는 것으로 이해할 수 있다.

1975년 Gerald Ford 대통령은 미국의 올림픽 스포츠의 구조와 상태

> IDEA: Individuals with Disability Education Act

표 3.1 장애인의 체육 교육과 스포츠를 승인한 주요 미국 법령

연도	법령	명칭과 목적
1964	공법 88-352	시민권법 비차별
1967	공법 90-247	초중등교육법 장애인을 위한 체육과 레크리에이션의 훈련 프로그램 승인
1968	공법 90-17	건축장애물제거법 접근 용이성
1972	공법 92-318	Title IX(타이틀 9) 장애를 근거로 한 차별 금지
1973	공법 94-142	재활법 장애를 근거로 한 차별 금지
1975	공법 94-142	장애아동교육법 특수교육의 한 부분으로 필요한 체육교육
1978	공법 95-606	아마추어스포츠법 미국올림픽위원회에서 장애인선수 승인
1990	공법 101-336	미국장애인법 장애인을 위한 시민권법 재승인
1991	공법 102-119	장애인교육법 수정 장애인을 위한 개별화된 교육의 재승인

를 점검하기 위해 대통령올림픽스포츠위원회(President's Commission on Olympic Sports)를 구성하였다. 1977년의 위원회 보고서는 실질적으로 1978년 아마추어스포츠법의 모태가 되었다. 1960년대의 인권 운동으로 1964년 시민권법, 1972년 Title IX, 1973년 재활법 등을 제정하게 되었으며, 새로운 법령에 소수 인종, 여성, 장애 있는 사람 등을 포함시키는 준비를 하게 되었다. 아마추어스포츠법의 핵심 요소는 1970년대 중반에 만들어졌기 때문에 입법자들은 초기 시민권법의 영향을 받지 않을 수 없었다. 이에 따라 아마추어스포츠법에는 소수 인종, 여성, 장애 있는

사람 등의 스포츠 참여기회에 대한 기준이 자세히 포함되어 있다(DePauw and Clarke, 1986).

　1978년에 통과된 공법 95-606의 아마추어스포츠법은 미국 장애인스포츠 운동 역사에 중요한 사건이었다. 이 법안은 장애 있는 선수들의 아마추어 활동을 장려하고 지원하기 위한 미국올림픽위원회(USOC)의 책무를 다음과 같이 규정하고 있다. "일반 사람들의 운동 경기 프로그램에 장애 있는 사람들을 포함시키고 가능한 한 참여 기회를 확대해야 하며, 장애 있는 사람들의 아마추어 운동 프로그램과 경기를 지원하고 장려하도록 하여야 함"(장애인스포츠 위원회 1989. p.2). 이 법률의 제정 회의에서 미국올림픽위원회는 장애인스포츠위원회(COSD)를 설치하고 별도의 회원자격 부문을 두도록 하였다. Group E 회원자격(최근 장애인스포츠 조직은 DSOs으로 알려져 있다)은 올림픽이나 팬아메리칸대회(Pan American Games) 프로그램에 포함된 스포츠로서 두 개 이상의 국내 운동경기대회를 지원하고 있는 장애인선수를 위한 아마추어 스포츠 단체면 가능하도록 하였다. 이에 대한 논란이 심각했지만 장애인스포츠는 1979년부터 법적으로 미국 올림픽 운동의 한 부문이 되었다.

　COSD는 USOC 상임위원회의 하나로 설립되었다. COSD는 USOC 위원장이 지명하는 확대 위원(members-at-large)과 Group E의 회원(미국농아인경기연맹, USAAA, USABA, USCPAA, NHSRA, NWAA, 스페셜올림픽위원회)각각을 대표하는 2명씩의 위원으로 구성된다. COSD는 미국의 장애 있는 선수들의 아마추어 경기 활동을 조정하는 역할을 담당하고 있다. 법에 의하면 회원은 최소한 20%를 활동 중인 장애인 선수로 하도록 하였다. 회원임기는 올림픽 개최 기간인 4년이었으며 재임명될 수 있도록 하였다.

　COSD가 구성된 초기에 COSD는 USOC에게 장애 있는 선수들의 권익

DSOs: disability Sport Organizations

문제에 대해 충고했다. COSD는 USOC 조직 내에서 책무를 수행하면서 정기적으로 회의를 개최하여 장애인스포츠 단체의 USOC 회원자격 기준 수립과 요구 평가, 위원회 활동 예산의 검토 및 승인, DSOs가 지원하는 엘리트 스포츠 프로그램뿐만 아니라 개발 프로그램을 위한 재정 지원, 장애인스포츠에 관한 정보 보급을 위한 연수 계획 수립 및 홍보물 제작, 단체들 간의 갈등 해결, 동계와 하계 파랄림픽대회를 연계한(여러 유형의 장애와 조직간) 국가 대표팀의 노력 조정, 보조금 신청 검토 지원, 회원 지원 기금 배정 평가 기준 수립, 올림픽대회에 장애 있는 선수들 참가 조정, USOC 조직의 변화 건의 등의 역할을 한다.

1992년 이전에 COSD는 USOC가 승인한 각 DSOs 대표로 구성되었다. DSOs는 여러 종목을 관할하여야 하며 최소한 두 개의 스포츠 종목이 장애유형과 연관되어 조직되어야 한다. 또한 DSOs는 국제장애인스포츠연맹에 가입되어 있어야 한다.

한 때는 8개의 DSOs가 USOC에 등록되어 있었다. 즉, 미국농아인경기연맹, 미국왜소증경기연맹, USCPAA, DS/USA, NWAA, 스페셜올림픽위원회, USABA, USAAA 등이었다.

역사적으로 볼 때, 미국의 장애 있는 선수들의 스포츠는 장애유형(예; 정신지체인 스페셜올림픽)과 스포츠 종목(예; 미국휠체어농구연맹)의 두 가지 형태로 단체가 조직되었다. 장애유형으로 조직된 단체들은 COSD를 통해 USOC에 가입할 수 있었는데 비하여, 스포츠 종목으로 조직된 연맹(단일 종목, 단일 장애 또는 여러 유형의 장애가 모여서)은 COSD에 참여하거나 USOC의 회원이 되는 것이 불가능하였다.

이러한 연맹들은 USOC의 국가스포츠관리부(NGBs)에 등록할 수 있었고, 몇몇 단체들이 가입하였다. USOC가 생활체육으로부터 엘리트체육까지(grassroots to elite)의 스포츠 종목 단체를 등록하도록 하였을 때에,

NGBs: National Governing Bodies

장애인스포츠를 USOC로 통합하려는 노력에는 어려움이 많았다. COSD는 올림픽스포츠에 대한 USOC 역할 기능과 유사하게 장애인스포츠에 대한 기능을 하려는 의도가 있었다. 초기에는 DSOs간의 조정과 USOC, 특히 NGBs에 등록하는데 많은 노력을 기울였다.

비록 지난 20년 동안 몇 차례 변화가 있었지만, COSD는 20세기 말까지 장애인스포츠 운동의 중요한 부분으로서 유지되고 있었다(COSD 역사: 1984년까지 1986년 Depauw and Clarke 참고, 1984년 이후 역사 Palaerstra COSD Forum 부분 참고). COSD와 USOC 회원자격은 연방법이 직접적으로 영향을 미쳤던 결과였으며, 장애 있는 사람들과 관련되며 그들의 스포츠 참여 권리에 가장 크게 영향을 미친 것은 아마추어스포츠법이었다.

COSD가 USOC의 한 부분이기는 하지만 엘리트(올림픽) 스포츠 관리와 국제 경기의 주류에서 벗어나 있는 경향이 있었다. USOC가 스포츠 종목 단체에 의해 조직되고 COSD가 장애 유형에 의해 조직되었던 까닭에, 이러한 조직 유형은 USOC는 고사하고라도 올림픽 운동 내에 실제로 장애 있는 선수들을 수용하는 데에 어려움이 있을 수밖에 없었다.

장애인스포츠의 가장 중요한 변화 중 하나는 USOC와 그 내부의 장애인스포츠와는 구조적으로 다른 조직에 의해 난국이 형성된 것이었다. 1989년 1월, USOC 특별전문위원회는 장애 있는 선수들에 대한 USOC 방침의 모든 사항을 검토하고 정책과 방향을 제안하는 일을 맡았다. 특별전문위원회는 1년 반 동안 USOC NGBs의 대표들, USOC직원과 공무원들, 아마추어스포츠법 입안자들, 장애인스포츠 단체, COSD 회원, 장애인선수 등을 만났다. 1991년 5월 3-4일 회의에서, COSD는 다음과 같은 내용을 승인했다(1991년 5월, COSD 회의록 중에서)

- 장애 있는 사람들의 스포츠는 올림픽 운동에서 필수적인 부분의 하나이다. USOC와 NGBs는 장애를 가진 아마추어 선수 프로그램을 제공하고, 장려하며 지원하는 책임을 법적으로 위임 받는다.
- 미국 올림픽 운동 내에서 장애인스포츠 프로그램의 목적은 (a) 공개 된 경기 프로그램에 가능한 한 통합, (b)장애인 아마추어 선수의 육성이다.
- 장애 있는 사람들의 아마추어 경기 프로그램은 장애 유형 단체보다는 스포츠 종목 단체에 맞추어 조직되어야 한다.
- NGBs와 DSOs는 장애 있는 사람을 포함한 모든 사람이 경기할 수 있는 기회를 갖도록 공동으로 책임진다.
- DSOs와 장애 있는 선수들이 미국에서 생활체육과 전문체육을 제공하려면 NGBs를 통해서 이루어져야 한다.
- COSD는 DSOs 대표, NGB 대표, 장애 있는 사람들에 대한 관심을 가진 사람 등으로 구성된 USOC의 정규 상임위원회가 되어야 하며, 1978년 아마추어스포츠법에 포함되고 그에 따른 책무 이행을 감독하고 조정해야만 한다.
- 장애 있는 사람들의 스포츠를 위한 USOC의 재정 지원은 선수와 코치 프로그램에 초점이 맞추어져야 한다.
- 장애 있는 선수들을 위한 USOC의 재정 지원은 특별 보조금과 회원 지원 자금을 통해 지속적으로 유지되어야 한다.
- USOC는 올림픽 수준의 다양한 스포츠와 다양한 장애인 경기대회를 위한 계획된 자금을 우선으로 제공하여야 한다.
- USOC 프로그램, 훈련센터, 서비스 등에 장애 있는 엘리트 선수들이 참여하여야 한다.

스포츠와 장애인 특별전문위원회의 결과로, 1993년 USOC 내의 장애인스포츠 조직은 재구성되었다. 특히 COSD가 재구성 되었으며 USOC의 본부에 사무국이 개설되었다.

Jan Wilson은 처음에 COSD에 대한 USOC의 연락원으로 근무하였고 장애인스포츠지원국(Disabled Sports Services)의 첫 번째 담당자가 되었다. Wilson은 1994년 사임했고, Mark E. Shepherd 경이 책임자가 되었다.

파랄림픽 스포츠 기구와 미국 파랄림픽 시대

COSD는 국제적 수준의 미국 장애 있는 선수들을 대표하는 책임을 지고 있다. 모든 것을 대표하는 것은 아니지만 대부분은 청각장애가 있는 선수들이나 정신지체가 있는 선수들을 위한 노력에 이의를 제기해온 파랄림픽 운동과 연관되어 있다. 청각장애 선수들에 대해서는 미국청각장애인경기연맹(American Athletic Association of the Deaf)이 대표하고 있으며, 정신지체인가 있는 사람들에 대해서는 특수올림픽 단체가 다루어 왔었다.

1995년 초기에는 USOC가 미국파랄림픽위원회의 책임을 맡았으나, 1995년 10월 이후에는 USOC가 공식적으로 미국파랄림픽위원회가 되었다. 이에 따라 장애인스포츠지원국의 대표자와 COSD는 국제파랄림픽위원회(IPC) 총회에 참석하였고, 1996년 애틀랜타 파랄림픽대회와 솔트레이크 시티 동계파랄림픽 대회 개최를 위해 IPC와 함께 일했다.

1990년대 후반, USOC 위원장은 생활체육과 전문체육의 통합 특별전문위원회(vertical integration task force)의 구성을 명하였다. 이러한 지시의 목적은 장애인엘리트선수들이 통합 국가스포츠관리부 프로그램에 동화되고 있는지를 검토하는 것이었다. 이 특별전문위원회는 USOC 내의 장애인스포츠 조직과 구조를 검토하였다. 1999년에는 파랄림픽선수협의회(Paralympic Athletic Council)가 결성되었고, 이러한 규정에 따라

USOC 내부에 장애인스포츠 관리를 돕기 위한 파랄림픽스포츠기구(PSOs)가 만들어졌다.

PSOs: Paralympic Sport Organizations

COSD는 2000년 초에 공식적으로 해체되었고, 미국파랄림픽법인(United States Paralympic Corporation)이 "USOC 산하에 장애 있는 사람들의 유일한 통로"(COSD forum, 2000 p.55)로 설립되었으며, 찰리 휴브너Charlie Huebner가 미국파랄림픽회(U.S. Paralympics)의 전무이사로 임명되었다.

미국파랄림픽회는 USOC의 분과로서 "올림픽 NGBs와의 협동으로 프로그램 지원과 코칭 전문기술을 강화하고, 파랄림픽에 대한 미디어의 주목을 증대시키고, 파랄림픽 엘리트 선수들을 위한 재정지원, 장애 있는 사람들의 건강과 복지를 장려하기 위한 파랄림픽 강령 이용"(COSD 포럼, 2003 p.9) 등의 책임을 지고 있다.

가장 최근의 사건은 2003년에 일어났다. 2002년과 2003년 초에 USOC의 지배와 도덕적 행위에 대한 공공 위기로 말미암아 Bill Martin을 USOC의 지배와 윤리 특별위원회(Governance and Ethics Task Force) 활동 위원장으로 임명하여 USOC의 목적, 구조, 정책 절차 등의 근본적인 문제를 검토하도록 하였다. 특별위원회의 제안 사항은 2003년 10월 규정과 정관을 수정하여 승인하였다. 특별위원회의 제안 내용은 다음과 같다.

- 미국의 올림픽 선수와 파랄림픽 선수들이 중심이 되기 위해서는 USOC의 초점을 선수와 경기력에 돌리고 USOC 사명을 재정립
- USOC의 주요 사명을 발전시키고 달성하기 위해서, 올림픽 운동에 포함된 다양한 스포츠 조직들과 USOC의 새로운 창의적 발전과 협동, 교류를 위한 기구로써 올림픽의회(Olympic Assembly) 설립
- 조직 관리 면에서 단일 집단이나 지도계층이 아니면서, 선거권에 대한 성실성과 의무성을 가지지 않는 지도자가 있으면서, 선거권과 까

다롭고 불리한 투표체계에 얽매이지 않으면서, 응집력 있고 협동하는 위원회 창립
- 도덕적인 원칙과 올림픽 이상에 언제나 일치되는 점에서 사명을 달성하도록 USOC 운영 위원회에 권한을 부여하고 조직의 책무, 투명성, 수행력 향상 등을 도모
- 올림픽 헌장을 준수하고 올림픽 운동에서 선수를 대표로 하는 운영 구조를 전적으로 쇄신

장애인스포츠를 빛낸 인물

- 성명: Renata Karamonova
- 출신지: 브레즈노, 슬로바키아
- 종목: 스키-알파인 경기, 회전, 대회전, 슈퍼 대회전, 활강 경기
- 경기실적: 우승-동계파랄림픽 대회(나가노, 1998), 세계선수권대회 (2000), 동계파랄림픽 대회(솔트 레이크 시티, 2002)

Renata Karamonova는 도움이 필요한 스키 선수이며, 그녀가 하는 일에서 매우 성공적이다. 그녀는 1998년, 2000년과 2002년에 3번의 주요 국제 스키 대회에서 금메달 5개, 은메달 4개, 동메달 2개를 땄다. 참으로 멋진 일이다!!

Renata는 세계 스포츠계에 "이것이 인생이다"라는 것을 구체적으로 보여줘 왔다. 경쟁 분야에서 그녀의 등장으로 선수가 우선이고 장애는 둘째라는 믿음을 증명해 주었다. 그녀는 "스포츠를 할 때 기분이 너무 좋다" "사회활동은 스포츠 활동의 부분이다."라고 말함으로써 스포츠의 가치에 대한 믿음을 표현했다. 이제 막 시작한 젊은이들에게 Renata는 "계속해 나가라 모든 실패를 극복하는데 가치가 있다. 이 세상에 쉬운 일은 없다."라고 말한다. 그 말에 대한 성공의 증거는 바로 Renata이다. 짧은 기간 동안 그녀는 경쟁 스포츠에 참가하여 업적을 확실히 남겼다.

특별전문위원회의 제안으로 USOC의 정관과 조직은 획기적으로 변화되었다. 이러한 변화에 대해 PSOs와 장애 있는 선수들을 포함한 USOC의 지지자들은 다소 회의적이었지만, 그 결과는 USOC의 구조, 정책, 과정 등의 중요 요소로써 PSOs와 파랄림픽 선수가 체계적으로 통합되었다. 논리적이고, 타당한 것처럼 보일지라도 이러한 통합은 다음 페이지에 명시된 사건들처럼 1980년대와 1990년대의 치열한 싸움과 패배에서 얻은 중요한 승리이다.

USOC의 사명에 의하면 "우수한 경쟁성을 훌륭히 지속하는 가운데 미국의 올림픽과 파랄림픽 선수들을 지원하고 올림픽의 이상을 보존하며, 그에 따라 미국의 정신을 고양시키는 것"이라 표현하고 있다. 그 정의는 다음의 내용을 포함하고 있다.

- "아마추어 선수"는 스포츠에서 경쟁하는 선수가 NGB 또는 PSO가 정한 자격 기준을 갖추었을 때를 의미한다.
- "IPC"는 국제파랄림픽위원회를 의미한다.
- "PSO"는 정관 제10조(Article X) 7항(Section)에 의거하여 단체로 인정된 아마추어 스포츠 조직인 파랄림픽스포츠기구(Paralympic Sports Organization)를 의미한다.

결과적으로 파랄림픽 선수, PSOs, IPC는 다음에 명시된 것과 같은 정책, 과정, 구조, 기능 등을 담고 있는 정관에 포함되었다.

- 올림픽 대회, 팬아메리칸경기, 파랄림픽 대회에 대한 권한(I조-권한)
- 올림픽 대회, 팬아메리칸경기, 파랄림픽 대회의 집행부에서 활동하는 사람들을 포함하기 위한 회원 자격 편성(10조-회원)

- 올림픽과 파랄림픽, 팬아메리칸 스포츠 단체에 대한 회원 자격 범위
- 파랄림픽 대회 프로그램으로부터 "NGB의 명칭이 적당하지 않거나 스포츠에 최고의 관심을 두지 않는" 특유의 PSO까지를 포함한 스포츠 포함(항 10.6)
- PSOs 또는 지역사회의 여러 종목으로 구성된 단체의 회원이 되기 위한 DSOs 입회자격(항 10.7)
- 장애 있는 선수들에 의한 선수자문위원회의 대표(12조)
- USOC의 공식적인 부가 기능에 파랄림픽 선수를 통합(공식 임원과 대표, 팀 선발과 예선, 미국 팀의 재정, 미국 팀 경기 참가(예: 유니폼, 의료 보험, 여행), 국제 경기 주최)

1978년 아마추어스포츠법이 통과된 이후, 장애 있는 선수들은 스포츠에 참가하고 선수로써 인정을 받기 위해 투쟁을 하여왔다. 초기에는 과정이 매우 느린 것처럼 보였었지만, 25년 후에 봤을 때 장애인스포츠와 장애 있는 선수들은 획기적으로 변화되었음을 알 수 있다. 1990년 후반에 미국의 장애 있는 선수들의 권익과 통합을 위한 가장 최근의 지지기반을 이끌어내는 기초를 제공하였으며, 그 이후로 많은 발전이 있었다.

> **주요 내용**
>
> 미국 장애인스포츠는 성숙되었고, USOC는 장애 있는 선수들을 위한 책무를 지고 있다.

장애인스포츠에 대한 연구

장애인스포츠와 장애 있는 선수들에 대한 연구는 장애인스포츠 운동과 함께 전개되었다. 초기에는 신체적·정신적 장애가 있는 사람들에 대한 재활과 성장 발달을 연구한 반면에(DePauw, 1985a; Huber, 1984; Lindstrom, 1970; Lypton, Rarik, Dobbins, & Broadhead, 1976), 2차 세계대전 이후에는 장애 있는 사람들을 위한 체육과 스포츠 프로그램의 개발과 제공에 관한 연구가 이루어졌다. 1960년대에는 정신지체가 있는 사람들에 관한 지각-운동과 사회성 발달뿐만 아니라 체력 척도(근력, 유연성, 체중)에 중점을 둔 연구가 이루어졌다(Broadhead, 1986; DePauw, 1986b; Dunn, 1987; Pyfer, 1987; Stein, 1983).

1970년대에는 운동생리학과 역학에 관한 연구가 수행되었다(DePauw, 1988; Gass and Camp, 1979; Zwiren & Bar-Or, 1975). 운동생리학 연구는 장애 있는 선수의 체력 수준과 컨디셔닝, 운동에 대한 반응 등에 한정되었던 반면에 생체역학 연구는 휠체어 추진에 중점을 두고 있었다. "연구대상"은 휠체어 사용자, 척수회백수염, 척추손상자 등이었다. 1970년대 이후에 연구는 급격히 증가되었으며, 훈련과 수행력에 대한 기초 연구가 특정 스포츠와 장애에 관해 이루어졌다(DePauw, 1988). Shephard(1990)는 연구를 전반적으로 훌륭히 정리한 연구자이다.

USOC는 COSD의 장애인스포츠 연구에 관한 특별 분과위원회 설립을 동의한 1985년 장애인스포츠 연구에 대한 방침을 정식으로 확정하였다. 연구 분과위원회는 코치, 선수들, 레크리에이션과 특수체육 전문가 등을 인터뷰한 다음에 7개의 관심 분야를 제안하였다.

- 훈련 효과, 경쟁 효과, 또는 둘 다
- 코치, 자원 봉사자, 심판의 선발과 훈련
- 스포츠 연구의 과학기술적인 향상
- 스포츠의 사회학적/심리학적 국면
- 선수의 장애 유무에 따른 차이점과 유사점
- 장애인스포츠의 인구통계학
- 스포츠의 법적, 철학적, 역사적인 토대(DePauw, 1988, p.293)

연구 분과위원회는 오래되지 않아 해체되었지만, 연구를 하려는 시도는 급격히 증가하였다. 장애인스포츠에 관한 연구 결과는 Adapted physical Activity Quarterly(APAO), Palaestra Sports 'n Spokes, Sport Sociology Journal 등 미국을 중심으로 한 정기 간행물을 통해 발표되었다.

IPC는 1993년에 파랄림픽 스포츠에 대한 지식의 발전과 스포츠 과학 연구에 대한 방침을 굳히고 스포츠과학위원회를 설립하였다. 1994년 4월에 스포츠 과학과 장애인 선수들에 관한 세미나를 베를린에 있는 독일올림픽연구소(German Olympic Institute)에서 개최하였다. 참가자들은 IPC 스포츠과학위원회(IPCSSC) 위원과 국제특수체육학회(International Federation of Adapted Physical Activity)의 대표들이었다. IPC 위원들은 베를린 Free University의 Gudrun Doll-Tepper를 의장으로 선출하였다.

세미나의 결과로, IPC 스포츠과학위원회의 임무, 목표, 목적이 확립되었다. 또한 파랄림픽과 세계선수권대회에서 수행할 연구 지침이 개발되었고, 파랄림픽 총회와 국제 심포지엄의 수행 지침이 제안되었으며, 파랄림픽 연구 일정에 대한 준비 계획을 만들었다. 초기에 연구 일정을 결

> IPCSSC: IPC Sport Science Committee

정하는 데에는 장애인스포츠의 미래 방향, 파랄림픽 스포츠에 관한 전공논문 시리즈, 스포츠 과학자의 국제 인명부, 장애인스포츠 연구 자료화 등을 포함하는 노력을 하였다.

Gudrun Doll-Tepper(독일)는 IPCSSC의 의장으로 선출되었다. 처음에 참여한 사람들 중에는 Yagesh Bhambhani(캐나다), Karen P. DePauw(미국), Ferrara(미국), Claudine Sherrill(미국), Yves Vanlandewijck(벨기에), Gary Wheeler(캐나다), Trevor Williams(영국), 파랄림픽 선수들의 대표 등이 있었다. IPCSSC 책무에 대한 결정권은 처음에 IPC 의료 임원인 Michael Riding에 있었다가 나중에는 IPC 본부의 직원에게 주어졌다. 2001년 12월에 IPC 회장을 선출하였는데, 회장에는 앞서 파랄림픽 관계자였으며 국제휠체어농구연맹 회장이었던 Phil Craven이 선출되었고 그는 위원회를 개선하면서 위원회명칭을 스포츠과학과 교육 위원회(Sport Science and Education Committee)로 바꾸었다. 2002년에는 Yves Vanlandewijck가 의장이 되었다. 파랄림픽운동에서 스포츠 과학의 미래는 각국의 파랄림픽위원회, IPC의 스포츠, 엘리트 선수들을 상담하는 센터, IPC 스포츠과학과 교육 위원회 간의 협력 관계에 달려있다.

장애인스포츠 의제에서 뚜렷한 특징 중의 하나는 연구가 될 것이다. 연구결과는 많은 국가와 국제 학술대회의 과학적인 프로그램을 통하여 정기적으로 발표되고 있는데, 스포츠과학 학술회의에는 올림픽 학술대회(Olympic Congress), IPC 파랄림픽과 VISTA 학술대회, 국제특수체육학회 심포지움, 미국대학스포츠의학회(ACSM) 학술대회, 유럽 대학스포츠과학(European College of Sports Science) 학술대회 등이 있다.

ACSM: American College of Sports Medicine

장애인스포츠의 동향

장애인스포츠는 스포츠 세계에서 역사적으로 중요하고 뚜렷한 결과를 나타내왔다. 여기서는 장애인스포츠의 중요 변화 내용을 살펴봤다(부록 A 참조). 또한 주요 역사적 사건들을 모아서 의미를 찾아보는 것은 중요한 일이라서 다음과 같은 내용으로 정리할 수 있다.

- 휠체어 스포츠는 장애인스포츠 역사를 통틀어 가장 현저한 스포츠이다.
- 스포츠에 처음 참가한 사람들은 남성들이었다. 국내외 장애인스포츠 경기에 참가하는 대다수는 장애 있는 남성 선수이다.
- 장애 있는 선수를 지원하는 국제 스포츠연맹의 수는 날로 증가하고 있다. 또한, 국가 연맹과 스포츠 종목 중심의 연맹이 꾸준히 증가하고 있다.
- 장애 있는 선수들이 경기에 참가할 수 있는 대회가 수적으로나 규모면에서 증가되고 있다. 파랄림픽 대회는 세계에서 두 번째로 큰 스포츠 대회가 되었다(5장 참조).
- 장애인스포츠에서 점차 강조되고 있는 것은 스포츠 종목 중심의 대회와 스포츠의 특성화이다.
- 장애 있는 선수들의 경기력이 급격히 향상되고 있다(Sub-4-minute mile, 보스턴 마라톤에서의 우승 반복과 기록 단축, 높이뛰기에서 기록 향상 등)(그림 3.1 참조).
- 장애 있는 여성의 경기가 서서히 발전되고 있다. 장애 있는 여성 선수들의 스포츠 참여 인원수가 증가하고 있지만 현재 수준에 머무르고 있는 상태이다.

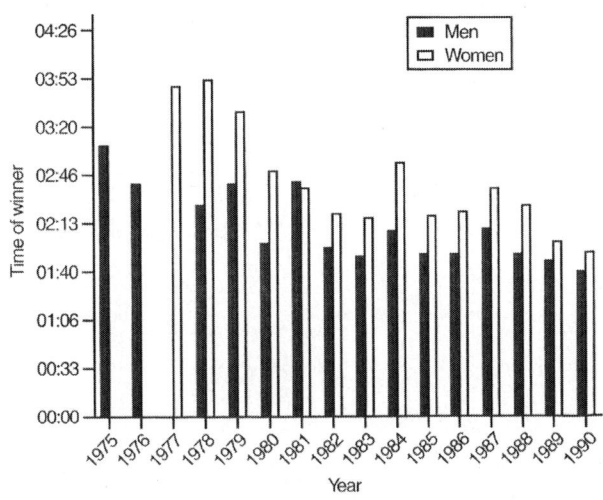

그림 3.1 보스턴마라톤경기 휠체어부문에서 15년간 남녀 우승 기록 변화(남 : 1:21:23, 여: 1:34:22)

- 일반 선수들이 하는 경기와 더불어 장애 있는 선수들이 경기할 수 있는 기회가 많아지고 있으며 점점 더 통합 스포츠가 강조되고 있는 실정이다(올림픽 시범 종목, 올림픽에 이은 파랄림픽 대회 개최, 보스턴 마라톤과 Commonwealth Game에서 장애인과 함께 경기 - 통합스포츠)
- 장애 있는 선수들은 매스컴 보도(텔레비전, 광고, 상품선전, 기업 후원, 홍보 활동 등), 표창과 포상 등등이 가시적으로 증가되는 것을 경험하고 있다. 많은 신문과 잡지들이 장애 있는 선수를 발굴하여 특집 기사를 싣고 있다.
- 일반적으로 일반인 스포츠 세계와 특히 IOC는 장애 있는 선수를 선수로써 인정하고 승인하고 있는 추세이다(예, 올림픽의 시범 종목, IPC의 발전). 스포츠 운영 부서가 장애 있는 선수들을 인정(예, IOC, USOC).

- 장애인스포츠에 대한 연구가 증가하고 있으며 점차 중요하게 다루어지고 있다. 장애인스포츠의 과학적인 프로그램에 대한 학술대회, 세미나, 회의들이 더욱 늘어나고 있다.
- 장애인스포츠 분야에서 스포츠 의학, 코치 교육, 트레이닝 방법, 약물/도핑 문제 등이 정례적으로 다루어지고 있다.

맺음말

장애인스포츠의 운동에 대한 역사는 여러 가지 방법으로 사회 전반에서 장애 있는 사람들을 점차 인정하고 통합하고 있음이 반영되고 있다. 한편 장애에 따른 여러 조직과 많은 DSOs들은 장애인스포츠에 대한 운동을 복합적으로 전개하고 있다. 현존하는 튼튼한 조직과 스포츠 단체들은 향후 수년에 걸쳐 장애인스포츠 운동을 보다 명확히 제기할 것이다. 현재는 주요 스포츠 종목과 조직들이 발전하고 있는 역사를 평가하고 이해하는 것이 중요하다. 단체의 발전과 더불어 진보뿐만 아니라 논점과 갈등이 필연적으로 존재하기 마련이다. 장애인스포츠 운동과 그에 따른 진보 또한 예외가 될 수 없다.

제4장

장애인스포츠의 구조와 조직

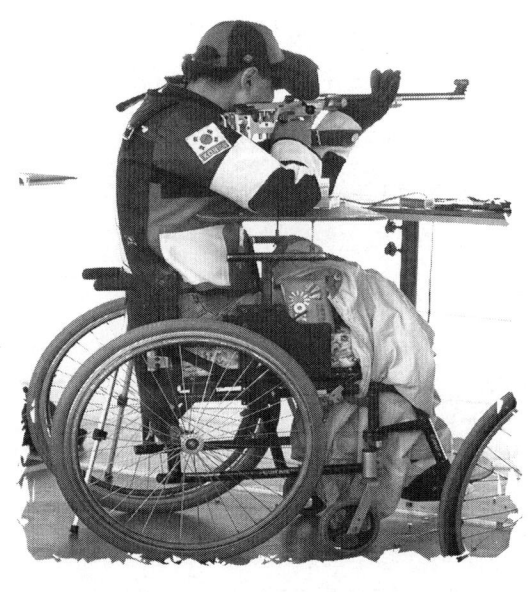

| 목표 |
- 미국 및 국제 장애인스포츠 조직의 구조와 기능 이해

| 주요 내용 |
- 국제 장애인스포츠 구조와 조직
- 미국 장애인스포츠 구조와 조직

국제 장애인스포츠 구조

국제파랄림픽위원회(International Paralympic Committee, IPC) 초기에는 6개의 국제 장애인스포츠 단체들로 구성되었다. 6개의 국제 장애인스포츠 단체는 국제청각장애인스포츠위원회(CISS), 국제시각장애스포츠협회(IBSA), 국제장애인스포츠기구(ISOD), 국제스토크맨드빌휠체어스포츠연맹(ISMWSF), 국제뇌성마비스포츠·레크리에이션협회(CP-ISRA), 국제정신애인스포츠연맹(INAS-FMH)이었다가 현재는 명칭이 바뀐 국제지력장애인스포츠연맹(INAS-FID) 등이었다.

스포츠와 관련된 올림픽 협력 단체들과는 대조적으로 이들 "국제 연맹"은 주로 장애와 관련된 다양한 스포츠 기구로 조직 되었다. 시각장애가 있는 사람을 위한 국제시각장애스포츠협회(IBSA), 뇌성마비가 있는 사람을 위한 국제뇌성마비스포츠·레크리에이션협회(CP-ISRA), 척수손상이 있거나 휠체어를 사용하는 사람들을 위한 국제스토크맨드빌휠체어스포츠연맹(ISMWSF), 절단이나 기타장애(les autres)가 있는 사람들을 위한 국제장애인스포츠기구(ISOD), 청각장애가 있는 사람들을 위한 국제청각장애인스포츠위원회(CISS), 정신지체가 있는 사람들을 위한 국제정신지체인스포츠연맹(INAS-FMH) 등의 단체로 출범하였다. 이러한 단체들이 국제파랄림픽위원회(IPC)의 회원으로 활동했으나, 초기에는 단지 4개(IBSA, CP-ISRA, ISMWSF, ISOD) 단체만이 파랄림픽에 참가하였다.

국제정신지체인스포츠연맹(INAS-FMH)은 국제파랄림픽위원회(IPC)의 회원일지라도 1992년까지 별도의 세계대회를 개최하였다. 국제스포츠조정위원회(ICC)와 Barcelona 파랄림픽조직위원회의 협조로 국제정신지체

CISS: International Committee of Sports for the Deaf

IBSA: International Blind Sports Association

ISOD: International Sports Organization for the Disabled

ISMWSF: International Stoke Mandeville Wheelchair Sports Federation

CP-ISRA: Cerebral Palsy International Sport and Recreation Association

INAS-FMH: International Sports Federation for Persons with Intellectual Disability

기타장애(les autres): 신경계, 근육계, 골격계 등의 문제로 이동이나 활동하는데 어려움이 있어 스포츠 활동을 하기에 곤란 겪는 장애로서 근이영양증, 근위축증, 내번족, 왜소증 등을 일컬음

인스포츠연맹은 1992년 9월 Madrid에서 정신지체가 있는 선수들을 위한 첫 번째 대회를 기획했다. 이 대회는 1992년 9월 Madrid에서 개최되었으며 파랄림픽의 '정신지체 분야'로 규정되었다. 1990년대까지 국제정신지체인스포츠연맹의 후원으로 경기하는 선수들의 국제경기를 분리 혹은 통합할 것인지 해결하지 못한 상태였다. 1994년 2월 노르웨이 Lillehammer 동계파랄림픽조직위원회는 파랄림픽에 참가하는 전체 선수들 중에 정신지체가 있는 선수를 통합하여 대회를 개최할 것인지 장시간에 걸쳐 열띤 토론을 한 후에, 정신지체가 있는 선수들을 위한 2개의 시범 경기를 포함시켰다.

이러한 논쟁에도 불구하고, 국제파랄림픽위원회(IPC)는 정신지체가 있는 선수들을 정식 종목 경기에 참여시켰다. 1994년 7월 Berlin에서 제1회 세계 육상선수권대회가 개최되었다. 남자부 4개 경기(포환던지기, 멀리뛰기, 200m, 800m), 여자부 2개 경기(멀리뛰기, 200m)가 개최되었다. 정신지체가 있는 선수들은 또한 1994년 10월 Malta 세계선수권대회의 수영 부분에 포함 되었다.

장애인스포츠와 관련된 국제 스포츠 단체는 7개가 있다(역자 주: 2006년 현재는 6개임). 이 단체들 중에 6개는 장애 유형별 단체이다. 국제파랄림픽위원회는 다양한 장애유형을 가진 유일한 기구이고, 다양한 스포츠 단체이다. 단체에는 다음과 같은 것이 있다.

- 국제파랄림픽위원회(IPC)
- 국제시각장애스포츠협회(IBSA)
- 국제뇌성마비스포츠·레크리에이션협회(CP-ISRA)
- 국제정신지체인스포츠연맹(INAS-FID)(원래 INAS-FMH였음)
- 국제스토크맨드빌휠체어스포츠연맹(ISMWSF)

INAS-FID: International Sports Federation for Persons with Mental Handicaps
ICC: International Coordinating Committee

- 국제장애인스포츠기구(ISOD)
- 국제청각장애인스포츠위원회(CISS)

국제파랄림픽위원회는 장애 있는 선수들을 위한 통합 단체로써 구성되었다. 국제파랄림픽위원회는 국제올림픽위원회(IOC)의해 승인되었고, 장애 있는 선수들을 대표하여 중재자 역할을 하고 있다. 앞서 열거한 5개(2006년 현재는 4개)의 조직이 국제파랄림픽위원회 회원(IBSA, CP-ISRA, INAS-FID, IWAS[ISMWSF + ISOD])이다. 국제청각장애인스포츠위원회(CISS)는 파랄림픽 대회에 참여하지 않는 독립 단체로서, 가장 오래된 장애인스포츠 조직이다.

국제 장애인스포츠는 올림픽대회와 비슷한 형태로 개최된다(표 4.1을

> IOC: International Olympic Committee
>
> 역자주
> 국제스토크맨드빌휠체어스포츠연맹(ISMWSF)과 국제장애인스포츠기구(ISOD)는 2004년에 통합하여 국제휠체어·절단인스포츠연맹(IWAS: International Wheelchair and Amputee Sports Federation)으로 단체 명칭이 변경되었음

표 4.1 국제스포츠 조직과 미국의 스포츠 조직

단체	조직
국제올림픽위원회 (IOC)	· 각국 올림픽 위원회(NOC: National Olympic Committees) · 국제 스포츠연맹
국제파랄림픽위원회 (IPC)	· 각국파랄림픽위원회(NPC: National Paralympic Committees) · 장애인스포츠국제기구 · 국제파랄림픽위원회의 상임위원회, 특별위원회, 소위원회
미국올림픽위원회 (U.S.O.C.)	· 미국올림픽관리국 · 팬아메리카대회관리국 · 파랄림픽스포츠기구 · 스포츠기구 지부 · 지역사회 중심 스포츠 조직 · 교육기관 중심 스포츠 조직 · 상이군경 조직
미국파랄림픽위원회 (U.S. Paralympic)	없음

참조). 국제 수준의 장애인스포츠를 위해 국제단체, 국제 스포츠 연맹, 국제경기조직위원회, 각국의 스포츠 단체, 그리고 주요 단체의 업무를 촉진하기 위한 사무국이 있다. 다양한 장애 유형과 다양한 스포츠가 복합적으로 어우러진 것이 파랄림픽 조직과 올림픽 조직이 다른 점이다.

초기에 청각장애가 있는 사람들은 파랄림픽 대회에는 불참했지만 국제청각장애인스포츠위원회는 국제스포츠조정위원회와 국제파랄림픽위원회의 회원이었다. 20세기에 국제청각장애인스포츠위원회는 청각장애가 있는 사람들을 위한 대회를 주최했고, 청각장애가 있는 선수들과 관련된 모든 스포츠 대회를 주관함으로써 국제올림픽위원회의 승인을 받았다. 국제청각장애인스포츠위원회는 독립적으로 단체를 유지하면서 1990년 7월16일, 국제파랄림픽위원회의 공식 인정을 받게 되었다. 국제청각장애인스포츠위원회는 독립적으로 스포츠 대회를 개최했으나, 파랄림픽대회에 청각장애가 있는 선수들의 포함에 대한 논쟁은 21세기까지 계속되고 있다. 현재 국제청각장애인스포츠위원회는 세계적으로 청각장애가 있는 선수들을 위한 스포츠 대회를 주관하는 조직이다.

스페셜올림픽위원회(SOI)는 국제파랄림픽위원회(IPC)의 비회원으로서 파랄림픽대회의 활동이나 행사에 참가하지 않았다. 반면에 스페셜올림픽위원회는 국제올림픽위원회와 협약을 체결하였다. 국제올림픽위원회는 1988년 스페셜올림픽위원회를 승인하였고, 단체 명칭에 "올림픽"이란 용어의 사용을 공식적으로 인정하였다. 승인의 조건에는 "올림픽"이란 단어는 "Special"과 함께 쓰일 때만 허용된 것이다.

앞서 언급한 단체 가운데 스페셜올림픽위원회가 포함되는 것은 이해되지만 스페셜올림픽대회가 실제로 미국의 단체를 중심으로 개최되는 데에는 논란이 일고 있다. 왜냐하면 스페셜올림픽위원회는 미국올림픽위원회(USOC)가 미국 내 정신지체가 있는 선수들의 스포츠 조직으로

SOI: Special Olympics Internationa

인정하였다. 그러나 국제파랄림픽위원회는 스페셜올림픽위원회(SOI)가 아닌 국제정신지체스포츠연맹(INAS-FID)을 승인하였다(이상의 내용은 국제파랄림픽위원회의 자료를 근거로 함).

> **주요 내용**
>
> 장애인스포츠의 조직과 구조는 복잡하다. 조직들은 조직을 구성한 시대와 장애유형을 넘어 발전하고 있다.

국제 장애인스포츠 조직

국제 수준의 장애인스포츠 조직은 다소의 차이점은 있으나 일반 스포츠 조직과 유사하게 구성된다. 차이점은 특정 단체 혹은 특정 스포츠의 조직에 따라서 또는 등급분류 체계에 따라서 발생한다. "파랄림픽(Paralympic)"이란 용어는 장애 있는 사람들을 위한 올림픽 수준의 경기를 설명하기 위해 쓰인다. 다시 말하자면, 일반 스포츠와의 유사성이라고 하는 것은 장애인스포츠의 독특한 측면을 주의 깊게 살피는 가운데 존재하는 것이다.

국제파랄림픽위원회(IPC)

국제파랄림픽위원회는 국제 장애인스포츠의 최상위 조직이다. "파랄림픽"이란 용어는 그리스어의 전치사 para(옆에 혹은 나란히)와 olympic(파랄림픽은 올림픽과 동급의 개념임)에서 유래 되었다. 국제파랄림픽위원회는 1989년 9월 22일 독일의 Dusseldorf에서 설립되었으며, 본부를 Bonn에 두고 있다.

국제파랄림픽위원회는 파랄림픽대회와 엘리트 스포츠 수준의 기타 다양한 장애유형의 경기를 조직·감독·조정한다(5장과 부록 A 참조). 비영리 조직인 국제파랄림픽위원회는 160개 국가파랄림픽위원회(NPC)와 5개(2006년 현재 4개)의 장애유형별 국제 스포츠 연맹들로 구성되었다. 장애인스포츠의 조직 구조는 그림 4.1과 같다.

국제파랄림픽위원회의 초기 목적은 다음과 같다(IPC Newsletter, Spring 1991, p.4에서 발췌).

- 파랄림픽대회, 장애별 세계대회, 세계선수권대회 조직(국제파랄림픽 위원회의 독립 권한)
- 국제올림픽위원회(IOC)와 기타 관련 국제 스포츠 단체와의 교류
- 장애인스포츠를 일반 국제스포츠 세계로 통합 모색
- 파랄림픽대회와 기타 장애인세계대회와 지역대회 운영의 조정 및 감독, 국제 경기와 지역 경기의 일정 조정
- 국제파랄림픽위원회의 목적 달성 위한 교육 프로그램, 연구, 활동 활성화의 지원 및 장려
- 정치적, 종교적, 경제적, 성별, 인종 등의 이유로 차별하지 않는 스포츠 장려
- 장애 있는 사람들의 스포츠 참여 및 능력 향상을 위해 고안된 훈련 프로그램에 참여기회 확대 추구

국제파랄림픽위원회는 초대 위원장(1989-2001)으로 Robert D. Steadward를 선출하였다. 2001년 후반 국제파랄림픽위원회 총회에서는 파랄림픽

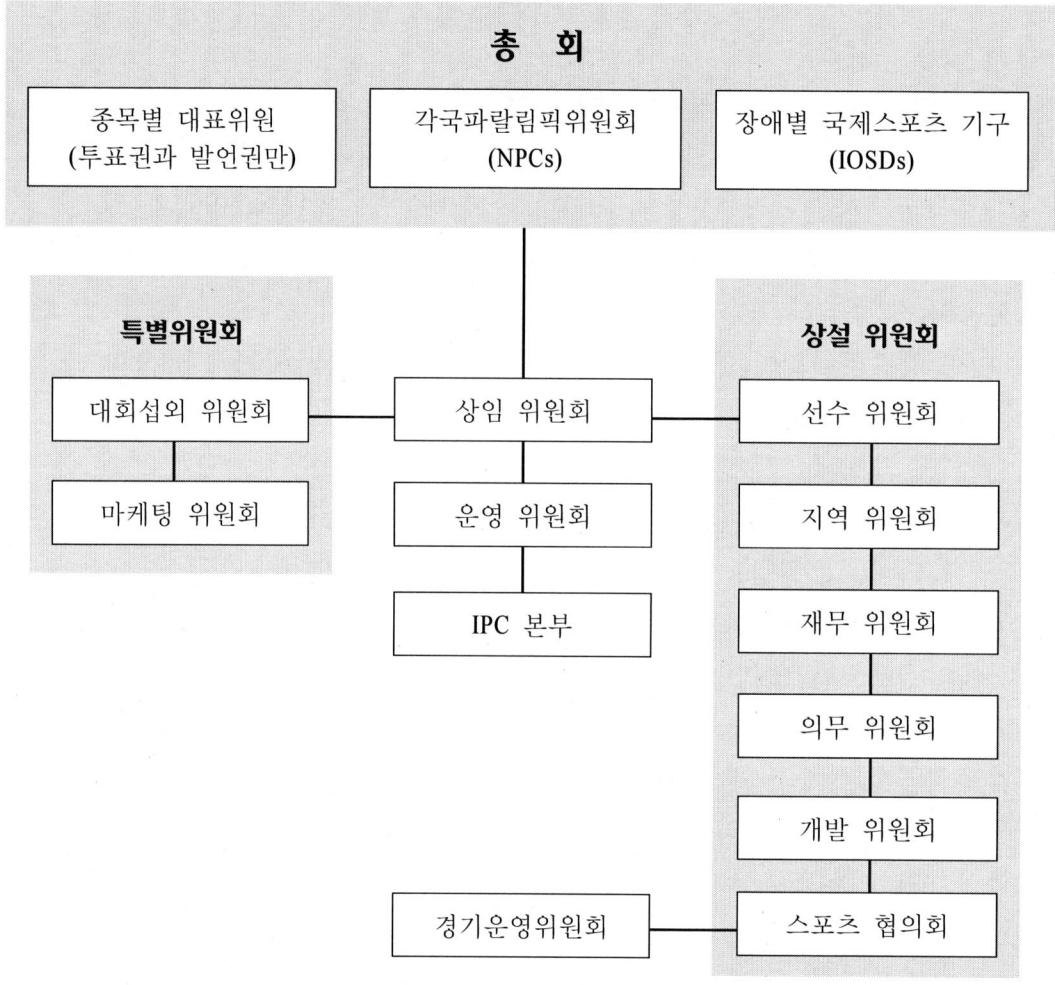

그림 4.1 국제파랄림픽위원회(IPC)의 구조(www.paralympic.org)

선수였었고 세계휠체어농구연맹 회장인 Phil Craven을 국제파랄림픽위원회 위원장으로 선출하였다. Craven의 임기 첫해에 국제파랄림픽위원회 상임이사회는 국제파랄림픽위원회의 목표를 "파랄림픽 선수들이 스포츠의 우수성을 성취하는데 힘을 주며, 세계의 관심을 환기시키기 위함"이라고 새롭게 채택하였다. 새로운 파랄림픽의 표어는 "동작에서 영혼으로"라 정하였고, 임무와 목표 및 로고를 새롭게 구현하여 국제파랄림픽위원회의 기반을 확고하게 구축하였다. 새롭게 선정된 국제파랄림픽위원회의 목표는 다음과 같다(www.paralympic.org).

- 파랄림픽대회를 성공적으로 이끌기 위한 감독과 보증
- 모든 국가의 파랄림픽위원회 발전을 통해 파랄림픽 운동을 강화하고 발전시키며 모든 국제파랄림픽위원회 회원 조직들의 활동 지원을 보증
- 파랄림픽 스포츠의 기반으로서 처음 참가하는 단계에서부터 엘리트 스포츠 수준까지 파랄림픽 선수들을 위한 스포츠 참여와 경기 발전을 조장하고 기여
- 스포츠의 모든 단계와 구조에서 중증 장애가 있는 선수들과 여성 선수들을 위한 참여 기회 확대
- 파랄림픽 운동을 발전시키고 증진시키기 위한 교육적, 문화적 연구 및 과학적 활동을 지원하고 장려
- 파랄림픽 운동의 미디어 취재와 세계적인 홍보 지속, 파랄림픽의 스포츠를 통한 고취 목표와 흥미, 그것의 이상과 활동 모색
- 일반 선수들의 국제 스포츠 운동의 통합 부분 또는 독립된 스포츠 조직으로 정체성을 내내 보호하고 유지하는 가운데 각 파랄림픽 스포츠의 자체 지배력을 증진
- 파랄림픽 운동에서 실행되는 스포츠에서는 공정한 경기 정신을 유지, 폭력 금지, 선수들의 건강 위험성 관리, 기본적 도덕 원칙의 지지를 보장

- 세계반도핑기구(World Anti-Doping Agency, WADA)와 협력하여 모든 파랄림픽 선수들을 위한 마약이 없는 환경 조성에 기여
- 정치, 종교, 경제, 장애, 성별, 인종 등의 이유로 차별하지 않는 파랄림픽 스포츠 증진
- 파랄림픽 운동의 미래 성장을 지원하기 위한 필요한 방법을 보증

1988년 서울 파랄림픽대회 때 국제파랄림픽위원회의 최초 로고로 전통적인 한국 전통 장식 요소인 태극문양이 사용되었다. 원래 파랄림픽 로고는 올림픽 고리와 비슷한 외형과 파랑, 검정, 빨강, 노랑, 초록의 5개 태극무늬로 구성되어 있다. 1988년 서울 파랄림픽대회의 로고는 장애인스포츠세계기구(World Sports Organizations for the Disabled)의 국제스포츠조정위원회에 의해 채택되었고, 나중에 국제파랄림픽위원회 상징이 되었다.

1991년 국제올림픽위원회는 국제파랄림픽위원회에 파랄림픽 대회의 로고 변경을 요청하였다. 서울 파랄림픽에서 사용된 파랄림픽 로고는 5개의 태극문양으로 되어있었고 1994년 노르웨이 Lillehammer 동계파랄림픽 대회 때 사용을 허가받았으나, 1994 세계선수권대회(World Championships)에서는 3개의 태극문양으로 된 로고를 사용하도록 하였다. 로고의 변경과 동시에 "마음, 몸, 정신"을 파랄림픽의 표어로 채택하였다. 파랄림픽의 이 로고 모양은 2001년까지 사용되었다.

새 위원장을 선출한 이후, 2003년에 국제파랄림픽위원회의 새로운 목표와 함께 세 번째로 수정된 파랄림픽 로고가 승인되었다. 이 로고는 전 세계의 국기에 가장 많이 쓰이는 빨강, 파랑, 녹색의 색으로 구성되었다. 새로운 로고의 모양은 국제파랄림픽위원회(IPC)의 새로운 목표를 상징하고, 세계를 상징하는 전체 로고의 둥근 모양은 파랄림픽 운동의

보편성을 의미한다. 세계적으로 명성이 있는 Scholz & Friends사에 의해 만들어진 새로운 파랄림픽 로고는 2003년 4월 4~6일 Athens에서 열린 국제파랄림픽위원회(IPC) 상임이사회 회의에서 승인되었다.

> **주요 내용**
>
> 파랄림픽 대회와 엘리트스포츠 수준의 기타 장애유형별 경기를 조정, 지도, 조직하는 국제파랄림픽위원회(IPC)는 엘리트 스포츠의 국제 맥락 측면에서 중심 역할을 하고 있다.

국제시각장애인스포츠협회(IBSA)

국제시각장애인스포츠협회는 1981년 Paris에서 설립되었으나, 국제파랄림픽위원회는 1985년 노르웨이에서 총회가 열리기까지 4년 동안 단체의 설립을 승인하지 않았다. 국제시각장애스포츠협회는 시각장애인스포츠의 국제운영의회로서의 역할을 하였고, 5개 대륙에 100여개의 회원국가로 구성되어 있다. 국제시각장애스포츠협회는 국제장애인스포츠기구(ISOD)에 의해 마지막으로 승인받은 "장애유형"의 스포츠 조직이며, 국제파랄림픽위원회의 회원이다. 국제시각장애스포츠협회의 목적은 다음과 같다.

- 시각장애가 있는 선수들의 우정 도모
- 시각장애가 있는 사람들이 스포츠 활동에 정기적으로 참여할 수 있도록 하고 동기를 부여

- 시각장애가 있는 사람을 위한 경기와 레크리에이션 스포츠의 홍보 및 보급
- 올림픽의 이념을 기리고, 그의 원칙에 따라 행동화
- 시각장애가 있는 젊은이와 시각장애 학교에 국제시각장애스포츠협회의 이념과 목적의 홍보
- 시각장애 스포츠 관련 국제스포츠회의, 세미나, 학술대회를 통하여, 각국의 스포츠 프로그램의 발전을 촉진하기 위한 국제행사와 활동을 기획하고 홍보
- 시각장애 스포츠와 관련된 사람들, 스포츠 전문가, 단체의 임원들을 위한 국제적인 교환프로그램을 계획하고, 관련된 정보를 홍보
- 시각장애 스포츠를 위한 보편적으로 인정되는 규칙을 제정
- 기록 담당 부서 설립
- 시각장애 스포츠 분야에서 일하는 개인 혹은 단체들에게 도움을 제공
- 국제대회의 심사위원 결정을 제외하고, 모든 사항에 대한 최고 결정권 행사

1990년대 후반에 국제시각장애인스포츠협회는 장애인스포츠 세계에서 두 가지 커다란 업적을 성취했다. 첫째는 1998년 7월 Madrid에서 제1회 시각장애스포츠 선수권대회(World Blind Sports Championship)를 개최한 것이다. 동일한 장소에서 육상, 수영, 유도, 골볼 등의 여러 전문 분야로 된 경기를 실시한 것이다. 둘째, 1999년에 스페인 Seville에서 열린 국제육상경기연맹의 세계육상선수권대회에 시각장애가 있는 선수들을 위한 종목을 통합하는데 성공한 것이다.

장애인스포츠를 빛낸 인물

- 성명: Heinz Frei
- 출신국: 스위스
- 종목: 육상, 크로스컨트리 슬러지, 농구
- 경기 실적: 자신의 등급 400m, 800m, 10,000m, 마라톤 세계 기록 보유

Heinz Frei는 25년의 선수 경력을 가지고 있다. 선수 생활 초기인 1980년대 육상경기에서 서너 개의 세계기록을 보유했다. 그는 현재 주당 7~10회씩 훈련하고 있다. 그가 선수로 활동하는 데에는 친구들과 가족의 영향이 매우 컸다. 그는 사고 이후 업무시간 이외의 시간에 훈련을 했다. 그의 재활에 대한 중요한 신념은 "센터에서 짧은 시간을 보내고 집에 돌아올 때 재활 훈련이 끝나는 것이 아니다. 가능하다면 당신의 새 감각을 찾아라." 파랄림픽종목에 12번 출전하고, 세계기록을 보유하고, 세계 마라톤에서 우승한 그의 훈련과 인내는 경의를 표할 정도이다.

국제뇌성마비인스포츠·레크리에이션협회(CP-ISRA)

뇌성마비가 있는 사람을 위한 스포츠는 국제뇌성마비인협회(International Cerebral Palsy Society)의 스포츠와 레저 분과위원회 후원 하에 독립체로 처음 시작되었다. 이 분과위원회는 1968년 프랑스의 뇌성마비 선수들을 위한 제1회 국제육상경기대회를 지원했다. 이 분과위원회는 지속적인 활동을 통하여 1978년 독립적인 협회가 되었다. 이어 국제뇌성마비인스포츠·레크리에이션협회(CP-ISRA)는 스코틀랜드 Edinburgh

에서 국제 대회를 개최하였다.

　1978년 국제장애인스포츠기구(ISOD)는 공식적으로 뇌성마비가 있는 사람들의 스포츠를 위한 국제적인 운영 기구로써 국제뇌성마비인스포츠·레크리에이션협회를 승인했다. 국제뇌성마비인스포츠·레크리에이션협회는 곧 1988년 서울파랄림픽에서 새로운 스포츠 경기 조직인 국제스포츠조정위원회의 회원이 되었다. 국제뇌성마비인스포츠·레크리에이션협회는 국제파랄림픽위원회의 창립 회원 중 하나이다.

　국제뇌성마비인스포츠·레크리에이션협회는 뇌성마비가 있는 사람들을 위한 여가, 스포츠, 대회를 발전시키는데 주력하는 단체이다. 이 단체는 수년 동안 스포츠 대회, 세미나, 동영상, 시범, 강좌, 워크숍, 코치를 위한 훈련, 레크리에이션 프로그램 등을 실시하였다. 국제뇌성마비인스포츠·레크리에이션협회는 14개의 스포츠 참여를 유도했고, 전 세계의 뇌성마비가 있는 사람들이 스포츠와 레크리에이션 활동에 참여할 수 있는 기회를 확대시키고 이를 홍보하기 위한 임무가 있는 단 하나의 국제 스포츠 조직이다. 세부 활동 목표는 다음과 같다.(www.cpisra.org)

- 뇌성마비와 같은 신경계에 장애가 있는 선수들을 위한 국제 수준의 스포츠를 조직하고 통제
- 지역, 대륙, 세계적 수준의 뇌성마비와 관련 신경계에 장애가 있는 선수들을 위한 경기와 스포츠 행사를 조직, 조정, 기획
- 뇌성마비와 관련 신경계에 장애가 있는 사람들을 위한 국제 수준의 스포츠 행사에 참여와 대회를 촉진
- 일반적으로 신체적 장애가 있는 이들과 세부적으로 뇌성마비와 관련된 신경계에 장애가 있는 사람들을 위한 스포츠 활동과 레크리에이션의 발전을 증진하는 모든 조직과의 교류 지원 및 육성

- 앞서 언급한 장애가 있는 사람들을 위한 스포츠 활동과 스포츠 연구를 발전시키기 위해 국가를 지원하고 격려
- 연맹의 목적과 목표 이행을 용이하게 하는 모든 이들의 최고 수준의 자격과 서비스를 확신할 수 있는 교육과 훈련 프로그램을 조직하고 설립 및 계획
- 장애인스포츠에 대해 공공의 인지도를 증진, 발전시키기 위한 과학적인 모임, 세미나, 학술대회와 관련 활동의 조직 및 홍보
- 연구 촉진 및 연구 결과의 일반화

국제정신지체인스포츠연맹(INAS-FID)

국제정신지체인스포츠연맹은 가장 최근에 조직된 장애유형의 국제스포츠 단체이다(본래는 국제정신장애인스포츠연맹, International Sports Federation for Persons with Mental Handicap이었음). 이 단체는 1986년 네덜란드에서 설립되었다. 1986년 설립 이후 국제정신지체인스포츠연맹(INAS-FID)은 1989년 7월 스웨덴에서 제1회 육상·수영 세계선수권대회(World Championship in Athletic and Swimming)와 1992년 Madrid에서 정신지체인파랄림픽대회(Paralympics Persons with Mental Handicap) 등 두 개의 국제대회를 개최하였다. 2004년 Athens 파랄림픽대회에는 정신지체가 있는 선수들 중 일부가 시범종목에 참가하였다.

국제정신지체인스포츠연맹은 87개의 회원국으로 구성되어 있으며, 정신지체가 있는 선수들에게 육상, 사이클, 노르딕 스키, 수영, 테니스, 탁구 등의 개인 종목과 농구와 축구 등의 팀 스포츠 기회를 제공하고 있다. 국제정신지체인스포츠연맹의 전신인 INAS-FMH는 국제파랄림픽위원회 창립 회원 단체였다. 이후 연맹의 모든 것을 승계 받은 국제정신지체인스포츠연맹(INAS-FID)은 정신지체가 있는 사람들의 스포츠를 대표

하는 국제기구로 승인되었다.

 국제정신지체인스포츠연맹의 목적은 정신지체와 인지적 장애가 있는 모든 사람들이 국제대회에 쉽게 참여할 수 있도록 하고, 스포츠와 레크리에이션 활동에 참여하는 것을 촉진하는 데 있다. 국제정신지체인스포츠연맹(INAS- FID)의 구체적인 목적은 다음과 같다(www.inas-fid.org).

- 정신지체가 있는 사람들의 스포츠 활동 촉진
- 코치, 트레이너, 임원 등의 교육
- 기술적 연구와 의학적 연구의 촉진
- 정신지체가 있는 사람들을 위한 스포츠의 정보 보급

 국제정신지체인스포츠연맹의 이념은 지역 단위의 레크리에이션 활동에서 국제 대회에 이르기까지 선수들의 능력 수준에 따라 그들이 선택한 스포츠에 일반인과 함께 참여하게 하는 것이다. 이러한 철학은 정신지체가 있는 사람들도 다른 사람들과 똑같이 같은 권리와 기회, 의무를 지닌 사회의 구성원이라는 정상화 원리에 따른 것이다.

 국제정신지체인스포츠연맹과 스페셜올림픽위원회(SOI)는 서로 다른 점이 있다. 국제정신지체인스포츠연맹은 정신지체가 있는 사람들도 희망에 따라 자신의 능력에 맞는 스포츠를 선택하고 참여할 수 있는 권리가 있다고 주장한다. 즉, 선수들은 스페셜올림픽을 통해서 혹은 국제정신지체인스포츠연맹이 지원하는 오픈 경기의 '정해진 종목(banded)' 경기(등급이라고 하는 것으로 출전권과 능력에 따라 구분, 7장 참조)를 선택하여 참가할 수 있다. 국제정신지체인스포츠연맹과 스페셜올림픽위원회(SOI) 모두가 정신지체가 있는 사람들을 위한 국내 및 국제 스포츠 프로그램을 제공하는데 중요한 역할을 하고 있다. 사실, 많은 국제정신지체인스포츠연맹의 회원국은 스페셜올림픽도 개최하고 있다.

국제스토크맨드빌휠체어스포츠연맹(ISMWSF)

국제스토크맨드빌휠체어스포츠연맹의 역사는 곧 휠체어스포츠의 역사와 같다. Ludwig Guttman 경은 1948년 마비자 Stoke Mandeville 대회를 창설한 사람이며, 1960년에 국제스토크맨드빌휠체어스포츠연맹이 된 국제스토크맨드빌대회위원회(International Stoke Mandeville Games Committee)를 설립하였다(제3장 참조).

국제스토크맨드빌휠체어스포츠연맹은 비록 초기에 척수손상이 있는 선수들만이 경기에 참가할 수 있었지만, 현재는 휠체어를 사용하는 사람들을 위한 모든 국제 대회에 참여할 수 있다. 현재 국제스토크맨드빌휠체어스포츠연맹에 가입된 회원국은 70개국 이상이다. 본부는 1944년 휠체어 스포츠가 시작된 장소인 Stoke Mandeville에 있다. 이 조직은 매 4년마다 국가별 대표자들이 모인 상임운영위원회에 의해 관리되고 있다. 국제스토크맨드빌휠체어스포츠연맹은 국제파랄림픽위원회의 회원이다.

국제장애인스포츠기구(ISOD)

국제스토크맨드빌휠체어스포츠연맹이 1960년대에 설립되었으나 단지 척수손상이 있는 사람만을 위한 스포츠 프로그램을 실시하였다. 이것은 다른 손상이 있는 사람들에게는 서비스가 없는 상태가 된 것이다. 국제재향군인협회(International War Veterans Association)는 대안적인 스포츠 프로그램을 모색하려는 시도를 하였고 이에 따라 1964년 Paris에서 국제장애인스포츠기구(ISOD)를 설립하였다.

이후 국제장애인스포츠기구(ISOD)는 절단된 사람, 이동에 어려움이 있는 사람, 기타장애가 있는 사람들을 위한 스포츠 프로그램을 주관하는 국제 운영 기구의 역할을 하였다.

국제장애인스포츠기구는 국제스포츠조정위원회와 협력하고 있다. 이동에 어려움이 있는 사람들과 기타장애가 있는 사람들을 위한 스포츠 프로그램을 주관하는 것이 주요 업무이지만, 국제장애인스포츠기구는 전 세계의 장애가 있는 사람들을 위하여 스포츠 조직을 통합하고, 스포츠를 발전시키는데 전념하고 있다. 국제장애인스포츠기구(ISOD)의 구체적인 목적은 다음과 같다(출처: ISOD 팜플렛, n.d.)

- 장애인스포츠와 관련된 의견, 경험 및 자료의 교환을 위한 국제 포럼 개최
- 장애인스포츠의 모든 프로그램에 적용되는 국제 규약과 기준의 준비 및 보급
- 모든 국가의 장애인스포츠 프로그램 발전을 지원하고 촉진하기 위해 기획된 국제 행사와 활동의 계획, 홍보, 조정 등으로 다음 사항을 포함
  - 국제 스포츠 회의
  - 기술적, 교육적 세미나와 학술대회
  - 관련된 정보의 보급
  - 장애 있는 선수들과 스포츠 전문가들의 국제적 교류
- 장애인스포츠가 발전하는데 힘쓰는 개인과 조직에게 적합한 보조를 제공

각 나라의 장애 있는 사람들을 위한 전국적인 장애인스포츠 조직들은 국제장애인스포츠기구의 회원이 될 수 있다.

국제장애인스포츠기구는 4년마다 열리는 동·하계 파랄림픽대회, 세계선수권대회, 유럽선수권대회, 초청대회 등을 승인하였다(5장 참조).

세계선수권대회는 4년마다 열리는 파랄림픽대회 사이에 매 4번째 짝수 연도에 열리며, 단일 또는 다수 종목으로 구성된다. 4년마다 열리는 대회 사이의 홀수 연도에는 장애인스포츠 유럽위원회의 요청에 따라 유럽선수권대회가 열린다. 초청 토너먼트는 회원 협회의 요구로 개최된다. 국제장애인스포츠기구의 하계 스포츠에는 양궁, 육상, 배드민턴, 농구, 보치아, 사이클, 펜싱, 카약, 론볼, 승마, 요트, 사격, 수영, 탁구, 테니스, 배구, 수구, 역도, 휠체어 댄싱 등이 포함되어 있다. 국제장애인스포츠기구의 동계 스포츠는 알파인 스키, 노르딕 스키, 바이애슬론, 크로스컨트리 슬러지(cross-country sledge), 슬러지 터보건(sledge tobogganing), 아이스 슬러지 레이싱(ice sledge racing), 슬러지 하키(sledge hockey) 등이 포함되어 있다.

현재까지 국제장애인스포츠기구는 국제 대회에서 절단장애·기타장애·왜소증 등이 있는 선수들을 대표하고 있다. 국제장애인스포츠기구는 국제스포츠조정위원회에 속해 있기도 하였으나 현재는 국제파랄림픽위원회(IPC)의 회원이다.

국제청각장애인스포츠위원회(CISS)

프랑스의 Rubens Alcais는 청각장애가 있는 사람이었는데 제1회 국제농아인체육대회(International Silent Games)를 개최하는데 많은 공헌을 하였다. 이 대회는 1924년 8월 Paris에서 개최되었는데 9개국의 청각장애가 있는 선수와 6개의 국내 스포츠 연맹의 지원이 있었다.

대회를 마친 후에 9개국 대표들은 모든 청각장애스포츠 연맹들의 결합과 공식적인 인가를 받기 위해 회의를 하였다. 원래 국제농아인스포츠위원회(Comité International des Sport des Sourds)였던 조직이 국제청각장애인스포츠위원회가(International Committee of Sports for the Deaf)

되었다. 국제청각장애인스포츠위원회는 다음의 세 가지 목적으로 설립되었다(발췌 CISS 법령 p.124).

- 스포츠와 청각장애가 있는 사람들을 위한 스포츠 훈련의 조정과 발전
- 청각장애스포츠를 개최하는 나라 간의 교류 증진과 아직 청각 장애인스포츠가 알려지지 않은 국가들에게 정보 제공
- 청각장애가 있는 사람을 위한 세계 대회, 세계 선수권 대회, 지역 선수권 대회의 정기적인 관리

위의 목적에서 언급한 것처럼, 국제청각장애인스포츠위원회는 전 세계에서 유일하게 청각장애가 있는 사람들을 위한 스포츠를 담당하는 단체이다. 국제청각장애인스포츠위원회의 업무 중 하계 및 동계 세계대회(2001년에 데프림픽으로 승인), 세계선수권대회, 지역선수권대회를 개최하고 있다. 하계 데프림픽(Summer Deaflympics)의 종목은 육상, 배드민턴, 농구, 사이클, 마라톤, 사격, 축구, 수영, 탁구, 핸드볼, 테니스, 배구, 수구 등이 있다. 동계 데프림픅 종목으로는 노르딕 스키, 스피드 스케이팅, 알파인 스키, 하키 등이 있다. 종목별 국제 연맹의 경기 규정이 이 대회에 모두 적용된다.

국제청각장애인스포츠위원회가 담당한 데프림픽은 2년마다 여름과 겨울에 번갈아 가며 열렸다. 이 경기는 주로 올림픽 다음 해에 개최되고 있다(5장 참조).

가장 오래된 장애인스포츠 조직인 국제청각장애인스포츠위원회는 활기차고 오랜 역사의 기쁨을 누리고 있다. 수많은 선수들이 국제청각장애인스포츠위원회의 표어와 상징인 "스포츠를 통한 평등"이란 기치 아래 경기를 하고 있다. 1955년 6월 15일 국제청각장애인스포츠위원회는

국제올림픽위원회의 승인을 받았고, 청각장애스포츠에 대한 공로로 올림픽컵을 수여받았다(올림픽컵은 1906년 Baron Pierre de Coubertin에 의해 창시).

처음에 국제청각장애인스포츠위원회는 독립적인 조직으로 활동하였으나, 1986년에 국제스포츠조정위원회의 회원이 되었다. 유럽의 각 지역에서 활동하던 조직들도 모두 국제청각장애인스포츠위원회에 편입되었다. 국제청각장애인스포츠위원회 초창기에는 청각장애스포츠의 운영에 관하여 국제파랄림픽위원회와 협상하였다. 이후 1990년에 국제청각장애인스포츠위원회와 국제파랄림픽위원회는 다음 사항에 동의하였다.

- 국제청각장애인스포츠위원회는 청각장애가 있는 사람들을 최고 스포츠 조직임을 승인
- 데프림픽이 파랄림픽과 동등한 지위 획득
- 장애인스포츠 기금의 일정 비율을 국제청각장애인스포츠위원회에 배분

국제스포츠조정위원회(ICC)

1982년 3월 국제적 수준의 장애인스포츠에 쏟고 있는 노력을 통합할 수 있는 위원회 설립에 대한 논의가 있었다. 마침내 1984년 6월에 국제시각장애인스포츠협회(IBSA), 국제스토크맨드빌휠체어스포츠연맹(ISMWSF), 국제장애인스포츠기구(ISOD), 국제뇌성마비인스포츠·레크리에이션협회(CP-ISRA) 등 4개 조직은 위원회 설립에 공식적으로 동의하였다. 국제스포츠조정위원회(ICC)는 국제 장애인스포츠 기금(International Fund Sports Disabled)을 배분받아 네덜란드에 본부를 설립하였다.

장애인스포츠를 빛낸 인물

- 성명: Ellen de Lange
- 출신지: 네덜란드
- 종목: 수영, 농구, 테니스
- 경기실적
  - 1980년 Arnhem, 1984년 Stoke Mandeville, 1988년 서울, 1992년 Barcelona 파랄림픽대회에 참가
  - 1996년 Atlanta, 2000년 Sydney, 2004년 Athens 파랄림픽대회의 테니스 경기 기술위원 대표
  - 체육교사 및 스포츠 행정가

Ellen de Lange는 성공한 사람이다. 그녀는 성공한 스포츠 선수이었고, 현재는 장애인스포츠 행정가이다. 그녀는 꾸준한 노력을 하여 체육교육 학위를 받았다. 네덜란드에서 장애 있는 사람 중 처음으로 이 분야의 학위를 받은 사람이다. 가족과 그녀의 결단력은 장애인스포츠에 참가하는 데 결정적인 영향을 끼쳤다. Ellen은 "나는 항상 스포츠에 둘러싸여 있었다, 처음 상위 단계의 스포츠 참가자로 이제는 행정가로 일하고 있다. 선수로써, 스포츠는 내가 좋아한 이후로 줄곧 나의 인생이었다. 나는 훈련하고, 경기하며, 여행하는 것을 좋아한다. 국제테니스연맹ITF(International Tennis Federation)에 재직할 때에, 내가 새롭게 맡은 일이 예전에 내가 경쟁하던 수준의 선수들과 섞일 수 없다는 것을 안 이후로, 이 일이 곧 내 경력에 끝이라는 것을 알았다. 테니스에 대해 잘 아는 선수로써 다른 이에게 기회를 만들어 주는 일이 의미 있음을 깨달았다. 단지 경기를 하는 기회(청소년과 개발도상 국가들에게 소개)뿐 아니라 결과에 관련되어, 예를 들어 최상위 선수에게 상금 수여, 경기의 이미지 증진, 더욱 전문적인 스포츠를 통해 적합하게 보상하는 기회를 준다."고 말한다. 그녀는 선수로써 참가를 포기하고 줄곧 장애인스포츠에 기여한 사람이다. 스포츠 운동의 지속성, 발전 및 조직, 또한 선수들의 발전에 관한 그녀의 개인적 관심은 존경 받을만하다.

국제스포츠조정위원회는 공식적으로 1984년 6월부터 1989년 국제파 랄림픽위원회(IPC) 설립 전까지 국제 장애인스포츠를 위한 조정 기구로써 운영되었다. 국제스포츠조정위원회(ICC)는 1992년 Barcelona 파랄림픽까지 존재하였다.

국제 장애인스포츠 조직의 과도기 동안 국제스포츠조정위원회가 이룬 가장 중요한 업적은 국제올림픽위원회와의 협상이다. 1985년 1월 국제스포츠조정위원회 대표는 스위스 Lausanne에서 국제올림픽위원회 위원장인 Juan Antonio Samaranch의 초청을 받았다. 이 회의에서, 국제올림픽위원회는 국제스포츠조정위원회와 장애인스포츠 단체들이 "올림픽"이란 용어를 사용할 수 없음을 조건으로 요구한 대신에 파랄림픽이란 용어를 채택하도록 하고, "para"의 의미는 하반신불수(paraplegic)라는 의미가 아니라 "부수적인(attached to)"이란 뜻이라고 하였다. 그 당시에 국제올림픽위원회와 각국의 올림픽위원회는 "파랄림픽대회(Paralympics)"란 용어를 공식적으로 채택하였다. 1985년부터 1995년까지는 오직 미국올림픽위원회(USOC)만이 법과 사업에 관련이 있다는 이유로 마지못해 "파랄림픽대회"란 용어를 승인하여 표현하고 있었다.

주요 내용

많은 스포츠 단체가 장애 있는 선수들의 경기와 스포츠 기회를 체계화하기 위하여 조직되고 있다. 단체는 장애유형에 따라서 또는 스포츠 종목과 관련하여 조직되었다.

미국 장애인스포츠 조직

미국올림픽위원회(USOC)는 국제올림픽위원회가 승인한 미국의 국가 올림픽위원회로서 미국의 스포츠 단체를 총괄하는 조직이다. 미국올림픽위원회의 근원은 1896년 올림픽에 출전하였던 소규모의 선수들이 모임을 가진데서 비롯되었다. 이 모임이 시작된 이래로 미국올림픽위원회는 명칭의 변경뿐만 아니라 구조적인 변화를 겪어왔다. 가장 특징적인 변화는 1978년 아마추어스포츠법이 입법되었는데, 이 법에는 미국올림픽위원회가 미국의 아마추어 스포츠 조직을 관장하는 단체로서 국제올림픽 운동과 관련된 미국 선수들의 활동과 연계한다고 명시되어 있다.

장애 있는 사람들이 오랫동안 스포츠와 레크리에이션 활동에 참여하였기 때문이기도 하지만 미국의 장애인스포츠가 미국 스포츠계의 공식적인 활동으로 인정받게 된 것이다. 즉 미국의 장애인스포츠는 1978년 아마추어스포츠법이 통과되면서 급속하게 발전한 것이다. 이러한 역사적 흐름을 이해하기 위해서는 제3장을 참조하면 된다.

미국 장애인스포츠 조직은 국제올림픽위원회, 국제파랄림픽위원회, 미국올림픽위원회, 그리고 지난 2000년에 조직된 미국파랄림픽위원회 등 4개 조직으로부터 많은 영향을 받았다. 국제올림픽위원회는 파랄림픽 스포츠에 직접적으로 관여하지는 않았지만, 스포츠 조직의 규정, 국제 대회 그리고 파랄림픽 스포츠 조직의 규칙과 조례를 제공해주는 국제올림픽위원회 관련 국제 스포츠 연맹 단체의 가입 자격 등과 매우 깊은 연관이 있었다(표 4.2 참조)

다른 한편으로 국제파랄림픽위원회는 전 세계의 장애인스포츠 활동과 미국을 비롯한 회원국들에게 중요한 역할을 하고 있다. 국제파랄림픽위원회가 파랄림픽 스포츠의 운영 및 스포츠 규칙, 입회자격, 분류와 경기단체 설립에 관한 모든 것을 담당하는 한 미국은 파랄림픽 대회의 참가

표 4.2 미국장애인스포츠 기구와 국제 장애인스포츠 기구

미국	국제 협회
미국청각장애스포츠연맹 (USA Deaf Sports Federation)	국제청각장애인스포츠위원회(CISS)
미국시각장애스포츠협회 (U.S. Association of Blind Athletes)	국제시각장애스포츠협회(IBSA)
미국장애인스포츠연합 (National Disability Sports Alliance)	국제뇌성마비스포츠·레크리에이션협회 (CP-ISRA)
미국휠체어스포츠협회 (Wheelchair Sports, USA)	국제스토크맨드빌휠체어스포츠연맹 (ISMWSF)
미국장애인스포츠협회(Disabled Sports USA)와 왜소증 장애인 경기연맹 (Dwarf Athletic Association of America)	국제장애인스포츠기구(ISOD)

* ISMWSF + ISOD → IWAS

를 위해 국제파랄림픽위원회 규칙을 따라야만 한다. 지난 1995년 미국올림픽위원회는 미국의 파랄림픽위원회로 명명되었다. 원래 독립된 조직이었으나 2000년에 미국올림픽위원회의 공식적인 하위조직으로 승인되었다(3장 참조).

미국파랄림픽위원회

미국파랄림픽위원회(U.S. Paralympics)는 미국올림픽위원회의 분과로 지난 2001년 5월에 설립되었다. 미국파랄림픽위원회는 장애 있는 선수들이 파랄림픽 스포츠에 참가하기 위한 기회, 프로그램, 기금 등을 증진하는데 초점을 두고 노력하는 것을 목적으로 하고 있다. 미국파랄림픽위원회의 주요 임무는 다음과 같다(www.paralympic.org).

- 미국올림픽회(Olympic National Governing Bodies)로 통합할 만한 광범위하고 지속적인 엘리트 프로그램을 개발함으로써 파랄림픽 운동의 세계적 지도자가 된다. 장애 있는 선수들의 훌륭한 삶을 널리 알리기 위한 올림픽과 파랄림픽의 강령을 만든다.

미국파랄림픽위원회는 세계선수권대회와 파랄림픽 대회에 참가하여 메달을 획득할 수 있는 선수들로 구성된 미국 파랄림픽 대표 팀의 대회 참가와 경기력 향상을 위하여 최대한 노력하여 미국 선수들과 팀을 지원하는 것을 목적으로 하고 있다. 미국파랄림픽위원회에서는 파랄림픽대회의 21개 정식 종목을 중심으로 종목별 발전계획을 수립하고 있다. 이러한 목적을 달성하기 위하여 다음의 사항들을 중점적으로 시행하고 있다.

- 미국파랄림픽위원회에 의한 파랄림픽 참가 선수들에게 코칭과 훈련 기회 제공
- 파랄림픽 대회에 참가할 수 있는 미국 국가대표 팀 인증
- 파랄림픽에서 메달 획득의 강점과 가능성 평가
- 미국파랄림픽위원회가 지원하는 선수 기준 재정립
- 주요 국제 경기 파견 미국 대표팀 선발 절차 확립

이러한 계획들은 선수, 자원봉사자, 전국 운영 조직의 대표, 코치 등 파랄림픽 스포츠의 전문가 의견을 수렴하여 발전되었다.

장애 있는 엘리트 선수들이 경기력을 갖추려면 튼튼한 저변을 확립하려는 노력이 있어야 한다. 이러한 것 때문에, 미국파랄림픽위원회는 전국적으로 파랄림픽 선수 등록을 위한 네트워크를 개발하기 위해 미국올림픽위원회의 지부 회원 단체 간의 발전 계획과 장기적으로 파랄림픽대회에서 미국의 성공을 확보하기 위한 개발 계획을 구상하였다.

> **주요 내용**
>
> 미국의 장애인스포츠는 미국올림픽위원회(USOC) 내의 미국파랄림픽위원회를 통해 미국 올림픽 스포츠에 통합된 분야가 되었다.

미국의 장애인스포츠 조직

미국의 장애인스포츠 조직은 두 가지 관점에서 이해해야 한다. 하나는 역사적으로 미국올림픽위원회와 관련된 현재의 장애인스포츠 단체들이며, 다른 하나는 전국 각 지역에서 조직되어 장애 있는 사람들에게 스포츠 참여 기회를 제공하는 단체들이다.

전통적으로 미국올림픽위원회와 협력관계인 조직

미국올림픽위원회는 국내와 국제적으로 올림픽 정도의 행사를 개최한 대부분의 주요 스포츠 경기 단체를 관장하는 조직이다. 미국올림픽위원회(USOC)와 협력관계인 장애인스포츠 조직들은 다음과 같다.

미국장애인협회(DS/USA)

1967년에 절단장애가 있는 베트남전 참전 군인들이 미국장애인스포츠레크리에이션협회(NHSRA)를 조직하였다. 그들은 레크리에이션과 스포츠 활동에 참가함으로써 사회에 다시 복귀하는데 필요한 자신감을 가질 수 있다는 신념을 가졌다. 협회(NHSRA)의 명칭은 1989년에 National Handicapped Sports로, 다시 1995년에 DS/USA(Disabled Sports USA)로 변경되었다.

> NHSRA: National Handicapped Sports and Recreation Association

DS/USA 초기에는 주로 동계 스포츠 대회, 특히 알파인 스키에 참가했다. 조직이 커지면서 지역별 총회를 개최하였고, 다양한 수준의 스포츠와 오락 활동을 연중 개최하였다. DS/USA의 각 지회에서는 시각장애, 절단장애, 척수 손상, 왜소증, 다발성경화증, 뇌손상, 뇌성마비, 신경 및 근골격에 문제가 있는 사람들을 위한 전국적인 스포츠 재활 프로그램을 제공하고 있다. 여기에 포함되는 스포츠 활동으로는 스키, 수상 스키, 수영, 스쿠버 다이빙, 요트, 카누, 래프팅, 골프, 테니스, 하이킹, 사이클링, 승마, 등산 그리고 스카이다이빙 등이 포함된다.

DS/USA에서 개최하는 많은 프로그램들은 절단, 선천적 결손, 신경계 이상, 시각손상 등이 있는 사람들에게 제공되고 있다. 1970년대 초 DS/USA는 장애 있는 선수들이 참가하는 가장 큰 동계 스포츠 대회인 미국 장애인 스키 선수권 대회를 후원하였다. 이 대회는 세부종목을 결정할 때 장애유형에 의한 구분이 아닌 스키를 타는 방법과 사용되는 장비에 의하여 종목을 분류한다. 1980년 DS/USA는 미국장애인스키 팀을 후원하기 위해 미국스키협회와 연계하였다. 이전의 미국절단장애인경기연맹은 해체되었고 1990년 9월 DS/USA는 미국올림픽위원회(USOC)의 장애인스포츠위원회(COSD)에 의해 권한을 부여받았다.

(COSD: Committee on Sports for the Disabled
DSO: Disability Sport Organization

미국올림픽위원회의 장애인스포츠단체(DSO) 회원인 DS/USA는 장애인스포츠위원회에서 적극적으로 활동하고 있다. 미국파랄림픽위원회의 회원인 DS/USA는 미국 하계 및 동계 파랄림픽 대회에 출전하는 선수를 발탁하기 위한 공식적인 대회를 개최하고, 훈련 캠프를 마련하는 역할을 하고 있다. 하계 대회 종목으로는 육상, 사이클, 역도, 요트, 수영, 배구 등이 있으며, 동계 대회 종목으로는 스키 크로스컨트리와 활강이 포함돼 있다. 파랄림픽 대회뿐만 아니라 DS/USA에 소속된 선수는 세계선수권대회와 국제파랄림픽위원회에 의해 공인된 국제대회에 출전하는 기회를 가진다.

미국왜소증경기연맹(DAAA)

1985년 25명의 왜소증 선수들이 미국 뇌성마비/기타장애가 있는 사람들의 대회에 참가하였다. 그 당시에는 뇌성마비와 다른 신체적 문제가 있으면서 극히 작은 선수들이 스포츠에 참가할 수 있는 특별한 기회가 없었다. 이로 인하여 1985년 미국왜소증경기연맹(DAAA)을 설립하게 되었다.

미국인 중에 대략 25만 명이 연골형성이상증(chondrodystrophy)이나 다른 원인에 의한 왜소증(신장 150cm 이하)이 있는 것으로 나타났다. 미국왜소증경기연맹이 이들에게 스포츠에 참여할 수 있는 기회를 제공하는 이유는 이렇게 많은 사람들이 있기 때문이기도 하다. 미국왜소증경기연맹의 목적은 미국의 왜소증 사람들에게 아마추어 스포츠 기회를 제공하고 홍보하여 발전시키는데 있다. 미국왜소증경기연맹은 미국왜소증협회(LPA)와 별도의 조직으로 운영되지만 서로 매우 밀접한 유대 관계가 있다. 미국왜소증경기연맹은 왜소증협회, 단신자 재단, Billy Barty 재단 등과 연계하고 있다.

미국왜소증경기연맹은 각 도시와 주에서 클리닉, 개발종목 경기, 공식 경기 등을 많이 개최하고 있다. 7~15세의 청소년 부문에서는 최고의 경기력을 강조하기도 한다. Pan Am 대회나 세계장애청소년대회에 출전할 왜소증청소년선수를 발탁할 때에는 선수의 가능성과 개인기량을 보고 결정한다. 7세 이하의 어린이가 참가하는 경우에는 경쟁하지 않는 스포츠 프로그램을 제공한다. 미국왜소증경기연맹은 활강 한 종목의 동계스포츠와 육상, 배드민턴, 농구, 보치아, 승마, 역도, 축구, 수영, 탁구, 배구를 포함한 많은 하계 스포츠를 주관하고 있다. 미국왜소증경기연맹은 매년 왜소증협회와 공동 학술대회를 개최하면서 다양한 스포츠 대회를 후원하고 있다.

> DAAA: Dwarf Athletic Association of America
> (LPA: Little People of America

미국왜소증경기연맹은 미국올림픽위원회의 장애인스포츠 회원 단체이며, 장애인스포츠위원회(COSD)에 적극적으로 참여하는 회원이다. 미국파랄림픽위원회의 장애인스포츠단체 회원으로서, 왜소증이 있는 선수들은 동·하계 파랄림픽 대회와 세계선수권대회 그리고 국제파랄림픽위원회가 승인한 다른 국제 경기에 참가할 수 있다.

미국장애인스포츠연맹(NDSA)

1978년 이전에는 뇌성마비인과 비슷한 신경학적 문제가 있는 사람들은 특별히 스포츠 욕구를 충족할 단체가 없었다. 그 결과 미국뇌성마비스포츠협회(NASCP)가 조직되었으며 Detroit에서 첫 국내 경기를 개최하였다.

1979년 국내 경기 직후, 미국뇌성마비스포츠협회는 미국뇌성마비협회의 회원이 되었으며, 이후 거의 7년 동안 미국뇌성마비협회의 프로그램에 참여하였었는데 이후, 미국뇌성마비스포츠협회의 대다수 회원들이 독립적인 스포츠 조직을 요구하게 됨에 따라 1986년 11월 미국뇌성마비인스포츠협회는 미국뇌성마비경기연맹(USCPAA)으로 명칭이 변경되었고, 2001년 그 명칭은 미국장애인스포츠연맹(NDSA)으로 바뀌었다.

원래의 목적은 "모든 연령의 뇌성마비, 뇌졸중, 선천성 운동장애가 있는 뇌손상이 있는 사람들을 후원하고 경쟁 스포츠 참여 기회를 제공"하는데 있다(USCPAA 팜플렛, n.d). 미국장애인스포츠연맹 프로그램과 경기는 뇌성마비인, 뇌손상, 뇌졸중, 운동장애가 있는 뇌손상을 가진 이들을 위해 계획된 것이다.

미국장애인스포츠연맹 선수들의 경기는 지역, 전국, 국제적 수준까지 개최되고 있다. 공식적인 동계 스포츠는 실내 휠체어축구이다(크로스컨트리 스키, 활강 종목은 DS/USA에 참가). 하계 스포츠 종목으로는 육

NASCP: National Association of Sports for Cerebral Palsy
USCPAA: United States Cerebral Palsy Athletic Association
NDSA: National Disability Sports Alliance

상, 농구, 보치아, 볼링, 사이클, 승마, 역도, 축구, 수영 등이 있다.

미국장애인스포츠연맹은 미국올림픽위원회의 장애인스포츠단체 회원이다. 뇌성마비 선수들은 NASCP로부터 USCPAA로 변화된 다음에도 COSD에서 역할을 맡고 있다.

미국 파랄림픽의 장애인스포츠 단체 회원으로써, 미국장애인스포츠연맹 선수는 하계 파랄림픽 대회와 세계선수권대회, 국제파랄림픽위원회가 승인하는 국제수준의 대회에 참여할 수 있다. CP-ISRA는 Robin Hood Games이라 불리는 종합 스포츠 경기를 지속적으로 후원하고 있다. 미국장애인스포츠연맹은 전국 곳곳에서 지역 대회는 물론 전국종합경기대회를 개최하고 있다.

미국청각장애인스포츠연맹(USADSF)

가장 오래된 미국장애인스포츠 조직인 미국청각장애인경기협회(American Athletic Association of the Deaf)는 1945년 오하이오에서 설립되었다. 원래의 의도는 청각장애인들에게 매년 스포츠와 레크리에이션 기회를 제공하는 것이었다. 이 단체는 1998년에 미국청각장애스포츠연맹(USADSF)로 명칭을 변경하였다. 이 조직은 청각장애(농) 미국 선수들을 위한 스포츠 기구로써 2,000개 이상의 클럽회원과 8개의 지역 조직을 두고 있다. 협회와 클럽에 가입된 농이나 난청이 있는 이들의 총수는 25,000명을 넘고 있다.

더 잘 들리는 쪽의 귀가 55데시벨 이상의 청각 손실이 있는 사람은 미국청각장애스포츠연맹의 경기에 참가할 수 있으며, 등급은 남녀로만 나뉜다. 초기에는 배구, 농구, 소프트볼 등 세 가지 종목에 중점을 두었으나, 미국청각장애스포츠연맹은 4개의 동계 스포츠 종목(크로스컨트리 스키, 활강, 아이스하키, 스노보드)과 17개의 하계 스포츠 종목(육상, 배

USADSF: USA Deaf Sports Federation

드민턴, 야구, 농구, 볼링, 사이클, 깃발 축구, 골프, 축구, 피구, 수영, 탁구, 팀 핸드볼, 테니스, 배구, 수구, 레슬링)의 종목의 스포츠 조직을 운영하고 있다.

또한 미국청각장애스포츠연맹은 선수들과 코치를 위한 훈련 프로그램과 일반대중을 위한 교육 프로그램을 제공하고 있다. 매년 당해의 청각장애인 선수를 뽑아 청각장애인 명예의 전당 대상자로 임명하고, 청각장애 선수들을 위한 지역, 국제 수준의 경기, 클리닉, 캠프 등을 운영하고 있다.

미국청각장애스포츠연맹은 미국올림픽위원회의 장애인스포츠단체 회원이며, 장애인스포츠위원회 활동에 참여하고 있다. 미국청각장애스포츠연맹은 국제청각장애인스포츠위원회(CISS)의 미국지부이다. 청각장애인의 주요 국제 경기는 4년마다 개최되는 데프림픽이다(과거에는 청각장애세계대회라 함).

미국시각장애선수협회(USABA)

미국시각장애선수협회(USABA)는 시각장애 선수들의 경기를 홍보하는 공식적인 조직으로써 1976년에 설립되었다. 미국시각장애선수협회는 1976년 토론토 신체장애인올림피아드 대회에 시각장애 선수들의 성공적인 결과와 맹인 및 시각 장애인에게 스포츠 기회를 감독하기 위한 조직의 필요성에 의해 설립되었다. 이 협회는 미국 전역에 걸쳐 대부분의 주에 지부를 두고, 1,500개 이상의 회원단체가 가입되어 있으며, 설립이래로 100,000명 이상의 시각장애인을 위하여 일하고 있다.

미국시각장애선수협회의 임무는 시각손상으로부터 전맹에 이르기까지 장애등급을 세 단계로 구분하고 시각장애 미국인들에게 질적 양적인 경기 기반을 확립하고 세계수준의 경기 참여 기회를 증진하는데 있다.

USABA: United Sates Association of Blind Athletes

오늘날 미국시각장애선수협회는 육상, 사이클, 골볼, 유도, 역도, 수영, 레슬링, 크로스컨트리 스키, 활강을 포함한 9개의 공식적인 스포츠에 3,000명 이상의 선수들이 참여하고 있다. 2000년에는 미국시각장애선수협회 소속 4명의 선수가 3개의 일반종목에서 국내 순위에 들었으며, 이들 선수 중 법적 맹(legally blind)인 Maria Runyan은 1500m 육상 종목에서 미국 올림픽 팀 자격을 획득한 첫 번째 시각장애인 선수가 되었다.

미국시각장애선수협회는 미국올림픽위원회의 장애인스포츠단체 회원이며, COSD의 활동에 참여하고 있고, 국제시각장애스포츠협회(IBSA)에 미국대표권을 가지고 있다. 미국시각장애선수협회는 현재 미국파랄림픽위원회의 장애인스포츠단체 회원의 하나이다. 미국시각장애선수협회 선수가 참가하는 주요 국제경기로는 하계·동계 파랄림픽 대회, 세계선수권대회와 국제파랄림픽위원회 공인의 기타 국제대회 및 국제시각장애스포츠협회(IBSA) 주최의 종합 스포츠 세계선수권대회, 미국시각장애선수협회가 승인한 경기, 지역과 국제적 수준의 캠프 등이 있다.

미국휠체어스포츠협회(Wheelchair Sports, USA)

재활 과정 및 일상생활에서 레크리에이션과 경쟁 스포츠가 중요한 분야로 인식됨으로써 첫 번째 미국휠체어경기가 1967년에 뉴욕 Adelphi 대학에서 개최되었다. 참가자들 중에는 휠체어농구뿐 아니라 전반적인 휠체어 스포츠의 경기 참여에 관심을 표명한 뉴욕 뉴저지 지역 출신의 장애인들이 있었다. 그 결과로 1956년 미국휠체어경기연맹(NWAA)이 설립되었으며, 1994년에 NWAA는 그 명칭을 미국휠체어스포츠협회(Wheelchair Sports, USA)로 변경했다.

미국휠체어스포츠협회는 많은 대회를 개최 및 지원하고 있는데 하계 스포츠 종목에는 양궁, 육상, 농구, 펜싱, 핸드 사이클, 테니스, 당구

> NWAA: National Wheelchair Athletic Association

(pool), 역도, 라켓볼, 사격, 수영, 탁구, 테니스, 수상스키, 휠체어 럭비 등이 있으며, 동계 스포츠로는 아이스 슬러지 하키 한 종목이 있다. 크루스컨트리와 활강 같은 다른 동계 스포츠는 미국장애인스포츠협회(DS/USA)가 주관하고 있으며, 휠체어댄스스포츠는 국제파랄림픽위원회(IPC)를 통해 참가할 수 있다.

미국휠체어스포츠협회 프로그램으로는 출판, 비디오 대여, 성인과 청소년을 위한 지역 휠체어 경기 개최, 지역별 스포츠경기 개발, 국내 훈련 캠프, 연속 지방순회 경주(road racing series), 전국 연수회, 전국휠체어 경기와 청소년휠체어경기대회 등이 있다. 또한 미국휠체어스포츠협회가 주관하는 경기에 참가하는 선수들은 하계·동계 파랄림픽대회, 세계선수권대회와 휠체어 경기대회, 팬암휠체어경기대회, 스토크 맨드빌 종합경기 대회에 참가할 수 있는 자격이 주어진다.

미국휠체어스포츠협회는 미국올림픽위원회의 장애인스포츠단체 회원이며, COSD의 초창기부터 주요 회원 중의 한 단체이다. 국제적으로 미국휠체어스포츠협회는 ISMWSF의 미국 대표이며, 현재 미국 파랄림픽위원회의 장애인스포츠단체 회원이다.

스페셜올림픽위원회(Special Olympic International)

스페셜올림픽(Special Olympics)은 1968년에 Eunice Kennedy Shriver가 창시하여 Chicago의 군 연병장(Soldier Field)에서 제1회 스페셜올림픽대회를 개최하였다. 스페셜올림픽은 지적 손상이 있는 사람들의 권익을 위해 설립된 Kennedy 재단에 의해 창립되었다. 스페셜올림픽의 사명은 정신지체가 있는 성인과 청소년에게 올림픽 형태의 다양한 스포츠를 연중 훈련 하고 운동 경기를 제공함으로써 그들로 하여금 체력을 발달시키며, 용기를 들어내도록 하고, 기쁨을 경험케 하며, 그리고 가족과 다른 스페셜올림픽 선수 및 지역사회와 선물, 기술, 우정을 나누며 참여하는 것 등의 기회를 지속적으로 제공하는데 있다. 인가된 스페셜올림픽위원회(SOI) 프로그램은 미국 모든 50개주와 자치령을 비롯한 전 세계 150개국 이상의 국가들이 승인하고 있다.

스페셜올림픽위원회(SOI)의 목표는 "정신지체가 있는 사람들을 인정하고 존중하며, 유용하고 생산적인 시민으로서의 기회를 주는 환경 상태에서 정신지체가 있는 모든 사람들이 일반사회에 포함될 수 있도록" 지원하는데 있다(기본방침과 철학, specialolympics.org). 8세 이상의 정신지체가 있는 사람과 인지적 지체에 의한 손상이 있는 사람으로서 학습 및 직업에 문제가 있는 모든 사람은 스페셜올림픽위원회 프로그램에 참가할 수 있다.

그동안 스페셜올림픽위원회 프로그램은 확장되었다. 현재 스페셜올림픽은 다양한 하계 및 동계 스포츠, 초보선수를 위한 프로그램과 상급선수들을 위한 통합 스포츠 프로그램을 제공하고 있다. 그 프로그램은 다음과 같다.

- 동계스포츠 종목은 크로스컨트리, 스키, 활강 스키, 피겨 스케이트, 플로어 하키(floor hockey), 스피드 스케이트 등이 있다.
- 하계스포츠 종목은 육상, 배드민턴, 농구, 보치아, 볼링, 사이클, 승마, 골프, 체조, 역도, 롤러스케이트, 요트, 축구, 소프트볼, 수영, 탁구, 팀 핸드볼, 테니스, 배구 등이 있다.
- 운동 활동 훈련 프로그램(Motor Activities Training Program)은 초보자가 동·하계 스포츠에 참가하는데 필요한 기술을 발달시키는데 도움을 준다.
- 스페셜올림픽위원회 통합 스포츠 프로그램(SOI Unified Sports

Program)은 26개의 공인 스포츠 종목에서 실시되고 있는데, 통합 스포츠 팀의 훈련과 경기를 위해 정신지체 유무에 관계없이 선수들이 짝을 지어 실시한다.

다른 주요 장애인스포츠단체와 달리, 스페셜올림픽은 다음에 명시된 다른 스포츠 기구와 비영리 조직들 간의 연계를 구축하고 있다.

- 1988년 2월 국제올림픽위원회(IOC)는 공식적으로 스페셜올림픽을 승인했고, 정신지체가 있는 선수들에 대한 관심의 대표조직으로서 스페셜올림픽과 협력하는데 동의하였다. 스페셜올림픽은 국제올림픽위원회(IOC)가 "올림픽"이란 용어를 전 세계적으로 사용하도록 인가한 유일한 조직이다.
- 2002년 4월, 스페셜올림픽위원회와 세계선수단체는 올림픽 선수가 될 수 있는 기회를 제공함으로써 스페셜올림픽 선수들의 프로그램 및 행사에 더 많이 참여하는데 긴밀히 협력할 것을 동의하였다. 스페셜올림픽위원회의 제안으로 시작된 이 협력안은 올림픽 선수들이 스페셜올림픽 선수들의 역할 모델로서 기여할 뿐만 아니라 올림픽 선수들의 운동기술이나 성취도에 대하여 배울 수 있는 기회를 증가시킨다.
- 케네디 재단은 사립재단으로서 정신지체가 있는 사람들의 잠재 능력을 최대한 도달할 수 있는 기회를 제공하는 스페셜올림픽의 목표를 공유하고 있다. 이 재단은 스페셜올림픽의 창립에 필요한 재정을 제공하였다. 비록 스페셜올림픽에 더 이상 재정 지원은 하고 있지 않지만, 스페셜올림픽운동을 확장하기 위한 지원과 보조뿐만 아니라 기술적인 보조, 안내, 전문적인 자문 등을 지속적으로 제공하고 있다.

- 스페셜올림픽위원회는 미국에서 비영리단체로 등록되어 있다. 그래서 스페셜올림픽은 정신지체가 있는 사람들을 위한 스포츠 훈련과 경기 프로그램 발전을 지원하기 위하여 전 세계의 국가와 함께 일하는 책임을 지고 있다.

스페셜올림픽위원회(SOI) 선수를 위한 주요 경기로는 올림픽대회 전년도에 열리는 4년 주기의 하계, 동계 스페셜 올림픽세계대회가 있다. 지역과 주 단위의 경기들은 대부분 지역에서 매년 개최되고 있다.

여러 미국장애인스포츠조직

역사적으로 볼 때, 현재 미국에는 미국올림픽위원회(USOC)에 가입된 단체들과 더불어 수많은 장애인스포츠단체들이 있다. 대다수의 단체들은 참고 E 목록에 있다. 다음은 몇몇 단체들의 예시이다.

미국장애인선수회

1985년에 설립된 미국장애인선수회(America's Athletes with Disabilities)는 5개의 장애인스포츠단체와 연합해 있다. 이 모임의 사명은 신체적 장애가 있는 성인과 아동을 위한 스포츠, 레크리에이션, 운동, 레저 활동 등을 후원하고 홍보하는데 있다. 이들 행사는 매년 전국에 걸쳐 Victory Games라는 기치 아래 개최되고 있다. 또한 장애 청소년 스포츠 훈련과 경기 프로그램은 장애 아동의 특유의 선수적인 역량을 발굴하는데 도움을 주는 일련의 행사이다.

선수후원재단

자선단체인 선수후원재단(Challenged Athletes foundation)은 모든 능력

을 가진 이들은 체육활동과 스포츠를 추구할 기회를 가져야 한다는 믿음에서 시작되었다. 레크리에이션 목적이거나 파랄림픽에서 금메달의 목표를 가졌더라도 신체적으로 장애가 있는 사람들은 단지 재정적인 문제로 한계를 가질 수 있다. 선수후원재단은 270만 달러를 모금하여, 전 세계의 875명의 선수들을 지원하였다. 선수후원재단은 현재 미국파랄림픽위원회의 장애인스포츠단체 회원이다.

미국휠체어테니스협회

미국휠체어테니스협회(National Foundation of Wheelchair Tennis)는 미국의 휠체어 테니스 운영 기구로써 1976년에 창설되었다. 이 협회는 경기, 토너먼트, 클리닉 교육, 장애 청소년을 위한 종합 스포츠 캠프를 후원하고 있다. 휠체어테니스선수연맹(Wheelchair Tennis Players Association)은 미국 휠체어테니스를 운영하는 규정과 규칙을 관리하고 있다. Everest and Jennings는 미국오픈테니스대회의 최고 대회인 Grand Prix Circuit를 매년 후원하고 있다.

미국휠체어농구연맹

> NWBA: National Wheelchair Basketball Association

미국휠체어농구연맹(NWBA)은 세계에서 가장 오래된 휠체어 스포츠 단체 중의 하나이며, 현재 미국에서 가장 오래된 조직이다. 1945년에 창설된 미국휠체어농구연맹은 미국 휠체어농구의 국내 운영기구이며, 남녀를 위한 지역적, 전국적인 토너먼트를 후원하고, 국제휠체어농구경기를 위한 미국 대표 선수를 선발하고 있다.

미국휠체어소프트볼연맹

미국에서 휠체어소프트볼은 1976년 이후 미국휠체어소프트볼연맹

(National Wheelchair Softball Association)이 관리하고 있으며, 매년 9월에 전국적인 토너먼트를 후원하고 있다.

북미장애인승마협회

세계에서 치료목적의 승마를 위해 조직된 최초 조직 중의 하나로 북미장애인승마협회(North American Riding for the Handicapped Association)는 1970년대에 설립되었다. 미국과 캐나다에 승마를 이용한 치료와 활동 프로그램을 지원하고 있다. 현재 650개 이상의 프로그램 센터에는 약 30,000명의 장애인들이 승마를 하고 있다.

미국상이군인협회

1946년 재향군인을 위해 설립되었고, 의회에서 승인된 운영기구인 미국상이군인협회(Paralysed Veterans of America)는 척수 손상 혹은 기능장애가 있는 기동부대의 재향군인을 위해 특별한 요구를 포함하여 광범위한 분야에 특유의 전문성을 발전시키고 있다. 설립이래로, 미국상이군인협회는 활동적으로 장애 재향군인들의 스포츠 참여를 북돋았다.

미국기타장애인스포츠연맹

미국기타장애인연맹(USLASA)은 1985년 미국뇌성마비인/기타장애인대회 이후에 독립된 기구로 설립되었다. 이 연맹은 기타장애인을 위한 경기를 구성하며 승인하고 있다. 기타장애인선수들은 장애인스포츠단체(DOS)와 관련이 없는 신체적 장애의 선수들을 말한다. 미국기타장애인연맹은 신체적으로 장애 선수들에게 지역적, 전국적, 국제적 수준의 경기와 프로그램을 제공하는데 NDSA 및 DAAA와 긴밀한 연계를 맺고 있다.

> USLASA: United States Les Atures Sports Association
> 기타장애: 74쪽 역주 참조

미국장애인선수협회

미국장애인선수협회(United States Organization for Disabled Athletes)는 1985년 비영리조직으로써 설립되었다. 이 조직의 목적은 장애선수들이 참여하는 다양한 미국 조직들을 결합하여, 국내와 국제적 스포츠 대회를 위한 기금과 관리, 후원, 일정 등을 협력하는데 있다. 현 회원은 USABA, NDSA, DAAA, WSUSA, USLASA 등이다. 1985년 이래 미국장애인선수협회는 팬암장애청소년게임, 동계 스포츠 페스티발과 Victory Games 등을 포함한 많은 스포츠 경기를 후원하고 있다.

미국장애인선수기금위원회

미국장애인선수기금위원회(United States Disabled Athletes Fund, Inc.)는 Georgia에서 개최된 1996 애틀랜타파랄림픽의 결과로 이루어졌다. 처음 미국에서 열린 파랄림픽대회는 미국의 장애인스포츠 발전과 성장과 관련된 수많은 미국인의 꿈을 실현하는 것이었다.

애틀랜타파랄림픽조직위원회는 1993년 미국장애인스포츠기금위원회를 설립하여 전국 프로그램 개발을 담당하면서 궁극적으로는 모든 지역사회에서 장애인스포츠를 할 수 있도록 하는 것이었다. 미국장애인선수기금위원회는 현재 미국파랄림픽위원회의 회원이다.

세계장애선수스포츠문제위원회

세계장애선수스포츠문제위원회(World T.E.A.M.[The Exceptional Athlete Matters] Sports)는 모든 사람들이 생활체육에 참여할 기회를 개발하고 장려하고 지원하기 위하여 세계적으로 장애 유무에 관계없이 여러 단체와 함께 독특한 경기 행사를 유도하고 있다. 의학적·교육적 봉사프로그램을 결합하여 단체 경기 행사를 함으로써 참여를 통한 학습력을 북돋으려는 것이다. 세계장애선수스포츠문제위원회의 목적은 다음과 같다.

- 모든 사람들 특히 장애 있는 사람들이 평생 스포츠에 참가하도록 혁신적이고 흥미있는 스포츠 행사를 주최하고 개최
- 장애 있는 사람들을 이해하고 수용하며 통합을 도모하는 다양한 홍보활동

맺음말

장애인스포츠는 종합적인 사회 조직이다. 장애인스포츠단체의 출발은 미약하였으나 전 세계의 장애 있는 선수들을 대표하는데 효과적이었고, 가장 효율적인 조직으로 전개되었다. 특히 국제파랄림픽위원회(IPC)는 국제올림픽위원회(IOC)와 긴밀한 협력 체제를 구축하고 장애 있는 선수들을 위해 많은 노력을 하고 있다. 장애인스포츠의 전망이 밝아지며 수요가 증가하면서 국내스포츠연맹은 장애 있는 선수들이 참가할 수 있는 대회를 개최하기 시작하였다. 미국의 장애인스포츠단체들은 발전을 도모하고, 미국올림픽위원회(USOC)와의 협력으로 이익을 창출하는 업무까지 담당하고 있다. 또한 미국올림픽위원회(USOC)에 의해 승인되지 못한 장애인스포츠단체들이라 하더라도 보다 탁월함을 인정받고 있으며 장애인스포츠운동에 활동적으로 기여하고 있다.

제5장

장애인스포츠 대회

| 목표 |
- 장애인스포츠 경기의 역사와 발전 이해

| 주요 내용 |
- 파랄림픽 대회
- 데프림픽(Deaflimpics)
- 스페셜올림픽
- 기타 국제경기
- 미국의 장애인스포츠 참가 기회
- 대학 연합 및 중등학교 연합 체육 프로그램

장애인스포츠

20세기에 접어들면서 장애 있는 사람들의 스포츠 참가할 수 있는 기회가 급격히 증가하고 있다. 오늘날에는 대륙 및 각 지역 단체에 수많은 국가 대항 및 대륙별 스포츠 경기가 개최되고 있으며, 장애인 엘리트 선수를 위한 국제 경기들과 다양한 스포츠 행사 및 레크리에이션 기회가 많아지고 있다.

종합대회, 장애유형 종합 세계선수권대회, 그리고 단일종목대회, 단일종목별 선수권대회가 정기적으로 열리고 있다. 사실상, 오늘날에는 모든 스포츠 종목이 세계선수권대회와 대륙별 경기로 개최되고 있다. 이런 대회들은 스포츠종목별대회(국제휠체어양궁대회, 세계골볼선수권대회, 국제휠체어마라톤대회, 팬아메리칸휠체어게임, 월드컵알파인장애인스키챔피언십, 육상과 수영 경기의 유럽선수권대회 등)뿐만 아니라 장애 유형별 대회(청각장애인대회, 유럽스페셜올림픽대회 등)도 개최되고 있다. 그러나 장애인스포츠의 가장 유명한 국제 경기대회로는 파랄림픽(동·하계), 데프림픽(동·하계), 스페셜올림픽(동·하계) 등 세 가지가 있다.

파랄림픽 대회

파랄림픽은 신체적으로나 시각적으로 장애가 있는 선수들이 참가하는 올림픽이라고 할 수 있다. 파랄림픽은 하계와 동계로 구분되며 4년마다 한 번씩 개최된다. 1988년 서울파랄림픽대회부터 올림픽을 개최하는 도시에서 파랄림픽을 개최하도록 규정하여 시행하고 있다.

하계 파랄림픽 대회

하계 파랄림픽 대회는 올림픽 종목에 포함된 스포츠 종목들이 많으며, 신체장애(하반신마비, 사지마비, 절단, 뇌성마비, 기타장애)와 시각장애를 가진 선수들이 참여할 수 있다. 또한, 정신지체가 있는 선수들도 시범종목에 참여하고 있다. 파랄림픽은 1948년 영국의 Stoke Mandeville에서 장애가 있는 사람들이 모여 경기를 하였던 것이 시발점이 되어 1952년에 Stoke Mandeville에서 최초의 국제대회가 개최되었다. 1960년 올림픽의 도시인 Rome에서 파랄림픽 대회가 개최되었는데 이 대회가 공식적인 최초의 파랄림픽 게임이다(표 5-1 참조).

역사적으로 파랄림픽의 중요한 전환점은 1988년에 개최된 서울하계파랄림픽대회이다(10월 15~24일). 61개국 3,053명의 선수들이 출전하여 17개 종목(양궁, 육상, 농구, 보치아, 사이클링, 승마 경기, 펜싱, 골볼, 유도, 사격, 발리볼, 축구, 수영, 탁구, 역도, 론볼, 당구)의 732개 세부 종목에서 기량을 겨뤘다. 서울파랄림픽은 앞서 열린 88서울올림픽과 동일한 경기장, 선수촌, 편의 시설 등 모든 시설을 사용했으며, 개회식과 폐회식 역시 같은 장소에서 진행되었다.

파랄림픽은 서울파랄림픽에 이어서 1992년 Barcelona 파랄림픽(9월 3~14일)은 성공적이었다. 82개국 3,020명의 선수들은 6만 관중들이 가득한 올림픽 주경기장을 행진하였다(Sherrill, 1993). 이 대회에서 선수들은 양궁, 육상, 보치아, 사이클링, 승마, 펜싱, 골볼, 유도, 7인제 축구, 사격, 배구, 수영, 탁구, 역도, 휠체어농구, 휠체어테니스 등의 종목에 참가하였다. 장엄한 개막식과 폐막식을 포함한 46개의 이벤트에 총 1,386,000명의 관중들이 경기를 관람하여 유례없이 성공적으로 개최되었다. 1992년 파랄림픽에 대한 자세한 논의는 Sherrill(1993)을 참조하면 된다.

1996년 Atlanta 파랄림픽에서는 17개 종목(양궁, 육상, 농구, 보치아, 사이클링, 승마, 펜싱, 골볼, 유도, 론볼, 역도, 사격, 축구, 수영, 탁구, 테니스, 배구 등)이 개최되었고 휠체어라켓볼, 휠체어럭비, 세일링 등의 시범 경기가 있었다. Atlanta 파랄림픽은 총 103개의 국가에서 3,000명이 넘는 선수(절단, 시각장애, 뇌성마비, 왜소증, 척수손상/휠체어 사용자)

들이 1996년 10월 16~27일(올림픽의 폐막 2주 후)까지 10일 동안의 경기에 참가하였고 12~14개의 여러 경기 장소에서 500개 이상의 세부경기를 실시하였다. 또한 Atlanta 파랄림픽에서는 파랄림픽 역사상 최초로 대회와 관련된 학술대회 및 엑스포가 개최되었다.

표 5.1 역대 하계 파랄림픽 대회

연도	파랄림픽 개최지(올림픽)	장애 영역	참가 국가	선수	종목 (여자 종목)
1952	Stoke Mandeville	SCI	2	130	6
1960	Rome, 이탈리아(Rome, 이탈리아)	SCI	23	400	8(6)
1964	Tokyo, 일본(Tokyo, 일본)	SCI	21	375	9(6)
1968	Tel Aviv, 이스라엘(Mexico City, 멕시코)	SCI	29	750	10(8)
1972	Heidelberg, 독일(Munich, 독일)	SCI, VI	41	1,004	10(8)
1976	Toronto, 캐나다(Montreal, 캐나다)	SCI, VI, LA	42	1,657	13(8)
1980	Arnhem, 네덜란드(Moscow, 소련)	SCI, amputee, VI, CP	42	1,973	12(8)
1984	Stoke Mandeville, 영국 & 뉴욕, 미국 (LA, 미국)	SCI, amputee, VI, CP	41 45	1,100 1,800	14 13
1988	서울, 대한민국(서울, 대한민국)	SCI, amputee, VI, CP, LA	61	3,053	17(11)
1992	Barcelona, 스페인(Barcelona, 스페인)	SCI, amputee, VI, CP	82	3,020	15(11)
	Madrid, 스페인	ID	74	1,400	5(5)
1996	Atlanta, 미국(Atlanta, 미국)	SCI, amputee, VI, CP, LA, ID	103	3,195	17(11)
2000	Sydney, 오스트레일리아 (Sydney, 오스트레일리아)	SCI, amputee, VI, CP, LA, ID	123	3,843	18(13)
2004	Athens, 그리스(Athens, 그리스)	SCI, amputee, VI, CP.LA, ID	130	4,000	21(18)
2008	Beijing, 중국(Beijing, 중국)	SCI, amputee, CP, LA, ID			

SCI(Spinal Cord Injury):척수손상, VI(Visual Impairment):시각장애, LA(Le Autres):기타장애, amputee:절단장애, CP(Cerebral Palsy):뇌성마비, ID(Intellectual Disability):정신지체

* 국제적인 장애인스포츠 대회는 1952년에 처음 개최되었으며, 최초의 파랄림픽은 1960년이다. 이러한 대회들의 정확한 역사적 명칭은 부록 A를 참조하면 된다.

장애인스포츠를 빛낸 인물

- 성명: Louise Sauvage
- 출신 국가: 오스트레일리아
- 종목: 휠체어 육상 트랙 및 휠체어 마라톤
- 수상 경력
  - 1992년 바르셀로나 파랄림픽 3관왕 및 은메달
  - 1996 애틀랜타 파랄림픽 4관왕
  - 호주 국가대표로 2회 출전
  - 육상 800m 휠체어 레이싱 시범 경기
    (1996년 애틀랜타 파랄림픽과 2000년 시드니 파랄림픽 2연패)
  - IPC 세계선수권대회 우승
  - 800m, 1,500m, 5,000m, 마라톤, 400m 계주, 1600m 계주
  - IAAF 세계선수권대회 우승
  - 1993년 독일 슈트트가르트(금), 1995년 스웨덴, 게테보그(금), 1997년 그리스 아테네(금), 2001 캐나다, 에모튼(금)
  - 올해의 오스트레일리아 파랄림픽 선수상 - 1994, 1996, 1997, 1998년
  - 올해의 오스트레일리아 스포츠 선수상 - 1997년
  - 올해의 젊은 오스트레일리아인상 중 ABIGROUP 전국 스포츠상 수상 1998년
  - 올해의 국제 여자 휠체어 선수 - 1999년, 2000년

Louise는 선수로서의 업적이 말해주듯이 열심히 노력하는 유능한 선수이다. 그녀는 일주일에 10~14시간 정도 훈련을 하고 있다. 그녀의 말에 따르면 훈련은 열정과 즐거움이 함께한 집중되고 강한 훈련이라고 한다. 이러한 스포츠의 영향으로 그녀는 카운슬링 회사를 스스로 운영할 정도가 되었다. 척추이형성증을 가지고 태어난 30대의 Louise는 전 세계에 잘 알려져 있다.

뒷면 계속→

그녀의 부모는 그녀가 어려서부터 스포츠에 깊은 관심을 가지게 해준 주요한 인물이다. 그녀는 "스포츠는 내 인생이며, 나의 경력은 스포츠로부터 만들어졌다. 나는 직업적인 운동선수이다. 우리나라 국민들은 스포츠에 매우 열광하며 스포츠가 없는 인생은 상상할 수 없다."라고 말한다. 그녀는 후배선수들에게 "밖으로 나가 스포츠를 해보면 정말 재미있을 것이며, 놀라운 사람들을 만날 수도 있고 동시에 날씬해지며 건강해 질것이다."라고 말한다. 그녀는 장애인스포츠가 직면한 쟁점사항에 대해, "이것은 매우 어려운 것이다." "장애인스포츠에 대한 문제점이 많으며 그 중의 하나가 일반 운동선수들과의 완전한 통합이라고 생각한다. 아무리 힘들게 훈련해도 여러 수준에서 보상을 받지 못하는 것을 아는 것은 매우 실망스러운 일이다. 앞서 말한 것과 같이 변화되어야 할 많은 쟁점들이 있으나 불행히도 변화는 느리게 진행되고 있다."라고 말한다. Louise Sauvage는 후에 "장애인선수로서 21세기를 대표하는 경험 많고 박식한 최초 선수로 남기를 기대한다."고 말했다.

    21세기로 접어들면서, 파랄림픽은 더욱 탄력을 얻게 되어 2000년에 가장 큰 대회가 Sydney에서 개최되었다. 123개국에서 3,800명이 넘는 신체장애, 시각장애, 정신지체가 있는 선수들이 18개 종목(양궁, 육상, 농구, 보치아, 사이클, 승마, 펜싱, 골볼, 유도, 사격, 배구, 축구, 수영, 탁구, 역도, 론볼, 당구)에 참가했다. 또한 선수촌에는 2,300명이 넘는 팀 관계자들과 800명 이상의 행정요원들이 함께 참여하였다.

    올림픽이 끝나고 얼마 되지 않아 IPC조사 위원회는 2000년 Sydney 파랄림픽 게임에 출전한 정신지체가 있는 선수들의 자격 기준 및 경기 결과의 과정이 적합하게 수행되지 않은 것을 발견했다. 농구, 탁구, 수영, 육상 경기에 참가한 스페인을 대표하는 선수들이 정신지체가 있는 선수들이 아닌 것으로 판명된 것이다. 이로 인해, 2001년 국제정신지체인스포츠연맹(International Sports Federation for Persons with Intellectual

Disability, INAS- FID)은 IPC의 멤버십 자격 및 2002년 Salt Lake city 동계 파랄림픽의 참가 정지의 징계를 받았다.

2004년 9월 Athens에서 올림픽이 끝난 뒤 2주 후에 파랄림픽이 개최되었다. 130개의 나라를 대표하는 4,000명 이상의 선수들이 올림픽 대회와 동일하게 그리스의 여러 도시에서 개최되는 경기에 참여했다. IPC는 정신지체가 있는 선수들의 육상, 수영, 농구, 탁구에서의 시범경기를 포함하기로 결정했다. IPC는 재정을 고려하여 파랄림픽 학술대회를 취소했으며, 그에 따라 2004년 8월 Thessaloniki에서 개최되는 2004년 올림픽 학술대회에서 장애가 있는 선수를 위한 연구 및 과학적 실천에 관한 학술대회를 포함하기로 하였다.

동계 파랄림픽 대회

동계 파랄림픽 대회는 하계 파랄림픽 대회와 마찬가지로 4년마다 개최된다. 1988년 2월 오스트리아 Innsbruck에서 개최된 파랄림픽은 1984년 동계 파랄림픽과 1976년 올림픽처럼 동일한 개최지의 시설을 사용했다. 동계 올림픽에서는 알파인, 노르딕 종목, 스케이팅, 아이스피킹(ice picking) 등의 다양한 경기종목이 진행되며, 신체장애(절단, 뇌성마비, 기타장애)가 있는 선수들과 시각장애가 있는 선수들이 출전하였다. 하계 파랄림픽과 마찬가지로 동계 파랄림픽도 최근에 올림픽이 개최된 도시에서 치러지게 된다. 1992년 동계 올림픽은 프랑스의 Tigne-Albertville에서, 1994년 동계 올림픽과 1994년 파랄림픽은 모두 노르웨이의 Lillehammer에서 개최되었다(표 5.2 참조).

1998년 동계 파랄림픽은 Nagano에서 열렸으며, 정신지체가 있는 선수들이 최초로 시범 종목으로서가 아니라 정식 종목으로 대회에 출전하였다. 32개국을 대표하는 571명의 선수들이 알파인 스키, 노르딕 스키, 바

표 5.2 역대동계 파랄림픽대회*

연도	개최지(올림픽)	장애 영역	참가국가	선수	종목**
1976	Omskoldsvik, 스웨덴(Innsbruck, 오스트리아)	VI, amputee	14	250	2
1980	Gelio, 노르웨이(Lake Placid, 뉴욕)	PI, VI	18	350	2
1984	Innsbruck, 오스트리아(Sarajevo, 유고슬라비아)	PI, VI	22	350	2
1988	Innsbruck, 오스트리아(Calgary, 캐나다)	PI, VI	22	397	2
1992	Tignes-Albertville, 프랑스(Tignes-Albertville, 프랑스)	PI, VI, ID(시범)	24	475	2
1994	Lillehammer, 노르웨이(Lillehammer, 노르웨이)	PI, VI, ID(시범)	31	1,000	3
1998	나가노, 일본(Nagano, 일본)	PI, VI, ID	32	571	5
2002	솔트레이크시티, 미국(Salt Lake City, 미국)	PI, VI, no ID***	36	416	3
2006	토리노, 이탈리아(Torino, 이탈리아)	PI, VI, ID			4
2010	밴쿠버, 캐나다(Vancouver, 캐나다)				

PI(Physical Impairment):지체장애, VI(Visual Impairment):시각장애, amputee:절단, ID(Intellectual Disability):정신지체

* 각 대회의 정확한 정보는 부록 A를 참조하면 된다.
** 대회 종목에는 알파인스키, 노르딕스키, 아이스슬러지하키, 휠체어컬링 등이 있으며, 1998년에는 바이애슬론이 포함되었다.
*** 2000년 시드니 파랄림픽 선수 부정사건으로 정신지체가 있는 선수들이 IPC로부터 참가의 제한을 받았다.

이애슬론, 슬러지 레이싱, 슬러지 하키 등 5개 종목에 참가했다.

2002년 동계 파랄림픽은 미국에서 처음 개최된 첫 대회로서 Utah의 Salt Lake City에서 동계 올림픽 이후 개최되었으며 안도라, 칠레, 중국, 크로아티아 그리스가 처음으로 출전했다. 이 대회에는 정신지체가 있는 선수들이 출전하기로 되어 있었지만, Sydney 파랄림픽에서 발생한 부정선수 사건들로 인해서 경기에 참여할 수 없었다.

정신지체인 파랄림픽

스페셜올림픽이 후원하는 경기들뿐만 아니라, 1985년 이후로는 이에

대등한 수준의 정신지체가 있는 선수들의 경기가 개최되었다. 이러한 경기들은 국제정신지체인스포츠연맹(INAS-FID)이 후원했다. 1992년 9월 Madrids에서 개최된 파랄림픽과 근접한 곳에서 비슷한 시기에 최초의 정신지체가 있는 선수들의 파랄림픽이 개최되어 74개국 1,400여명의 선수가 참가했다(DePauw, & Rich, 1993). 출전 자격은 정신지체가 있는 사람들 중 최소 15세 이상이어야 한다. 육상, 수영, 탁구, 실내 축구, 농구 등의 5개 종목에 참가할 수 있었으며, 모든 경기는 남자와 여자로 구분하여 개최되었다(더 자세한 내용은 DePauw, & Rich, 1993 참조).

> INAS-FID: International Sports Federation for Persons with Intellectual Disability

스페셜올림픽이나 정신지체가 있는 선수들이 참가하는 파랄림픽은 서로 비슷한 점을 가지고 있으나, 두 대회의 목적이 서로 다르다. 스페셜올림픽은 경기에 중점을 두기 보다는 참가에 더 중요한 의미를 가지기 때문에 선수들은 경기력 수준에 의해 선발되지 않는다. 반면, 정신지체인 세계선수권대회(1992, 정신지체인 파랄림픽)는 경기력과 경쟁에 초점을 맞추고 있다.

1992년부터 정신지체가 있는 선수들이 동계 파랄림픽(1992년, 1994년, 1998년에 참가하였으며 2002년은 제외)과 하계 파랄림픽(1996년, 2000년)에 참가할 수 있었다.

IPC에 의해 공포된 정신지체인 선수의 경기 참가 금지 조치로 2002년 Salt Lake City 동계 파랄림픽에서 국제정신지체인스포츠연맹은 IPC 국제 규정에 따랐으며, 이후 선수들은 2004 Athens 파랄림픽에서 다시 한 번 경기에 참가할 수 있었다. 국제정신지체인스포츠연맹은 파랄림픽에서의 명예 회복을 위한 과정으로 장래 하계 파랄림픽 스포츠 종목이 될 여섯 개의 스포츠를 소개하는 장이 된 2004년 글로벌 게임을 후원했다.

데프림픽(Deaflimpics)

 청각장애가 있는 사람들의 스포츠 대회는 1924년 시작됐다. 현재는 데프림픽(Deaflympics)으로 알려진 이 게임은 1924~1965년 동안 청각장애인국제경기대회(International Games for the Deaf) 또는 International Silent Games로, 1966~1999년까지는 청각장애인월드게임(World Games for the Deaf)으로 불리었다. 2001년 6월 IOC는 "청각장애인월드게임"이라는 이름을 데프림픽(Deaflympics)으로 변경하고자 하는 국제청각장애인스포츠위원회(International Committee for Sports for the Deaf)로부터의 요청을 수락했다.

 세계청각장애인체육대회는 1924년 Paris를 처음 시작으로 정기적으로 열리고 있다. 제1회 동계청각장애인체육대회는 1949년 Austria의 Seefeld에서 개최되었다. 그 이후로 이 게임은 매 4년마다 올림픽이 열리는 다음 해에 가능하면 동일한 국가와 도시에서 개최되고 있다. 한 예로, 1985년 LA에서 열린 체육대회는 1984년 LA올림픽이 개최된 곳뿐만 아니라 다른 도시에서도 같은 대회가 개최되었다. 청각장애가 있는 선수들은 청각장애인팬아메리칸게임에도 출전하고 있다(표 5.3 참조).

 하계 데프림픽 종목으로는 남·여 농구, 사이클, 축구, 수영, 테니스, 수중 폴로, 배드민턴, 사격, 탁구, 핸드볼, 남·여 육상, 남·여 배구, 레슬링 등이 포함된다. 동계 데프림픽 종목으로는 알파인 종목(남·여 활강, 대회전, 회전, 패러럴 회전), 노르딕 스키 종목(남자 15Km, 30Km, 3×10Km 릴레이, 여자 5Km, 10Km, 3×5Km 릴레이), 스피드 스케이팅(500m, 1000m, 1500m, 3000m)과 아이스하키 등이 포함된다.

 데프림픽(하계, 동계)은 매 4년마다 올림픽 게임이 개최된 다음 해에 열린다. 하계, 동계 경기의 연혁은 표 5.3과 같으며 부록 A에서 더욱 자

표 5.3 역대 동·하계 데프림픽 대회 명칭 변천과 개최지

대회 명칭 변천	연도	개최지	구분
청각장애인국제경기대회 (International Games for the Deaf/International Silent Games)	1924	Paris, 프랑스	하계(1회)
	1928	Amsterdam, 네덜란드	하계(2회)
	1931	Nuremberg, 독일	하계(3회)
	1935	London, 영국	하계(4회)
	1939	Stockholm, 스웨덴	하계(5회)
	1949	Copenhagen, 덴마크	하계(6회)
	1949	Seefeld, 오스트리아	동계(1회)
	1953	Brussels, 벨기에	하계(7회)
	1953	Oslo, 노르웨이	동계(2회)
	1957	Oberammergau, 독일	동계(3회)
	1957	Milan, 이탈리아	하계(8회)
	1959	Montana-Vermala, 스위스	동계(4회)
	1961	Helsinki, 핀란드	하계(9회)
	1963	Are, 스웨덴	동계(5회)
	1965	Washington D.C., 미국	하계(10회)
	1967	Berchtesgaden, 독일	동계(6회)
청각장애인월드게임 (World Games for the Deaf)	1969	Belgrade, 유고	하계(11회)
	1971	Abelboden, 스위스	동계(7회)
	1973	Malmo, 스웨덴	하계(12회)
	1975	New York, 미국	동계(8회)
	1981	Cologne, 독일	하계(14회)
	1983	Madonna Di Canpiglio, 이탈리아	동계(10회)
	1985	LA, 미국	하계(15회)
	1987	Oslo, 노르웨이	동계(11회)
	1989	Chritchurch, 뉴질랜드	하계(16회)
	1991	Banff, 캐나다	동계(12회)
	1993	Sofia, 불가리아	하계(17회)
	1995	Yilas, 핀란드	동계(13회)
	1997	Copenhagen, 덴마크	하계(18회)
	1999	Davos, 스위스	동계(14회)
하계·동계 데프림픽 (Summer and Winter Deaflympics)	2001	Rome, 이탈리아	하계(19회)
	2003	Sundsvall, 스웨덴	동계(15회)
	2005	Melbourne, 오스트레일리아	하계(20회)
	2007	Park City, 미국	동계(16회)
	2009	Taipei, 타이완	하계(21회)

세하게 제시하였다. 제1회의 동계 데프림픽은 5개국의 33명의 선수들이 참여한 규모가 매우 작은 대회였다. 초기의 일곱 차례의 대회에서는 100여명 이하의 선수들이 참여한 소규모의 대회였다. 타이완의 Taipei에서 열릴 21회 데프림픽에 이어 다음 대회는 2005년 멜버른에서 개최될 예정이고, 16회 동계 데프림픽은 2007년 미국 Utah 주의 Park City에서 열릴 예정이다.

데프림픽이 다소 독특한 것은 아마도 문화적으로 가치 있는 정보 교환을 위한 국제적 포럼을 활성화하려고 공동으로 노력하는데 있다(Steward, 1990). 데프림픽은 참가 선수들에게 청각장애가 있는 사람들의 특유한 문화적 동질감을 가지고 서로 공감할 수 있는 기회를 제공한다. 그들은 운동 경쟁보다 더한 그들만의 공동체 행사를 기념하고 축하하는 것이다.

스페셜올림픽

SOI: Special Olympics International

정신지체가 있는 사람들이 참가하는 하계·동계 게임은 스페셜올림픽위원회(SOI)가 후원하고 있으며, 하계 스페셜올림픽은 하계 올림픽대회가 열리는 년도보다 1년 앞서 매 4년마다 개최된다.

제1회 스페셜올림픽은 Chicago의 Soldier Field에서 개최되었다는데, 미국 26개 주와 캐나다에서 온 1,000여명의 선수들이 참가하였다. 스페셜올림픽은 하계와 동계 대회를 번갈아 가며 2년에 한 번씩 개최된다. 처음에 이 경기는 국제스페셜올림픽대회(International Special Olympics)로 불렸지만 1991년 그 이름이 공식적으로 하계, 동계 스페셜올림픽세계대회(Special Olympics World Summer and World Winter Games)로 변경되었다. 표 5.4에서와 같이 하계 대회에는 많은 국가에서 다수의 선수들이 참가하였다. 공식 개최 종목은 수상경기, 육상, 농구, 볼링, 승마, 축구, 체조, 롤러스케이팅, 소프트볼, 배구 등이 있으며, 시범 경기로는 사이클, 역도, 탁구, 핸드볼, 테니스 등이 있다. 미국에서 경기가 정기적으로 개최되고 있고, 벨기에(1981년)와 아일랜드의 Dublin(1985)에서 하계 유럽 스페셜올림픽대회가 개최되었다. 스페셜올림픽은 데프림픽이나 파랄림픽과는 달리 언론에 많이 소개되었다. 처음 TV에 스페셜올림픽이 소개된 것은 1975년 CBS 스포츠 특집 프로그램이었다. 1977년에는 CBS, ABC, NBC 방송에서도 스페셜올림픽을 방영하였다.

1993년 3월 제5회 동계 스페셜올림픽세계대회가 최초로 미국이 아닌 오스트리아의 Schladming에서 개최되었다. 50개국에서 대략 1,600여명의 선수들이 알파인과 크로스컨트리 스키, 피겨 스케이팅, 스피드 스케이팅, 플로어 하키 종목에 참가했다(Cowan, 1993). 이것을 시작으로, 하계 및 동계 스페셜올림픽세계대회에 대한 참가가 증가하고 있음은 표 5.4와 표 5.5에 자세하게 나타나 있다.

기타 국제경기

동·하계 파랄림픽, IPC 승인 세계선수권대회, 데프림픽, 스페셜올림픽이 가장 잘 알려진 장애인 종합경기 대회로 인식되어 있지만, 그 외의 다른 국제경기들도 전 세계적으로 개최되고 있으며 지속적으로 생기고 있는 추세이다. 다음의 자료는 Bell(2003)의 Encyclopedia of International Games에서 발췌한 것이다.

표 5.4 하계 스페셜올림픽 세계대회의 명칭 변천과 대회 규모

구분	연도	개최지	선수(명)	미국 참가 주	미국 외 참가국
하계스페셜올림픽대회 International Special Olympics Summer Games	1968	Chicago, 일리노이 주	1,000	26	1
	1970	Chicago, 일리노이 주	2,000	50	1
	1972	LA, 캘리포니아 주	2,500	50	없음
	1975	Mt. Pleasant, 미시간 주	3,200	50	10
	1979	Brockport, 뉴욕 주	3,500	50	20
	1983	Baton Rouge, 캘리포니아 주	4,000	50	20
	1987	South Bend, 인디애나 주	4,700	50	70
하계스페셜올림픽 세계대회 Special Olympics World Summer Games	1991	Minneapolis, 미네소타 주	6,000	50	100
	1995	New Haven, 커네티컷 주	7,000	50	143
	1999	Raleigh, 노스캐롤라이나 주	7,000	50	150
	2003	더블린, 아일랜드	6,500	없음	150
	2007	상하이, 중국			

표 5.5 국제 스페셜올림픽 동계대회

구분	연도	개최지	선수(명)	참가국
International Special Olympics Winter Games	1977	Steaboat Springs, CO	500	없음
	1981	Smuggler's Notch and Stowe, VT	600	없음
	1985	Park City, 유타 주	없음	14
	1989	Reno, NV, Lake Taho, 캘리포니아 주	1,000	18
Special Olympics World Winter Games	1993	Salzburg & Schaldming, 오스트리아	1,600	50
	1997	Toronto & Collingwood, 캐나다	2,000	73
	2001	Anchorage, 알래스카 주	1,800	73
	2005	Nagano, 일본		

> **주요 내용**
>
> 장애가 있는 사람들의 대표적인 체육대회는 파랄림픽, 데프림픽, 그리고 스페셜올림픽 세계대회이다.

불어권 아프리칸 장애인 경기대회
(African Francophone Games for the Handicapped)

불어권 아프리카 장애인경기대회는 주로 아프리카 국가이면서 불어를 사용하는 신체, 시각, 정신, 청각 장애가 있는 선수들을 위한 경기이다. 이 대회는 1994년에서 2000년 사이에 매 2년마다 개최되었다(부르키나 파소, 코토누, 베넹, 세네갈, 아이보리 코스트). 제5회 불어권 아프리칸 장애인 경기대회는 2001년 토고의 lome에서 열렸으며, 15개국에서 500여명의 선수들이 참가했다.

아랍 장애인 경기대회(The Arab Games for the Handicapped)

아랍 장애인 경기대회는 1999년 요르단의 Amman에서 최초로 개최되었다. 이 대회는 아랍 지역의 신체, 정신, 시각, 청각 장애가 있는 선수들이 출전하여 경쟁하는 대회이다. 경기 종목은 육상, 휠체어농구, 역도, 타겟볼, 탁구, 축구 등이었으며 요르단, UAE, 바레인, 튀니지, 알제리, 팔레스타인, 카타르, 레바논, 리비아, 이집트, 모로코, 시리아, 사우디아라비아, 수단, 이라크, 예멘 등에서 700여명의 선수들이 첫 대회에 참가했다. 제2회 아랍 장애인 경기는 2003년 알제리에서 개최될 예정이었지만, 그 지역의 지진으로 인해 연기되었다.

아시아 태평양 청각장애인 대회(The Asia Pacific Games for the Deaf)

아시아 태평양 청각장애인 경기대회는 1983년 타이완의 Taipei에서 최초의 국제 축구대회를 개최한 국제극동청각장애인축구선수권협회(Far Eastern International Deaf Football Championships Association)에서부터 유래한다. 1992년에 이 대회에서 배드민턴을 추가한 이후로 경기 종목의 확장을 위하여 이 협회의 이름을 변경하게 되었으며, 1996년 아시아 태평양 청각장애인 경기대회에서는 4개 종목으로 확대되었다. 이 대회는 Taipei, Hong Kong, Kyoto, Melbourne, 서울, Kuala Lumpur, 그리고 2004년 Kuwait에서 개최되었다.

브리티시 커먼웰스 지체장애인 경기대회
(The British Commonwealth Paraplegic Games)

1962년에 커먼웰스 경기와 유사한 커먼웰스 하지마비 장애인 경기대회에 10개국 100여명의 선수들이 출전했다.

이 대회는 1960년에 열린 로마 파랄림픽 대회의 영향을 받아 개최되었으며, 커먼웰스 대회와 함께 하여 4회(1962년 Perth, 1966년 Kingston, 1970년 Edinburgh, 1974년 Cristchurch)개최되었다.

비록 장애가 있는 선수들이 커먼웰스 대회에 참여할 수 있는 준비가 되어 있었지만 참가하지 못하였다. 1994년 캐나다 Vancouver의 대회에서 수영, 육상, 론볼 종목의 시범 경기에 장애인 선수들이 참여하였다. 1997년 커먼웰스 대회 연합은 만장일치로 대회 정식 종목으로 장애인스포츠를 포함하고 2006년부터 시행할 것을 결정하였다. 이러한 결정보다 먼저 2002년 영국의 Manchester에서 열린 대회는 장애가 있는 선수들이 출전하게 된 최초의 주요 국제 종합경기대회가 됐다.

유럽 스페셜올림픽 대회(The European Special Olympic Games)

미국에서 특수 올림픽 운동이 발전하는 동안, 유럽에서는 지역적인 유럽 스페셜올림픽이 최초로 1981년 벨기에의 Brussels에서 개최됐다. 이 게임은 Brussels에 있는 스페셜올림픽 유럽·아시아 사무소에 의해 조직되었으며 전 유럽에 걸쳐서 매 4년마다 개최되고 있다.

아시아-태평양 장애인 경기대회
(The Far East and South Pacific Games for the Disabled)

극동 및 남태평양 장애인 게임은 처음에 브리티시 하반신 마비 커먼웰스 경기대회에서 발전하였으며, 1975년 이래로 비정기적으로 개최되고 있다. 남태평양과 아시아지역권의 선수들이 이 경기에 참여한다. 첫 경기는 1975년 일본에서 개최되었으며, 남태평양과 아시아 지역에서 개최되고 있다(1977년 호주, 1982년 홍콩, 1986년 인도네시아, 1989년 일본, 1994년 중국, 1999년 태국, 2002년 한국). 다음 경기는 2006년 말레이시아 Kuala Lumpur에서 개최될 예정이다.

국제 퇴역군인 휠체어 경기대회
(The International Ex-Servicemen's Wheelchair Games)

국제 퇴역군인 휠체어 경기대회는 1993년 영국의 Aylesbury에서 처음 개최되었으며, 1997년 남아프리카의 Pretoria에서 개최되었다. 이 대회는 전직 영국 퇴역군인을 위해 특별히 로열 영국 군인회가 조직하였다.

팬 아메리칸 경기대회(The Fan American Games)

팬 아메리칸 경기대회는 아메리카 대륙 국가들의 지역 경기이다. 여러 대회를 보면, 1997년 이후로 시각장애인 팬 아메리칸 경기대회가 개최되었으며, 시각장애인을 위한 팬 아메리칸 경기대회가 1975년 베네수엘라, 1999년 쿠바의 하바나, 2002년 칠레의 산티아고, 2003년 아르헨티나의 부에노스아이리스에서 개최되었다. 천식 환자를 위한 팬 아메리칸 경기대회가 2000년 아르헨티나와 2002년 멕시코에서 두 번 개최되었다. 가장 자주 열리는 경기가 팬아메리칸휠체어경기대회인데, 1967년 캐나다에서 시작하여 현재 1999년 멕시코시티에서 개최되었으며 이 경기는 팬 아메리칸 지역의 휠체어 선수들이 참가할 수 있다.

뇌성마비 경기대회(Cerebral Palsy Games)

국제뇌성마비스포츠·레크리에이션연맹(CP-ISRA)은 1989년부터 뇌성마비가 있는 사람들이나 기타장애 선수들을 위한 국제적 경기를 개최하고 있다. 1989년 영국의 노팅햄에서 로빈후드 경기에서 시작되었으며, 경기종목에는 육상, 론볼, 사이클, 역도, 수영, 탁구 종목 등을 포함한다.

Stoke Mandeville 휠체어 경기
(The Stoke Mandeville Wheelchair Games)

Stoke Mandeville 휠체어 경기대회는 장애가 있는 사람을 위해 개최된 최초의 게임이었다. 이 대회는 세계 2차 대전의 참전병사들 위한 재활의 한 부분으로 스포츠를 적극 활용한 Sir Ludwig Guttman에 의해 시작되었다. 1948년 영국의 Aylesbury에서 개최된 대회를 시작으로 거의 매년 열리고 있으며, 1997년 국제휠체어경기대회로 그 명칭을 변경하였다. 1999년 대회는 뉴질랜드의 크라이스트처치에서 열렸다.

트랜스플랜트 게임(The Transplant Games)

트랜스플랜트 게임은 장기 이식을 받은 환자들이 지역·국제적 수준의 경기에 참여할 기회를 부여하기 위해 최근 전개되고 있다. 다음과 같은 여러 행사가 개최되고 있다.

- 1996년 헝가리에서 동부 유럽 트랜스플랜트 게임 개최

장애인스포츠를 빛낸 인물

- 성명 : Richard Nicholson
- 출신 국가 : 호주(캠버라)
- 종목 : 역도, 육상 트랙 및 휠체어 마라톤
- 수상 경력
  - 2002년 commonwealth Game 역도 우승
  - 2002년 세계선수권대회 우승
  - 2002년 Sydney 파랄림픽 금메달
  - 세계선수권대회 및 유럽선수권대회 우승
  - 2003년 호주 전국육상대회 참가 - 100m, 200m, 400m, 800m
  - 2003년 캔버라 휠체어 마라톤 우승
  - 오스트레일리아 스포츠 행정관

전 역도선수이며 현 휠체어레이싱 선수인 Richard Nicholson의 계획은 2004 아테네 파랄림픽에 두 종목 모두 참가하는 것이다. 그리고 역도와 휠체어레이싱 두 종목의 국내 기록 및 세계기록을 갱신하는 최초의 선수가 되고 싶어 한다. 역도로 인해 다져진 그의 뛰어난 체력은 휠체어레이싱 기술의 발전에 큰 도움을 주고 있다. 2003시즌 호주 전국 휠체어레이싱 경기에 처음으로 휠체어레이싱 선수로 참가하기 시작한 그는 100m 2위, 200m 3위, 400m 5위, 800m 4위라는 대단한 성과를 거두었다. 놀랄 만한 일이 아닐 수 없다. Richard는 스포츠와 대단히 밀접한 관계이다. 그는 '나의 스포츠는 내 인생의 길과 같다. 장애인스포츠의 행정가로서 일하는 것이 나의 전부이고 휴일의 대부분도 훈련과 경기에 참가하는 것으로 보내고 있다.'라고 느끼고 있다. '스포츠는 훈련과 경쟁뿐만 아니라 다른 많은 것도 느끼게 합니다. 스포츠는 보다 나아진 건강과 향상된 체력, 새로운 사람들과의 대인관계, 새로운 친구를 사귀는 것, 그리고 여행할 기회 등을 통해 내 삶의 질을 향상시킬 수 있는 적절한 계기를 마련해 줍니다.' Richard의 사례에서도 알 수 있듯이 스포츠는 그 결과보다도 더 많은 것을 우리에게 전해준다.

- 1988년을 시작으로 정기적으로 유럽 심장·폐 트랜스플랜트 게임 개최(88년 네덜란드의 Gorsel, 90년 프랑스의 Paris, 91년 영국의 London, 92년 네덜란드의 Enschede, 94년 핀란드의 Helsinki, 96년 스위스의 Lausanne, 98년 오스트리아의 Bad Oeyhausen, 2000년 노르웨이의 Sandefjord)
- 1996년 벨기에의 Louvain, 2002년 Athens, 2002년 헝가리의 Balaton에서 열린 유럽 트랜스플랜트 게임
- 1998년 아르헨티나의 Buenos Aires에서 열린 라틴 아메리칸 트랜스플랜트 게임
- 2002년 태국의 Chiang Mai에서 열린 아시아 트랜스플랜트 게임
- 1994년 시작하여 주로 프랑스에서 열리는 동계 월드 트랜스플랜트 게임
- 2002년 오스트리아에서 개최된 제 9회 유럽 심장·폐 트랜스플랜트 게임
- 1978년 영국에서 처음 열리고 1995년 캐나다의 Ontario주와 영국 런던에서 월드 트랜스플랜트 게임 개최

동계 장애인 월드 게임(Winter World Games for the Disabled)

장애인스포츠를 위한 Vastermorland 협회는 매 2년마다 스웨덴에서 비애슬론, 노르딕 스키, 알파인 스키, 썰매 하키 종목의 포함하는 동계 경기대회를 개최한다.

시각장애인 선수권대회(World Championship for the Blind)

시각장애인스포츠를 위한 스페인 연합은 1998년 Madira에서 최초의 국제 시각장애인스포츠 협회의 후원으로 시각장애인 선수권대회를 개

최했다. 700명이 넘는 시각장애인들이 육상, 수영, 골볼, 유도의 4개 부분에서 경쟁했다. 제2회 국제시각장애인스포츠협회선수권대회는 2003년 Quebec에서 열렸다.

왜소증 월드 게임(The World Dwarf Games)

왜소증월드게임은 미국왜소증경기협회(Dwarf Athletic Association of America)에 의해 1993년 시작되었다. 이 경기는 최초의 왜소증인 사람들을 위한 국제 종합경기 대회이며 1993년 이후 영국과 캐나다에서 개최되었다.

> **주요 내용**
>
> 파랄림픽, 데프림픽, 스페셜올림픽과 더불어 장애가 있는 사람을 위한 여러 스포츠 대회들이 전 세계적으로 개최되고 있으며 계속 생겨나고 있다.

미국의 장애인스포츠 참가 기회

장애가 있는 사람들은 전 세계 어디에서나 스포츠에 참여하여 경기할 기회가 있다. 비록 이들의 대부분이 특정 사회집단(스포츠클럽, 특정 스포츠 행사)의 일반 스포츠 맥락에서 일어나지만, 장애가 있는 사람을 위해 특별히 고안된 경기들도 있고, 미국과 캐나다에서는 각종 스포츠 행사가 정기적으로 열리고 있다(부록 E를 참조).

미국의 경우 주 단위로 장애가 있는 사람을 위한 스포츠 행사 및 경기들이 있으며, 이 경기들은 지역별 경기대회, 레크리에이션 프로그램(휠체어농구 리그, 청각장애인 소프트볼, 지방 스페셜올림픽 볼링 프로그램 등), 대학 대항, 학내, 대학 연합 스포츠 프로그램과 같이 여러 형태가 있다. 지역적으로 조성된 자선 모금 달리기 대회에서는 점점 더 많은 휠체어 종목이 포함되고 있으며 육상 경기 대회에서는 스페셜올림픽 참가자를 위한 경기들이 늘어나고 있다. 또한, 휠체어농구 경기는 정기적으로 개최가 계획되고 있다. Sunshine State 경기나 Empire State 경기 같은 주 단위의 게임들도 현재는 장애가 있는 선수들을 위한 종목을 종종 포함시키고 있다. 이 장에서는 미국과 캐나다에서 참가 가능한 다수의 스포츠 대회와 경기들-다양한 장애인 그룹과 가능한 스포츠들-을 간략하게 소개하였다. 미국 내에서 개최되는 모든 대회가 아닌 단지 몇 개의 단편적인 예를 설명할 뿐이다.

Lakeshore 재단(미국 공식 올림픽 및 파랄림픽 훈련장소)

신체장애가 있는 선수들을 위해 오랫동안 공헌한 Lakeshore 재단은 레크리에이션, 체력운동, 야외 활동 기회뿐만 아니라 스포츠 트레이닝 프로그램을 제공하는 비영리 조직이다. 이 재단은 신체 장애인을 위해 특별히 고안된 시설들을 구비하고 있으며 자격이 갖춰진 직원들을 고용하고 있다. 2003년 미국올림픽위원회는 Lakeshore 재단을 올림픽 및 파랄림픽 최초의 공식 미국올림픽위원회 트레이닝 장소로 지정했다. Lakeshore 재단은 현재 미국파랄림픽위원회 장애인스포츠단체의 회원이다.

Lakeshore 재단은 수중 운동 프로그램, 청소년 및 성인을 위한 운동 프로그램(테니스, 수영, 농구, 축구, 사격, 럭비, 보치아, 역도, 육상), 체력 프로그램, 레크리에이션 및 어드벤처 프로그램(핸드 사이클, 주말 모험반, 방과 후 프로그램, 스포츠 기술), 파괴 경주, 휠체어럭비 경기, 파이오니아 클래식 휠체어농구 경기, 스포팅 클레이 챌린지, 월드 챌린지 휠체어 테니스 챔피언십을 포함하는 특별 행사들을 제공하고 있다.

국립 신체운동 센터(The National Ability Center)

1985년 창립된 이곳의 목적은 모든 이에게 알맞은 야외 스포츠 및 레크리에이션 경험을 제공하는 것이다. 이 센터는 알파인, 노르딕 스키, 스노보드, 수영, 사이클, 수상스키, 승마, 래프팅 등과 같은 다양한 활동 프로그램을 연중 제공하고 있다. 그 외에 캠핑, 챌린지 코스 활동과 같은 프로그램을 제공하며 참가자들은 지체 장애, 척수손상, 신경근육관련 질환 및 시각, 청각장애인, 인지 및 발달 장애인들이다.

국립 장애인스포츠 센터(윈터 파크 장애인스키 프로그램)

Colorado의 Winter Park에 위치한 이곳은 전 세계에서 가장 크고 유명한 스키 프로그램을 제공하고 있다. 원래는 오락 및 게임을 위한 프로그램이었지만, 중요한 교육적 스포츠 트레이닝 기업으로 성장하게 되었다. 이 프로그램은 후천적 소아마비, 절단, 척수손상, 뇌성마비, 근위축증, 척추이분증 등이 있는 사람들뿐만 아니라 시각이나 청각에 장애가 있는 사람들에게 스키를 가르치도록 계획되었다. 지역 프로그램들은 기본적으로 8주에 걸쳐 매주 한 번씩 운영하지만, 다른 주에서 온 사람들을 위한 프로그램도 매주 제공하고 있다. 이 프로그램은 스키 지도뿐만 아니라 공인된 스키 강사가 되기 위한 수업을 제공한다. 특정 수업들은 모노 스키(mono ski)를 타는 사람들 혹은 시각장애, 청각장애, 신체적 장애, 발달 지체가 있는 사람들에게 스키를 가르치기 위한 특별한 기술을 가르칠 뿐만 아니라 2-트랙, 3-트랙, 4-트랙 스키까지도 가르치고 있다. 장비와 안전에 대한 교육 역시 제공되고 있다. 더 많은 훈련은 윈터 파크 스키 학교와 연관되어 시행하고 있다. 게다가 레이싱 및 경기는 전 스키 시즌에 걸쳐 정기적으로 개최하고 있다(더 많은 정보는 O'Leary, 1987를 참조)

버라이어티 빌리지 스포츠 트레이닝 체력 센터

Toronto 교외의 Scarborough에 위치한 이곳은 북미에서 접근성이 용이한 좋은 곳이다. 이곳은 장애에 관계없이 스포츠 자체를 위한 통합 환경으로서 아무런 신체적, 심리적 방해를 받지 않고 참여할 수 있는 다목적 스포츠 트레이닝 시설이다. 신체장애가 있는 소년들을 위한 기숙사 트레이닝 학교의 형식으로 지역 서비스 활동을 시작한 이후, 이곳은 통합 스포츠 활동의 중심이 되고 있다. 역사를 통틀어, 버라이어티 빌리지는 장애가 있는 사람들에 대한 서비스에서 상위를 유지하고 있을 뿐만 아니라 통합 스포츠의 목적달성을 위해 사람들이 쉽게 접근할 수 있도록 많은 노력을 하였다. 접근 용이성을 완벽하게 하기 위한 시도가 끊임없이 이루어져 왔다. 예를 들어, 전체 시설의 바닥은 시각장애인을 위해 현관에 양각의 타일을 깔고 사무실에는 카펫을 깔았으며 욕실 및 샤워장에는 세라믹 양각 처리를 한 타일을 깔아서 식별이 용이하게 디자인 하였다. 경보 시스템으로는 시각 알람 및 청각 알람 시스템 모두를 설치하였다. 바닥의 재질은 휠체어 사용자를 위한 범퍼 보호대가 되는 것으로 했다. 모든 스포츠 구역들이 모든 유형의 장애가 있는 사람들을 위해 특별히 디자인되었다. 트랙 레인은 절단 장애가 있는 사람을 위해 더 많은 탄력성을 가질 수 있도록 합성 표면을 사용하였으며 휠체어 사용자들을 위해서 모서리 부분의 경사를 없앴다. 시각장애가 있는 달리기 선수들을 위해서는 안쪽 레인 근처에 특수 난간을, 비장애인들을 위해서는 일반 레인을 설치하였다. 조명은 경기장에서의 모든 그림자부분들을 없앨 수 있도록 디자인되었으며 적절히 개조된 장비들이 구비되어 있다. 연중 내내 트레이닝 센터를 개방할 뿐만 아니라, 모든 사람들을 위한 경기 행사들을 후원한다.

탐파 제너럴 재활 센터

가족을 위한 유쾌한 행사로 알려진 연중행사인 웰니스 클래식(Wellness Classic)은 탐파 제너럴 재활 센터에서 진행 중인 활동 중의 하나이다. 웰니스 클래식에는 사이클 종목(12.5마일(21.1km), 25마일(40.2km), 50마일(80.5km)), 5K 휠체어 초대 선수 경기회, 건강 걷기, 5Km 로드 레이스, 롤러블레이딩, 어린이 피트니스 등을 포함하고 있다. 또한, 이곳에서는 정기적으로 스포츠 클리닉, 미국 장애인스포츠 피트니스 워크샵, 스키 투어, 휠체어테니스 경기, 헬스 워크샵, 장애인 트라이애슬론 그리고 연중행사로서 캐치 더 레저 웨이브 행사들을 후원한다. 레지 웨이브 행사들은 특별히 고안된 골프와 라켓볼, 왈리볼(walleyball), 스쿠버 다이빙, 쿼드 럭비 등의 시범경기들을 포함한다. 탐파 제너럴 재활 센터에서의 프로그램은 전국에서의 여러 예들 중의 하나일 뿐이다. 트레이닝 스포츠 캠프 아래와 같은 수많은 트레이닝 및 스포츠 캠프들이 연령에 관계없이 장애가 있는 사람들을 위해 전개되고 있다.

훈련 및 운동 캠프

장애가 있는 사람들을 위하여 매우 많은 훈련 및 운동 캠프가 발전되고 있다. 이러한 캠프들은 다음과 같다.

- 전국 휠체어농구 협회/상이군인을 위한 아메리카 휠체어농구 캠프
- Randy Snow 휠체어테니스 캠프
- 휠체어레이싱 캠프
- 주니어 휠체어스포츠 캠프
- 미국 재향군인회 트랩 슛 클리닉
- 미국 청각장애인 수구 캠프 연합회
- Canoe White Water Wilderness Experience
- Kayak the Everglades
- Float the Rio Grande

주 단위 및 지역 행사

미국에서는 매주 단위로 장애가 있는 사람들을 위한 경기 및 행사가 열리고 있다. 이들은 계절, 지리적 위치, 후원 조직, 스포츠, 장애 유형에 따라 다양하다.

- USA 스키 스펙터큘러 장애인스포츠
- 라이트 인터내셔널 주말 스키(연간 행사)
- 미국 뇌성마비 경기연맹 볼링 경기(투손)
- 미국 청각장애인 플래그 풋볼 슈퍼볼(Buffalo)
- 남부 소프트볼 연합, 청각장애인 농구 경기(Virginia)
- 미국 청각장애인스포츠 연합 전국 남여 슬로우 피치 소프트볼 경기 (카노Canoga Park, CA)
- 블리스터 볼 휠체어 풋볼 경기(Santa Barbara)
- 스포츠 축제(Atlanta)
- AFL-CIO 국제 초대 선수 주니어 휠체어농구 경기

- 호놀룰루 휠체어 마라톤
- 애뉴얼 오픈 파워리프팅 미트(Oregon)
- Can-Am 월드 게임
- 시카고랜드 지역 빕 야구 경기
- 프리 파랄림픽 파워 리프팅 경기
- 미드 웨스트 청각장애인 애뉴얼 골프 경기(Minnetonka, Minnesota)
- 전국 장애인 워터스키 챔피언십
- 미국 시각장애인 유도 대회(Colorado Springs)
- 미쓰비시 오픈 휠체어테니스
- 아메리카 트랩 슛 내셔널 페럴라이즈드 베테랑
- 일몰 휠체어마라톤
- 플로리다 뇌성마비 장애인 게임
- 여성 청각장애인 볼링 경기(Palm Beach)

> **주요 내용**
>
> 미국과 캐나다에서는 장애가 있는 사람들을 위하여 통합 스포츠 프로그램에 참가할 수 있는 기회를 많이 제공하고 있다.

대학 연합 및 중등학교 연합 체육 프로그램

미국은 최근 법령(재활법 504조, PL 94-142, ADA)에 의해 교육 기회를 증가시키고 있다. 이런 법안의 통과 이전에는, 장애가 있는 사람들은 매우 선택적으로 대학 연합 및 중등학교 연합의 체육 프로그램에 참여했다. 장애가 있는 사람들 중 몇몇 사람들만이 스포츠 경기에 참여하여 건강한 선수들과 동등하게 참가할 수 있었다(Appenzeller, 1983; D'Alonzo, 1976).

장애가 있는 사람들 중 대학에 재학 중인 경우가 많아지고 있지만 그들이 학내와 대학 연합 체육활동을 포함한 다른 특별 교과 과정의 활동에 참여하는 비율은 매우 낮다(Hedrick & Hedrick, 1993). 1993년 당시에는 803개의 국립대학 체육 연합 회원 협회 중 겨우 6곳에서만 장애인 선수를 위한 스포츠 기회를 제공했다. 이러한 노력은 Urbana-Champaign의 Illinois 대학에서 시작됐다. 1948년, Tim Nugent는 장애가 있는 사람들이 참여할 수 있는 스포츠 프로그램을 창안했다. 이 프로그램은 남녀 농구, 남녀 휠체어육상(트랙), 남녀 쿼드 럭비 경기를 제공하고 있다. Illinois 대학은 1977년 최초의 전국 대학 휠체어농구 토너먼트를 개최했으며, 전국 휠체어농구 협회와 관련된 16개의 팀이 참가했다. 1년 후, 중앙 대학 연합 협의회가 생겨났다. 중앙 대학 연합 협의회의 노력으로 장애가 있는 학생들을 위한 대학 연합 스포츠가 전국의 많은 학교 캠퍼스에서 현실화되고 있다.

오랫동안 이 프로그램은 두각을 나타냈으며 장애가 있는 사람들에게는 가장 역량 있는 대학 연합 스포츠 프로그램으로 남아있다. 이 프로그램이 오늘날 "University of Illinois Adapted Varsity Athletics" 프로그램이다. 보스턴 마라톤에서 8번 우승한 Jean Driscoll과 파랄림픽 및 세계 선수권대회에서 성공적으로 겨룬 많은 선수들이 이 프로그램에 참가한 졸업생들이다. 또한 Missouri 주의 Chuck Graham도 이 프로그램에 참가한 유명한 졸업생이다(Suggs, 2004). 2004년, 미국의 7개 대학이 휠체어 경기를 위한 대학 연합 체육 경기에 자금을 출자했다(Suggs, 2004). Pennsylvania 주의 Edinboro 대학, Oklahoma 주립대학, South West

Minnesota 주립대학, Urbana-Champaign의 Illinois 대학, Wisconsin 대학, Arlington Texas 대학에 연합 휠체어농구 팀이 생겼다. 게다가 Arizona 대학과 Urbana-Champaign의 Illinois 대학은 연합 육상 팀을 만들었다.

공립학교에서의 장애가 있는 사람을 위한 스포츠 기회는 제한적이다. 예를 들면, 1986년 Dade County 공립학교들은 장애가 있는 학생들이 육상, 수영, 역도 스포츠 대회에 참가하는 사람이 공립학교 규칙에 맞는 선별된 경기에만 참가하도록 하였다(i. e., Special Olympics).

Minnesota는 장애가 있는 학생들을 위한 학교 대항 체육 프로그램을 공식적으로 만든 첫 번째 주였다(Hedrick & Hedrick, 1993). 이 프로그램은 Minnesota 고등학교 리그에서도 실행되었다(Hanson,1993).

> **주요 내용**
>
> 미국에서는 장애 있는 학생들이 학교 대항 및 대학 연합 체육에 참가할 수 있다.

맺음말

장애가 있는 사람들을 위한 스포츠 참여 기회는 매우 많다. 파랄림픽, 스페셜올림픽, 데프림픽, 정신지체인 세계선수권대회와 특정 스포츠(예; 휠체어농구)에 관계된 수많은 세계 선수권대회가 국제대회 및 각국 대회로 정기적으로 열리고 있다. Boston 마라톤대회와 같은 유명한 마라톤 대회에서도 장애가 있는 선수들을 위한 통합 프로그램을 실시하고 있다.

1970년대 이후 장애가 있는 사람들을 위한 국제대회나 관련된 프로그램의 참가 기회는 증가하고 있으나 모든 이들에게 적절하게 제공되거나 참가의 기회가 주어지고 안내되는 것은 아니다. 따라서 학교 교육 프로그램과 여가 프로그램에서 장애가 있는 사람들의 스포츠 참가 기회를 제공하기 위한 노력이 필요하고 대학에서는 장애가 있는 사람들의 스포츠 참가와 규칙 이해 등을 위해 체육 교사, 코치, 레크리에이션 지도자, 스포츠 경영 관리자 그리고 관련 전문가들의 노력이 필요하다.

제6장

스포츠와 장애: 세계적인 시각

| 목표 |
- 장애인 스포츠의 다양한 국제적 구조와 역사의 이해

| 주요 내용 |
- 전문 용어
- 국제인 전망: 20세기 후반
- 유럽의 생활체육 헌장
- 유럽
- 캐나다
- 오세아니아
- 아시아
- 아프리카

장애 있는 사람들이 참여할 수 있는 스포츠는 점차 세계적으로 널리 알려지고 있다. 장애인스포츠의 체계와 구조는 국가별 스포츠 구조와 장애에 대한 사회적 배경과 관련하여 다양하게 변화해왔다. 장애가 있는 선수들과 주요 국제적 스포츠 협회들의 많은 노력으로(올림픽, 데프림픽, 파랄림픽, 스페셜올림픽 등) 각 지역 및 국가의 장애인스포츠 조직 및 협회는 세계 곳곳에서 많은 발전이 있었다.

본장에서는 세계적인 관점에서 장애인선수들을 위한 조직과 구성을 소개하려고 한다. 몇몇 지역과 국가의 장애인스포츠와 관련된 정보를 문헌과 인터넷을 통하여 수집하였고, 이러한 자료들을 근거로 논의하고자 한다. 미국의 관점과 국제 장애인스포츠의 구조에 대해서는 제4장에서 이미 논의하였다.

전문 용어

전 세계적으로 장애인스포츠에 대한 이해와 의미전달이 어려운 이유 중의 하나는 한 가지 관점으로 서로 다른 전문용어를 사용하는데 있다. Doll- epper와 DePauw(1989)는 이런 현상에 대하여 이미 논의한 바 있다. 미국에서는 체육교육(physical education), 스포츠(sport), 여가(recreation) 등으로 용어들을 분리하여 정의하고 이해하고 있지만 유럽에서의 '스포츠'라는 용어는 이 세 가지 의미를 모두 함축하여 포괄적인 의미로 사용하고 있다. 독일에서는 체육을"Sportunterrich an Schulen"(학교에서의 체육 수업)으로 해석하고, 여가와 레크리에이션은 "Freiszeit Sport"(자율체육) 그리고 경쟁 스포츠는 "Wettkampf"(스포츠 경기)라고 설명하고 있다. 뿐만 아니라, "생활체육(sport for all)"란 용어는 장애와 상관없이 모든 이들에게 스포츠와 신체활동을 설명하기 위하여 유럽과 다른 유럽 국가들에서 공통적으로 사용하고 있다. 이 말은 미국에서도 사용하고 있으나 보편화 되어 있지 못하다. 장애가 있는 사람들을 위한 스포츠와 신체활동 프로그램들은 장애인을 위한 신체활동(핀란드), 장애인스포츠(덴마크), education physique adaptee(벨기에), 스포츠(네덜란드, 노르웨이, 오스트리아), sportunterricht(스포츠지도)/bewegungserziehung(동작교육)(독일) 등으로 시행되고 있다. 이러한 장애인스포츠에 포함된 전문가들은 체육교사, 스포츠 교사, 트레이너, 코치 그리고 치료사들로 알려져 있다.

역사적으로 세계보건기구(WHO)가 장애가 있는 개개인을 정의하기 위해 국가마다 다르게 정의된 용어들을 재정리하여 전 세계에서 동일한 의미로 사용하도록 하였다. 예를 들어, 독일에서 학습장애가 있는 사람들은 학습의 어려움으로 지능지수 70에서 90사이인 사람을 일컫는다(IQ가 70이하인 사람들은 정신지체로 구분되어지는데, 미국에서는 IQ 90이하인 사람들을 정신지체로 구분함). 미국에서의 "special populations"는 항상 장애가 있는 사람들로 함축하고 있는 반면에 핀란드에서는 이러한 "special groups"들은 "장애가 있고, 나이가 들고, 오랜 기간 동안 질병을 앓고 있는 사람들"을 포함한다(Koivumaki, 1987, p.57).

여러 해 동안, 장애에 대한 의학적, 기능적 모델과 분류에 관하여 논의을 해오고 있다. WHO는 2002년에 기능·장애·건강의 국제분류(ICF)를 개발했는데, 이를 ICF라 명명하고 사회적인 배경 안에서의 건강과 이에 관련된 영역(신체기능, 신체구조, 행동, 참여)으로 구분하였다. ICF가 건강과 장애라는 경험에 관련된 구조를 이루고 있는 반면에, 그 요점은 질병이나 장애보다는 건강과 기능(능력단계와 실행단계)에 관한 것이라 할 수 있다.

> ICF: International Classification of Functioning, Disability, and Health

이 책에서 우리는 이러한 의미를 함축하는 단어들을 사용하고 다른 점들을 설명하려고 노력했다. 앞서 언급한 것들의 중심은 체육(physical education)이나 여가(recreation)에 관한 것이 아닌 스포츠(sport)이다. 대부분의 사례에서 스포츠는 주로 공식적인 경쟁스포츠의 기관을 지칭하며 발전적인 스포츠의 참가 기회를 포함하는 것이다.

국제적인 전망: 20세기 후반

각 나라들은, 그마다 장애가 있는 사람들에 대한 접근방법과 기회, 교육, 체육활동 그리고 스포츠에 관한 그들만의 독특한 접근방식을 가지고 있다. 법률과 규제들은 각각 다르고 평범하지 않다. 다른 한편으로 UN과 UNESCO에서는 장애가 있는 사람들의 보편적인 권리에 대해 다음과 같이 공포하였다.

- 출생과 장애 정도의 심각성과는 상관없이, 장애가 있는 사람들도 그들과 같은 나이의 시민들과 마찬가지로 동일한 기본 권리를 가져야 한다. 그것은 무엇보다도 현재의 삶을 영위할 수 있는 가장 우선적이고 일반적이며 완벽한 권리이다(장애인 권리헌장, 1975, #3)

이 헌장과 UN선언의 결과로서 장애가 있는 사람을 위한 교육은 문화적 발전을 구성하는 한 부분으로 여겨졌다. 여가활동에 동등하게 접근할 수 있는 것은 사회통합과는 불가분의 관계에 있는 것이고, 장애가 있는 사람의 삶의 질은 눈부시게 발전되었다(Sherrill, 1986).

1976년 4월 UNESCO가 후원하여 체육과 스포츠를 담당하고 있는 장관들과 행정가들이 모여 최초로 국제회의를 개최하였다. 이 회의에서 장애가 있는 사람들이 체육교육과 스포츠에 참여할 수 있는 권리가 제정되었다(Stein, 1986). UN은 장애가 있는 사람들을 위한 권리헌장의 법제화뿐만 아니라 1982년을 장애가 있는 사람을 위한 해로 선포하였고 많은 나라들이 이에 동참하였다.

> **주요 내용**
>
> 비록 각 나라별로 장애가 있는 사람들의 참가, 기회, 교육, 신체활동 그리고 스포츠를 서로 다른 의미로 사용하고 있으나, 현재에는 장애인스포츠에 대한 범세계적인 철학이 있다.

유럽의 생활체육 헌장

서유럽 전역의 학교와 스포츠클럽 시스템에서 장애가 있는 사람들을 위한 스포츠 프로그램들을 찾아 볼 수 있다. 스포츠클럽들은 지역별로 조직되고 지역의 이익을 반영하기 위해 발전되기 때문에 스포츠클럽들은 장애가 있는 사람들을 포함한다. 또한 장애가 있는 사람들을 위한 스포츠클럽도 있고, 특정한 장애(청각장애)가 있는 사람들을 위한 스포츠클럽도 존재한다. 이러한 스포츠클럽 중 몇몇은 재활센터(벨기에, 오스트리아)나 학교 또는 지역사회, 타운, 도시와도 연계되어있다(DePauw & Doll-Tepper, 1989).

1992년 유럽 연합은 스포츠에 관련된 유럽 장관들의 회의에서 장애가 있는 사람들을 포함한 유럽생활체육헌장을 통과시켰다. 같은 해에,

스포츠 관련 장관들은 장애가 있는 사람들을 위한 유럽과 국가정책의 우선권을 강조하는 방안을 채택하였고, 6년이 지난 후에 유럽헌장을 완성하였다. 이 헌장은 두개의 부분으로 나뉘어져 있는데 이는 장애인스포츠에 대한 검토와 스포츠의 개방성 및 레크리에이션 시설에 관한 것이다. 다음은 유럽헌장의 주요쟁점들을 요약한 것이다(DePauw와 Doll-Tepper, 1989를 참조).

- 장애가 있는 사람들은 대부분의 스포츠나 신체적인 레크리에이션에 특별한 보조 장비나 훈련 없이 참가할 수 없는 사람들을 칭한다. 이러한 사람들에는 정신지체나 신체적 또는 중복장애, 질병(당뇨, 천식, 심장병), 시각장애, 청각장애가 있는 사람을 포함한다.
- 생활체육은 엘리트 선수 육성을 위한 체육, 지역 사회를 중심으로 한 체육, 여가 활동 및 체력 육성 그리고 치료와 재활 등의 포괄적인 개념이다.
- 장애가 있는 사람들을 위한 스포츠는 여러 가지 이유에서 장려되어야 한다. 첫째, 장애가 있는 사람들도 일반인들처럼 스포츠에 대한 권리를 가지고 있다. 둘째, 스포츠는 참가자의 삶의 질을 증진시킨다. 셋째, 장애가 있는 사람들도 최고단계의 경쟁을 할 수 있다. 마지막으로 장애가 있는 사람들의 스포츠 참가는 신체적으로나 사회적으로 긍정적인 효과가 있다.
- 국가는 모든 사람들이 원하는 단계의 스포츠나 신체적 레크리에이션에 참가할 수 있는 기회를 보장해주어야 하는 책임이 있다. 장애가 있는 사람들이 스포츠나 레크리에이션 시설을 쉽게 접근하고 이용할 수 있어야 한다.
- 국제 스포츠 단체, 공공단체, 클럽들은 스포츠나 정책을 결정할 때

장애가 있는 사람들의 요구를 고려해야만 한다.
- 사회의 다른 분야뿐만 아니라 스포츠분야에서도 장애가 있는 사람과 일반인이 통합될 수 있어야 한다. 장애가 있는 사람들도 적절한 방법으로 스포츠에 충분히 참여할 수 있어야 한다. 일반 스포츠단체들은 트레이너와 코치들의 교육, 스포츠경기의 심판, 장애가 있는 사람들을 위한 경기구성, 유소년 프로그램 개발, 일반 선수 경기에 장애가 있는 사람들을 위한 종목 포함, 정규 통합 활동과 행사의 조직 등을 포함하여 장애가 있는 사람들의 스포츠에 대한 요구와 관심에 보다 많은 책임을 가져야 한다.
- 장애가 있는 사람을 위한 스포츠는 의사, 물리치료사, 체육교사, 초등학교 교사, 특수교육 교사, 스포츠 행정가들의 공동작업과 협조가 필요하다. 공동노력은 스포츠 프로그램 준비, 스포츠 시설에 대한 접근성, 수송지원, 스포츠 참여에 대한 기술적인 도움을 포함하여야 한다.
- 일반 학교에서도 장애가 있는 학생을 위한 체육수업이 이루어져야 한다.
- 장애인스포츠에 대한 연구는 "현재 발달 상대에 대한 재고(state-of-the-art review)", 참여의 이점, 분류와 통합, 코칭, 트레이닝, 전문적인 준비 등을 포함하여야 한다.
- 트레이닝과 교육은 스포츠 담당자들에게 장애에 관한 지식, 특정한 장애에 대한 이해와 일상적인 행동에 대한 결과, 특정 장애에 알맞은 신체적 활동에 대한 지식, 기술적이고 과학적인 연구, 장애가 있는 사람들과 대화할 수 있는 능력 등을 제공해야 한다.
- 장애가 있는 사람을 위한 스포츠는 방송매체에 방영되어야 한다. 이는 장애가 있는 사람의 긍정적인 측면을 제공하고, 장애가 있는 사

람들을 스포츠에 참여할 수 있게 하여 일반 선수들과 장애가 있는 선수들이 더욱 친밀해질 수 있는 긍정적인 효과가 있다.
- 국가는 장애가 있는 사람들이 일반적으로 스포츠에 사용한 비용을 공정하게 분배받을 수 있도록 보장해야 한다.
- 지병이나, 만성장애 또는 정신질환이 있는 사람들이 스포츠 프로그램에 참가 할 수 있어야 한다.

유럽 전역에 걸쳐 모든 사람들과 장애가 있는 모든 사람들에게 유럽 생활체육의 근간이 된 이 헌장은 스포츠의 초석임에도 불구하고, 각 나라들은 원리를 독특하게 채택하고 있다.

유럽

EPC: European Paralympic Committee

유럽파랄림픽위원회(EPC)는 유럽 전역에 걸쳐 장애인스포츠를 통합하는 기구로서, IPC와의 공식적인 관계를 유지하고 있으며 EPC 선수권대회를 개최하고 있다. 유럽파랄림픽위원회의 공식적인 구조는 일반 행정조직, 관리위원회와 실행위원회로 구성된다. 유럽파랄림픽위원회는 의장, 부의장, 재무담당, 기술부장 등 임원 4명과 체육담당관으로 구성된다. 유럽파랄림픽위원회의 의장은 IPC의 기술위원회를 대신하여 유럽을 대표한다. 유럽파랄림픽위원회는 IPC, 국제장애인스포츠기구(IOSDs), 부록 F에 있는 50명 이상으로 구성된 단체와 밀접하게 연계되어 있다. 유럽파랄림픽위원회 구성 첫 해에는 유럽 장애인 포럼 및 IPC와 연계하여 2003년 유럽 장애인의 해와 2004년 스포츠를 통한 교육의 해를 추진하였다. 이러한 협력체제의 중심에는 장애가 있는 사람들이 사회에서 더욱 많은 활동을 할 수 있는 기회를 증진시켰기 때문이다.

장애인스포츠를 빛낸 인물

- 성명 : Thomas Geierspichler
- 출신 국가 : 오스트리아(Salzburg)
- 종목 : 휠체어레이싱, 휠체어 럭비
- 수상 경력
  - 2000년 Sydney 파랄림픽 대회 금메달
  - 세계신기록보유자
  - 유럽선수권자

Thomas는 세계 장애인스포츠계에 새로이 나타난 사지마비 휠체어레이싱 선수이다. 그는 2003년 유럽선수권대회에서 그는 주 종목인 400m, 800m, 마라톤에서 우승하였고 1,500m와 5,000m 세계신기록을 보유하고 있다. 또한 2002년 세계선수권대회에서도 800m, 1,500m, 5,000m 그리고 마라톤에서 세계선수권 우승을 지켜냈다. 2000년 Sydney 파랄림픽 대회에 처음 참가하여 동메달을 획득하였다. 그는 진지한 선수이다. 강건한 운동선수가 되기 위해 스포츠 센터에서 매일 훈련하고 주당 최고 400km 훈련을 소화하였다. Thomas는 '스포츠는 내 인생에 있어서 새로운 의미로 다가왔다. 성공은 나에게 동기유발을 준다. 스스로 설정해놓은 목적을 달성하는 것은 우리의 한계를 초월하는 강한 만족감을 안겨준다'고 하였다. 그는 스포츠를 통한 개인의 성장을 보여준 대표적인 모델이다. 또한 그가 강조한 것은 "당신의 한계를 뛰어 넘는 것은 당신의 인격성장에도 도움을 준다. 당신은 현재 위치보다 더 높은 차원으로 나아갈 수 있다." 그가 젊은 선수들에게 당부하는 말은 "강한 훈련을 두려워하지 말고, 자신에게 투자한다면 믿어지지 않을 정도로 눈부신 결과로 다가올 것이다." 그의 행동과 성취는 다른 선수들의 귀감이 되었다.

덴마크

덴마크인들에게 스포츠는 중요한 문화 활동으로 알려져 있다. 국민의 약 45%가 클럽활동에 참여하고 있다. 이러한 스포츠클럽들은 자발적으로 구성되고 운영되며 많은 클럽에서 장애가 있는 사람들이 참가한다. 게다가, 몇몇 스포츠클럽들은 시각장애, 정신지체 또는 청각장애가 있는 회원들로만 구성된 클럽도 있다.

덴마크장애인스포츠연맹(DSOD)은 1971년에 창립된 장애인스포츠 단체이다. 이 단체의 목적은 장애가 있는 사람들을 위한 스포츠 경기와 재활뿐만 아니라 레크리에이션을 구성하고 추진하는데 있다. 연맹은 장애가 있는 사람 모두를 위해 존재하며, 장애인협회와 스포츠연맹과 같은 단체들을 대표한다. 이들 활동의 대부분은 덴마크 스포츠협회와 연계하여 운영된다.

협회는 클럽(club), 카운티(county), 지역(region) 그리고 국가(national) 차원 등 4개의 협회단계가 존재한다. 이들은 특정 지역사회에서 일상적인 스포츠 활동을 담당한다. 카운티단계에서는 주 임무가 정보를 배포하고 새로운 회원과 코치를 영입하고 새로운 클럽의 형성을 돕는 것이다. 지역적 단계의 주 활동은 지역의 스포츠 토너먼트를 지원하는 일이다. 국가적 차원의 단계는 국가적 스포츠 이벤트의 지원과 스포츠 룰과 규제사항을 제정하며, 코치와 심판을 교육시키며, 국제 협력을 통하여 국제 대회에서 덴마크를 대표할 팀을 훈련시키는 것이다.

덴마크장애인스포츠연맹의 구조는 스웨덴, 노르웨이, 아이슬란드에서 창립된 연맹들과 아주 흡사하다. 다른 유럽 국가들과 전 세계의 대부분 국가들은 한 개 이상의 장애인스포츠 연맹을 보유하고 있다. 국제스페셜올림픽위원회(Special Olympic International)는 덴마크에 있는 SOI 지

> DSOD: Danish Sport Organization for the Disabled

부에 보고를 하고 있고, 청각장애 스포츠는 매우 활발하게 활동하고 있다. 현재, 덴마크장애인스포츠연맹은 덴마크파랄림픽위원회로서 활동하며 IPC에는 덴마크 선수를 대표하고 있다.

스칸디나비아(노르웨이, 스웨덴, 핀란드)

노르웨이와 스웨덴의 장애인스포츠 구조는 덴마크와 유사하다. 노르웨이 장애인스포츠기구(NSOD)와 스웨덴 장애인스포츠연합(SHIF)처럼 국가에서 지원하는 장애인스포츠 기관이 한 개씩 존재한다. 또한, 노르웨이 장애인스포츠연맹은 아이슬란드, 덴마크, 스웨덴, 핀란드, 페로 군도국, 노르웨이 등의 국가들이 공동협력 체제를 구축하고 있다. 이 연합은 현재 자국의 NPC로 활동하고 있다.

청각장애가 있는 사람들을 위한 선수연맹이 노르웨이와 스웨덴에서 활동하고 있다. 스포츠를 위한 자치적인 단체들이 존재하고 있지만 이것들은 공식적으로 노르웨이장애인스포츠협회 및 스웨덴장애인스포츠연합회와 제휴하고 있는 실정이다. SOI는 노르웨이 지회에는 보고를 하지만 스웨덴 지회에는 보고를 하지 않는다(INAS-FID 본부가 스웨덴에 있다).

핀란드에서는 장애인스포츠를 약간 다르게 정의하고 보다 많은 사람들을 대상으로 하고 있다. 핀란드에서 "특별 집단"은 장애가 있는 개인이나, 노인들, 장기간 지병을 가진 사람들을 일컫는다. 핀란드는 스포츠 클럽이 활성화되었으나 장애가 있는 사람들에게 스포츠의 기회를 제공한건 불과 몇 년 전부터이다. 대부분, 시에서 "특별 집단"이라고 일컬어지는 사람들을 위하여 특정단체가 장애가 있는 사람을 위한 스포츠와 체육활동을 지원하고 있다.

핀란드에는 장애가 있는 사람들을 위해 핀란드장애인스포츠협회

NSOD: Norway Sport Organization for the Disabled
SHIF: Swedish Federation for Sports for the Disabled

> FASD: Finnish Association of Sports for the Disabled

(FASD), 핀란드 시각장애인을 위한 스포츠 중앙위원회, 핀란드청각장애체육협회, 상이군경 스포츠협회 등의 국영 스포츠 단체가 있다. 또한, 정신지체가 있는 사람들을 위해 존재하는 사회복지 단체들은 SOI와 INAS-FMH에 동시에 가입되어 있다. 이러한 단체들은 재활센터, 학교체육, 생활체육, 장애인의 경기 등을 포함하는 스포츠 형태를 제공하는 책임을 맡고 있다. 핀란드장애인스포츠협회 지회에서는 스포츠 기회를 제공하는데 가장 중요한 업무이며, 본회에서는 엘리트스포츠를 후원하는 업무를 담당한다.

1994년, 핀란드장애인스포츠협회로부터 발전된 핀란드파랄림픽위원회(FPC)는 핀란드장애인스포츠협회가 장애인스포츠에 관한 특정한 책임을 지속적으로 유지할 수 있도록 인정하였다. 핀란드파랄림픽위원회는 파랄림픽에 참가할 선수 선발의 책임이 있다. 이러한 목적을 달성하기 위해 핀란드파랄림픽위원회는 IPC의 회원이면서 핀란드 올림픽위원회와 밀접한 협동관계를 유지하고 있다. 핀란드파랄림픽위원회는 핀란드장애인체육협회, 핀란드시각장애인연합, 핀란드정신지체인연합 등의 단체들과 협력관계를 유지하고 있다. 상이군경 스포츠협회는 핀란드파랄림픽위원회의 명예회원이며 핀란드청각장애인체육연합과 핀란드 생체이식수술을 받은 사람들의 스포츠 연맹은 위원회의 예비멤버들이다.

독일

> DSB: Deutsched Sportbund

독일에서의 스포츠는 독일스포츠연맹(DSB)을 중심으로 구성되며, 장애인스포츠는 이 연맹의 산하단체이다(DePauw, & Doll-Tepper, 1989). 독일스포츠연맹은 독일 내 장애가 있는 사람들을 공식적으로 대표한다. 이 연맹은 국가파랄림픽위원회의 기능을 하며 IPC에선 독일을 대표한다.

독일 역시 스포츠클럽 시스템을 사용하고 있다. 스포츠에 관련된 것들은 도시나 지역사회 단계의 스포츠클럽들, 주(state) 스포츠연맹, 독일스포츠연맹에 의해서 만들어진다. 이러한 방식은 장애인스포츠에도 동일하다. 국가적인 차원에서는 독일스포츠연맹이 재활, 레크리에이션, 스포츠를 포함한 모든 종류의 스포츠에 대한 책임을 지고 있으며, 장애가 있는 사람들에게 스포츠는 제공하고 있다. 독일스포츠연맹은 전국대회를 개최하며 유럽과 세계대회에 출전할 독일대표팀을 선발한다. 독일 청각장애 스포츠연맹은 독일스포츠연맹과 비슷한 지위를 가지며 독일 휠체어 스포츠연맹은 독일스포츠연맹의 산하단체로 존재한다.

1980년대 초반부터, 정신지체가 있는 사람들의 권익에 초점을 맞춘 비영리단체가 스페셜올림픽 활동을 담당하였다. 이 단체는 공식적으로 독일의 장애인스포츠조직 외에 별도로 존재하고 있다.

영국

Ludwig Guttmann경의 노력으로 1961년에 영국장애인스포츠연맹(BSAD)이 창설되었다. 그때나 지금이나 영국의 장애인스포츠 조직은 국립 장애인스포츠 단체들로 구성되어 있다. 영국장애인스포츠연맹은 웨일스, 스코틀랜드, 북아일랜드를 포함한 10곳의 지역단체들과 450개 이상의 스포츠클럽과 연계되어 있다. 영국장애인스포츠연맹은 교육차원의 세미나, 회의, 코치 트레이닝 프로그램, 지역 스포츠행사 등을 제공하고 있다. 또한 국제 장애인스포츠대회에 대한 영국선수들을 대표하는 책임을 맡고 있다.

영국에는 많은 단체들이 존재한다. 몇몇 단체들은 영국장애인스포츠연맹과 관련되어 있으며 다른 단체들은 분리되어 영국 스포츠 의회로부터 공식 승인을 받았다. 영국장애인스포츠연맹과 관련된 단체에는 영국

> BSAD: British Sports Association for the Disabled

절단자스포츠협회, 영국시각장애스포츠·여가활동협회, 영국청각장애스포츠위원회, 영국하반신마비협회 영국정신지체인스포츠협회, 경련자협회뇌성마비스포츠분회, 영국기타장애스포츠협회 등이 있다.

다른 연합들은 장애인승마협회, 영국장애인스포츠연맹 수상스포츠협회, 신체장애·일반 청소년 스포츠클럽, 영국스페셜올림픽위원회 등이 있다.

1989년에 영국파랄림픽협회(BPA)이 구성되었다. 이 조직은 파랄림픽 대회를 준비하고 대표선수를 선발하는 역할이 있다. 영국파랄림픽협회는 파랄림픽 스포츠를 대표하는 단체와 국립 장애인스포츠연합, 지역사회 장애인 엘리트 스포츠연합, 선수연합, 선출된 관료들로 구성된다. 영국파랄림픽협회 위원회에서는 영국파랄림픽협회를 위한 미래의 정책들을 계획하고 이행하며, 4년마다 선출되는 이사진이나 의장에게 정책 조언을 해주는 역할을 한다.

> BPA: British Paralympic Association

캐나다

캐나다에서 스포츠단체들은 스포츠 관장부서인 Fitness and Amateur를 중심으로 운영된다. 이 기관은 장애인스포츠를 포함한 국가의 스포츠단체들을 감독하고 있다. 특별히 캐나다연방장애인스포츠협회(CFSOD)는 국립기관으로 자리 잡고 있다. 1979년에 비공식적으로 창설된 캐나다연방장애인스포츠협회는 1981년에 공식적으로 출범하였다. 이 기관은 산하단체들과의 협력을 통한 장애인스포츠 관련 업무를 담당한다.

최초의 캐나다연방장애인스포츠협회 회원은 캐나다휠체어스포츠연합, 캐나다장애인스키연합, 캐나다시각장애인스포츠연합, 캐나다절단장애

> CFSOD: Canadian Federation of Sport Organizations

인스포츠연합, 캐나다 청각장애인스포츠연합, 캐나다뇌성마비인스포츠연합 등이었다. 신체장애인 스포츠 지원 재단 등은 비영리적으로 운영되는 단체인데, 주로 모금을 통해 캐나다의 장애인 선수들을 지원하기 위하여 연합적으로 법인화된 단체이다. 이 단체는 1988년 파랄림픽 대회와 비슷한 동·하계 장애인 경기대회에 참가하는 캐나다 팀을 후원하였다.

1986년 캐나다는 장애가 있는 사람들의 신체적 활동의 필요성을 알리는데 많은 노력을 하였다. Jasper Talks Symposium이라 알려진 이러한 노력은 캐나다 보건기관의 the Adapted Programs Special Interest Group, Physical Education and Recreation(CAHPER), Fitness Canada, the University of Alberta 등의 지원을 받았다. 캐나다의 자유와 권리헌장(1982) 15장에는 장애로 인한 차별을 금하고 모든 사람이 신체적인 활동을 할 수 있는 기회를 요구할 수 있도록 명시하였고(Wall, 1990), 이에 Jasper Talk은 캐나다의 적합한 신체활동을 위한 전략적인 방안을 만들어냈다.

캐나다연방장애인스포츠협회는 1993년에 캐나다의 장애인스포츠의 협력기구 역할을 지속적으로 이행하였으며, 캐나다연방장애인스포츠협회가 그 구조를 개혁하여 캐나다 내의 파랄림픽 활동을 장려하고 발전시키는 계획을 가지고 캐나다파랄림픽위원회가 되었다. 캐나다파랄림픽위원회는 비영리적이며 자선적인 법인체로서 IPC로부터 캐나다파랄림픽위원회 승인을 받았다. 캐나다파랄림픽위원회는 캐나다 알파인스키연맹, 캐나다시각장애스포츠연합, 캐나다뇌성마비인스포츠연합, 캐나다슬레이지하키연맹 등과 같은 활동적인 멤버들로 구성되어있으며 Active Living Alliance for Canadians with a Disability, Badminton Canada, 캐나다 장애인 스키연맹, 캐나다트라이애슬론연맹, 캐나다수상스키연맹 등의 단체들과 연계되어있다.

오세아니아

지난 10여 년 동안 오세아니아 지역은 눈에 띄게 성장세를 보여 왔다. 이러한 성장세를 보여주는 대표적인 국가는 뉴질랜드와 호주이다.

뉴질랜드

1962년, 호주 서부의 도시 Perth에서 개최된 제1회 영연방하반신마비자경기대회에 뉴질랜드에서는 단 한 명만이 참가하였다. 그 이후로, 뉴질랜드 팀은 주요 세계대회에 지속적으로 선수들을 파견하고 있다.

각 지역에 있는 협회들이 협력하여 뉴질랜드는 1966년에 Christchurch에서 제1회 지역간경기대회, 1968년에 Auckland에서 제1회 전국장애인경기대회 등을 개최하였다. 뉴질랜드 신체장애인 협회는 1968년 Tel Aviv 파랄림픽 대회에 선수들이 참가할 수 있도록 지원하였다.

전국체육대회는 현재도 계속 개최되고 있지만, 연방경기대회는 1975년 일본에서 개최된 극동및남태평양장애인경기대회로 대체되었다. 뉴질랜드는 지속적으로 지역경기와 세계선수권대회, 동·하계 파랄림픽 대회에 선수를 파견해왔다. 또한, 1984년 LA 올림픽에 휠체어 양궁선수들을 파견했었다.

뉴질랜드신체장애인협회는 국가 기구로써 17개의 지역연합과 개인회원들과 밀접한 관계를 유지하고 있다. 또한. 이 협회는 ISOD, IBSA, CP-ISRA, ISMWSF에서 뉴질랜드를 대표한다. 이 협회는 시각장애인들을 위한 왕립뉴질랜드재단, 뉴질랜드장애인스키재단, 뉴질랜드휠체어도로경주협회, 뉴질랜드휠체어농구협회, 뉴질랜드장애인스포츠협회 등 뉴질랜드 내 다른 장애인스포츠 단체들과 협력하고 있다. 새로운 뉴질랜드 재단은 명칭을 1990년대 초반에 ParaFed로 바꾸었으며 1998년 10월에는 뉴질랜드파랄림픽위원회(PNZ)로 명칭을 변경하였다.

> PNZ: Paralympic New Zealand

뉴질랜드파랄림픽위원회는 뉴질랜드 정부가 인정하는 장애인스포츠 단체이며, IPC로부터 국가파랄림픽위원회의 자격을 인정받았다. 뉴질랜드파랄림픽위원회는 지역 ParaFed 협회, 국가 스포츠연맹, 스포츠클럽들과 연계하여 클럽스포츠에서부터 엘리트 대회까지 장애인들에게 스포츠 참가 기회를 장려하고 후원하고 있다. 또한 파랄림픽대회, 세계선수권대회, 기타 세계대회 참가를 위하여 선수를 선발하고 팀을 구성하는 모든 책임을 맡고 있다.

오스트레일리아

오스트레일리아에서는 장애가 있는 사람들이 처음으로 스포츠를 할 수 있게 된 것은 1954년에 오스트레일리아 청각장애인스포츠연맹의 후원으로 청각장애가 있는 사람들이 참가한 것이었다. 휠체어를 탄 사람들은 1972년부터 스포츠 대회에 참가하기 시작하였다. 그 후, 장애인스포츠단체를 대신할 수 있는 하나의 단체를 만들기 위해 장애인스포츠 대의원회가 소집되었다. 1979년에 즈음하여 오스트레일리아 장애인스포츠의회의 정관을 채택하였다. 이후 1984년 오스트레일리아 장애인스포츠 동맹으로 개칭되었다.

오스트레일리아 장애인스포츠 동맹은 장애인스포츠연합이 선수들의 중요성을 논의하였는데 여기에는 오스트레일리아의 마비자스포츠연맹, 청각장애인스포츠연맹, 외성마비협회, 장애인승마협회, 절단장애인스포츠협회, 시각장애스포츠연맹, 장애인스키연맹 등이 함께하였다.

오스트레일리아에는 The Australian Paraplegic and Quadriplegia Sports Federations의 후원 하에 국가가 운영하는 휠체어 스포츠는 7개의 주 연합이 있다(New South Wales Wheelchair Sports Association, Western Australia Disabled Sports Association). 이러한 연합들은 오스트레일리아 전역에 걸쳐 휠체어 사용자들에게 스포츠 기회를 제공하고 있다. 청각장애인 스포츠, 뇌성마비인 스포츠, 절단장애인 스포츠 단체들은 주 연합과 함께 국가가 운영하는 기관에 의해 구성된다.

1990년에 처음으로 설립된 오스트레일리아파랄림픽위원회(APC)는 오스트레일리아 장애인 엘리트 선수들을 위한 국가운영 기관이다. 이 기관의 주요 업무는 파랄림픽 대회와 IPC의 인정을 받은 다른 행사에서 선수들이 좋은 성적을 낼 수 있도록 도와주며 장애가 있는 사람들에게 스포츠에 참여할 수 있도록 용기를 북돋아주는 것이다. 오스트레일리아파랄림픽위원회에는 4개의 산하단체(ACT and Regional Disabled Sport and Recreation Association, NSW Sports Council for the Disabled, QLD Sporting Wheelies and Disabled, Western Australian Disabled Sports Association)가 있으며, 다음과 같은 장애인스포츠 단체들까지 포함하고 있다.

APC: Australia Paralympic Committee

- Australian Sports Organization for the Disabled Inc.
- Australian Athletes with a Disability Ltd
- Australian Wheelchair Sports
- Australian Blind Sport Federation
- Cerebral Palsy-Australian Sports and Recreation Federation
- Disabled Winter Sport Australia
- Riding for the Disabled Australia

장애인스포츠를 빛낸 인물

- 성명: Maria Liduina Patricia de Souza
- 출신 국가: 브라질(Sao Paulo)
- 종목: 수영
- 수상 경력
  - 2001년 아르헨티나 게임 메달리스트
  - 2001년 세계선수권대회 및 대륙별 선수권대회 우승
  - 2001년 마스터즈 게임 은메달
  - 2002년 브라질 선수권자
  - open-sea 마라톤 대회 및 마스터즈 경기 참가

　Maria는 15세에 입은 치명적인 절단으로 인해 30여 가지의 장애인스포츠를 경험하게 되었다. 그의 가족, 친구, 물리치료사, 체육교사, 코치를 통해 마리아는 다양한 수영종목을 마스터하게 되었다. 그녀는 몇 년 동안 단거리와 릴레이 경기에서 우승하였다. 또한 그녀는 'Aquatic Sea Crossing'이라는 바다 수영 마라톤 대회에도 참가하였다. 그녀는 일주일에 5일 동안 매일 2시간 30분씩 훈련프로그램에 참가하였다. 그녀는 어린아이들에게도 권장하였다. 가능한 한 빨리 협회 또는 스포츠 관련 기관을 찾아서 신체활동에 참가하여야 한다고 했다. Maria는 '스포츠는 인생과 같다. 나의 신체와 정신과 건강에 많은 보탬이 되었다. 그녀는 수중이든 수중 밖이든 모든 곳에서 승자이다'라고 말하였다.

　오스트레일리아에서는 정신지체가 있는 사람들을 위해서 모든 단계가 고려된다. 이는 접근성, 인식, 태도, 수용, 능력과 지지성에 달려있다 (South Australian Sport and Recreation Association of People with Integration Difficulties, SASRAPID, 2004). 이것은 각 주에 있는 정신지

체가 있는 사람들을 위해 통합되고 분리된 프로그램의 완성을 이끌어냈다. 이러한 노력들의 대부분은 스포츠 연맹들과 함께 이루어지고 있다. 정신지체가 있는 사람들을 일반적인 클럽스포츠 프로그램이나 경기에 참여시키기 위한 프로그램이 만들어졌다. 이 프로그램들은 클럽, 스포츠, 개인과 관련된 독특한 것이다. 오스트레일리아의 모든 주를 걸쳐 다양한 지적장애가 있는 사람들이 존재한다. SASRAPID와 연계된 주 연합은 Western Australia 주, New South Wales 주, Queensland 주와 Victoria 주에서 볼 수 있다. 스페셜올림픽 프로그램들은 Tasmania 주, New South Wales 주 그리고 수도 Melbourne을 중심으로 한 지역에서 개최된다.

아시아

아시아 국가에서도 장애가 있는 사람들이 스포츠에 참여할 수 있는 기회가 존재한다. 그러나 유럽이나 북미대륙과는 다른 형태를 띠고 있다. 아시아의 각 나라들로부터 최근의 정보를 얻기 어려운 관계로 대략적인 내용만을 다음에서 다루려고 한다.

중국

중국의 장애인스포츠는 아주 최근에 나타난 현상이다. 1980년대 이전에는 장애가 있는 사람들 중 아주 극소수의 사람들만이 스포츠에 참가할 수 있었다. 1982년 극동및남태평양장애인경기대회에 처음으로 중국 선수들이 모습을 보였다. 중국 정부의 노력으로 1983년 10월 21일, Tianjin에서 중국 장애인스포츠연맹이 창설되었다. 중국 국민신체문화스포츠위원회 부위원장은 개회식에 참석한 것이 아닌 실제로 활동에 참가하였다. 제1회 대회는 1984년 Hefei, Anhul에서 개최되었다. Hong Kong을 포함한 29곳의 지역을 대표하는 500명 이상의 선수들이 168개의 세부종목에 참가하였다. 제3회 대회는 1992년 3월18~23일까지 Guanzhou에서 개최되었다. 중국 전역과 Hong Kong, Macao 지역에서 참가한 1천2백 명 이상의 선수들이 육상, 수영, 탁구, 사격, 역도, 휠체어농구 등의 6개 종목에서 승부를 겨루었다. 한 가지 흥미로운 것은 이 대회가 장애인 호법이 통과된 이후 처음으로 개최된 대회라는 것이다.

중국장애인스포츠연맹은 CP-ISRA, IBSA, ISOD 등의 단체에서 중국 선수들을 대표한다. 1980년 이후 중국 선수들은 국제대회와 세계선수권대회와 같은 대회에 정기적으로 참가하고 있다. 중국은 1984년 New York Hempstead에 위치한 Hofstra University에서 개최된 하계 파랄림픽 대회에 처음으로 대표단을 파견하였다.

1985년, 중국정신지체스포츠연맹이 창설되고 한 달 후 SOI의 회원으로 승인되었다. 중국은 1987년 Indiana South Bend에 위치한 Notre Dame University에서 열린 세계대회에 처음으로 선수단을 파견하였다.

Hong Kong

Hong Kong의 장애인스포츠 조직은 청각장애인, 정신지체, 신체장애인 단체를 중심으로 조직되어 있다. 이 세 개의 단체들은 Hong Kong 청각장애인스포츠연맹, Hong Kong 스페셜올림픽, Hong Kong 신체장애 스포츠연맹 등의 단체를 조직하여 장애가 있는 사람들에게 스포츠에 참여할 수 있는 기회를 제공하고 있다.

이 세 단체 중 가장 역사가 오래된 단체는 1972년에 설립된 Hong Kong 신체장애스포츠연맹(HKSAP)이다. 이 단체의 목표는 장애가 있는 사람들에게 스포츠 활동의 장려, 다양한 스포츠 및 트레이닝 프로그램

> HKSAP: Hong Kong Sports Association for the Physically Disabled

장애인스포츠

개발, 장애인스포츠에 대한 인식 제고, 세계대회 참가를 위한 대표단 선발 및 구성, 경기대회의 기회 증대 등이다.

Hong Kong 신체장애스포츠연맹과 연계되어 있는 스포츠는 양궁, 육상, 휠체어농구, 펜싱, 론볼, 유도, 소총사격, 수영, 탁구, 휠체어테니스이다. 트레이닝 기간은 규칙적으로 계획되어져 있다. 또한 Hong Kong 신체장애스포츠연맹은 특수학교 프로그램, 지역사회 스포츠 프로그램, 대표 팀 트레이닝, 파랄림픽대회나 세계선수권대회, 세계주니어선수권대회, 초청대회와 같은 세계대회의 참가와 같은 일들을 맡고 있다.

국가가 맡고 있는 단체로서 Hong Kong 신체장애스포츠연맹은 ISMWSF, ISOD, IBSA, CP-ISRA와 연계되어있다. 이 단체는 Hong Kong 아마추어 연맹과 올림픽위원회의 인정을 받고 있고, 국가파랄림픽위원회로 활동하고 있으며 IPC에서 Hong Kong을 대표하고 있다.

대한민국

대한민국 장애인스포츠의 시작은 세계 장애인의 날 재정을 기념하여 1981년에 전국장애인체육대회가 개최된 것을 계기로 발전되었다. 1988년, 서울장애자올림픽조직위원회의 노력으로 제8회 파랄림픽 대회가 서울에서 성공적으로 개최되었다. 1989년 서울장애자올림픽조직위원회는 한국장애인복지체육회로 전환되었고, 1989년 4월 28일에 보건복지부에서는 장애인스포츠를 관장하는 국가운영 조직으로 공식 승인을 했다. 이 연맹은 한국의 장애인들을 위한 스포츠, 문화, 예술을 통합하는 기능을 하고 있다. 특히, 이 연맹의 기능은 한국 전역을 걸쳐 장애인스포츠를 장려하고, 장애가 있는 사람들이 참여하는 문화나 예술 이벤트 후원, 스포츠와 재활에 관련한 학술활동, 장애인 선수들을 위한 시설운영, 건강과 레크리에이션 스포츠 프로그램 제공과 같은 것들을 포함하고 있

▫ 2005년 12월에 장애인스포츠 업무가 보건복지부에서 문화관광부로 이관되면서 한국장애인복지진흥회(KOWPAD)가 대한장애인체육회(Korea Sports Association for the Disabled, KOSAD)로 명칭이 변경되어 재조직되었다.

▫ 2006년 5월 12일에 대한장애인올림픽위원회(KPC)가 조직되어 IPC에서 한국을 대표하고 있다.

다. 국가파랄림픽위원회의 기능을 수행하고 있으며 IPC에서는 대한민국을 대표한다.

일본

일본의 장애 있는 선수들은 다른 인접 국가의 선수들보다 장애인스포츠에 가장 먼저 참가했다. 1936년에 일본 청각장애인 선수연맹은 CISS의 회원이 되었다. 이러한 후원 하에 선수들이 알파인 스키, 축구, 테니스, 육상, 유도, 배구, 야구, 탁구 등의 종목에서 훈련을 받고 경기에 참가할 수 있었다. 일본 청각장애인스포츠연맹은 정기적으로 동·하계 데프림픽에 출전할 대표 팀을 선발하고 있다.

일본은 1975년 스포츠 행사를 통하여 장애가 있는 사람들의 복지와 이익을 촉진할 수 있는 제1회 극동및남태평양장애인경기대회(FESPIC)를 유치하였다. 이 대회는 극동지역부터 남태평양지역으로부터 절단, 시각장애 및 다른 신체적 장애가 있는 690명의 선수들이 참가한 대회였다. 일본은 또한 휠체어 도로경주에서 괄목할 만한 역할을 해왔다. 1981년 세계 장애인의 해를 자축하는 일부분으로서 Oita 국제휠체어마라톤 대회 개최해오고 있다. 일본파랄림픽위원회는 일본의 파랄림픽 스포츠를 위한 조직을 구성하는 역할을 하고 있다. 이 위원회는 파랄림픽과 세계 선수권대회를 위한 팀을 선발하며 IPC의 회원이다.

아프리카

아프리카의 장애인스포츠는 다른 나라들과는 구조적으로 차이점을 가지고 있다. 이러한 차이점은 장애가 있는 사람들을 위한 스포츠 사회,

장애가 있는 사람을 위한 "올림픽 형태"의 연맹과 장애인스포츠를 조직하는 정부기관이 존재한다는 것이다. 또한, 장애가 있는 사람들의 스포츠 기회는 재활기관과 맞물려 존재한다. 이러한 예들에서 스포츠가 포함된다 할지라도, 의학적 재활은 스포츠보다는 우선적으로 간주된다.

선별된 아프리카 국가들에게서 장애인스포츠를 위한 특별연맹은 지역단계, 국가단계별로 구성된다. 이러한 연맹은 기술적이면서 스포츠에 국한된 위원회를 포함하고 있다. 이러한 연맹은 다양한 장애유형 단체를 관장하는 단체이다.

일례로, 남아프리카장애인연맹이 그 예이다. 1962년에 설립되어, 원래는 남아프리카 Paraplegic Games Association(Barish & Ndungane, 1988)로 불렸다. 이 연맹은 그 이후로 다른 신체장애가 있는 사람들을 포함시키기 위해 확대되어왔다. 남아프리카신체장애스포츠연맹이 인종, 신념, 피부색에 관계없는 유일한 국가운영 단체이다. 이 연맹은 비인종적이며 비정치적인 근본에 관한 일들을 행하는 독자적인 아마추어 단체이다(Barrish & Ndungne, 1988, p.13). 남아프리카 스포츠연맹은 ISMWSF, ISOD, IBSA, CP-ISRA와 IPC의 회원이며, 2001년에는 남아프리카장애인스포츠연맹으로 명칭을 변경하였다.

무엇보다도 남아프리카 장애인스포츠의 중요 목표는 남아프리카 공화국의 장애가 있는 사람들에게 스포츠 활동을 경쟁적이고 여가로 즐길 수 있는 참여기회를 권장하고 관장하는 것이다. 이 연맹은 선수, 코치, 심판들의 준비와 영연방경기대회, All Africa Games, 파랄림픽, 데프림픽, IPC 세계선수권대회, ISOD의 허가를 받은 다른 세계선수권대회를 포함한 국제대회를 위한 운영 등을 도모하기 위해 남아프리카 영연방대회 연맹과 모든 아프리카 대회, 남아프리카 장애인 연방의회, 다른 국내 장애 스포츠연맹들(남아프리카 청각장애 스포츠연맹, 남아프리카 정신지체 스포츠연맹, 남아프리카 신체장애 스포츠연맹)과 긴밀하게 협조하고 있다.

1987년, 아프리카장애인스포츠연합(ASCOD)이 알제리에서 창설되었다. 2001년 12월에 아프리카장애인스포츠연합가 아프리카파랄림픽위원회(APC)로 바뀌었다. 아프리카장애인스포츠연합의 목적은 다음과 같다.

> ASCOD: African Sports Confederation of the Disabled

- 아프리카의 장애가 있는 사람들을 위한 스포츠를 조정하고 촉진한다(이동의 어려움이 있는 경우, 청각장애, 정신지체, 뇌성마비)
- 스포츠 경기를 조정하고 규제한다.
- 선수의 정체성을 보호하면서 장애가 없는 선수들과의 통합을 추구한다.
- 다음의 장애인 선수 국제연맹들은 IPC와 주제나 원칙들을 교환한다.
  - International Stokes Mandeville Wheelchair Sports Federation
  - International Sports Organization for the Disabled
  - Cerebral Palsy-International Sport and Recreation Association
  - International Sports Federation for Persons with Intellectual Disability
  - International Committee of Sports for the Deaf
  - International Blind Sport Association
  - All International Sport Federation and Committee, Supreme Council of Sport in Africa, African National Olympic Committee Organization, Union Confederations Des Sports African

아프리카장애인스포츠연합 상임위원회의 구성원은 대통령, 부통령 3명, 국무총리, 재무부장관, 지역대표(7명), 선수대표, 여성대표로 구성된다. 이 연맹은 회원들로 구성된 단체이며 총회를 개최한다.

중동

장애인스포츠의 기회는 중동 전역에 걸쳐 오랫동안 존재해왔다. 많은 어려움에도 불구하고 중동 출신의 장애가 있는 선수들이 파랄림픽대회, 스페셜올림픽대회, 지역 경기, 세계선수권대회 등에 참가해왔다.

이스라엘이 파랄림픽대회 초창기에 중요한 역할을 했다. 1968년 Tel Aviv에서 파랄림픽대회를 개최하였으며 29개국에서 750명의 선수들이 참가하였다. 론볼, 여자 농구, 남자 100미터 휠체어 경주가 처음으로 선보였다.

IPC에 지역을 대표하는 것이 중요한 만큼 IPC의 6개 지역(아프리카, 아메리카, 아시아, 유럽, 중동, 남태평양)들은 IPC에 대표부를 가지고 있다. 중동은 사우디아라비아 출신인 Abdul Hakim Al-Matar가 대표를 맡고 있다. 이러한 나라들의 대부분이 장애가 있는 선수들을 위한 기회를 개발하고 있으며, 다음의 각국의 파랄림픽위원회들이 중동 내에 설립되어 있다.

- Afghanistan Paralympic Federation(아프가니스탄)
- Bahrain Disabled Sports Committee(바레인)
- Islamic Republic of Iran National Paralympic Committee(이란)
- Iraqi Paralympic Committee(이라크)
- Jordan Sports Federation for the Handicapped(요르단)
- Kuwait Disabled Sport Club(쿠웨이트)
- Handi-Sport Lebanese Federation(레바논)
- Oman National Disabled Sports Team(오만)
- Palestinian Sport Federation for the Disabled(팔레스타인)

- Qatar Sport Federation for Special Needs(카타르)
- Saudi Sports Federation for Special Needs(사우디아라비아)
- Syrian Sports Federation for Disabled Sport(시리아)
- U.A.E. Disabled Sports Federation(아랍에미레이트연합)

> **주요 내용**
>
> 장애인스포츠의 구성과 조직은 국가별 경향과 스포츠 구조에 따라 발전하는 것이 바람직하다.

맺음말

지금까지 세계 여러 나라 장애인스포츠에 대하여 알아보았는데 각 나라마다 유사점과 차이점을 자세히 살펴보았다. 매우 우수한 프로그램과 조직을 운영하고 있었던 국가들은 적으며, 각국이 모두 유사한 것은 아니고 아직 초기 단계에 머무르고 있는 경우도 많았다. 앞으로의 장애인스포츠는 전 세계적으로 통합된 장애인스포츠의 형태로 보급 및 발전되어야 할 것이다.

제7장

장애 있는 선수들의 스포츠

| 목표 |
- 주요 장애인스포츠 대회에서 경쟁 기회를 제공하는 장애인스포츠 조직 및 대회에 대한 이해와 지식 습득

| 주요 내용 |
- 주요 장애인스포츠 대회: 파랄림픽, 스페셜올림픽, 데프림픽
- 장애인스포츠에서의 동등한 수준 규정
- 종목별 소개

본 장에서는 장애 있는 사람들의 스포츠에 대하여 기술하고 있다. 여기에서는 일반 스포츠와 유사한 여러 장애인스포츠를 설명할 것이다. 장애인스포츠는 종종 경쟁이나 스포츠 요소보다 장애에 초점을 두고 설명하기도 한다. 본 장의 목표는 독자의 장애인스포츠에 대한 이해를 돕는데 있다. 많은 사람들은 장애인스포츠를 장애 있는 사람들만의 특별한 것이라 생각한다. 그러나 장애인스포츠는 일반 스포츠 못지않게 가치 있는 것이다. 대부분의 장애인스포츠는 스포츠의 전통적인 형태와 동일한 형태의 규칙을 따르고 있다. 국제테니스연맹이나 세계컬링연맹이 테니스와 컬링을 위해 존재하듯 국제장애인스포츠연맹은 장애인스포츠를 위해 존재한다.

특별히 본 장에서 파랄림픽, 스페셜올림픽, 데프림픽 등 공식적인 프로그램에서의 장애인스포츠에 대한 이해를 도우려한다. 또한 장애인스포츠를 동·하계로 구분하여 각 대회별 스포츠의 변천 과정을 살펴보려고 한다.

주요 장애인스포츠 대회: 파랄림픽, 스페셜올림픽, 데프림픽

파랄림픽 대회는 절단, 시각장애, 왜소증, 뇌성마비, 그리고 휠체어를 타는 모든 선수들이 참가하는 최고 수준의 국제 경기이다. 파랄림픽 스포츠에서는 경쟁을 강조한다. 올림픽에 참가하는 선수들처럼 최고 수준의 장애인스포츠 선수들이 각국을 대표해서 서로 경쟁한다.

스페셜올림픽 대회는 인지 및 발달장애 선수들이 참가하며 경쟁보다는 서로간의 기술을 보여주며 참가하는데 목적이 있다. 많은 대회에서 참가자들에게 편의를 제공하기 위하여 기량에 따른 수준별 경기들이 광범위하게 설정되어 있다. 스페셜올림픽의 주요 철학은 참가자들에게 경쟁에서 승리한 결과 얻는 메달처럼 리본을 제공함으로써 많은 참가자들이 대회에 참가할 수 있게 하는 것이다. 이것은 세계적인 추세이며 각 지역별, 국가별 대회에서도 동일하게 적용된다. 파랄림픽대회가 엘리트 스포츠에 초점을 두었다면 스페셜올림픽은 대중성에 초점을 두고 있다.

데프림픽은 파랄림픽과 비슷한 대회이다. 데프림픽은 궁극적으로 세계적인 엘리트 청각장애 스포츠 선수들의 국제적인 경쟁을 추구한다. 많은 경기들이 지역, 국가, 세계대회 규모로 개최되며 격렬한 훈련, 전문적인 지도, 기능별 수준, 그리고 경쟁이 있는 올림픽처럼 엄격하다. 왜냐하면 청각장애가 있는 선수들 중 일반 스포츠 팀의 일원인 선수들이 있기 때문이다.

또한 장애가 있는 사람들은 올림픽처럼 격렬한 훈련, 전문적인 지도, 기능별 수준, 경쟁요소 등이 있는 스포츠에 참여한다. 그들이 참가하는 운동에는 낚시, 스쿼시, 야구, 권투 등도 있다. 이러한 종목은 수없이 많지만 여기에서는 파랄림픽, 스페셜올림픽, 데프림픽 등에 포함되어 있는 종목들을 중심으로 설명하고자 한다. 이러한 대회의 종목들은 표 7.1과 같다. 축구나 수영과 같은 종목들은 파랄림픽, 스페셜올림픽, 데프림픽 등에서 모두 개최되지만, 배드민턴이나 요트와 같은 일부 종목들은 파랄림픽과 데프림픽에서만 개최된다. 파랄림픽에서의 골볼이나 스페셜올림픽에서의 스노슈잉(snowshoeing)과 스노보딩(snowboarding) 그리고 데프림픽에서의 레슬링 같은 종목들은 소수만이 참가하는 종목들이다. 표 7.2부터 표 7.4까지는 현재까지의 기록들 중 가장 최근의 파랄림픽 경기 기록들이다.

> **주요 내용**
>
> 장애가 있는 사람들이 참가하는 주요대회 중 파랄림픽, 스페셜올림픽, 데프림픽 등에서는 종목별 최고 수준을 강조한다.

장애인스포츠를 빛낸 인물

- 미국 여자 좌식배구 팀
- 경기실적
  - 2004년 6월 11일 대표 팀 구성
  - Athens 파랄림픽 대회에 전념하기 위하여 Bowling Green에서 모임 개최
  - 봄에 유럽 전지훈련을 다녀옴
  - 연령층 : 17~47세
  - 2003년 아르헨티나에서 개최된 Para Pan American Games에서 금메달을 획득하여 2004 파랄림픽 본선 진출권 확보
  - 2004년 Athens 파랄림픽에서 동메달 획득

미국 여자좌식배구 팀은 2004년 Athens 파랄림픽 대회에서 우승하기 위하여 6월에 첫 훈련을 시작하였다. 그들은 열정, 집중, 강렬함을 보이며 하루 2회 3시간씩 강도 높은 훈련을 받았다. 좌식배구 선수들은 서브, 구르기, 빈 곳 찾기 그리고 스파이크를 하며 열정적으로 운동하였다. 그들의 운동 능력은 다른 팀을 이기기에 충분한 것으로 보였다. 또한 그들은 한 달에 2~3회 씩 팀 훈련을 받았다.

코치(사진의 맨 왼쪽)

Denis Van DeWalle은 지난 22년 동안 Ohio 주립대학 Bowling Green의 여자배구부 감독을 역임했다. 그녀는 고등학교, 대학, 주 대표, 국가 대표 팀에서 코치를 역임하였으나 좌식배구 팀을 담당한 것은 처음이다. 그녀는 집중적이고 열정적인 훈련을 시키는 편이다. 그녀는 6-7명의 선수들과 함께 지내면서 개인별 리시브 훈련을 지도하였다. 그녀는 선수들에게 동기를 부여하였고 진보된 기술과 팀 전술을 가르쳤다. 그녀는 비록 대학배구리그에서 탈락되더라도 Athens 파랄림픽 대회에 참가하는 3주일의 기간을 기대하는 것이 매우 흥분된 일이라고 주장하였다. "이번 기회는 놓칠 수 없어요. 큰 영광입니다!"

Erica Denae Moyers(사진의 왼쪽에서 두 번째)

대표 팀에서 가장 어린 선수인 Erica는 Alabama 주의 Athens에 살고 있다. 그녀는 개인훈련을 일주일에 6일 동안하며, 매월 팀 훈련도 하고 있다. 절단이 있었지만 그녀는 좌절하지 않고 스포츠에 참가하고 즐기는 것을 매우 좋아한다. "스포츠는 사고 이후 나 자신에게 약속을 지키는 한 방법이었고 나는 다른 사람들에게도 긍정적인 영향을 줄 수 있다." 그녀는 "당신에게 아무도 설명해주지 않더라도 기회를 잡아요. 당신이 시도할 때까지 무엇인가를 좋아하는 것을 결코 잊지 마세요." 17세라는 나이가 어울리지 않을 정도인 그녀는 가라데도 하고 있다.

Lora Jessica Webster(사진의 왼쪽에서 세 번째)

Arizona 주의 Cave Creek 태생의 Lora는 장애인스포츠 세계대회에는 처음 참가한다. 그녀는 대표 팀의 일원으로는 처음 국제시합에 참가하였다. Lora는 Athens 파랄림픽대회에 매우 열중하였으며 훈련에도 성실하게 참여하였다. 그녀는 팀에 도움 되는 선수가 되려고 노력하고 있다. 파랄림픽 선수로서의 전망이 부족하지 않을까 걱정하면서도 먼 장래의 변화를 기대하고 있다.

Brenda Maymon(사진의 왼쪽에서 네 번째)

Indiana 주에 살고 있는 19세의 하지가 절단된 Brenda는 장애에도 불구하고 "언제나 충분하지 않다"라고 말을 한다. 대표 팀의 구성원이 된 후 "내게 꼭 필요한 힘과 용기를 주었습니다."라고 하였다.

또 "내 인생을 긍정적으로 생각할 수 있게 바꿔주었죠." 그녀의 가족과 남자 친구는 그녀가 배구를 잘 할 수 있도록 격려해주었다. "앞으로 새로운 것에 적응하고 자신감을 가질 수 있도록 나를 도와줄 수 있으면 좋겠어요."

Bonnie Brawner(사진의 왼쪽에서 다섯 번째)

Bonnie는 41살의 Texas 주 태생이다. 그는 지역 팀에서 휠체어농구를 하였다. 그녀는 국가대표 좌식배구 팀의 일원으로 파랄림픽에는 처음 출전한다. 그녀는 개인코치로부터 일주일에 5일 동안 과학적 훈련을 받는다. 그녀는 좌식배구에 참가하게 됨으로써 앞으로의 전망에 대하여 "대표 팀에서 높은 수준의 경쟁은 나의 자아감, 수양, 중요성 그리고 일상생활의 큰 변화이다"라고 말하고 있다. Bonnie, 우리는 당신을 지지합니다.

Penny Ricker(사진의 가장 오른쪽)

Penny는 33살로서 Wisconsin 주에 살고 있다. 그녀는 스키와 골프를 하고 있지만 아직 시합에 나갈 수준은 아니다. 그녀는 새로운 운동으로 배구를 배우고 있다. 그녀는 일주일에 3~4회 개인 훈련을 하고 한 달에 2~3번씩 팀 훈련에 참가하고 있다. 그녀가 장애인스포츠에 참가하는데 영향을 준 것은 무엇일까? 그녀는 1996년 Atlanta 파랄림픽에 참가하면서 "신체적 제한에도 불구하고 활동적인 경쟁"을 할 수 있게 되었다고 생각하였다. 그녀는 장애인스포츠에 참가하여 유익한 경험을 했던 다른 선수들처럼 된 것이다. "제 인생에 있어서 자아상과 자신감을 발전시킬 전환기입니다. 당신의 능력에 집중하세요. 그러면 당신이 생각하는 바가 이루어집니다."라 하며 이러한 사실이 매우 중요하다고 하였다.

Deborah(Deb) Lynn Vosler(사진의 맨 왼쪽 앞줄)

47세인 그녀는 대표 팀의 고참 선수로서 Wyoming 주의 Cheyenne에서 살고 있다. 교사이면서, 젊은 시절부터 배구 선수였던 Deb은 장애인이 된 이후에도 계속 스포츠에 참가하고 있다. 40번의 수술 후 절단만이 유일한 선택이었다. Deb은 "나는 좌업생활만 거의 15년째입니다. 지금은 좌식 배구를 함으로써 내 인생을 찾았습니다. 저는 결코 경기에서 활동한 것을 잊지 않을 것이며 계속해서 사랑할 것입니다. 신이 계속 도와주고 있으니까요. 나는 역경을 이겨내고 불가능한 꿈에 거의 도달하고 있다고 생각합니다."

평소 조용하고 성숙한 리더인 그녀이지만 파랄림픽에 처음 참가함에 있어서 어린 선수들에게 좋은 모범이 되겠다고 단호하게 말하고 있다. 그녀의 대표 팀 참가는 나이가 많은 선수들이라도 시도할 수 있다는 좋은 사례라 생각된다.

Kari La Raine Miller(사진의 왼쪽에서 앞줄 두 번째)

Karri Miller는 4년째 장애인스포츠에 참가하고 있다. New Jersey 주 출신의 그녀는 재활센터의 휠체어농구 선수였으며, 2002년에는 미국 휠체어농구 대회에서 스포츠맨십 상을 수상하였다. 그녀에게는 과거에 선수로서 잘 알려진 휠체어농구의 Bill Demby가 우상이다. 현재 좌식배구에 참가하고 있으나 그녀는 다양한 운동에 참가하여 이러한 기회를 얻게 된 것을 매우 감사하게 생각하고 있다. "나에게 내 인생의 새로운 전환점을 맞게 해준 사람들을 만날 수 있었던 기회였어요."

Gina Jekins McWilliams(사진의 왼쪽에서 앞줄 세 번째)

Texas 주에 살고 있는 Gina는 대표 팀 주장이다. 그녀는 1995년, 1998년 그리고 2000년에 미국 여자 휠체어농구 국가대표 팀의 선수였다. 그녀는 1999년 전미대회에서 금메달을 획득하였고, 1996년부터 2000년까지 대표 팀의 보조코치였으며, 2000년부터 2004년은 대표 팀 감독을 맡았다. 2003년에 Gina는 전미대회에서 좌식배구 선수로 참가하여 금메달을 획득하여 2004년 파랄림픽 대회 출전권을 얻었다. 매우 성실한 그녀는 남편과 아이들의 든든한 후원 속에 개인 훈련을 일주일에 6일 동안 실시하고 있다. 그녀는 스포츠의 중요성에 대하여 "내가 무엇을 하든 나는 나입니다. 난 운동선수, 경쟁자, 승부사, 지도자, 후원자, 교사, 학생 그리고 도전자입니다." 그녀에게 이러한 말보다 더 잘 어울리는 어떤 말도 없을 것이다.

Hope Lewellen(사진의 맨 오른쪽 앞줄)

운동선수 출신인 Hope는 Illinois 주의 Harvey에 살고 있다. 그녀는 휠체어테니스와 휠체어농구를 하였다. 1996년 휠체어테니스 종목에서 은메달을 획득하였고, 2000년 Sydney 파랄림픽에서는 전체 8위를 차지하였다. 현재 그녀는 미국 랭킹 1위이며, 세계 랭킹 4위이다.

2002년 일본에서 열린 휠체어농구 대회에 미국 대표 팀의 일원으로 출전하여 은메달을 획득하였다. 다재다능한 그녀는 "전문적인 운동선수는 행복해집니다. 전 세계를 여행하고 많은 사람들을 만나는데 이 보다 더 좋을 수 있나요?" 그녀는 파랄림픽에 대한 인식과 교육 등 관련된 사항들이 아직 부족하다고 한다.

필자 주: 2004년 6월 16일부터 18일까지 Ohio 주의 Bowling Green 주립대학교에서 9월에 개최된 Athens 파랄림픽에 대비하여 훈련하는 2004년 Athens 파랄림픽 미국 좌식배구 여자국가대표 팀 선수 13명 중 9명과 팀을 지도하는 코치 한 명을 선정하였다. 대표 팀에서 훈련하는 선수들에 대한 글이다.

표 7.1 파랄림픽, 스페셜올림픽, 데프림픽의 스포츠 종목

종목	P	S	D	종목	P	S	D
양궁	●			롤러스케이팅		●	
육상	●	●	●	럭비	●		
배드민턴		●	●	요트	●		
농구	●	●	●	사격	●		●
보치아	●			스키	●	●	●
볼링	●	●	●	스노보드		●	●
컬링	●			스노슈잉		●	
사이클	●	●		축구		●	●
마술	●	●		소프트볼		●	
펜싱	●			스피드스케이팅		●	
피겨스케이팅		●		수영	●	●	●
골볼	●			탁구	●	●	●
골프		●		팀 핸드볼		●	●
체조		●		테니스	●	●	●
하키	●		●	배구	●	●	●
유도	●			수구			●
오리엔티어링			●	레슬링			●
역도	●	●					

P : 파랄림픽, S : 스페셜올림픽, D : 데프림픽

장애인스포츠에서의 동등한 수준 규정

일반적으로 스포츠는 다양한 기준에 의해 선수들을 구분한다. 예를 들면, 성별, 체급별 혹은 연령별로 구분한다. 파랄림픽, 스페셜올림픽, 데프림픽 등의 대회에서는 이러한 구분 외에 장애의 유형과 등급으로 구분한다. 그러면 "등급 분류"가 이러한 경쟁 수준을 구분할 수 있는가?(Wolff & Hums, 2003)

파랄림픽 경기에는 등급분류로 선수들을 구분한다. 등급분류는 의학적 기초에 입각한 의무분류와 경기에 필요한 기능 수준에 따라 분류한다. 가령 시각장애가 있는 선수들인 경우 B1, B2, B3 등 세 가지 등급으로 구분한다. 뇌성마비가 있는 선수들은 척도에 의하여 8개 등급으로 구분한다.

스페셜올림픽에는 디비전(divisioning)이라 불리는 세 단계를 거쳐 선수들을 구분한다. 첫 번째 단계에서는 성별로 구분한다. 두 번째 단계에서는 연령대별로 구분한다. 마지막으로는 운동 능력별로 구분한다. 단체 운동인 경우에도 디비전은 세 단계를 거치는데 마지막 운동 능력 구분에서 개인별 스포츠 기술 테스트를 거쳐 모든 팀에게 골고루 기회를 제공하며 가장 우수한 기술을 가진 사람들을 판별한다. 그러나 스페셜올림픽의 일부 종목들은 이러한 디비전을 하지 않고 통합 대회로 구성하기도 한다. 통합 대회는 스페셜올림픽에 참가하는 선수들이 단체 종목이나 개인 종목에 참가할 수 있는 이중 구조이다.

데프림픽은 일반적으로 성별과 체급별로 분류한다. 데프림픽에 참가하는 선수들은 신체적 운동 기능의 문제가 없는 일반 선수들과 유사하기 때문이다. 이러한 결과로 대부분의 종목 규칙들을 변형하지 않고 일반 스포츠와 동일하게 적용한다.

> **주요 내용**
>
> 스페셜올림픽은 파랄림픽이나 데프림픽과 다른 철학이 있다. 스페셜올림픽은 보다 많은 사람들의 참가를 반영하면서도 경쟁 요소를 포함한다.

장애인스포츠를 빛낸 인물

- 성명: Karolina Pelendriou
- 출신지: 키프로스 공화국
- 종목: 수영
- 경기실적
  - 키프로스공화국 기록 보유자
  - 2002년 World Championship 메달리스트
  - 2003년 평영과 배영 부분 세계기록 보유자

　11세 때부터 선수생활을 하였던 Karolina Pelendriou는 일반 수영대회와 파랄림픽 등 세계적인 두 개 대회에서 성공적인 업적을 이루었다. 그녀는 평영부분에서 키프로스공화국 기록과 세계신기록을 보유하고 있다. 드문 예이지만, 저시력인 그녀는 어린 나이 때부터 수영경기장에서 경쟁을 펼치며 수영선수로서 성공적인 성취를 이루었다. 트레이닝을 하는 동안 그녀의 코치와 엄마는 그녀에게 무척 헌신적이었다. 자신의 인생에서 스포츠 없는 인생을 생각할 수 없을 정도였다. 그녀는 학교에 열심히 다니고 경쟁적인 운동을 하였으며 운동을 시작한 이후 더욱 더 많은 것을 느낄 수 있었다고 한다. "Karolina가 경쟁할 수 있는 기회와 장애를 발견한 어린 시절부터 스포츠에 참가한 것이 얼마나 적절한 것인지를 보여주는 좋은 예입니다. 당신에게 비록 장애가 있다 할지라도 도전 정신과 강인함을 얻고 싶으면 스포츠를 시작하십시오." 그녀는 스포츠에서 성공한 아주 훌륭한 사례일 것이다.

종목별 소개

　다음에 소개하는 스포츠 종목들은 계절별로 제시한 것이다. 종목 소개의 순서는 알파벳 순서이며, 종목에 대한 설명은 있으나 주요 스포츠조직에 대한 설명은 하지 않았다.

동계 스포츠

컬링

2006년 이탈리아 토리노 파랄림픽의 정식 종목인 컬링은 휠체어를 탄 사람들이 참가하는 종목이다. 일반적인 경기규칙은 세계컬링연맹의 경기 규칙을 준수한다. 성별로 구분하는 컬링은 단체경기이지만 빙판에서 각자의 역할이 중요한 경기이다. 셔플보드(Shuffleboard-원반밀어치기)와 매우 비슷한 경기이지만 빙판 위에서 매우 무거운 표적돌을 미는 경기이다. 그러나 여기에는 몇 가지 경기 규칙을 변형하여 적용하고 있다. 첫째, 빙판위에서 표적돌이 잘 미끄러지도록 비질을 하는 동작인 sweeping이 용인되지 않는다. 돌을 보내는 사람은 경기장 중앙선에 위치하여 휠체어에 앉아 있어야 한다. 표적돌을 굴리면 표적돌이 목표지점으로 가거나 멈추도록 나머지 선수들은 필요한 만큼 비질을 할 수 있다. 휠체어컬링은 하지 기능에 장애가 있는 사람들끼리의 경기이다. 지난 2002년 1월 개최된 제1회 휠체어컬링 세계선수권대회에서 스위스 팀이 우승을 하였다. 이 종목은 앞으로도 동계 파랄림픽에서 계속 개최될 것이다(세계컬링연맹, 2003).

피겨 스케이팅

피겨 스케이팅은 스페셜올림픽에만 있는 종목이다. 선수들이 빙판위에서 춤을 추는 동안 박자에 맞춰 움직이기, 리듬 이해하기 등의 동작을 판정하는 스포츠 중의 하나이다. 스페셜올림픽에서는 같이 연습하거나 다른 선수와 함께 경기하는 것을 인정한다. 세부 종목으로는 개인전, 2인 1조 댄싱, guest skater dancing, 아이스댄싱, 장애-비장애인 경기, 장애-비장애인 댄싱 등이 있다. 매우 낮은 수준의 기술과 경험을 가진 선수들은 "초급 기술 경기"를 한다. 비록 매우 낮은 수준의 기술과 경험을 가진 선수들이 세계대회에 참가할 수는 없지만 그들은 기초적인 스케이트 기술을 개발하는데 의의를 두고 있다. 기술이 더욱 향상된 선수들은 보다 어려운 기술을 발휘해야 한다. 가장 낮은 수준의 기술은 두 발로 미끄러지기를 하거나 10걸음 걷기를 한다. 가장 높은 수준의 기술은 기초적인 점프와 회전을 포함한다(SO, Inc., n.d.k).

하키

장애인스포츠의 하키 종목은 좀 독특한 형태를 띠고 있다. 파랄림픽 대회에는 썰매를 타고 경기하는 슬레이지 하키가 있다. 슬레이지 하키는 동계 파랄림픽 대회에서 아주 인기 있는 경기가 되었다. 2002년 Salt Lake City 파랄림픽에서 슬레이지 하키 경기는 전 경기의 입장권이 매진될 정도로 모든 경기가 매우 인기 있었으며, 결승전 경기는 승부 샷으로 승패를 결정지었다. 슬레이지 하키에서는 선수들이 썰매에 앉아있으며(썰매 옆 부분은 금속 테로 되어 있음), 두 개의 블레이드로 빙판 바닥을 지치며 앞으로 나간다. 선수들은 0.6m 길이의 작은 하키 스틱을 사용한다. 스틱의 끝 부분에는 날카로운 못이 박혀 있다. 이것으로 선수들이 경기장에서 움직일 수 있으며, 퍽을 쳐서 슛을 날리거나 패스를 한다. 슬레이지 하키는 매우 빠르고 신체적으로도 격렬한 경기이다. 슬레이지 하키는 최근의 파랄림픽에서는 남자부 경기만 개최되었다(IPC, 2003).

스키

스키 경기에는 알파인 스키와 노르딕 스키 경기가 있다. 파랄림픽 알파인 스키에서는 활강, 슈퍼 대회전, 대회전, 회전 등이 있다. 노르딕 스키에는 크로스컨트리, 크로스컨트리와 사격을 합친 바이애슬론 경기가 있다. 파랄림픽 대회의 모든 알파인 스키와 노르딕 스키 경기에 참가하는 선수들은 절단과 시각장애가 있는 선수들이다. 알파인 스키 경기 중

활강 경기는 선수들의 기술 수준에 따라 서로 다른 등급으로 분류하여 경기를 진행한다. 선수들은 변형된 장비를 사용하여 스키 경기에 참가하는데 모노스키, 좌식 스키, 바이스키 그리고 시각장애가 있는 경기자용과 가이드용 등이 있다. 노르딕 스키 경기 선수들은 좌식 스키와 폴이 없는 스키를 사용하며, 시각장애가 있는 선수들에게도 적절하게 변형되어 있다. 바이애슬론 경기에서 시각장애인들은 레이저 조준경을 사용하여 사격을 한다.

스페셜올림픽에는 크로스컨트리 경기가 있다. 500m, 1km, 3km, 5km, 7km 그리고 10km 경기와 4×1km 계주 및 4×1km 단일 계주가 있다. 경기 수준이 낮은 경기자들은 10m, 50m, 100m 미끄러져 내려오기 경기가 있다. 데프림픽에서는 올림픽 대회의 모든 경기와 동일한 경기를 개최한다.

스노보딩

스노보딩은 올림픽과 스페셜올림픽에서 새롭게 등장한 스포츠로서 매우 높은 협응성과 균형감을 요구하는 속도감이 매우 큰 경기이다. 스페셜올림픽에서는 초보자, 중급자, 숙련자 경기부로 구분한다. 모든 디비전에는 슈퍼 대회전과 회전 경기가 있다. 청각장애인들의 경기 역시 슈퍼 대회전과 회전 경기가 있다. 모든 대회는 국제스키연맹의 규칙을 따른다.

스노슈잉

스노슈잉은 스페셜올림픽에만 있는 경기이다. 이 경기는 크로스컨트리 스키처럼 강한 심폐지구력이 필요하다. 개인 종목으로는 100m, 200m, 400m, 800m 그리고 1600m 걷기, 5km와 10km 걷기, 그리고 4×100m와 4×400m 걷기 등이 있다. 경기 수준이 낮은 경기자들은 25m와 50m 걷기를 한다.

스피드 스케이팅

스피드 스케이팅은 스페셜올림픽에만 있는 경기이다. 스피드 스케이팅은 1977년 동계 스페셜올림픽 대회에서 첫 국제경기가 개최되었다. 개인 종목과 통합 종목이 있는데 타원형의 경기장에서 경기한다. 세부 종목으로는 100m 경기장(ovals)을 사용할 경우에는 100m, 200m, 300m, 500m, 800m, 1,000m, 1,500m 경기, 그리고 4인 20바퀴 계주와 통합 4인 20바퀴 계주가 있다. 경기 수준이 낮은 경기자들은 5m 직선걷기와 50m(반바퀴) 걷기를 한다. 111m 경기장(ovals)을 사용할 경우에는 111m, 222m, 333m, 500m, 777m, 1,000m, 1,500m 경기, 그리고 4인 20바퀴 계주와 통합 4인 20바퀴 계주가 있다. 경기 수준이 낮은 경기자들은 25m 직선걷기와 55m(반 바퀴) 경기를 한다. 경기 규칙은 국제빙상연맹의 스피드스케이팅 규칙을 적용하지만 스페셜올림픽 대회 참가자들에게는 수정하여 적용한다.

> **주요 내용**
>
> 몇몇 종목들은 선수들의 신체적·정신적 능력을 최대한 발휘할 수 있도록 규칙을 변형하여 적용하고 있다.

하계스포츠

양궁

양궁은 1948년 Stoke Mandeville 첫 대회부터 개최되었던 파랄림픽 종목의 원조 경기이다. 규칙, 장비 그리고 기타 장비들은 올림픽 대회와 동일하게 적용한다. 규칙은 국제양궁연맹(FITA)의 규칙을 그대로 적용한다. 휠체어를 사용하는 사람들이나 서서 경기하는 사람들이 모두 참가한다. 더욱이 신체를 지지해주는 장비, 화살을 쏠 때 도움을 주는 장비 그리고 활과 화살을 합친 장비 등 변형된 장비를 사용한다. 모든 남자와 여자 경기는 개인 경기, 2인조 경기 그리고 단체전으로 이루어져 있다. FITA방식, 올림픽 라운드 방식 그리고 거리별로 30, 50, 60, 70, 90m 경기가 있다(남자 : 30, 50, 70, 90m / 여자 : 30, 50, 60, 70m).

육상

육상 경기는 트랙과 필드 종목으로 나뉜다. 육상은 파랄림픽에 참가하는 모든 유형의 장애인들이 참가하는 종목이다. 트랙 경기는 단거리, 중거리, 장거리 그리고 마라톤으로 구성되어 있다. 필드 경기는 멀리뛰기, 높이뛰기 등의 도약 경기와 포환, 창 그리고 원반 등을 던지는 투척 경기로 구분한다. 육상 경기에서는 이른바 '경기력 수준'에 따른 등급분류를 하는데, 이는 신체(장애 유형)와 운동 기능을 함께 측정한다. 가령, 시각장애인이 200m 달리기에 참가할 경우 B1, B2, B3 등 세 집단으로 나누어 경기를 실시한다. 이와 비슷한 경우로 절단 선수들, 뇌성마비 선수들 그리고 휠체어를 사용하는 모든 사람들은 등급 분류를 통해 경기에 참가한다(IPC, 2003d).

스페셜올림픽에서 선수들은 연령, 성 그리고 수행 수준에 따라 경기에 참가한다(SO, Inc, n.d.b.) 데프림픽에서는 트랙과 필드 종목을 모두 개최하며, 대회가 없는 시간에는 선수들의 기술을 보완할 수 있는 강습회를 개최한다.

배드민턴

배드민턴은 스페셜올림픽에서 개최되는데 단식, 복식, 혼합 복식 그리고 비장애인 한 명과 선수가 한 조를 이루어 참가하는 복식 등의 경기로 구성되어 있다. 경기력이 낮은 선수들은 표적에 서브 넣기(target serve), 넘어오는 셔틀 콕 직접 치기(return volley), 그리고 서브 받기(return serve) 등의 개발 종목에 참가한다. 선수들이 비장애인 한 명과 같은 조를 이루어 참가하는 복식 경기에 참가하면서 배드민턴 기술이나 경기력의 향상이 이루어졌다. 대부분의 기초적인 규칙은 국제배드민턴연맹의 규칙을 따르지만, 셔틀콕을 선수에게 전달해주는 '피더'처럼 일부 수정된 규칙을 개인 기술 경기에 적용한다(Special Olympics, Inc., n.d.c.).

농구

농구 경기는 휠체어에 앉아서 하거나 서서 한다. 파랄림픽에서 휠체어 농구는 남자부와 여자부 경기가 있는데 일반적인 농구 경기와 동일한 방법으로 경기하지만 조금 다른 부분도 있다. 휠체어농구 규정에 따르면 휠체어는 선수 신체의 일부로 간주되며, 좌석의 높이는 바닥(floor)에서 21인치(50cm)이하, 발을 놓는 부분은 바닥(floor)에서 4.875인치(12.3825cm)이하이어야 한다. 선수는 반드시 휠체어를 굴리면서 드리블을 해야 하며 그렇지 않을 경우 트레블링으로 간주된다. 공격 제한 시간은 24초이다. 3점슛, 자유투, 파울, 테크니컬 파울, 경기장 규격 그리고 경기 전략은 일반 농구와 모두 동일하다.

데프림픽에서의 농구 경기에서도 농구 규칙을 수정하여 적용하지 않는다. 스페셜올림픽에서는 다양한 경기들이 펼쳐진다. "통합 팀(unified team)"은 비장애인과 장애인 혹은 남녀가 같은 팀을 이루어 경기한다. 개발 종목으로는 드리블, 슈팅, 패스의 기술들에 대해서만 경기하며 이들에게는 리본이 제공된다(Special Olympics, Inc., n.d.d.).

보치아

보치아는 수년 동안 놀이로 실시하던 경기로서 일부는 론볼이나 컬링 혹은 원반밀어치기(셔플보드) 등을 즐기기도 하였다. 파랄림픽 대회에서 보치아는 조금 수정된 형태의 경기로 진행한다. 보치아는 뇌성마비 선수들의 경기이다. 파랄림픽 대회에는 개인전, 2인조, 그리고 단체전 경기가 있다. 선수는 흰색 표적구에 가깝게 자신의 공을 던지고 차며, 램프(홈통)를 이용하여 굴리기도 한다(IPC, 2003e). 스페셜올림픽에서도 개인전, 2인조, 그리고 단체전 경기가 있으며 등급분류 없이 통합대회로 진행한다. 데프림픽에서 보치아는 실시하지 않는다.

> 역자 주: 저자가 기술한 스페셜올림픽에서의 보치아는 보쉐(Bocce)라는 경기로 경기장, 용기구, 경기방법 등에서 보치아와는 다소 차이가 있다.

볼링

볼링은 스페셜올림픽과 데프림픽에서 규칙을 조금 변형하여 개최한다. 스페셜올림픽에서는 볼링공을 잡기 편하도록 만든 손잡이가 달려있는 공의 사용을 허가한다. 이 공을 굴릴 때 손잡이가 공안으로 들어가게 되어 있어 매우 부드럽게 공이 굴러간다. 볼링 스틱(선수가 레인을 따라 볼을 밀 수 있도록 허용한 것)은 볼링공을 들고 균형을 잡기 어렵거나 힘을 내기 어려운 경우에 사용할 수 있다. 볼링 램프는 볼링 레인에 위치하며 볼링공을 들기 어려운 경우에 사용할 수 있도록 도와주며, 공이 잘 굴러갈 수 있도록 경사지게 되어있다. 개인전은 램프를 사용하는 경우와 램프를 사용하지 않는 경우로 구분하며, 복식 경기인 경우 남자, 여자, 혼성, 통합 남자, 통합 여자, 통합 혼합복식 등이 있다. 단체전에는 남자부, 여자부, 혼성부, 통합 남자부, 통합 여자부, 통합 혼합부 등의 경기가 있다. 경기 수준이 낮은 경우에는 표적 볼링과 프레임 볼링 등이 있다(Special Olympics, Inc., n.d.f.)

사이클

사이클은 파랄림픽 대회에 있으며 도로 경주와 트랙 경주가 있다. 시각장애가 있는 선수들은 장애가 없는 선수와 함께 타는 텐덤(직렬) 사이클을 이용하며, 절단 선수들과 뇌성마비 선수들은 장애 특성에 적합한 사이클을 사용한다. 사이클 대회에는 개인전과 단체전이 있는데 여러 가지 형태의 경기가 개최된다. 추발 경기, 트랙 경주, 도로 경주, 텐덤 사이클 그리고 핸드 사이클 등이 있는데 서로 다른 형태의 자전거를 사용한다. 즉, 2인용 자전거, 직렬 자전거, 손으로 바퀴를 굴리는 자전거, 성인용 삼륜자전거, 왜소증을 가진 사람용 자전거, 휠체어를 사용하는 선수용 자전거 그리고 절단장애가 있는 사람을 위한 변형자전거 등이 있다(International Paralympic Committee, 2003f).

승마

승마 경기는 선수 개인이 말을 타고 행하는 경기이다. 파랄림픽 대회에서는 마장마술 경기만 개최되는데 모든 장애 영역의 선수들이 참가한다. 마장마술 경기는 고대 그리스 시대부터 전해져 내려오는 매우 오래된 경기이다. 마장마술 경기는 선수와 말이 일체가 되어야 하며 선수가 자세를 바꾸면서 다리를 사용하여 말을 유도해야 한다. 선수들은 다양한 자세로 조절하면서 말을 탈 수 있어야 한다. 또한, 선수들은 말을 조절할 수 있는 능력에 따라 판정받은 기록들을 기준으로 그룹을 나눈다(International Paralympic Committee, 2003g).

펜싱

펜싱은 파랄림픽 대회에만 있다. 선수들은 마루에 고정된 휠체어에 앉아서 경기를 한다. 휠체어는 고정되어 있으며, 선수들은 상체만을 사용한다. 파랄림픽 대회에서는 연습용 펜싱 검(foil), 에페 그리고 사브르 등의 전통적인 무기들을 사용하는 단체전과 개인전 경기가 있다(International Paralympic Committee, 2003s)

골볼

골볼은 모든 시각장애가 있는 남여 모두 참가하는 경기이다. 경기장은 배구 경기장과 비슷한 크기인데 세 지역으로 구성되어 있다. 경계 지역, 랜딩 지역 그리고 중립 지역으로 구성되는데, 코트의 중앙은 랜딩 지역 사이에 위치한다. 경기장은 선수들이 자신의 위치와 방향을 쉽게 알 수 있도록 끈으로 표시하고 있다. 골대 뒤에는 그물이 쳐져 있으며, 높이는 0.9m로서 경기장 엔드 라인 뒷부분에 위치한다. 골이 성공하면 1점이다. 팀은 3명의 경기자로 구성된다. 농구공만한 크기의 공 안에 소리가 나는 방울이 들어있어 공이 어디에 있는지 선수들이 쉽게 알 수 있다. 경기는 전·후반 각각 7분 씩 진행된다. 선수들의 시력이 각각 다르기 때문에 선수들은 빛을 전혀 감지할 수 없도록 특별히 제작된 안대를 착용하여 경기에 참가해야 한다. 경기를 진행하는 동안 경기장은 조용해야 하지만, 득점이 성공하는 경우에는 환호할 수 있다(International Paralympic Committee, 2003h). 골볼은 스페셜올림픽과 데프림픽에는 없으며 오직 파랄림픽 대회에만 있는 종목이다.

골프

스페셜올림픽의 골프 종목은 처음에 연습을 실시한 후 경기를 실시한다. 선수는 처음에 골프 클럽을 사용하여 스윙하는 방법을 배우고, 경기하는 방법을 배우게 되어 점차적으로 기술이 향상된다. 기술이 향상되면, 경기력에 따라 5개 수준별 경기에 참가한다. 선수들은 개인 기술 시합에는 개인별 9홀 혹은 18홀 경기, 단체전 경기 그리고 2인 1조(공 1개) 경기에 참가한다. 골프 경기는 미국골프협회와 Royal and Ancient Golf Club(at St. Andrew)의 경기 규칙에 따른다. 개인 기술 경기에는 짧은 퍼팅, 긴 퍼팅, chip shot, pitch shot, iron shot 그리고 wood shot 등이 있다. 이러한 경기들은 목표 지역에 공을 위치시킨 점수로 승패를 결정 짓는다. 골프 경기는 매우 인기 있으며, 이러한 내용들은 스페셜올림픽 골프 소식지에서도 알 수 있다.

체조

스페셜올림픽에서 체조 경기는 남자부의 예술 경기와 여자부의 예술 및 리듬 경기가 있다. 남여 경기 모두 힘, 유연성, 예술성이 조화롭게 나타나야 한다. 스페셜올림픽에 참가하는 선수들은 다음에 열거하는 경기 즉, (a)혼성 경기 중 도마, 와이드 빔(wide beam), 마루 운동, 텀블링 그리고 개인 종합 경기 (b)여자부 경기 중 도마, 이단평행봉, 평균대, 마루, 개인 종합 경기 (c)남자부 경기 중 마루, 안마, 링, 도마, 평행봉, 철봉 그리고 개인 종합 경기에 참가한다. 단체전 경기도 개인전 경기와 동일한 종목으로 개최한다(Special Olympic, Inc., n.d.o.). 데프림픽에는 체조 경기가 없다.

유도

파랄림픽 대회에서 유도 경기에는 시각장애인들만 참가한다. 파랄림픽 대회의 유도 경기에서 우수한 수준의 유도 선수들은 일반 유도 경기장과 재질이 다른 경기장에서 경기한다. 경기 규정은 국제유도연맹의 경기 규정을 준수한다. 선수들은 체중에 따라 체급을 결정하는데 extra lightweight, half lightweight, lightweight, half middleweight, middleweight, half heavyweight, and heavyweight 등이 있다. 파랄림픽의 모든 유도 경기는 시작부터 매우 격렬하다(International Paralympic Committee, 2003j). 스페셜올림픽과 데프림픽에는 유도 경기가 없다.

표 7.2 파랄림픽 대회 유도 경기의 남녀별 체급 구분

체급	남자	여자
extra lightweight	-60	-48
half lightweight	-66	-52
lightweight	-73	-57
half middleweight	-81	-63
middleweight	-90	-70
half heavyweight	-100	-78
heavyweight	+100	+78

오리엔티어링

오리엔티어링은 컴퍼스와 지도를 사용하여 걷거나 달리면서 목적지를 찾아가는 경기이다. 지도에 명시된 많은 곳을 빨리 찾아가야 한다. 주어진 경로 중 짧은 경로를 선택하여 가장 빨리 목적지에 들어오는 사람이 승리한다. 데프림픽에서 오리엔티어링을 개최한다.

역도

역도 경기는 선수들의 성공과 실패보다 인내에 중점을 두는 경기이다. 역도 경기는 파랄림픽 대회에 처음부터 있었던 종목이며, 여자부 경기는 2000년 이후인 최근에 개최하였다. 10개의 체급으로 나누어지는데 벤치 프레스 형식으로 경기를 진행한다. 역도 경기는 누워서 경기하는 방식이며, 비교적 일반 역도 경기와 동일하지만, 장애 유형에 따른 약간

의 변화는 허락된다. 경기 규정은 일반적인 역도 경기 규정을 따른다(IPC, 2003I).

롤러스케이팅

스페셜올림픽에서 롤러스케이팅 경기는 예술 경기, 경주 경기 그리고 롤러 하키가 있다. 선수들은 근력 수준에 따라 인라인 스케이트나 롤러스케이트를 선택할 수 있다. 선수들의 경기력보다 기술 수준에 더욱 주의해야 한다. 예술 경기에는 school figure, 개인 자유연기, 복식 자유 댄스 등이 있다.

럭비

럭비는 파랄림픽에서 개최되는 경기로서 매우 격렬한 단체 경기이다. 농구와 축구와 아이스하키를 혼합한 형태의 경기를 농구 경기장에서 실시한다. 배구처럼 공을 치기도 하고, 공을 나르고 드리블하며 패스한다. 공을 들고 골라인을 지나간 횟수로 점수를 계산한다. 선수들의 무릎 위에 공을 올려놓거나 휠체어를 타고 가면서 공을 민다. 매우 거친 경기이기 때문에 경기 하는 동안에도 휠체어를 수리해야 할 때가 많다. 그래서 럭비 경기는 많은 관중들이 모여드는 매우 인기 있는 종목 중의 한 가지이다.

요트

요트 경기는 파랄림픽 종목 중 2000년 Sydney 파랄림픽에서 새롭게 추가된 종목이다. 파랄림픽 대회에서는 안정성, 손의 기능, 조작 능력, 시야 그리고 청각 신호 감지 등 다섯 가지 요소로 판정한다. 파랄림픽 대회에서는 keel(배 의 한 종류)이 사용되는데 그 이유는 선수들의 공간

(방)을 설치할 수 있고 배의 안정성이 매우 크게 설계되어 있기 때문이다. 경기 방식은 탈취 방식(fleece, fleet race)으로서 여러 배가 동시에 같은 코스를 경주하는 방식이다. 점수는 경주가 종료되는 순서에 의해서 결정되는데 경주를 하는 동안 실점을 가장 적게 한 팀이 승리한다. 요트 경기에 사용되는 장비는 소나(수중 음파탐지기)가 장착된 7m 크기의 3인조 킬 보트, 손으로 조작할 수 있는 2.4m 크기의 개인용 파일럿팅(진로방향을 결정지을 수 있는 부표)이 장착된 개인 keelboat 등이 있다. 요트 경기에는 속도, 힘 그리고 스마트 등 3가지 요소가 필수적이다(International Paralympic Committee, 2003m). 스페셜올림픽에서는 장애가 없는 사람 1명이 파트너로 참가할 수 있다(Special Olympic, Inc., n.d.r).

사격

파랄림픽 대회에서 사격 경기는 공기 소총과 22구경 소총 그리고 권총 경기가 있으며 휠체어를 사용하는 좌식 경기와 입식 경기가 있다. 대회에 참가하는 장애인 선수들은 세계장애인사격연맹의 경기 규정을 준수해야 한다. 장애 유형이 서로 다르더라도 같은 등급분류에 의하여 개인전이나 단체전 경기를 한다.

남여 모두 10m 공기 권총, 10m 공기 소총 그리고 50m 자유 소총 방식의 경기를 한다. 혼성 경기는 10m 공기 소총 입사, 10m 공기 소총 복사, 25m 스포츠 권총, 50m 자유 소총, 그리고 50m 자유 소총 복사가 있다(International Paralympic Committee, 2003n). 데프림픽 대회의 사격 경기는 파랄림픽의 사격 경기와 동일하다.

축구

세계적으로 가장 인기 있는 종목인 축구는 파랄림픽에서도 인기가 많다. 선수들은 뇌성마비(뇌졸중과 외상성 뇌손상 포함) 선수들 7명으로 구성된다. 지난 2004년 Athens 파랄림픽에서 5인제 시각장애 축구 경기가 개최되기도 하였다. 뇌성마비인들이 참가하는 축구 경기의 경기장은 일반 축구 경기장 보다 조금 작다. 파랄림픽 대회에는 세계선수권대회에 입상한 8개 팀이 참가한다. 시각장애인 경기는 농구 경기장에서 진행하며 방울이 들어간 공을 사용한다. 선수 전원은 안대(눈가리개)를 착용한 상태에서 경기한다. 파랄림픽 대회에서의 축구 경기는 팀워크와 협동심 등을 발휘하여 매우 빠르게 진행된다.

스페셜올림픽에서는 여러 가지 형태의 경기가 있는데 5인제 경기와 7인제 경기가 있다. 유럽 축구 협회의 헌신적인 도움으로 스페셜올림픽에서 축구 경기가 개최될 수 있었다(Special Olympic, INC., n.d.m.). 데프림픽에서는 올림픽이나 월드컵과 마찬가지로 11인제 경기를 진행한다.

소프트볼

소프트볼 경기는 올림픽과 마찬가지로 스페셜올림픽에서 개최되는 경기이다. 스페셜올림픽에서는 느린 공 던지기(slow pitch), T-ball 치기 그리고 통합 경기가 있다. 한 팀은 10명의 선수로 구성되며, 소프트볼 경기 규칙과 동일하게 적용된다. 느린 공 던지기에서는 스페셜올림픽에 참가하는 선수가 피처의 위치에서 공을 던지는 중립 선수와 공을 주고받는다.

선수들은 베이스 달리기, 필딩, 던지기, 멀리 배팅하기 등의 기초 기술을 평가받는다. 기술 수준을 평가받는 선수들에 비하여 경기력이 낮은 선수들은 기술 경쟁에 참가하지 않는다. 선수의 종합 점수는 소프트볼 기술 평가도구(SAT)에 의하여 결정한다. 팀의 디비전 역시 팀 SAT점수로 구분한다. 소프트볼은 매우 인기 있는 종목이며, 전 세계적으로 선수들이 가장 많다.

수영

파랄림픽 대회에서 수영 경기는 가장 많은 선수들이 참가하는 종목이다. 모든 장애 영역의 선수들이 참가한다. 선수는 수영 경기 중 일체의 보철이나 기타 장비를 사용할 수 없다. 다만 장애에 따라 경기 방법을 일부 수정한다. 예를 들어, 출발대에서 균형을 잡기 어려운 경우에 물속 벽에 붙어서 출발한다. 남여 경기가 모두 개최되는데 자유형 경기는 50m, 100m, 200m, 400m, 800m, 1,500m 경기가 있다. 배영, 평영 그리고 접영 경기는 50m, 100m, 200m 경기가 있다. 그리고 자유형 4×50m 계영, 4×100m 계영, 4×50m 혼계영, 4×100m 혼계영 등이 있다. 경기 규정은 국제아마추어수영연맹(FINA)의 경기 규정을 따르지만 일부 변형된 규정이 있다(International Paralympic Committee, 2003o).

스페셜올림픽에서는 한 팀이 4명으로 구성되는데 2명은 경기력이 낮은 선수들이고, 2명은 경기력이 우수한 선수들이다. 경기 규정은 다음과 같이 변형된 경기 규정을 적용한다. 출발 시 출발대 출발이나 물속 출발 중 한 가지 방법을 선택할 수 있고, 청각장애가 있는 경우에는 출발 시 빛을 사용할 수 있다. 스트로크 판정을 할 때 장애가 없는 사지를 이용해도 된다.

탁구

탁구는 파랄림픽, 스페셜올림픽, 데프림픽 등의 대회에서 실시하는 매우 박진감 넘치는 경기이다. 남여 모두 경기에 참가하며 휠체어를 사용하는 좌식 탁구와 입식 탁구로 구분되며, 선수들은 장애 유형과 등급에 따라 경기한다(International Paralympic Committee, 2003p). 스페셜올림픽에서는 단식, 복식 그리고 혼합 복식, 휠체어 경기 등으로 구분한다. 경기력이 낮은 선수들은 표적에 서브 넣기, 라켓으로 탁구공 튀기기, 그리고 받아치기 등의 경기를 한다. 탁구는 매우 높은 수준의 눈과 손의 협응, 균형감, 민첩성 등이 요구되는 경기이다. 탁구 경기의 경기 규정은 국제탁구연맹의 경기 규정을 그대로 따른다(Special Olympics, Inc., n.d.w).

팀 핸드볼

팀 핸드볼 경기는 매우 격렬하며 패스, 드리블 그리고 슈팅이 매우 빠르게 진행되는 경기이다. 경기장은 농구 경기장과 비슷하지만 배구 경기장을 사용하는 경우도 있다. 팀은 공을 들고 상대편 코트로 이동하며 필드하키의 골대와 같은 곳에 공을 던져 골을 성공시키는 경기이다. 팀 핸드볼은 스페셜올림픽과 데프림픽에서도 많은 장애인들이 참가하는 경기이다. 가령 스페셜올림픽에서 팀 핸드볼은 5인제 경기로 진행한다(Special Olympics, Inc., n.d.x.). 스페셜올림픽과 데프림픽에서 개최하는 경기의 규정은 국제 핸드볼 연맹의 경기 규정을 그대로 준수한다.

테니스

테니스는 파랄림픽, 스페셜올림픽, 데프림픽 등의 대회에서 모두 개최하는 경기이다. 파랄림픽 대회에는 휠체어테니스가 개최되는데 경기 방식은 단식과 복식 경기가 있다. 일반 테니스 경기와 한 가지 다른 경기 규칙은 공의 바운드를 두 번까지 허용하는 것이다. 파랄림픽 대회에 참가하기 위해서는 세계랭킹의 일정한 순위 안에 있어야만 경기에 참가

그림 7.1 점수, 경기, 시합 그리고 메달. 여자 좌식배구 팀은 2004년 Athens 파랄림픽에서 미국 최초의 메달을 획득한 팀이다. 3-4위전에서 마지막 점수를 획득하여 동메달을 확정지은 후 선수들과 코치석의 수석코치(감독)이 함께 기뻐하고 있다.

할 수 있다(International Paralympic Committee, 2003u). 스페셜올림픽에서는 단식, 복식 그리고 장애-비장애인 통합 복식 등이 있다. 경기력이 낮은 선수들은 표적 서브, 표적 바운드, 라켓 바운드 그리고 리턴 샷 등이 있다(Special Olympic, Inc., n.d.y.). 파랄림픽, 스페셜올림픽, 데프림픽에서의 경기 규정은 국제테니스연맹의 경기 규정을 적용한다.

배구

배구 경기는 장애인들의 3대 경기 중 한 가지이다. 파랄림픽 대회에서 배구 경기는 너무나도 유명한 좌식배구 경기가 있다. 좌식배구 경기는 입식배구 경기에 비하여 네트의 높이가 테니스코트의 네트만큼 낮으며 경기장이 작다(IPC, 2003q). 스페셜올림픽에서는 입식 배구 경기를 개최한다. 경기력이 낮은 선수들은 배구공 저글하기, 배구공 패스, 배구공 토스 그리고 배구공 치기 등의 경기에 참가한다(Special Olympic, Inc., n.d.z.). 데프림픽에서는 일반 배구경기와 동일한 방법으로 경기를 개최한다.

수구

수구는 데프림픽에서만 개최하는 경기로서 FINA(Federation International Natation Amateur)의 경기 규정을 동일하게 적용하기 때문에 규칙의 변형이 없다. 한 팀은 5명으로 구성되며, 수영장 안에서 공을 던져 골 안에 집어넣는 경기로서 수중 핸드볼 경기라 할 수 있다. 수구 경기는 올림픽 경기에서처럼 매우 격렬하게 이루어진다.

레슬링

레슬링은 데프림픽에만 있는 경기이다. 경기 규정은 국제레슬링연맹의 경기규정을 그대로 준수하며, 데프림픽에서의 변형된 경기 규정은 없다.

주요 내용

대부분의 장애인스포츠는 일반 스포츠와 유사하다. 장애인스포츠의 경기 규칙이 일반 스포츠와 조금 다르더라도 스포츠의 가치는 동일하기 때문이다.

제7장 장애 있는 선수들의 스포츠

표 7.3 파랄림픽 하계 대회(2000년 Sydney)

종목		성명	결과	기록
높이뛰기 (F20)	여	Liorens, Lisa(USA)	1.54m	
	남	Ben-Bahri, Wissam(TUN)	1.93m	세계신기록
사격 (F20)	여	Durksa, Ewa(POL)	12.69점	세계신기록
	남	Kaczmarek, Krzysztof(POL)	13.10점	세계신기록
창던지기 (F20)	여	Tiik, Sirly(EST)	39.77m	세계신기록
	남	Flavel, Anton(AUS)	52.50m	파랄림픽 대회신기록
육상100m (T12)	여	Santos, Adria(BRA)	12.46초	
	남	Li, Qiang(CHN)	11.27초	
마라톤 (T54)	여	Driscoll, Jean(USA	1'49"35	
	남	Neitlispach, Franz(SUI)	1'24"55	

표 7.4 파랄림픽 동계 대회(2002년 Salt Lake City)

종목		성명	결과
스키 활강(LW2)	여	Haslacher, Danja(AUT)	1:26.75
	남	Milton, Michael(AUS)	1:23.64
대회전(LW2)	여	Billmeier, Sarah(USA)	1:18.43
	남	Milton, Michael(AUS)	1:13.76
Sit Ski 단거리(5km) (LW12)	여	Myklebust, Ragnhild(NOR)	9:01.2
	남	Kryjanovski, Taras(RUS)	16:08.3
Sit Ski 장거리(15km) (LW10+11+12)	여	Myklebust, Ragnhild(NOR)	33:43.8
	남	Shilov, Sergey(RUS)	42:03.02
슬라롬(LW2)	여	Haslacher, Danja(AUT)	1:50.40
	남	Milton, Michael(AUS)	1:29.03

표 7.5 파랄림픽 대회의 주요 기록(시각장애-수영)

종목			성명	기록	파랄림픽 대회
50m 자유형	여	S11	Nilsson, Elia(SWE)	33.02	Atlanta(USA)
		S12	Zhu, Hongyan(CHN)	28.67	Sydney(AUS)
		S13	Hopf, Yvonne(GER)	27.38	Atlanta(USA)
	남	S11	Kawai, Junich(JPN)	26.37	Sydney(AUS)
		S12	Kleynhans, Ebert(RSA)	25.79	Sydney(AUS)
		S13	Strokin, Andrei(RUS)	24.67	Sydney(AUS)
200m 배영	여	S12	Zorn, Trischa(USA)	2:31.13	Barcelona(ESP)
	남	S11	Morgan, John(USA)	2:33.42	Barcelona(ESP)
		S12	Holmes, Christopher(GBR)	2:33.14	Barcelona(ESP)
		S13	Pedersen, Noel(NOR)	2:22.55	Barcelona(ESP)
100m 접영	여	S11	Barret, Elaine(GBR)	1:20.50	Sydney(AUS)
		S12	Zhu, Hongyan(CHN)	1:09.09	Sydney(AUS)
		S13	Hopf, Yvonne(GER)	1:06.12	Atlanta(USA)
	남	S11	Morgan, John(USA)	1:03.50	Barcelona(ESP)
		S13	Wu, Walter(CAN)	1:00.87	Sydney(AUS)
100m 평영	여	SB11	Barret, Elaine(GBR)	1:30.39	Sydney(AUS)
		S12	Font, Deborah(ESP)	1:25.42	Sydney(AUS)
		S13	Cote, Kirby(CAN)	1:19.43	Sydney(AUS)
	남	SB11	Bundgaard, Christian(DEN)	1:12.86	Atlanta(USA)
		S12	Bugarin, Kingsley(AUS)	1:10.06	Sydney(AUS)
		S13	Pedersen, Noel(NOR)	1:08.12	Barcelona(ESP)

맺음말

　장애인스포츠에 관한 내용은 본장에서 처음으로 언급하였다. 장애인스포츠는 일반 스포츠와 조금 다르게 각 선수의 신체 조건에 적합하도록 속도와 동작 등을 변형시킨 것이다. 장애인스포츠 선수들의 장애인스포츠는 장애가 없는 선수들의 일반 스포츠에서의 관점과 가치 면에서 동일하다. 장애인스포츠 선수들은 자신들의 종목에서 요구하는 사항들을 올바르게 이해해야 한다. 장애인스포츠의 가치가 없다고 가정하거나, 스포츠 문화와 스포츠 조직의 지지를 받지 못하는 것이 정당하다는 논리는 적절하지 않은 관점과 인식이다. 장애인들의 진실한 모습보다 외모로 판단해온 우리들의 생각이 반영된 것이다. 우리에게는 장애인스포츠를 스포츠와 동일하게 바라보아야 하는 인식의 전환이 필요하다.

　장애인스포츠는 전통적인 스포츠 문화와 스포츠 조직의 지원을 받아야 한다. 장애인들을 이해하고 장애인들이 스포츠 환경에서 사회화 과정을 배워나갈 수 있는 기회를 제공해야 한다. 한 가지 바라는 것이 있다면 본 장에서는 장애인들이 자신의 장애를 이해하여 스포츠를 즐기는 것에 대해 독자들의 인식과 생각이 바뀌었으면 하는 것이다.

제8장

선수 지도법 및 훈련법

| 목표 |
- 장애인스포츠 관련 연구들을 통해 장애가 있는 선수 입장에서의 지도법 및 훈련법 이해

| 주요 내용 |
- 지도법 연구
- 장애인스포츠 연구의 기초
- 장애인스포츠 선수들의 지도법에 대한 일반적인 원리
- 장애에 따른 독특한 전략

모든 운동선수들에게 있어서 훈련법과 코칭에 대한 지식은 성공의 열쇠라고 할 수 있다. 과거에는 장애인스포츠 선수들을 지도하는 코치가 드물었지만 현재 증가하는 추세이다. 이들은 연구와 훈련 경험을 바탕으로 장애인스포츠 선수들의 과학적인 운동 수행을 정확하게 이해하는 사람들이다. 본 장에서는 코칭과 관련하여 장애 있는 사람들에게 적용 가능한 일반적인 이론과 개념을 소개하려고 한다. 장애 없는 사람들의 스포츠 활동처럼 코칭 전략과 기법들은 매우 다양하다. 본 장에서는 장애인스포츠를 어떻게 지도해야 한다고 주장하는 것은 아니다. 오히려 독자들에게 장애인스포츠에 대하여 소개를 해주고 스포츠를 즐길 수 있도록 적절하게 수정시킬 수 있는 정보들을 제공하려고 한다. 이에 더하여, 본 장에서는 현재까지 나타난 장애인스포츠의 기반이 되는 스포츠 수행 연구들을 알려주려 한다. 비록 여기에서 장애인스포츠에 대한 연구들을 모두 다룰 수는 없겠지만, 장애인스포츠 관련 지도법에 관한 연구 동향과 추세에 대하여 독자들에게 제공할 수 있을 것이다.

지도법 연구

장애인스포츠선수들에 관한 연구의 효과를 과소평가할 수는 없다. 그 동안 장애가 없는 사람들의 스포츠에 관한 연구는 전문 학회지와 학술대회를 통해서 널리 알려져 왔다. 올림픽에 앞서 개최되는 올림픽과학학술대회(Olympic Scientific Congress)에서 발표되는 새로운 정보와 연구물의 국제적 수준이 결코 낮지 않다. 그러나 장애인스포츠에 관한 연구들은 아직 기초 단계 수준에 머물러 있는 실정이다. 그 동안 파랄림픽 대회가 개최되기 전에 파랄림픽 과학 학술대회가 개최되었으나 지난

2004년 Athens 파랄림픽에서는 개최되지 않았다. 그 대신 올림픽과학학술대회에서 장애인스포츠와 관련된 연구물들이 발표되었다. 장애인스포츠에 관한 학술 대회를 통합하는 방법과 분리 개최하는 방법 중 어떠한 방법이 더 나은 것일까? 이 질문에 대한 답을 하는 것은 쉽지 않다.

장애인스포츠에 관한 연구는 장애인스포츠와 관련된 여러 가지 일들과 함께 서서히 진행되었다. 제2차 세계대전 이후 장애가 있는 사람들의 운동 프로그램은 그들의 재활과 성장 그리고 개인의 신체와 정신적 장애에 대한 발달에 초점이 맞추어졌었다(DePauw, 1985a; Huber, 1984; Lindstrom, 1984; Lipton, 1970; Rarick, Dobbins, & Broadhead, 1976). 장애인스포츠에 관한 주요 연구들은 운동 수행, 훈련 그리고 장비 등에 관한 것이었다. 1990년대에는 철학적 측면과 심리사회적인 측면에서 질적 접근이 이루어지기 시작하였다.

이러한 접근 방법은 '전인적인 선수(whole athlete)'라는 측면이 고려된 것으로서, 심리적 요인과 사회적 요인으로 인한 수행의 차이가 있다는 의미이다. 최근의 연구들은 장애인스포츠 선수들이 운동하는 장면의 통계적 분석과 함께 질적인 접근을 기술하고 있지만 아직까지 대다수의 저널과 학술대회에서 장애인스포츠의 특별한 연구 동향은 아니다. 장애인스포츠에 관한 새로운 정보들은 연구자, 코치, 선수 그리고 트레이너 등에 의존하고 있다(Bhambhani, 2001).

1960년대에는 정신지체가 있는 사람들의 지각 운동과 사회성 발달, 체력(근력, 유연성, 체중) 요인의 측정이 강조되었었다(Broadhead, 1986; DePauw, 1986b; Dunn, 1987; Pyfer, 1986; Stein, 1983). 1970년대에는 운동생리학과 역학 관련 연구들이 주류를 이루었다(DePauw 1988; Gass & Camp, 1979; Zwiren & Bar-Or, 1975). 운동생리학 연구들은 운동 후 나타나는 상태(컨디션)나 체력 수준의 이해와 밀접한 연관이 있었다. 연구

대상들은 주로 소아마비나 척수손상이 있는 사람 등 휠체어를 사용하는 선수들이었다. 1970~1980년대에는 매우 활발한 연구가 이루어졌다. 이때의 연구 초점은 장애와 스포츠, 관련 이론들, 운동 수행의 방향 등이었다. 1990년대에는 이러한 연구 동향과 함께 심리사회적이면서 질적인 연구들이 주류를 이루었다.

장애인스포츠 연구의 기초

장애인스포츠 연구에 관한 조직에는 지난 1985년 미국올림픽위원회(USOC)의 승인을 받은 장애인스포츠위원회(COSD)안에 설치되어 있는 장애인스포츠 연구에 관한 특별위원회가 있다. 이 연구 위원회는 코치들, 장애인스포츠 선수들, 그리고 특수체육 현장과 관련된 교수들과 인터뷰를 하였으며, 그 결과 다음과 같이 7개의 영역으로 구분하였다.

- 훈련, 경쟁 그리고 훈련과 경쟁을 통한 효과
- 훈련과 관련된 코치, 자원봉사자 그리고 행정가들의 선택
- 스포츠 연구에 관련된 기술
- 스포츠에서의 사회적/심리학적 견해
- 장애가 있는 선수들과 장애가 없는 선수들의 차이점과 유사점
- 장애인스포츠의 인구통계
- 장애인스포츠에 관련된 법률, 철학 그리고 역사(DePauw, 1988, p.293)

인터뷰 결과 70개 이상의 서로 다른 주제들이 있음을 확인하였다. 이와 같은 주제들은 다음 세대의 연구자들이 시작해야 하는 연구 주제들

이다. 1993년 IPC에서는 스포츠과학위원회를 설립하였는데, 이 위원회에서는 파랄림픽 종목들에 관한 지식의 발달과 스포츠의 과학적 연구들을 수행하려는 시도가 있었다. 1994년 4월에는 베를린의 독일올림픽연구소에서 장애인스포츠과학과 선수들에 관한 세미나가 개최되었다. 여기에 참가한 사람들은 IPC 스포츠과학위원회와 세계특수체육학회에 소속된 사람들이었다. 이 때 IPC의 스포츠과학위원회에서는 베를린 자유대학의 Dr. Gudrun Doll-Tepper를 의장으로 선출하였다.

세미나 결과 IPC 스포츠 과학 위원회의 임무, 목적, 목표 등을 제정하였다. 또한, 파랄림픽대회와 세계선수권대회의 발전에 도움이 되는 연구 활동의 지침을 제시하였는데, 이 지침은 파랄림픽 학술대회와 국제 심포지엄 개최, 파랄림픽 관련 연구에 관한 안건들을 계획하는데 필요한 것들이었다. 연구에 관련된 초기 안건들은 선택적 자세 유지의 발달, 파랄림픽 스포츠에 관한 단편 연구들, 국제 스포츠과학 연구진들의 인명부 그리고 장애인스포츠 연구 관련 자료들이었다.

> **주요 내용**
>
> 연구는 장애인스포츠 관련 활동에 있어서 필수적이다. 스포츠와 장애에 관한 연구들이 장애인스포츠와 함께 서서히 전개되고 있다.

연구 결과 요약

장애인스포츠 관련 연구물 중 Adapted Physical Activity Quarterly, Complete Research in Health, Physical Education, Recreation and Dance, Abstracts of Research Presentation at the American Alliance for Health,

Physical Education, Recreation and Dance Convention Featured in Research Quarterly for Exercise and Sport, Physical Educator, Palaestra, Physician and Sports Medicine, Research Quarterly for Exercise and Sport, Rehabilitation Yearbook, Journal of Teaching Physical Education, 그리고 Medicine and Science in Sport and Exercise 등을 읽어보는 것이 도움이 될 것이다. 특수교육 관련 저널과 소식지를 읽는 것도 정보를 얻는 방법이다.

장애인스포츠에 관련된 정기 간행물과 저널의 종류에 관해서는 <부록 E>에서 자세히 소개하였다. SIRC(Sports Information Resource Clearinghouse)에서 장애인스포츠 연구 관련 목록들을 출판하였다. 게다가 영국의 Loughborough의 Loughborough 대학교의 여가 관리, 체육, 스포츠 과학 관련 학과와 영국 휠체어 스포츠 재단에서 연구결과물을 수집하고 있다.

장애인스포츠 연구에 관하여 출간된 것으로는 New Horizons in Sport for Athletes with a Disability와 Proceedings of the International Vista'99 Conference in Cologne, Germany(2001) 등 2권이 있다. 일반적으로 장애인스포츠와 체육에 관한 연구 결과물은 신중하게 해석해야 한다. 장애가 있는 사람들의 개인차가 크고 연구 대상자가 소수이기 때문에 장애인스포츠 선수와 관련된 연구를 적용하는데 제한이 따른다. 한편으로는, 이러한 연구들이 많아질수록 장애인스포츠와 연구 동향 그리고 앞으로 연구에서 필요한 것들이 무엇인지 확인하여 기초적인 지식을 제공할 수 있어야 한다.

스포츠 심리학 / 스포츠 사회학

기존의 알려진 장애인스포츠와 스포츠의 연구 결과를 보면 심리학적 측면에서 차이점이 아닌 유사점이 나타났다. 스포츠 분야에서 먼저 연구되었던 세부 주제(저긴장, 우울, 분노, 피로, 당황스러움, 지나친 활력)들을 휠체어 사용 선수들과 시각장애가 있는 선수들에게서도 연구를 통해 증명하였다. 장애를 가진 선수들은 일반 스포츠 선수들과 마찬가지로 불안 척도 반응의 성공과 실패가 있음이 증명되었다. 장애인스포츠의 연구 동향은 성, 스포츠 형태, 기술 수준 그리고 스포츠 상황 등을 고려한 분야들이었다(Sherrill, 1990). 따라서 일반 스포츠 선수들의 훈련이나 경쟁과 비교해 보면 장애를 가진 스포츠 선수들에게도 비슷한 결과들이 나타났다.

선수들의 스포츠 사회화와 관련해서는 스포츠 활동에 참여하는 과정에 대한 연구 결과가 주로 나타났다. 스포츠 사회화에서는 일반 스포츠 선수들과 비교하였을 때 뇌성마비가 있는 선수들과 시각장애가 있는 선수들에게서 다른 연구 결과가 나타났다. 일반 스포츠 선수들과 대조되는 상황은 뇌성마비와 시각장애가 있는 선수들에게는 가족이나 가정과 관련하여 중요한 점이 발견되지 않았던 것이다(Lugo, Sherrill, & Pizarro, 1992). 시각장애가 있는 학생들은 학교의 체육교사에게서 많은 영향을 받았다. 휠체어를 사용하는 선수들이 참가한 제8회 Pan Am 대회에서는 자발적인 동기, 장애인스포츠 동료들 그리고 체육 지도자들이 대회 참가의 주요 요인으로 나타났다(Gavron, 1989). 선수들(휠체어 사용, 뇌성마비, 시각장애)에게서는 장애가 없는 선수들과 마찬가지로 인식, 인지행동 그리고 심리학적 측면의 연구결과들이 제시되었다. 자아 인식은 신체적 능력 수준에 좌우된다.

장애인스포츠 선수들에 관한 다문화 연구는 거의 없다. Fung(1992)은 미국, 영국 그리고 일본의 장애인스포츠 선수들 사이에서 운동 참가 요인, 팀 분위기 그리고 격앙과 도전 등의 관점에서 서로 다른 차이를 발견하였다. 이러한 차이점들은 스포츠 선수들과 장애인스포츠 선수들 사이에서 나타나는 것이라기보다 사회문화적 혹은 사회정치적인 분위기라 할 수 있다. 가령, 중국 국가대표 장애인스포츠 선수들을 조사한 결과 체육교사가 스포츠 사회화의 가장 핵심적인 역할을 하는 것으로 나타났다(Wang & DePauw, 1991). 스포츠를 위해 정부에서 가장 적극적이었음을 체육 교사들을 통해 알 수 있었다. 다른 한편으로 스웨덴 국가대표 장애인스포츠 선수들의 사회화 과정을 살펴보면 스포츠에 참여하게 된 주된 이유는 장애 정도에 의한 것이었다(Johansson & DePauw, 1991).

휠체어 추진 기술

지난 수년 동안 장애인스포츠 현장에서 장애인스포츠 선수들의 수행과 관련하여 많은 기술들이 향상되고 발전하였다. 사이클 연구결과를 이용하여 더 가볍고 효율적인 의자가 장착된 휠체어를 개발하였다. 연구결과들은 다양한 크기의 휠에 따른 핸드 림(휠체어의 추진은 선수가 추진할 때 그립을 어떻게 잡느냐에 따라 결정됨) 변화, 캠버의 조정(좌석과 휠의 각도), 그리고 방석의 크기와 기울기의 조정에 적용되었다 (Brubaker, 1984; Brubaker & McLaurin, 1982, Engel & Hildebrandt, 1974; Floyd et al., 1966; Hale, 1988; Higgs, 1983, 1992; Smith, 1990; Walsh, Marchiori & Steadward, 1986; Wirta et al., 1990).

효율적인 휠체어 추진에 관하여 림의 직경, 추진 횟수, 좌석 높이, 추진 기술, 속도, 장애 수준 그리고 종목(단거리와 장거리의 비교) 등이 연구되었다(Breukelen, 2001; Higgs, 1983, 1986; Sanderson & Sommer, 1985; Vanlandewijck et al., 2001; York & Kimura, 1986). 이런 요인들과 인적 요인의 복잡한 상호작용에 의해서 다양한 연구 결과들이 나타났다. 의자 자체의 무게는 줄어들었고, 선수들의 좌석 높이, 바퀴의 만곡, 손잡이 사이즈에 적응하면서 지난 몇 년간 선수들의 운동 수행은 매우 향상되었다. 휠체어의 이동 속도는 바퀴의 손잡이를 길게 미는 것보다 짧고 빠르게 밀 때 빨라진다는 것과 관련이 있음을 알 수 있었다. 선수들의 운동수행과 관련하여 손과 발의 추진력에 관하여서도 연구를 하였다. 보다 향상된 훈련방법으로 보다 나은 운동수행의 결과가 나타나게 된 것이다(Abel, et al., 2003).

보행

절단과 관련된 연구는 보조기의 효과를 포함하여 우수 선수들의 보행과 관련된 것이었다(Enoka, Miller, & Burgess, 1982; Gandee et al., 1973; Kegel et al., 1981). 시각장애가 있는 사람들의 달리기와 걷기 역시 연구되었다(Arnhold & McGrain, 1985; Fawson, 1981; Gorton & Gavron, 1987; Pope, McGrain, & Arnhold, 1986). 역학적 보행에 관한 연구는 또한 발달장애나 뇌성마비가 있는 사람들의 보행과 관련된 신체의 속도와 각도에서 나타나는 달리기와 경보에 관련된 것이었다(Gorton, & Gavron, 1987; Skrotsky, 1983). Rick Hansen 센터의 Steadward와 동료들이 휠체어 추진의 운동학(동작의 물리학)을 연구하였다. 손과 발의 보조기와 같은 특별한 장비들은 디자인과 기능뿐만 아니라 무게와 외관에서도 많은 발전을 하였다.

생체 역학

생체역학에 관한 연구는 현장에서뿐만 아니라 실험실에서도 이루어진다. 실험대상의 규모를 늘리고 실험결과를 선수와 코치에게 적용할 수 있도록 일반화하기 위해서는 현장과 실험실에서 실험할 필요가 있다.

생체역학의 연구에 의해서 보다 좋은 디자인의 휠체어와 모노스키를 만들 수 있고, 이런 장비의 개선을 통해 모든 스포츠 분야에서 향상된 성적을 거둘 수 있다. 최근의 연구 중 하나로 '수직 점프 이륙 시 무릎 아래가 절단된 사람의 변화에 관한 운동학적 연구'(Strike & Wells, 2003)가 있다. 연구자는 배구 기술에서 매우 중요하게 구성된 역학과 운동학적 요인들의 효과에 관하여 보조기와 관련된 점프 기술에 대한 연구가 필요하다고 결론지었다.

등급분류

스포츠 경기를 위한 선수들의 등급분류는 오랫동안 논쟁의 대상이 되었다. 한 가지 방법은 선수의 등급분류를 의학적 기준에 따라 분류하는 방법이 있는데, 이 분류의 목적은 장애 유형에 관계없이 모든 선수들이 비슷한 장애와 능력을 가진 상대와 정정당당한 경기를 하게 하는 것이다(의학적 체계에 기초한 분류체계). 다른 방법으로는 스포츠에 적용되는 기능 분류로 장애보다는 능력에 따라 분류한 것이기 때문에 최중도 장애가 있는 사람의 경우 엘리트 스포츠에서 배제될 수 있다.

이러한 등급분류의 경우 행정적인 문제를 야기할 수 있으며 또한 스포츠에서 여러 등급 분류가 나타난다. 육상 100m 경기에서 시각장애 부분 3등급, 뇌성마비 부분 8등급, 절단장애 부분 9등급, 기타 장애 부분 6등급, 휠체어 사용 선수 부분 7등급, C6이하의 척수손상 남·여 부분 42등급 등 성별과 장애에 따라 70여개 이상의 등급으로 분류된다(Higgs et al., 1990). 또한, 선수들이 생각하는 등급과 실제 이루어지는 등급분류와는 차이가 있다(Lorinez, 2001).

휠체어농구, 수영, 육상은 등급분류에 관한 논쟁이 심한 종목이다(Brasile, 1990a, 1990b; Gehlsen & Karpuk, 1992; Ritcher, Adams-Mushett,

Ferrara, & McCann, 1992). 의학적 분류와 기능적 분류에 관한 논쟁은 1979년 이후에 출간된 문헌에서는 아직 찾아볼 수 없었다(Lindstrom, 1985; McCann, 1979; Thiboutot, 1986; Weiss & Curtis, 1986).

등급분류에 관한 연구 결과는 혼재되어 왔는데, 그것은 위에서 언급한 두 가지 목적에 근거하고 있기 때문이다. 성별, 거리, 선수들의 등급에 따라 육상 선수들의 수행 차이는 공정한 경쟁을 위한 등급 분류의 필요성을 뒷받침하고 있다(Coutts & Schutz, 1988; Ridgway, Pope, & Wilkerson, 1988; Wicks et al. 1983). 다른 한편으로 Higgs(1990) 등의 연구와 Gorton과 Gavron(1987)의 연구에서는 등급의 종류를 축소시킬 것을 주장하였다.

코치와 코치 훈련법

장애인스포츠 선수들이 참가하는 대회가 상당히 많이 증가하고 있지만 선수들을 지도하는 코치를 찾는데 있어서의 문제들이 계속해서 나타나고 있다(Bhambhani, 2001). DePauw와 Gavron(1991)은 1990년대까지 대부분의 선수들에게는 명성, 돈, 그리고 눈에 띌 만큼 증가하는 체계적인 훈련 기회가 주어졌다. 일반 스포츠의 연구에서는 코치의 역할, 갈등, 탈진, 성별 문제, 역할 모델 등에 관한 연구가 충분하지만(Capel, Sisley, & Desertrain, 1987; Decker, 1986; Knoppers, 1987; Whitaker & Molstead, 1988), 장애가 있는 선수들의 코칭에 관한 연구는 매우 적은편이다(DePauw & Gavron, 1991). Bradbury(2001)는 장애인스포츠 선수들의 자기지도법에 관한 연구에서 선수들의 향상을 위한 안내가 부족하여 자기지도에 관한 연구가 의미 있다고 하였다.

우리는 코치, 행정가, 자원봉사자들의 필요성에 대해서는 더 이상 논의할 필요가 없다. DePauw(1986b)는 미국올림픽위원회의 장애인스포츠위원회 내 연구위원회에서 제시한 필요 연구 분야를 요약하였다. 특별히 '트레이닝, 선수 선발, 효과, 평가 그리고 자원봉사자와 정식 직원들 간의 적합성 비교'라는 주제도 있다(DePauw, 1986b, p.294). 그 외에 다음에 소개되는 주제들에 대한 연구도 있다.

- 자원봉사자, 선수들이 교육받은 스포츠 코치 그리고 특정 종목의 전문가에 의해 훈련받았을 때의 운동 수행 비교
- 코치의 다양한 훈련 프로그램 비교
- 장애인스포츠 코치들의 코치 자격증 개발
- 청소년 스포츠의 트레이닝 프로그램 개발
- 현재 코치들의 이력과 자료

장애인스포츠가 활성화되면서 코치들의 역할이 더욱 중요하게 되었다. DePauw와 Gavron(1991)은 장애인스포츠 코치 155명을 연구하여 다음과 같은 결론을 내렸다.

- 코치들의 71%가 20~40대였다.
- 코치들 가운데 장애가 있는 사람의 비율은 16%였다.
- 코치들의 85% 이상이 전문대졸 이상이었다.
- 많은 코치들이 장애가 있는 선수들을 코칭한 기간보다 장애가 없는 선수들을 코칭한 기간이 길었다.
- 코치들 중 훈련기술 워크숍에 참가한 코치가 75% 이상이었지만, 장애를 가진 선수들의 훈련을 위한 워크숍에 참가한 코치는 56%뿐이었다.
- 코치가 직접 코칭하는 시간은 스포츠 종목과 협회에 따라 다양하였다.
- 남자 코치가 여자 코치보다 더욱 많았다.

이러한 연구 결과로 볼 때 연습 장소가 확보되어야 하고 오랜 기간 동안 지도할 수 있도록 훈련 받은 코치가 더욱 필요하다는 것을 알 수 있었다. 워크숍이나 자격증 제도를 통한 훈련 강화 역시 필요하다. 선수가 코치 훈련을 받을 수 있도록 격려해야 한다. 청각장애스포츠에서 코칭의 중요성은 스포츠에 참여하게 된 동기가 대부분 코치와 선수가 만나면서 이루어졌다는 사실에서 잘 나타난다(Stewart, McCarthy, & Robinson, 1988).

> **주요 내용**
>
> 장애가 있는 선수들을 지도하는 코칭에 관한 연구는 아직 빈약하지만, 장애가 있는 선수들의 훈련을 명확하게 할 수 있는 더욱 많은 코치들이 필요하다.

운동생리학

Bhambhani(2001)은 현재까지 현저하게 나타난 운동생리학의 연구와 (인체의 조직, 근육 그리고 뼈의 운동 효과) 파랄림픽 스포츠에 관하여 연구하였는데, 현재까지의 결과들을 다음과 같이 기술하였다.

- 운동생리학 분야의 연구들은 파랄림픽 관련 연구들과 관련성이 적었다.
- 많은 코치들은 스포츠 연구에 기초하여 선수들의 전략을 수립하였다.
- 파랄림픽 스포츠와 관련한 충분한 연구가 없었다.
- 장애가 있는 선수들 중 여성에 대한 연구가 매우 부족하였다.
- 연구 설계, 기구, 실험 절차, 표본 크기, 더욱 명백한 논리를 설정하였다.

한 가지 분명한 사실은 운동생리학의 이해와 역할은 장애인스포츠의 발전을 위해서 필요하다는 것이다. 일반적으로 연구결과보다는 의문점이 더욱 많다. 장애가 있는 선수들의 운동에 대한 결과는 스포츠 선수들과 유사한 것으로 나타났다. 일반적으로 실질적인 차이점은 마비, 절단 혹은 마비된 사지의 골다공증과 심한 신체적 손상으로 인하여 사용되어지는 근육의 양이 일반 스포츠 선수들과 서로 다르다는데 있다. 또한 특정 장애(정신지체, 뇌성마비)와 관련된 이해력, 동기 혹은 기계적인 비효율성 등으로 인한 차이점도 있다(Shephard, 1990). 이러한 경우에는 생리학적인 기능이나 평가 기술의 차이점에 기인한 생리학적 반응이 명확하지 않다.

예상대로 휠체어 육상 선수들과 수영선수들의 최대 산소섭취량이 근력을 사용하는 경기에 참가하는 선수보다 훨씬 큰 것으로 나타났다. 일반적으로 휠체어 선수들은 신체활동을 통해 심박 수를 증가시킬 수 있다. 사지마비 장애가 있는 선수보다는 하지마비 장애가 있는 선수에게서 더 증가한다(Shephard, 1990).

장애인스포츠 선수들을 위한 훈련법에는 장애가 없는 선수들이 필요한 것만큼의 전략과 연습이 포함되어야 한다. 장애인스포츠 선수들은 운동 강도, 지속 시간, 빈도 등에도 영향을 받겠지만, 생리학적으로는 운동 효과를 충분히 얻을 수 있다(Burke et al., 1985; Cameron, Ward, & Wicks, 1978; Coutts, Rhodes, & McKenzie, 1983; Coutts & Steryn, 1987; Cowell, Squires, & Raven, 1986; Shephard, 1990). 실제 훈련 상황에서 신체의 위치, 반복 횟수, 세트 등을 바꾸거나 조절해야할 필요가 있을 수 있다. 의자의 방향을 뒤로만 바꿀 수 있는 선수들(중증 뇌성마비가 있는 선수들)에게는 방향을 바꿀 수 있는 훈련법도 매우 중요하다.

그 외에도 하지절단인 사람(Davis, Shephard, & Jackson, 1981; Ryser,

Erickson, & Calahan, 1988), 청각장애가 있는 사람(Lewis, Higam, & Cherry, 1985), 뇌성마비가 있는 사람(Birk et al., 1983, 1984; McCubbin & Shasby, 1985) 그리고 발달장애가 있는 사람(Rimmer & Kelly, 1991)에 대한 운동생리학 연구가 이루어지고 있다. 이러한 연구들은 일반화하기에는 근거가 부족하며, 실험대상의 수도 많지 않았다. 운동생리학 연구가 활발하게 이루어진다면 효과적인 훈련법을 찾는 코치와 선수들에게 도움이 될 것이다.

장애인스포츠 선수 코칭의 관한 일반 원리

장애가 있는 선수들의 코칭에서 필요한 기술은 장애가 없는 선수들의 코칭에 필요한 기술과 동일하다. 더군다나 코치는 선수들의 능력과 개인적인 차이를 이해하고, 선수들의 잠재적인 능력을 최대한 발휘할 수 있도록 지도해야 한다(Australian Coaching Council, 1989).

그림 8.1
배구코치인 Denise Van DeWalle가 선수들을 지도하고 있다.

장애인스포츠를 빛낸 인물

- 성명: Michael Teuber
- 국적: 독일
- 종목: 사이클
- 수상 경력
  - 세계사이클대회 챔피언(1998년 이후 9개 메달)
  - 추발 종목 선수
  - 유럽 사이클대회 기록보유자(9개 메달)

오토바이 사고로 인하여 하지 마비가 된 이 젊은 선수는 남은 인생을 위해 무엇인가 해야 되겠다고 결심하였다. Michael은 병원에서의 빠른 재활훈련을 통해 허벅지(대퇴)의 65% 기능을 회복하였다. 하지 근력과 보조 기능을 새롭게 회복한 그는 다시 자전거를 탈 수 있게 되었다. 아직 윈드서핑이나 스노보드를 탈 만큼 완전하지 않지만 1994년 도로 경주대회를 알게 된 이후 그는 도전하였다. 그는 자전거 가게를 운영하여 독립적인 사업가가 되기도 하였다. 그는 IPC 세계 챔피언과 유럽 챔피언이다. 그는 도로 경주, 추발 경주 그리고 추격 경주에서 많은 메달을 획득하였다. 그의 가족과 후원자들은 그를 위하여 많은 도움을 주었다. 그들의 후원은 돈으로 환산할 수 없는 매우 귀중한 것이었다. 그는 재활의 방법으로 고통을 이겨내며 산악자전거를 탔다. 그에게 휴식은 곧 역사이다. 그리고 지금도 그의 자전거와 사업, 인생에서 성공을 다시 만들어 가고 있다.

어떤 선수들에게는 신체적 활동, 협력 운동 그리고 체력 향상이 최소화되어 있다. 더군다나 주된 문제는 선수들이 어린 시절부터 기초적인 기술을 훈련받을 기회와 스포츠 경험이 매우 제한되어 있다는 것이다 (Gavron, 1999). 그들의 제한된 참가는 자신감 정도, 흥미 그리고 동기에 영향을 준다(Australian Coaching Council, 1989; Kristen, Patriksson, & Fridlund, 2003; Sherrill, 1997).

체력 훈련은 선수들의 모든 능력을 유용하게 만들 수 있다. Robert D. Steadward Centre(Canada)의 연구자들은 특정 휠체어를 사용하는 사람들을 위한 유산소 운동, 근력 운동 그리고 유연성 운동에 관한 내용이 담긴 세 권의 시리즈 소책자를 발간하였으며(예를 들면 Walsh, Holland, & Steadward, 1985), 호주 체육 위원회에서는 코치들과 선수들에게 유용한 여러 가지 소책자와 유용한 정보들을 발간하였다(예: Give It a Go, 2001; Willing & Able series, 1989-1993). 스포츠 지도테이프와 같은 훈련 비디오 역시 유용하다. 대부분의 체력 훈련 활동은 선수들 개인이 스포츠에서 적용시킬 수 있는 것들이다. 따라서 Sports 'n Spokes와 Palaestra같은 책들은 다양한 선수들의 훈련 전략을 수립하는데 도움을 주는 책들이다. 척수손상이 있는 선수들의 이동을 위해 암 에르고미터, 휠체어 에르고미터, 휠체어 롤러, 변형된 트레드밀 그리고 다목적 중량 운동기계 등 특별한 장비를 사용하여 필요한 체력 훈련을 가능하게 해주는 훈련 방법의 고안이 가능하다(Paciorek & Jones, 1989). Sports 'n Spokes와 Palaestra에서 채택된 목록들이 대부분인 이런 소책자와 비디오들은 장애인스포츠 조직, 지역 스포츠 및 레크리에이션 조직 혹은 공립학교에서 유용하게 사용할 수 있다. 다양한 자료들은 국가별 장애인 스포츠 웹 사이트에서도 찾을 수 있다(www.ncpad.org.).

전 세계적으로도 여러 가지 유용한 훈련 정보들이 과학 저널, 체력 잡지, 재활 저널 그리고 학술논문집에 실려 있다. 선수들과 코치들은 첨단화된 훈련과 실제 경쟁에서 살아남기 위하여 이러한 자원들을 적용하고 활용하는 양이 점점 증가하고 있다. 인터넷을 활용한 훈련 방법의 정보 교환은 더욱 증가하고 있다. Ellery와 Forbus(1999)는 현장에서 코치들이 적용하는 방법으로 listserves, news groups, e-mail 등의 다양한 방법이 있다고 설명하였다. 코칭의 일반적인 개념은 장애가 있는 선수들에게 적용된다. 장애가 없는 사람을 위한 몇 가지 코칭 개념들은 특별한 요구나 관련성에 주의가 필요하다(Active Living Alliance for Canadians with a Disability, 1994; Australian Coaching Council, 1989; Australian Sports Commission, 2001; Bremner & Goodman, 1992; Hockey & Goodman, 1992; Nunn, 1991).

- 장애가 있는 선수들은 장애보다 사람이 우선임을 이해해야 한다.
- 선수들의 장애 수준과 성격에 대한 지식이 있어야 한다.
- 선수 개인의 실제 목적과 목표를 도와줄 수 있어야 한다.
- 선수들에게 신체활동의 실행 방법에 정보를 제공한다.
- 기술 개발을 위하여 노력해야 한다.
- 선수들의 요구를 도와주어야 하지만 그들에게 숨이 막힐 정도로 너무 압도적이지는 않아야 한다. 그들을 도와 줄 수 있도록 최선을 다해야 한다.
- 활동에 필요한 규칙을 수정해야 하지만 본질이 바뀌어서는 안 된다.
- 일관성 있고 신뢰성 있는 피드백을 제공해주어야 한다.
- 선수들과의 의사소통을 자유롭게 할 수 있어야 한다.
- 선수들이 위험, 성공 그리고 실패를 경험할 수 있도록 해야 한다. 결코 그들을 보호해서는 안 된다.
- 선수들이 할 수 있는 것에 주목해야 하며 그들을 과소평가해서는 안 된다.
- 선수들을 지도할 때 선수와 코치의 비율이 적절하도록 소규모 집단별 지도를 해야 한다.

- 선수들의 능력과 개성이 부합될 수 있는 방법을 찾아야 한다.
- 선수들의 운동 수행을 미리 예측하거나 제한하지 않도록 지도해야 한다.

 선수들을 지도할 때 고려해야 할 또 다른 사항은 운동 수행 시 환경적인 요인들을 고려해야 한다. Rich(1990)는 고려해야 할 환경을 다음과 같이 나열하였다.

- **소음:** 소음으로 인하여 선수들의 주의력이 흐트러지지 않도록 해야 한다. 소음은 선수들의 운동 수행에 영향을 주기 때문이다. 그러나 소음은 때때로 연습 분위기를 만들고, 경주 시 방향을 설정하거나 목표물의 위치를 알려주는데 도움이 되기도 한다.
- **조명:** 조명은 체육관과 야외 경기장에서 선을 쉽게 식별할 수 있도록 하는데 매우 중요하다. 어떤 선수들은 너무 강렬한 조명으로 인하여 지나친 자극을 받기도 한다. 이러한 요인들로 인하여(너무 강렬한 조명) 훈련 과제의 집중력이 흐려지거나 활동과다를 초래할 수 있다. 마찬가지로 너무 어두운 조명으로 인해 훈련 효과가 떨어질 수 있다.
- **온도:** 선수들에게 있어서 기후는 체육관과 야외 경기장의 중요한 환경적 요인이다. 서늘한 환경은 너무 덥거나 습한 것보다 바람직하다. 선수들은 덥고 습한 곳에서 활동하는 것을 싫어한다. 덥고 습한 기후는 또한 선수들을 일찍 지치게 한다.
- **환경:** 훈련 환경은 최적의 연습 효과를 만들 수 있다. 장비의 크기와 색상은 매우 중요한 요인이다. 색상은 시각적으로 얼마간의 목표를 볼 수 있도록 해주며 크기와 더불어 운동 수행의 성공을 가능하

게 해준다. 방해물이 없는 환경은 또한 연습을 조직화할 때 고려해야 하는 중요한 문제이다.

Gavron(1991)은 코치들이 선수들과 함께 현장에 있을 때 선수의 개인적인 사항들을 인식하고 있어야 한다고 했다. 본능, 가치 그리고 여러 종류의 약물에 대한 상식이 필요하다. 어떤 약물은 운동에 영향을 주기도 한다. 가령, 당뇨병이 있는 선수의 경우 대회에 참가할 때 인슐린의 양을 조절해야 한다. 햇빛이 항생제에 영향을 주어 심각한 반응이 나타날 수도 있기 때문이다. 이러한 이유로 정확한 의학적 기록을 유지해야 하며 약물로 인한 선수 개인의 건강과 안전을 중요한 것으로 여겨야 한다. 선수들의 식습관 또한 코치들에게 중요하다. 음식의 양을 조절하는 것이 운동 수행에 중요한 요인으로 작용한다. 식사를 하지 않으면 저혈당이 되거나 기절하는 일이 발생하기도 한다. 소량의 식사는 근력, 지구력, 협응력 저하 등의 좋지 않은 영향을 주기도 한다. 체중조절이 필요한 종목들은(체조, 수영, 레슬링) 음식을 많이 먹지 않도록 해야 한다.

장애에 따른 독특한 전략

장애가 있는 선수들이 운동을 할 때 종목의 특성과 장애에 기인하여 코칭 전략을 다르게 세워야 한다. 선수들의 장애와 관련한 운동수행의 중요성을 고려한 독특한 전략이 중요하다. 코치 기술은 다양한 가능성을 발견할 수 있는 특별한 종목과 여가 활동을 위한 것이어야 한다. 스페셜올림픽에서는 스포츠 종목별 코칭 매뉴얼이 개발되었다. 장애인스포츠 집단은 코치와 선수들을 위한 구체적인 정보를 제공해야 한다.

다음에 소개할 내용은 장애 유형별로 수정한 것들이다. 코칭 기술과 훈련 전략은 장애가 없는 선수들에게도 사용한 훈련 기초에서 필요한 부분을 수정한 것이다. 앞으로 선수들은 효과적인 훈련 지식을 통해 직접 알게 된 것들을 참고해야 한다.

정신지체/발달장애가 있는 사람

정신지체가 있는 사람들에게는 비록 인지적 장애가 있지만, 운동 수행의 가능성을 보이고 있다. 사실 정신지체 판정을 받은 사람들은 복잡한 것을 할 수 없으나, 생리학적으로 보았을 때에는 특별한 제한이 없다. 이런 까닭에 그들은 신체적인 잠재능력 면에서 장애가 없는 사람들과 동일하다. 어쨌든, 제한된 인지력과 단순성으로 인하여 그들에게 운동을 지도할 때에는 다음 사항들을 고려해야 한다(Gavron, 1991; Shephard, 1990).

- 환축추가 불안정한 다운증후군이 있는 사람들은 스포츠 프로그램의 참가 여부를 확인해야 한다. 이러한 경우 머리와 목 부위의 압력이 가해지는 활동을 배제해야 한다.
- 과제를 숙달하려고 하면 반복 훈련을 시켜야 한다. 연습 형태, 기술이나 연속적인 기술은 반복시켜야만 한다.
- 운동을 지도한 후 반응하는데 5~10초 이상이 소요된다. 가끔 정신지체가 있는 사람들을 지나치게 몰아세우는 경우가 있다. 다운증후군은 인지적 기능에 제한을 받기 때문에 장애가 없는 사람들이 운동 수행의 정보를 인식하고 반응하는데 필요한 시간 보다 더 많은 시간이 소요되기 때문이다.
- 시범과 조작은 지도 기술 중 가장 효과적인 방법이다. 동작을 실시

할 때 운동학적인 피드백을 제공하는 등 신체적인 도움을 주어야 한다.
- 복잡한 과제보다 단순한 과제를 사용한다.
- 목표에 도달할 수 있도록 훈련 과제를 나누어 실시한다.
- 그들의 행동을 관리해야 한다.
- 다운증후군이 있는 사람들은 열과 습도에 민감하다.

학습 장애

학습장애가 있는 사람들을 지도할 때에는 다음의 사항들을 고려해야 한다.

- 지도할 때에는 짧고 간결해야 한다.
- 높은 강도의 운동을 할 때에는 자주 쉬어야 한다.
- 시각, 청각 혹은 복합성을 고려하여 최적의 학습 경로를 제공해야 한다.
- 적절한 행동 관리 기술과 전략을 필요할 때마다 사용해야 한다.
- 연습 경로와 구조를 제공해야 한다.
- 윽박지르지 않는 연습 환경을 제공해야 한다.
- 필요한 경우 균형, 편향(laterality), 방향성(directionality), 협응성 등을 발달시켜야 한다.

감각 장애

시각장애나 청각장애가 있는 사람들은 매우 높은 기술을 개발할 수 있다. 시·청각 장애가 있는 사람들은 감각운동을 통합하는 기능 중 기능이 비효율적이거나 일부 기능을 하지 못하는 것이다. 감각 장애가 있는 사람들은 생리학적 장애가 없는 사람들과 대등한 기술과 근력을 발달시킬 수 있다. 이들은 미국 올림픽 대표 팀의 일원으로서 수영, 양궁 그리고 육상 트랙 경기에 참가하기도 하였다. 청각장애가 있는 선수들을 지도할 경우에는 다음의 사항들을 고려해야 한다(Adams & McCubbin, 1991; Gavron, 1991; Shepard, 1990).

- 대회에 참가하는 모든 사람들을 위하여 경기장의 크기나 달리기 코스 혹은 위치를 그림으로 제공해야 한다.
- 그림, 포스터, 거울 그리고 비디오테이프 등을 기술 개발에 이용한다.
- 기능적인 신호 기술을 개발한다.
- 독화(입술모양을 보고 말을 이해하는 것)하는 사람들을 위하여 코치의 얼굴을 볼 수 있도록 해야 한다.
- 먼 곳에서도 효율적으로 지도할 수 있는 수신호를 개발해야 한다 (Australian Sports Commisiion, 2001; Sherill, 2001a).
- 청각장애 인하여 내이에 위치한 균형 메커니즘이 손상된 경우가 있으므로 운동 수행을 할 때 주로 균형감을 개선하도록 해야 한다.

시각장애가 있는 선수들을 지도할 경우에는 다음의 사항들을 고려해야 한다.

- 트랙 경기와 스키 활강인 경우 경기하는 장소를 미리 돌아보게 한다.
- 방향에 대한 두려움을 줄이기 위하여 목소리, 나무 방울 혹은 자동 방향 감지기 등을 사용한다.

- 높이뛰기, 멀리뛰기, 도약 경기 등에 참가하는 선수들에게는 걸음걸이를 미리 세어보는 것이 매우 중요하다.
- 트랙과 필드 경기, 경주 경기에서는 줄이나 보조자를 이용한다.
- 심폐지구력과 근력을 향상시켜야 한다.
- 선수들이 사용하는 장비의 모양, 크기, 재질 등을 알 수 있도록 한다.
- 기술 지도를 할 때에는 카세트를 이용한다.

지체장애

지체장애가 있는 선수들은 다양한 신체적 능력에 따라 운동 지속시간, 빈도 그리고 수준을 조절해야 한다. 척추의 외상이 있는 척수손상이 있는 사람들은 아직 그들의 능력만큼 기능을 하지 못한다. 그들의 기능은 뇌성마비가 있는 사람들과 동일하다. 비록 연구를 통하여 기능 수준에 관한 개념들이 제공되었으나 운동수행수준은 사실 개인적인 기능의 문제이다. 보행할 수 있는 신체장애가 있는 사람들을 위해서는 아래 사항들을 고려해야 한다(Australian Sports Commission, 2001; Gavron, 1991; Shephard, 1990; Sherrill, 2001a).

- 필요한 경우 활동하는 실내·외에서 보조를 해준다.
- 가장 효율적인 운동 수행에 필요한 위치로 수정해주어야 한다.
- 절단이 있는 사람과 클러치를 사용하는 사람들은 상체를 가장 중점적으로 사용하여 움직일 수 있도록 한다.
- 절단이 있거나 클러치를 사용하는 사람들이 달릴 때 안전하게 넘어지는 방법을 가르쳐야 한다.
- 힘을 발휘하는 동작을 할 수 있도록 개발해야 한다.

장애인스포츠를 빛낸 인물

- 성명: Roman Musil
- 국적: 체코
- 종목: 육상(포환, 창, 원반)과 사이클
- 수상 경력
  - 2000년 Sydney 파랄림픽 사이클 경기 금메달(1,500m)
  - 2000년 Sydney 파랄림픽 원반던지기 은메달, 사이클 도로경주 동메달

　뇌성마비가 있는 Roman Musil은 어릴 때부터 스포츠 활동에 참여하였다. 그는 일주일에 6번 가족들과 가까운 친구들의 도움으로 운동을 하였다. 그는 어릴 때 온천에 자주 갔으며, 스포츠클럽 활동에 참여하였다. Roman은 '스포츠에 참여하면서 나는 점점 더 좋아졌으며 스포츠는 나에게 꼭 맞는 것입니다.'라고 하였다. 그의 경기 참가 결과가 이를 대변해주고 있다. 지난 2000년 Sydney 파랄림픽대회에서 그는 1,500m 사이클 경기에서 금메달을, 원반던지기에서는 은메달을 그리고 사이클 도로 경주에서는 동메달을 획득하였다. 그는 스포츠에 대하여 '주저하지 말고 빨리 시작하라'면서 주위 사람들에게 적극적으로 권장하고 있다. 장애가 있는 선수들을 지도할 때에는 장애와 스포츠에서 대한 지식이 모두 필요하다. 지도할 때 다양한 전략도 중요하지만 선수들에게 알맞은 전략을 개발하는 것이 더욱 중요하다.

　휠체어를 사용하는 사람들이 참가하는 대회에는 다음을 고려해야 한다.

- 활동을 위하여 휠체어의 형태를 교정하도록 한다.

- 휠체어를 안정적으로 조작할 수 있도록 변형해야 한다.
- 휠체어의 안정을 위해 적절하게 고정하는 방법을 사용해야 한다.
- 근력, 동작 가동 범위 그리고 중심을 잡을 수 있는 운동 등을 개발한다.
- 근육의 기능에 따라 근육의 활동 위치가 변하는 것을 이해해야 한다(휠체어를 뒤로 미는 뇌성마비가 있는 사람들의 경우).

> **주요 내용**
>
> 운동 수행을 위한 코칭은 선수들의 자질과 활동에 적합한 수준에서 이루어져야 한다.

맺음말

　유능한 코치들은 선수들의 운동 수행을 개선하도록 끊임없이 노력한다. 스포츠의 지식과 장애에 의한 적절한 적용은 성공의 필수적인 요소이다. 이론과 실제의 지속적이고 조직적인 연구 개발을 하도록 노력해야 하며, 운동 수행을 보다 향상시켜 좋은 성과를 거둘 수 있도록 하는 것이 매우 중요하다.

제9장

스포츠 의학과 트레이닝

목표
- 스포츠에서 장애 유무에 따른 의료적 처치, 상해 및 예방의 유사성과 차이점에 대한 학습이해

주요 내용
- 스포츠 의학
- 스포츠 의학과 장애인스포츠
- 상해, 발생률, 관리 및 예방
- 처치 시 고려사항
- 트레이닝
- 운동 시 고려사항

1996년 Atlanta, 2000년 Sydney, 2002년 Salt Lake City 등의 파랄림픽은 경기력, 방송 시청, 관중의 흥미 면 등에서 감동적이고 더 없는 멋진 장관을 연출하였다. Atlanta 파랄림픽 대회에는 103개국 3,100명, Sydney 파랄림픽 대회에서는 123개국 3,843명의 선수가 참가하였다(Paralympic Games, 2001).

Sydney 파랄림픽 대회에서는 참가 선수가 증가한 가운데 300개 이상의 세계 기록 및 파랄림픽 대회신기록이 작성되었다. 미국의 Jason Wening(양하지 절단)은 수영 400m 자유형 경기에서 3개의 금메달을 획득하였으며, Jean Driscoll(휠체어 부분)은 여자 1,500m 경기에서 3분 48초 65로 2위를 하였다(1위는 3분 48초 52를 기록한 호주의 Louise Sauvage였다). 한쪽 하지가 절단된 Marlon Shirleys는 육상 남자 100m 경기에서 11초 09로 세계 신기록을 세웠고, 뇌성마비가 있는 Ross Davis는 남자 휠체어 100m 경기에서 16초 38의 파랄림픽 대회신기록을 수립하였다.

새로운 경기 대회마다 장애가 있는 선수들의 최고 기능이 지속적으로 향상되고 있으며, 2004년 Athens 파랄림픽에서는 이전의 대회들보다 우수한 대회로 평가되었다. Athens 파랄림픽 대회조직위원회는 130개국에서 4,000여명의 선수, 2,000여명의 경기 임원, 1,000여명의 기술 임원들을 초청하였고, 15,000명의 자원봉사자를 운영하였다(Paralympic Games, 2001). 이러한 후원 인력들 중 선수 보호와 상해 치료를 위해 활동하는 스포츠 의학 팀원들이 구성되어 있었다.

파랄림픽 대회에서 나타난 선수들의 경기력 향상 요인으로는, 장애 있는 선수들의 체계적인 트레이닝과 스포츠 의학을 지적하고 있다. 따라서 이 장에서는 장애 있는 선수들의 트레이닝에 활용할 수 있도록 스포츠 의학과 관련된 정보를 제공하고자 한다. 이 장에서는 스포츠 의학과 관련된 "최상의 방법"을 제공하기보다는 일반적인 정보를 전달하려고 한다.

스포츠 의학

우리들은 무엇이 스포츠 의학이고, 스포츠 의학의 배경은 어떤 것인지 궁금증을 가져볼 필요가 있다. 역사적으로 볼 때, B.C. 1000~800년경에 치료적 운동(의료 체조)이 사용되었다는 기록이 있다(American Academy of Orthopedic Surgeons, 1991). 시간이 지나면서 스포츠에 대한 인기가 커짐에 따라, 전문가들은 스포츠 참가자들의 복지에 관심을 가지게 되었으며, 서비스를 보다 효과적으로 제공하는데 초점을 두고 있다. 학교 간(대교) 그리고 대학 간 스포츠 프로그램이 성행함에 따라, 운동지도사(athletic trainers)도 두각을 나타내게 되었다.

오늘날, 스포츠 의학이란 용어는 운동지도사(athletic trainers, AT), 내과의사, 물리치료사, 코치, 운동경기 관리자, 운동생리학자, 영양학자 등과 같은 전문가들의 서비스를 포함하는 내용이지만 그것에만 국한되지는 않는다. 스포츠 의학 전문가들은 상해 예방과 트레이닝 계획의 개발에도 관여한다. 그들의 역할에 관계없이 스포츠 의학 전문가들은 일반인 스포츠에 그 근본을 두고 있다.

스포츠 의학과 장애인스포츠

장애인스포츠와 관련하여 초기의 스포츠 의학에 대한 기록은 운동 상해에 초점을 맞추고 있다. 물리치료사인 Curtis(1981a, 1982b, 1982)는 운동생리학, 트레이닝, 스트레칭 운동, 운동 상해 등을 포함한 일련의 글들을 썼다. Curtis의 연구는 스포츠 의학 분야에서 장애가 있는 사람들을 위한 것으로 타 전문가들에게 기초를 제공하였다. 본질적으로 Curtis는 현상을 설명하였던 반면, 트레이너였던 Mangus(1987)는 선수를 감각 손상자와 신체 손상자로 구분하여 예방과 처치 측면에서 장애가 있는 선수들의 상해에 관하여 보고하였다.

아마도 스포츠 의학과 상해 관리와 관련된 가장 광범위한 연구는 Michael Ferrara 박사의 지휘 하에 미국 올림픽 재단(United States Olympic Foundation)이 후원한 장애가 있는 선수의 상해 등록(Athletes with Disabilities Injury Registry, ADIR)에 관한 연구 사업이었다. 이것은 교차설계 연구방법을 사용하여 장애가 있는 선수들의 상해 원인, 분포, 출현율 등을 밝힌 첫 연구였다. Ferrara의 작업은 1989년에 시작하여 1992년까지 지속되었다. ADIR은 상해의 종류와 발생율 등의 정보가 수집되고 분석된 광범위한 상해 관리체계이었다. 이 연구에서는 상해 위치(즉, 두부, 목, 손목 등), 상해 유형, 발생한 상해의 외관, 상해 시기(즉, 트레이닝 중 또는 경기 중), 상해에 기인한 시간 손실, 의료 후원자(즉, 의사, 트레이너, 치료사) 등에 대한 자료를 분석하였다. 여기에는 현재 미국휠체어스포츠협회(Wheelchair Sports, USA)라 불리는 척수손상자들을 대표하는 단체인 미국휠체어스포츠협회(NWAA), 미국시각장애경기연맹(USABA), 그리고 현재는 미국장애인스포츠연맹(NDSA)으로 일컬어지는 미국뇌성마비경기연맹(USCPPA) 등의 3대 주요 장애인스포츠 단체들이 ADIR에 참여하였었다. 상해에 대한 연구가 계속되고 있지만, 스포츠 의학 전문가들은 장애인스포츠 경기에서의 현장 경험을 쌓아가고 있다.

Davis 등(2001)은 주(state) 특수올림픽 선수권대회에 참가하는 선수들을 돌보고 있는 학생 트레이너의 인식에 대하여 보고하였다. 학생 트레이너가 활동하고 있다는 것은 장애인 스포츠에서 스포츠 의학 전문가들의 참여가 증가되었다는 것을 나타낸다.

Kowalski와 McCann(1991)은 1991년 New York에서 개최된 Victory Games에서 이용된 독특한 스포츠 의학 접근에 대하여 보고하였다.

NWAA: National Wheelchair Athletic Association
USABA: United States Association of Blind Athletes
NDSA: National Disability Sports Alliance
USCPPA: United States Cerebral Palsy Athletic Association

Michigan 주 Detroit의 헨리포드병원(Henry Ford Hospital)이 후원하는 이동 스포츠 의학 센터(mobile sports medicine center)를 경기장에 설치하였다. 트랙터로 끄는 이동 센터는 지구상에서 바퀴를 가진 가장 크고 넓은 운동 경기 스포츠 의학 시설로 알려져 있다. 이 센터에는 9명의 내과 의사, 17명의 트레이너, 12명의 물리치료사, 8명의 척추지압사, 14명의 간호사, 5명의 응급 의학 전문가 등의 직원이 근무하고 있었다. 이 전문가들은 1,200명 이상의 장애가 있는 선수들에게 의료 지원을 제공할 준비가 되어 있었다. 또 다른 이동 센터는 Connecticut주 New London에서 개최된 스포츠 경기에서 200명 이상의 선수들의 경기를 적극적으로 지원하였다(R. Davis, 개별 면담을 통하여 정보 얻음, 2003년 7월).

1991년의 특수올림픽 대회에서는 최신 정보수집기술을 이용하여 가장 광범위한 의료 관리체계 중의 하나를 실행하였다. 750명 이상의 의료 및 건강관리 인력들이 스포츠의학팀에서 자원봉사자로 활동하였다. 각 팀은 트레이너, 간호, 응급 처치, 응급 의학 전문가들 등을 포함하고 있었으며, 16가지 각기 다른 스포츠 경기 현장에서 6,000명 이상의 선수들을 치료하였다. 대형 레크리에이션 차량 내에 만들어진 17개의 이동 의료 센터들은 의학 정보를 전송하기 위해 무선 전화기, 유선 및 무선 팩스들을 갖추고 있었다. 특수올림픽 의료 관리자의 얘기로는 이제까지 어떤 특수올림픽이나 올림픽에서도 그러한 팩스 시스템이 사용된 적이 없었다고 하였다(1991년 7월 26일, 개별 면담에서).

> **주요 내용**
>
> 트레이닝과 스포츠 의학에 관심을 가지는 장애가 있는 선수들은 점차 많아지고 있다. 특히, 이러한 선수들의 수가 계속 증가하면서 스포츠 의학은 장애인스포츠에서 점점 더 중요해질 것이다.

상해, 발생률, 관리 및 예방

스포츠 의학은 관리와 예방 측면에서 장애인스포츠에 보다 활발히 관여하고 있지만 상해는 여전히 발생하고 있다. 여기에서는 상해 발생률과 유형들 그리고 트레이너나 기타 의료 관리자들을 위한 처치 시 고려사항들을 설명하였다.

운동 상해의 처치, 관리 및 예방은 서류로 기록되어야 하고 의사, 트레이너 또는 코치(또는 이들 중 한 명 이상의 전문가)들이 관여해야 한다. 역사적으로 볼 때, 의사, 트레이너, 물리치료사 등은 장애를 가진 선수들이 다쳤을 때 주의를 기울이지 않았었다. 다행스럽게도 의사와 트레이너의 경기 현장에 많이 참여함에 따라 장애가 있는 선수들에 대한 처치는 많이 좋아질 것이다.

Curtis(1982)는 가장 일반적인 휠체어 스포츠 상해 10가지를 보고하면서 모든 상해의 33%가 연조직(soft tissue)(즉, 염좌, 좌상, 긴장성 근육 손상, 건염, 활액낭염)으로 분류되었다고 지적하였다. 두 번째와 세 번째로 일반적인 상해들은 각각 물집과 열상(laceration)이었다. 육상 트랙 경기, 농구 및 도로 경주는 휠체어 선수의 상해 위험성이 높은 상위 3가지 스포츠 종목이었다. Curtis에 의하면, 연조직 상해는 도로 경주, 농구, 테니스 등에서 1순위이었다. Ferrara와 Davis(1990)의 연구는 특히 어깨 근육의 상해 발생률이 높다고 보고한 Curtis의 연구와 일치하였다.

Ferrara(1990)는 하지보다 상지에 만성적인 상해를 입을 가능성이 높다고 하였다. 모든 상해의 22%가 척수손상, 뇌성마비, 시각장애 선수들의 어깨에서 발생하며, 그 다음은 손과 손가락(10%)에서 발생하였다고 보고하였다. 또한 USCPAA(현재는 MDSA) 선수들은 NWAA(현재 Wheelchair Sports, USA)와 USABA 선수들보다 손과 손가락의 상해 발생률이

더 높다고 지적하였다. 이 상해에 대한 Ferrara의 분석 내용이 그림 9.1
에 제시되어 있다.

> **주요 내용**
>
> 스포츠 상해에 대한 자료들이 일정하게 수집되지 않고 있으므로 보다 정확한 정보를 수집해야 한다.

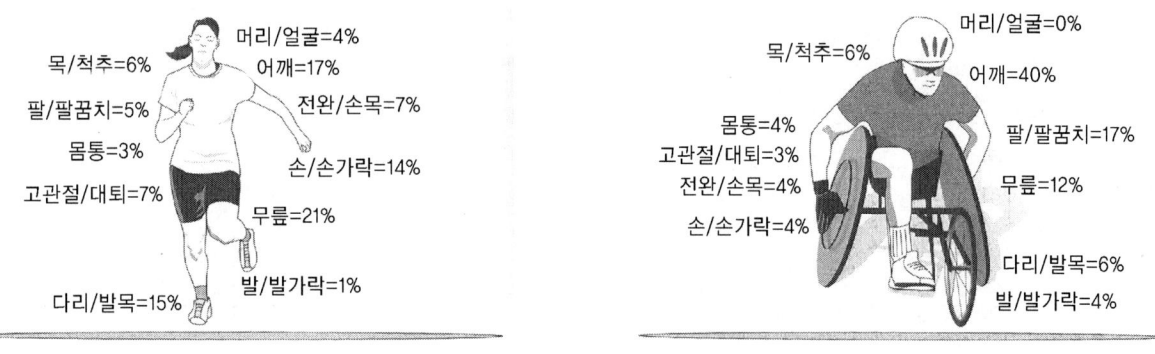

그림 9.1 (a) 미국뇌성마비경기연맹, (b) 미국휠체어경기연맹, (c) 미국시각장애경기연맹의 자료를 바탕으로한 선수들의 상해(Ferrara, 1990 자료에서 발췌)

처치 시 고려 사항

거의 예외 없이, 특정 유형의 상해에 대한 처치 절차들은 장애 유무에 관계없이 동일해야 한다. 좌상, 염좌, 열상, 타박상, 기타 상해 등은 감각 손상 또는 신체 손상이 있는 선수를 처치할 때 처치하는 사람에 따라 변해서는 안 된다. 그렇지만, 의사소통과 사후 관리는 중요하게 고려되어할 사항이다. 표 9.1은 가장 일반적인 일부 상해의 관리와 예방 방법을 정리한 것이다. 장애가 있는 선수들은 욕창이나 휠체어경주 시 손부상 등과 같은 몇 가지 독특한 문제들을 가지고 있지만, 차이들을 구별하

표 9.1 보호와 예방

상해/고려 사항	예방
연조직(soft tissue)	스트레칭 - 준비운동/정리운동 오래된 상해(부위)에 보호용 커버 사용
물집	손가락 테이핑 휠체어 사용자의 경우 보호용 커버(상완에 장갑이나 스타킹 등) 사용 신발을 자주 검사
찰과상/열상	오래된 상해 (부위)에 보호용 커버 사용
욕창(휠체어 사용자)	체중을 자주 옮김 수분을 흡수하는 의복 착용
치유 기간 증가	욕창성 궤양 - 의료비용의 25%에 해당하며, 치료에 많은 시간이 소요됨
체온 조절	T6 이상의 척수손상자는 변온성(poikilothermic, 신체가 외부 환경과 동일한 체온을 보이는 현상)을 보일 수 있으며, 적절한 의복 착용과 보호가 필수적
자율신경계 반사기능 항진	혈압이 증가하고 심박수가 감소할 것이다; 모든 척수손상자들은 경기 전에 방광을 비워야 함
환축추 불안정	다운증후군에서 발견되는 증상으로 진단을 위해 X-선 촬영이 필요하며; 다이빙과 텀블링 활동을 제한해야 함

는 것만큼 상해의 공통성과 장애가 없는 선수들의 처치에 주목하는 것이 중요하다.

상해 관리 및 사후 처치에 대하여 장애가 있는 선수들과 의사소통할 때에는 개인별 장애와 관련된 특별한 사항들을 참고할 필요가 있다. 감각이 손상된 선수들일지라도 보통 인지 능력은 정상적이다. 처치 절차와 사후 책임에 대하여 이해하고 있는 것이 문제가 아니라 승낙을 얻는 데 있다. 개인별 대응 방법으로는 정보를 효과적으로 전달하는 트레이너의 능력과 관계가 있다. 다르게 말하면, 지식을 전달하는 방법을 적절히 선택하는 것이 열쇠이다(예: 시각, 청각, 수화 등). Davis(2001)에 의하면 학생 트레이너에게는 선수와의 의사소통 문제가 큰 관심사항이었다고 하였다. 학생 트레이너들은 상해가 심각한 것을 쉽게 결정하지 못한다고 지적하였다. 몇몇 사람들은 상해에 대한 사정을 끝마치는데 어려움이 있다 보니 선수들을 이해할 수 없었다고 언급하였다.

아마도 의사소통만큼이나 또 다른 중요사항으로는 모든 상해의 특성, 원인과 처치를 문서로 상세히 기록하는 것이다. 선수들 각각에 대한 사항과 전반적인 일지를 기록함으로써 상해를 일으키는 양식들을 파악할 수 있으며, 차후 발생할 가능성이 있는 상해를 예방하는 데에도 도움이 될 수 있다.

청각 손상 선수

Mangus(1987)는 청각이 손상된 선수와 대화를 나눌 때에 고려해야 할 사항을 다음과 같이 제시하고 있다.

- 소리치지 말고 정상적인 음조로 선수에게 직접 말한다.
- 지나치게 빠르게 이야기하지 않는다. 이를 위해서 자신의 이야기 속

도를 확인한다. 선수가 지도자의 입술 움직임을 읽을 수도 있다는 것을 알아야 한다. 콧수염과 턱수염이 방해될 수도 있으므로 그럴 때는 면도를 한다.
- 선수는 생각하는 것보다 느리게 이야기할 것이며 이에 따라 시간이 더 필요하므로 의사소통 시 충분한 시간을 준다. 잘 참고 기다려야 한다.
- 필요한 경우 시각적으로 보여준다.

시각 손상 선수

Mangus(1987)는 시각이 손상된 선수와 의사소통 시 다음의 내용을 고려할 것을 제시하고 있다.

- 느낌과 촉각을 사용하여 활동해야 한다는 점을 깨달아야 한다.
- 촉감을 사용한다. 선수가 손상 받지 않은 부위를 느껴보고 손상 받은 부위와 비교해보도록 한다.
- 선수로 하여금 상해 평가 절차에 따라 손가락 움직임을 따라가 보도록 한다.
- 적절한 절차가 이루어지는지를 감독하면서 재활 운동을 사용하여 신체적으로 선수를 보조한다.

뇌성마비 선수

뇌성마비의 원인은 수의적 운동 제어에 영향을 미치는 신경학적 손상으로 설명된다. 즉, 신경계가 손상되고, 결과적으로 신호들을 근육으로 전달하는 능력도 손상되어 운동 발현 또는 움직임이 손상 받는다. Sherrill(2001a, 2001b)에 의하면, USCPAA(현재 NDSA)에 의해 보고된 선수들 중 22% 이하가 정신지체 관련 증상을 가지고 있다고 보고되고 있다. 그러므로 CP 선수들의 대부분은 정상적인 인지 능력을 가지고 있다. 그렇지만, 담화, 시각, 청각 등의 감각 양식 그리고 지각 결함 등이 더 크게 관련된다고 보고되고 있다. CP인들에게서 발견되는 이러한 관련 장애의 결과로서, 상해 처치와 사후 관리에 대하여 뇌성마비가 있는 사람들과 의사소통할 때에는 선수들의 인지 능력이 문제가 되지 않으며 오히려 관련 합병증의 영향(특히, 청력) 때문에 의사소통이 명확하지 않을 수도 있다.

CP 선수를 위한 상해 처치에 대한 의사소통 시 몇 가지 고려해야 할 사항들은 다음과 같다.

- 상해와 사후 처치와 관련된 단어판(word boards)이나 기타 시각 자료를 사용한다.
- 의사소통할 시간을 충분히 제공한다. 선수는 매우 느리게 말하기도 하고 그 내용을 이해하기도 어려울 수 있다. 그러나 의사소통을 할 경우 선수에게 충분한 시간을 주어야 한다.
- 바른 자세를 잡아주기 위해 스트랩이나 멜빵 등이 필요할 수 있으므로 얼음주머니/냉찜질용 도구를 갖춘다. 뇌성마비의 특성(경련성이나 무정위운동증)때문에 상해 부위에 처치를 하기 위해 선수가 근육 제어를 못할 수도 있다.
- 검사, 처치 및 사후처치 동안 주의하여 선수의 자세를 유지시켜 준다. 처치용 탁자 위에서 잘못된 자세를 취함으로써 비정상적인 반사 장력을 불러일으키고 그 결과 움직임을 방해할 것이다.
- 검사 동안에는 갑작스럽거나 반동을 주는 움직임을 피한다. 근장력 증가나 비정상적인 반사 반응을 피하기 위해 신체 부위들을 천천히 움직인다.

휠체어를 사용하는 선수

다음은 휠체어를 사용하는 선수를 위한 처치와 상해 관리에 관한 사항이다.

- 음료를 주기적으로 자주 먹도록 한다. 사지마비 선수들을 위해서는 스프레이나 시원한 수건을 준비하여 체온조절을 도와준다.
- 태양에 일정 시간 이상 노출되지 않도록 한다.
- 욕창에 대한 증상들을 평가한다.
  ① 피부를 자주 점검한다.
  ② 체중에 의해 눌리는 부위의 압박을 풀어준다(엉덩이를 가끔 들어준다).
  ③ 국소 감염을 소독 치료한다.
  ④ 욕창 부위의 청결을 유지하고, 치료 촉진을 위해 드레싱을 한다.
  ⑤ 적절한 영양과 위생을 유지한다.

아마도 욕창성 궤양은 휠체어 선수들에게 가장 문제가 되는 상해이다. 욕창은 한 자세를 오랫동안 유지할 때 발생하는데, 피부가 파괴되기 시작하여 감염이나 궤양을 일으킬 수 있다. 욕창성 궤양은 선수의 노력과 직접적으로 관련되지 않으며 트레이닝 이외의 다른 원인으로부터 야기되기도 하지만, 운동경기 수행능력에 영향을 미치기 때문에 관심을 가져야 한다. 휠체어를 사용하는 선수들은 매일 이 증상을 확인할 필요가 있다. 욕창은 몇 주 또는 수개월 동안 선수의 경기 준비와 트레이닝에 부정적으로 영향을 미칠 수 있으므로 꾸준히 확인하는 것이 반드시 필요하다. 피부 손상 증후가 있는 초기에 즉시 처치되어야 하며, 스포츠 의학 전문가의 관리를 받는 것이 중요하다.

지적 손상이 있는 선수

Platt(2001)는 인지적 손상이 있는 선수들과 의사소통할 때 고려해야 할 사항들을 다음과 같이 제시하고 있다.

- 정보를 간략화 하여 제공하는 방식으로 지도한다. 지도할 때에 시선을 마주하도록 한다.
- 선수에게 직접 명확히 말하고, 명료하면서 연령에 적합한 언어를 사용한다.
- 모든 언어 지시는 간결하고 명확해야 한다. 선수가 대화의 내용들을 확실히 이해했는지 반드시 검토해야 한다.
- 모든 운동 양식을 시범 보인 후, 선수로 하여금 움직임을 따라하게 한다.

전문가 교육

스포츠 의학 전문가들이 점차 장애인스포츠에 관여하고 있다는 것이 명백해지고 있지만, 무엇보다도 전문가 교육의 필요성이 대두되고 있다. 트레이너와 코치들은 다양한 장애의 병인과 관련된 교육을 받아야 한다. 현재 이루어지고 있는 전문가 준비과정이나 사전교육에서는 장애가 있는 선수에 관한 내용을 포함한 트레이너 준비 과정은 없는 상태이다. 장애인스포츠에서 경기 시 간호 및 예방과 관련된 교육과정은 사실상 존재하지 않는다. 1991년 New York에서 개최된 Victory Games의 장애인 선수의 코치와 지도자들을 대상으로 실시된 조사 결과, 전문가 교육이 그다지 많지 않다는 것으로 드러났다. 84명의 응답자 중 33%가 장애인스포츠에 대한 워크숍/교육 코스를 받았고, 63%는 장애인스포츠 워크숍/클리닉에 참가하였으며, 50%는 3년 이내에 장애인스포츠 관련 코칭 회의에 참가하였다고 진술하였다.

Davis 등(2001)의 연구에 의하면 학생 트레이너의 65% 이상이 장애인스포츠 관련 교육을 통해 장애가 있는 선수들(예를 들어, 특수올림픽 출전 선수들)과 함께 활동하는 것을 더 잘 준비하도록 해주었다고 언급하였다.

스포츠 의학 전문가들이 장애인스포츠에 지속적으로 관여하고 활동한다면, 스포츠와 장애에 대한 교육을 체계적으로 실시하는 것이 바람직하다. 그러므로 체육(신체운동학, 운동과학), 특수체육, 트레이너, 코칭 학위 과정 등의 상급교육과정에 스포츠의학과 관련된 교육과정을 포함시켜야 한다. 장애가 있는 사람들을 위한 스포츠와 관련된 교육과정 내에 코칭 교육 과정을 추가하도록 하는 것도 또 다른 방법이다. 대학의 평생교육 프로그램을 통한 집중적인 워크숍도 성공적일 것이다. 대학들이 선수들을 위한 운동 경기 프로그램들과 대회를 후원하는 반면(5장 참조), 국가 수준에서의 지원은 부족하다. 그래서 선수들을 위한 스포츠의학 프로그램도 부족하다.

역사적으로, 여러 대학들이 전문가 교육을 위해 매우 효과적인 방법으로 엘리트 트레이닝 캠프를 주최하였다. Ball 주립 대학교(Indiana 주 Muncie), Illinois대학교(Illinois 주 Champaign), Sacramento에 있는 California대학교는 각각 장애인 선수들을 위한 후원 트레이닝 캠프들을 가지고 있다. 서로 유사한 형태의 캠프와 클리닉에서 참가자들에게 스포츠 의학 및 운동 경기 준비와 관련된 보충 지식들을 얻을 수 있는 기회를 제공하였다. 캠프는 보통 교육, 트레이닝, 연구 요소 등을 포함하였다. 교육 주제들은 운동생리학, 생체 역학, 영양, 스포츠심리학, 대회 준비 등을 포함하고 있다. 연구 조사들은 유사한 주제 영역들을 다루고 있으며, 선수나 코치 또는 두 인적 자원 모두에게 자료 수집 후 피드백을 받는 시간을 최소화하도록 설계되었다. 이러한 캠프/클리닉들 중의 어느 것 하나라도 이용함으로써 장애인스포츠 관련 스포츠 의학 전문가의 직전 준비교육에 도움이 될 것이다.

새로운 스포츠 조직들이 장애인 선수들과 함께 일할 준비를 하는 코치들을 돕기 위해 설립되어 왔다. 미국특수체육프로그램협회(American Association of Adapted Sports Programs, AAASP)는 학교대항 장애인 경기대회를 위해 운영하는 단체로 인가받은 첫 조직이다. AAASP는 지체장애나 시각 장애가 있는 학생들의 운동 경기에 대한 관심을 반영해주는, 고등학교연맹(National Federation of High Schools)의 공식 산하단체이다. 이 협회는 휠체어농구의 코치 자격 취득 워크숍을 후원하고 있다. 코치들과 스포츠 의학 전문가들은 장애인스포츠에서 자신들의 전문 지식을 활용할 수 있는 적임자들이다.

> **주요 내용**
>
> 장애와 스포츠 지식을 가진 트레이너들이 보다 많이 필요하다.

트레이닝

여기에서는 대회 준비에 대해서 다루지만, 경기에 대비한 트레이닝을 자세히 설명하려는 것은 아니다(선수들의 코칭에 대해서는 8장 참조). 여기에서는 바람직한 트레이닝 프로그램의 구성을 다루고 여러 가지 트레이닝 원리들을 검토하며, 운동 시 고려해야 하는 특수한 내용들을 제시하고자 한다.

장애인스포츠를 빛낸 인물

- 성명: Rebecca Hart
- 출신지: 미국
- 종목: 마장마술
- 수상 경력
  - 2003년 World Dressage Championships(Belgium)의 미국팀 선수
  - 2003년 Bayer/USET Festival of Championships - 은·동메달 획득
  - 2002년, 2001년 Bayer/USET Festival of Champions 입상
  - 2000년 UPHA Exceptional Challenge Cup의 국내 챔피언
  - 2001년 독일 Warendorf의 마장마술 연구 장학금 수혜

"마장마술은 내 열정이며... 내 말과 함께 하는 트레이닝이며 협력입니다. 그리고 (내가 사랑하는) 나의 신체적 한계들을 부분적으로 해방시켜 줍니다."

경련성 하반신 마비(평형성이 부족하고 손목이 아래로 굴곡되어 운동 기능에 제약을 받는 증상을 보임)가 있는 18세 젊은이로 약 10세부터 말을 타기 시작하였다. 그녀의 가족은 Indiana와 Pennsylvania에서 그녀를 코치하면서 큰 영향을 미쳤다. 첫 번째 말인 Seaweed로부터 현재 타고 있는 Mr. Bingley(a.k.a. Beckon), Miss Jane 그리고 Lord Hobbit과의 트레이닝을 통하여, 이 젊은 선수는 이미 숙련된 선수가 되어있다. 그녀는 "마장 마술은 나의 열정이예요. 어린 나이에 이것을 발견한 것은 매우 큰 행운이라고 생각해요. 경쟁하는 것을 좋아하지만, 이것은 내 말과 우정을 키우는 트레이닝이고 우정의 발전 과정이며, 내가 사랑하는 나의 신체적 제약으로부터 부분적으로 해방되는 시간이기도 합니다."라고 진술하였다. 그녀는 장애가 있는 어린이들에게 "자신이 하고 싶어 하는 것을 찾고, 자기 자신에게 믿음을 가지며, 가능한 최상의 트레이닝을 하고, 장애가 있기 때문에 1급 트레이닝을 받기 어렵다고 세상 사람들이 이야기하도록 두지 말라"고 말하곤 한다. 장애가 없는 선수들과도 경쟁하는 그녀는 장애인 선수들의 업적에 대하여 사회의 재정지원과 인식 부족이 문제라고 생각한다. 그녀처럼 젊고 기민하며 자신감을 가진 사람들에게 장애인스포츠는 훌륭한 수단이다.

트레이닝의 요소

트레이닝의 생리학적 측면들을 고려하기 전에, 목표 설정을 통한 트레이닝 패러다임의 신체적 영역과 관련하여 무엇을 해야 하는지를 고려해야 한다. 목표 설정은 트레이닝 프로그램에 가장 지대한 영향을 미치는 요소이다. 목표를 설정하지 않은 상태에서 선수들은 트레이닝의 초점을 잃을 것이며, 점차 동기유발이 어려워질 것이고, 파지율도 낮아지게 된다. 다르게 표현하면, 선수는 실패와 후퇴할 가능성이 더 커진다.

목표 설정은 역동적이며 서로 영향을 미치는 과정이다. 코치와 선수는 모두 이 트레이닝 차원에 능동적으로 관여할 필요가 있다. 목표가 설정되면 트레이닝을 감독하는 것이 필요하다. 필요한 경우, 성취 가능하도록 목표를 변형(예: 목표 달성 기간을 연장하거나 단축시키는 방법)시킬 필요가 있다. 비현실적인 목표들이 설정되면 트레이닝 습관이 나빠지고 동기유발도 부족해질 것이다. "목표 설정은 선수로 하여금 자신의 통제 하에 있는 적절하고 획득 가능한 운동수행 목표에 초점을 맞추도록 돕는다. 반면 자신의 통제 밖에 있는 경기나 요소들에 처한 상황 또는 그러한 걱정으로부터 벗어나게 해주는 데에도 동시에 도움을 준다."(Hedrick, & Morse, 1991, p. 64).

포괄적인 목표 설정에는 행동 및 경기 수행 목표들이 포함되어야 한다. 목표 설정 시 트레이닝에 전념하는 수준, 이용 가능한 트레이닝 시간, 경기력 수준 등의 여러 가지 요소들을 고려해야 한다. 목표 설정은 단기, 중기, 장기 목표를 포함한 다차원적인 모양이어야 한다. 마지막으로, 코치, 트레이너 및 선수들은 목표에 도달하기 위해 함께 일해야 한다. 성공은 성공을 낳는다. 신체 트레이닝도 똑같이 중요하지만 목표를 설정하고 목표에 도달하기 위해서는 트레이닝 프로그램을 성공적으로 운영하여야 한다. 운동 경기에서의 수행이 근력, 순발력, 유연성, 지구력, 협응력(테크닉) 등의 생리학적 요인들에 의존한다면, 포괄적인 트레이닝 프로그램은 이러한 요인들을 포함해야 한다. 트레이닝 원칙들을 바탕으로 프로그램을 실시하게 될 것이지만, 최적의 수행을 위해서 선수는 이러한 기초 구성요소들을 조합할 수 있어야 한다. 이러한 트레이닝의 기초 요소들이 의미하는 바를 명확히 조작적으로 정의해 보면 다음과 같다.

- **근력(strength):** 저항에 대하여 힘을 발휘하는 능력
- **순발력(power):** 근육의 힘이 발휘되는 양. 무산소성 파워는 초단위로 측정될 수 있는 반면, 유산소성 파워는 5분 이상 지속되어야 함
- **유연성(flexibility):** 한 관절을 중심 이루어질 수 있는 최대 관절가동범위. 유연성은 기능적인 사지나 몸 전체의 자세에 따라 달라질 것이다.
- **지구력(endurance):** 장시간 동안 운동을 수행하는 능력. 지구력은 근지구력과 심폐지구력이 있으며, 이것은 각각 무산소성 지구력(단시간)과 유산소성 지구력(장시간)으로 간주될 수 있다.
- **협응력(coordination):** 타이밍, 정밀 정확성, 균형 등. 협응력은 자유투, 레이스 중에 곡선을 돌 때 뒤에서 달리기(사이클 경기에서와 마찬가지로, 앞쪽에 위치한 휠체어를 이용하여 바람의 저항을 피하는 것), 스타트 기술과 같은 트레이닝의 인지적(지각적) 요소들을 이용한다.

트레이닝의 원리

트레이닝의 원리는 모든 선수들에게 동일하게 적용된다. 트레이닝에 전념하는 정도, 이용 가능한 시간, 외적 책임, 장비의 이용 가능성 등에

기초하여 트레이닝을 조정해야 하는 것은 선수 개인이다. 트레이닝의 핵심은 빈도, 강도, 시간 등 3가지 구성 요소이다. 때때로, 트레이닝 형태가 고려될 필요가 있다. 트레이닝 형태는 선수가 사용하는 레이싱용 휠체어, 끈을 잡고 달리는 선수, 소리 장치 내장 기구들 등 특별한 장비에 따라 달라진다.

빈도(frequency)는 선수가 얼마나 자주 트레이닝 과부하를 적용하는지를 말한다. 직장 또는 학교의 시간계획, 시설 이용 가능성, 트레이닝 장소로 이동하거나 그곳으로부터 생기는 문제 등 여러 가지 요소들이 트레이닝의 빈도에 영향을 준다. 또 다른 고려 사항으로 트레이닝 장소까지의 거리와 시설의 접근가능성이 있다. 빈도는 또한 선수의 동기유발 수준과도 관계가 있으며 후원 시스템 - 친구, 트레이닝 파트너, 수송, 코칭, 재정지원 포함 - 이 없을 때 변동될 것이다.

강도(intensity)는 얼마나 힘들게 운동하느냐 하는 것(일정 시간 이상 활동 에너지의 정해진 양으로 트레이닝 하는 것)이다. 예를 들어, 웨이트 트레이닝을 하는 선수들은 경기를 고려하여 주당 3일 최대 강도의 85%로 트레이닝 할 것이며, 다음 2일 동안 70%까지 강도를 감소시킨 후, 하루 동안 90%까지 증가시킬 것이다. 이 유형의 트레이닝은 선수의 몸을 회복하는데 좋다. 달리기 선수들은 주당 4일 최대 심박수의 80~85%로 트레이닝 할 것이다. 일반 선수들처럼, 장애가 있는 선수들은 운동 강도의 척도로 심박수를 사용할 수 있다. 그렇지만, 선수들은 언제라도 약물을 처방받아 복용할 가능성이 있기 때문에 그 약물이 신체에 어떤 효과가 있는지 신중하게 확인해야 한다.

시간(duration)은 트레이닝 하는 시간의 길이를 말한다. 운동 시간은 특정 경기에 따라 일별, 주별 월별로 정해질 것이며, 지구력 선수들의 트레이닝 시간은 단거리 선수들과 다른 것이다. 체온 유지에 문제를 가지고 있는 장애가 있는 선수들은 운동 시간을 세밀히 점검할 필요가 있다. 예를 들어, 앉아서 스키를 타는 척수손상이 있는 선수는 장애가 없는 선수들보다 추위에 훨씬 더 민감하다.

트레이닝은 과부하의 원리와 특수성의 원리 등 2가지 주요 원리를 준수하여야 한다. 선수들은 과부하의 원리를 이용하여 신체의 여러 기관계(근골격계, 심혈관계, 호흡계 등)에 자극을 주어야 한다. 이 모든 기관계들은 정상 수준 이상으로 자극되는 상태 하에 있어야 한다. 운동의 빈도, 강도, 시간 요소를 다양하게 조합함으로써 과부하를 가져올 수 있을 것이다.

과부하의 원리만큼 중요한 것이 특수성의 원리이다. 특수성은 트레이닝 주기와 운동 경기 수행 능력을 결합시키는 것이며 최적 트레이닝에 필수적이다. 경주의 페이스, 위치 선정, 속도, 코너링과 출발 기술, 달리기의 초점을 레이스 초반 또는 후반에 둘 것인가 하는 전략과 관련된 요소들이 이 트레이닝 차원(특수성의 원리)에 포함되어야 한다. 아마도, 이 원리는 코치들이 많이 사용하는 요소이다. 코치는 트레이닝 주기(선수가 변화하는데 필요한 시간을 제공함) 동안 운동 수행 능력들을 지도하고 평가할 수 있다. 트레이닝 방법에 대해 모든 것을 알고 있음에도 불구하고, 장애가 있는 선수들을 위한 트레이닝 프로그램에 대한 자료를 문서화 한 것들은 매우 적다. 선수는 자신의 트레이닝을 문서로 기록할 필요가 있다. 다음은 선수들의 시즌 트레이닝 프로그램을 설계할 때에 필요한 사항이다. 이것은 Illinois 대학교의 Marty Morse가 제안한 트레이닝 기록 문서화 방법이다. Morse는 특정 대회를 목표로 하였을 때, 다음 4가지의 준비 기간을 권장하였다.

- **형성기(foundation period)**: 일반적 컨디셔닝, 장차 강도 높은 트레이닝을 위해 탄탄한 기초를 형성시키는 시기
- **준비기(preparation period)**: 스포츠와 관련된 트레이닝을 하는 시기로서 특정 스포츠 활동에 초점을 두는 시기
- **경기기(competition period)**: 연중 가장 높은 운동 수행을 가져오도록 하는 시기
- **이행기(transition period)**: 시즌의 종료, 활동적 휴식과 이완 시기로서 농구, 테니스, 수영 등으로 즐겁게 시간을 보냄

트레이닝과 체력에 관한 일반적인 지식

트레이닝에 관하여 문서로 기록하는 것이 중요하지만, 선수가 트레이닝과 체력에 대해 바람직한 지식 기초를 습득하게 하는 것도 성공의 열쇠이다. 선수들의 지식 개발을 돕기 위해, Sports 'n Spokes 잡지는 체력과 트레이닝에 대한 일련의 정규 연구 결과들을 제공하고 있다. 이 연구 결과들은 운동생리학, 체력 및 영양 분야의 일류 전문가들이 기고한 것이다. 현재 선수생활을 하고 있거나 과거에 선수였던 사람들도 시리즈에 자신들의 전문적 지식을 제공하고 있다. 표 9.2는 이 유형의 정보에 대한 몇 가지 특징적인 참고 문헌을 제시한 것이다.

트레이닝 프로그램은 개별적으로 설계되고 감독돼야 한다. 선수들은 자기 자신과 트레이닝에 대한 자신의 반응을 가능한 많이 알도록 노력해야 한다. 이러한 반응들을 인식하는 것을 학습하는 선수들은 그렇지 못한 선수들보다 성공적으로 트레이닝을 경험하고 있는 것이다. 트레이닝이 성공적으로 이루어지려면 특정 집단에 특수하게 적용해야 하는 사항들을 고려해야 한다.

장애인스포츠를 빛낸 인물

- 성명: Xavier Torres
- 출신지: Palma de Mallorca(스페인 Balearic 섬)
- 종목: 수영
- 수상 경력
  - 2002년 24시간, 58,800m 수영 세계 기록
  - 총 294회 국제 경기 참가
  - 2000년 Sydney 파랄림픽 메달리스트: 금 3 동 1 획득(세계 신기록 3개)
  - 1996년 Atlanta 파랄림픽 금, 은, 동메달리스트
  - 1992년 Barcelona 파랄림픽 금 1, 은 2, 동 3 획득
  - 국내·외적으로 활동하는 국제 장애인스포츠 활동가

    Xavier Torres는 선천성 사지 절단에도 불구하고 사나이 중에 사나이다운 모습을 보여주었다. 그의 수영 관련 업적, 수상, 공로표창은 페이지를 넘길 정도로 많다. 그는 1990년에 주니어 선수로 경기를 시작하였다. 그는 단거리와 장거리 수영 모두에서 매우 두드러진 성적을 내고 있으며, 삶에서도 성공적인 모습을 보여주고 있다. 그는 스포츠클럽 관리 전공의 체육 학위를 가지고 있다. 그가 관여하고 있는 장애인스포츠 영역은 매우 광범위하다. 예를 들어, 그는 파랄림픽의 수영선수이자 IPC의 수영선수 대표자(1996년 이후)이며, 스페인 장애인스포츠 협회(Spanish Federation of Sports for the Disabled)의 멤버로서 국내외에서 활동 중이다. 스페인 안에서는 Palma de Mallorca의 City Swimming Schools의 관리자; Balearic Association(약물 퇴치 운동을 벌임)의 멤버; 수영코치 등으로 활동하고 있다. 또한 여러 국내 및 외국의 TV 해설가로서 활동하였다. 그는 "장애인스포츠는 장애가 없는 사람들의 스포츠 다음이어야 한다. 아마도 동등한 위치에 있지는 못할 것이다. 그러나 우리는 동일한 협회 안에 있어야 한다."고 말한다. 그는 "호주, 영국, 캐나다 같은 일부 국가들에서는 장애가 있는 선수와 장애가 없는 선수들이 함께 활동하기 때문에, 장애인스포츠와 일반인의 스포츠를 구분하지 않는다."라고 말하면서 동경한다. 장애가 있는 젊은이로서, Xavier는 "젊은 사람이 자기 자신을 알고 가능성과 진가를 인식하고 노력하는 것이 가장 중요하다"고 언급한다. 그는 현재 자기 자신이 열망하며 되고자 했던 성공한 선수 그리고 사람이 되어 있다.

표 9.2 Sports 'n Spokes의 체력 관련 저널에서 제시된 연구 결과

범주	제목	저자	참고 문헌	요점
체력	Exercise is for Every Body	Brent Williams	2002년 6월 28(4)	National Center on Physical Activity and Disability의 운동 추천 사항들 소개
	Increasing Strength and Endurance	Peter Aufsesser와 Pegg Lasko-McCarthey	2002년 7월 28(5)	점증 저항 운동 강조. 하반신 마비, 사지 마비 그리고 다발성 경화증을 가진 사람들을 위한 운동 프로그램 소개
	Beating the Elements	Jim Yaggie	2005년 9월 28(6)	운동 중의 체온 조절과 자율 신경계의 효과들을 다룸
	Ergogenic Aids	Amy Culp와 Mark Kern	2003년 1월 29(1)	영양보조제(ergogenic aids) 대 인간공학 전망(ergonomic prospects) 논제 논의. 적절한 선택 지침들을 선수에게 제공
	Things to Remember	Peter Aufsesser	2003년 3월 29(2)	운동 프로그램 초기 단계에 대한 제안 사항 제공
트레이닝	Track Practice Plans	Martin Morse와 Adam Bleakney	2001년 9월 27(6)	일리노이 대학교의 육상의 "골격이 되는" 연습 계획 제공. 장비 준비, 트레이닝 장비 그리고 일일 계획 샘플 포함
	Circuit Training	Martin Morse와 Adam Bleakney	2002년 3월 28(2)	서키트 트레이닝 설정과 관련된 다음의 내용들을 다룸: 필수조건, 서키트 내의 변인들, 서키트 설계. 농구, quad rugby, 테니스, hand cycling, 트랙/로드 레이싱 등에 대한 스포츠 관련 특수한 근력 발달 방법 제공
	Powerlifting	Michael McDewitt	2002년 5월 28(3)	특수한 4일 웨이트 트레이닝 routine 제공. 척수 손상과 뇌성마비 선수들을 위한 고려 사항 언급
	Marathon Racing	Martin Morse와 Adam Bleakney	2002년 11월 28(7)	마라톤을 위한 휠체어 사용자 트레이닝에 대한 특별한 트레이닝 프로그램 제공 : 스타트, 안정상태(steady-state) 지구력, 스피드 지구력, 가속 순발력 그리고 스피드 유지
	The Well-known Secret	Martin Morse와 Adam Bleakney	2003년 5월 29(3)	휠체어 스포츠의 크로스 트레이닝으로 사용되는 5가지 기초 연습 제공: 파워 스타트와 정지, 뒤로 굴리기, 후방 파워 스타트와 정지, combo 파워 스타트와 정지

표 9.3 트레이닝 지침들

장애유형	요소	형태	변형 방법
척수 장애	유산소 운동	암 에르고미터 (arm ergometer)	주당 3~5일, session당 20~60분, 최고심박수의 50~80%; 사지 마비인 경우 인터벌 방식 사용
	근력 운동	웨이트 기계, 덤벨, 손목 중량	주당 2~4일, 8~12회 반복으로 2~3세트
근이양증	유산소 운동	사이클 운동, 조정 기계 일립티컬 트레이너	주당 4~6일, HRR의 50~80%, 목표: 20분 이하
	근력 운동	스트레칭	매일 실시; 스트레치 당 20초간 유지
다발성 경화증	유산소 운동	사이클 운동, 걷기, 수영	주당 3일, 최고심박수의 60~85%, 최고산소섭취량의 50~70%, session 당 30분
	근력 운동	웨이트 또는 등속성 기계, 체중이용	지구력 트레이닝 기간에는 근육 운동 피함; 약물 복용 시 모니터 필요; 늦은 시간(저녁 시간) 근육 감소 증상이 보이는지 확인
뇌성 마비	유산소 운동	Schwinn Air-Dyne, 휠체어 에르고미터	주당 3~5일, HRR의 40~85%, session 당 20~40분; 강도 이상으로 지속하는 시간 강조
	근력 운동	체중 이용이나 기계	주당 2일, 8~12회 반복으로 3세트, 견딜 수 있는 저항 사용

* HRR: 여유심박수(Heart Rate Reserve, 최대심박수-안정시 심박수로 계산함)

표 9.4 운동 금기 사항

장애유형	증상	금기 사항
다운증후군	환축추불안정	앞구르기, 머리가 아래로 떨어지는 동작, 머리가 먼저 입수하는 다이빙
척수 장애 (사지 마비)	체온 조절	과도한 열(생성), 스프레이나 젖은 수건 제공, 태양에 노출되지 않도록 함; 그늘에서 휴식
	혈액 저류	운동 종료 후에 하지에 수동적 관절가동범위 운동 실시
	손가락 구축	수동적 관절가동범위 운동 중에 손가락의 과신전 피함
척수 장애 (하지 마비) 절단 장애	Harrington 막대	회전과 트위스트 유형의 운동 피함
	피부 괴사	절주(절단해서 남은 사지 부분의 원위단, 기부)를 수시로 체크하여 피부 파괴 피함
	다리 길이	다리 길이가 달라지는 것을 피하기 위해 신발이 부착된 보장구 사용

운동 시 고려 사항

장애에 상관없이 모든 사람들은 어떤 형태의 운동 프로그램에 참여할 기회를 제공받아야 한다. ACSM의 운동 지침들은 표 9.3에, 금기 사항들은 표 9.4에 제시하였다. 개인에게 해로운 결과를 줄 수 있는 활동이나 운동은 금기사항이기 때문에 추천하지 않았다. 특정 운동, 스트레칭 또는 동작을 이용하지 말라는 지시 사항은 개인의 근력, 신체 컨디션, 장애의 특성과 심각성 등의 요소들을 고려하여 하여야 한다.

> **주요 내용**
>
> 때때로, 특정 장애의 독특한 특성은 트레이닝에 영향을 미칠 것이며, 상해 또는 의료적 중재의 필요성이 증가할 것이다.

맺음말

이 장에서 전달하려고 하는 메시지는 스포츠 의학 전문가가 일반 선수에게 필요한 것과 마찬가지로 장애인스포츠에도 필요하다는 것이다. 아마도 이것은 절단되었거나 척수 손상인 선수들의 탈수나 저체온증을 악화시킬 수 있는 증상의 영향 때문에 한층 더 그렇다. 스포츠 의학이 장애인스포츠에 참여하는 면에서 볼 때 머나먼 길을 걸어오고 있지만, 한층 더 참여하고 이 분야의 발전이 지속적으로 이루어져야 한다는 요구가 많다. 운동 수행에서 장애의 병인과 영향에 대한 내용들은 장애인스포츠에 관한 연수나 과정들 그리고 장애가 있는 선수들의 현장 경험들을 융합하는 노력들이 모두 이루어져야 한다. 또한, 장애인 선수들을 위한 트레이닝 접근법들과 전략들이 추가로 개발될 필요가 있다. 스포츠 의학 전문가들의 참여가 증가함으로써 선수들의 참살이와 스포츠 수행에 유익한 영향을 줄 수 있다.

제10장

스포츠 장비

|목표|
- 스포츠와 신체 활동 맥락에서 장애에 적합하게 변형한 장비의 역할과 기능에 대한 평가와 이해

|주요 내용|
- 기능 향상 장비
- 개인 장비
- 활동 관련 장비
- 환경 공학
- 스포츠 테크놀로지
- 장비에 관한 정보
- 장비 변형

장비는 모든 스포츠의 필수 부분으로 선수들뿐 아니라 레크리에이션으로 운동을 즐기는 사람들의 스포츠 참여에 영향을 주는 중요한 요소이다. 예를 들어, 수상 스키어는 수영복, 부유기구, 스키, 로프 2개, 모터보트, 연료인 휘발유 등을 사용한다. 승마에서는 말, 안장, 재갈, 고삐, 채찍, 승마용 부츠, 헬멧 등이 사용된다. 거의 장비가 필요하지 않을 것 같은 수영에서도 공학은 매우 중요하다. 레크리에이션으로 수영을 즐기는 사람들은 수영복, 수건, 수경, 코마개, 귀마개 또는 부유기구 등을 사용할 것이다. 수영 선수들은 이 모든 장비와 훈련에 사용하는 스타팅 블록, 킥보드, 구명용 부표 같은 기구가 추가로 필요하다. 그러나 신체기능에 제한이 있는 사람이 이러한 과학적으로 만들어진 장비의 사용 방법을 종종 간과하고 있는 것이다. 신체기능에 제한이 있는 누군가가 어떻게 보트에 타거나 내리고, 어떻게 말의 움직임에 따라 적응하며, 또는 이러한 기구들을 어떻게 사용할 것인가?

스포츠와 참가자의 목적이 레크리에이션이거나 경쟁을 위한 것이냐에 따라 장비의 용도와 정교함은 매우 다양하다. 걷기와 같은 스포츠는 비교적 정교하지 않은 장비(예를 들어, 신발과 옷)만 갖추면 가능하다. 반면, 테니스 같은 스포츠들은 특수한 유형의 장비(즉, 라켓, 공)가 필요하

그림 10.1
장비는 스쿠버 다이버의 생존에 필수적이다

다. 또한 많은 스포츠가 장비의 적절한 사용 여부에 따라 참가자의 안전과 생존까지도 달라진다(스쿠버다이빙, 패러세일링, 암벽 등반 등)(그림 10.1 참조). 또한 경쟁 스포츠 종목에 참여하는 선수들은 신체 움직임에 따라 감당해 낼 수 있어야만 한다.

기능 향상 장비

세계보건기구(WHO)는 장애 유무에 상관없이 모든 사람들의 기능을 (상세하게 확인하고) 범주화하는 방법으로 기능·장애·건강 분류기준(ICF)를 개발하였다(WHO, 2002). ICF에는 3가지 주요 범주가 있다.

ICF: International Classification of Functioning, Disability and Health

- 신체 기능과 구조(신체가 생리학적 해부학으로 수행할 수 있는 기능들)
- 활동과 참여(활동이나 기술을 수행할 수 있는 것과 이러한 기술들을 스포츠에 참여할 때 이용할 수 있는 방법)
- 환경과 맥락(개인에 대하여 외적 요인들의 영향)

새로운 ICF 모델은 특정 스포츠에 사용될 수 있는 장비의 주요 범주를 세밀히 제시하고 있다(Axelson, 1993; Longmuir, & Axelson, 1996).

- 개인 장비 - 개인이 필수적으로 착용하며, 신체 기능, 구조 또는 두 가지 모두를 향상시키도록 고안된 장비
- 활동 관련 장비(activity-specific equipment) - 특정 스포츠에 참가하거나 활동할 때 수행능력을 향상시키도록 고안된 장비

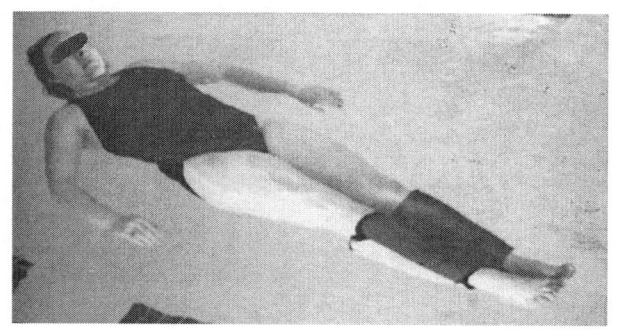

그림 10.2 네오프렌(neoprene)은 하지가 마비된 사람의 수중자세를 향상시킬 수 있다

- 환경 공학 - 스포츠를 실시하는 시설이나 환경을 변형하는데 사용되는 장비

대부분의 장애가 있는 사람들은 장애가 없는 사람들이 운동할 때 사용하는 것과 동일한 라켓, 공, 스키, 기타 장비 등을 사용한다. 그렇지만 장애로 변해버린 기능을 보상해 주기 위해 장비를 적절히 변형시키거나 특수한 장비를 사용할 수 있다. 예를 들어, 하지가 마비된 사람이 수영할 때에 양하지 주변을 네오프렌(neoprene)으로 감싸면 부력이 발생하여 물속에서 보다 효율적인 자세를 유지할 수 있다(그림 10.2).

개인 장비

개인 장비는 선수가 착용하는 물건 모두를 말하며, 몸의 일부로 간주된다. 장애가 있는 사람이 스포츠나 레크리에이션에 참가하는 동안에 사용할 수 있는 개인 장비의 예들은 다음과 같다.

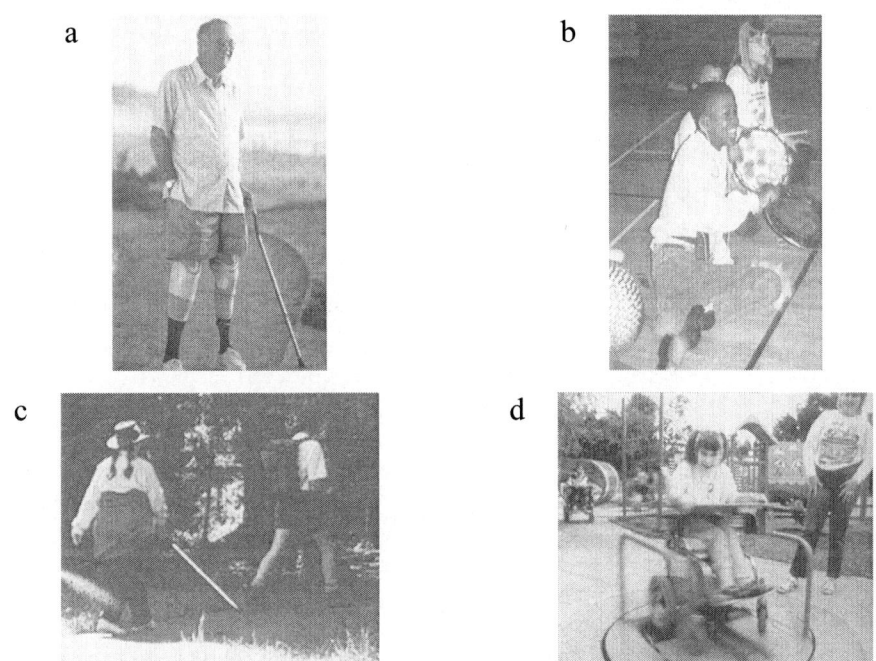

그림 10.3 (a) 보장구, (b) 청각보조기, (c) 안내용 지팡이, (d) symbol boards는 스포츠와 레크리에이션에 참가하는 동안에 개인이 사용할 수 있는 공학 장비들이다.

- 사지용 보장구, 휠체어, 목발, 지팡이, 보행보조기(walker)
- 청각보조기와 의사소통용 소리 확대 시스템
- 안경, 안내용 지팡이(navigation cane) 그리고 자외선 신호 감지기
- 기억 보조물과 상징판(symbol boards)(그림 10.3 참조)

활동 관련 장비

장애 있는 사람들의 참가가 가능한 모든 스포츠는 장비를 이용할 수

있다. 장비를 이용하는 것은 장비를 구매하거나 또 다른 방법으로 획득하든 그리고 장애인이 장비를 사용하든 사용하지 안하든 단지 스포츠나 레크리에이션 활동 유형에만 제한될 뿐이다.

활동 관련 장비는 장애가 있는 사람들의 레크리에이션 범위를 확대하도록 하며 스포츠 공학이 가장 크게 활용된 것이다. 공학을 가장 폭넓게 적용한 장비를 사용하는 사람들은 휠체어를 사용하거나 절단된 사람들이다(그림 10.4 참조). 현재까지는 새로운 레크리에이션 공학을 개발하기 위한 연구는 상이군경의 재활을 돕기 위한 것이 대부분이었다. 장애인스포츠의 대부라고 불리는 Ludwig Guttmann 경(3장 참고)은 제2차 세계대전에 참전하였던 영국 상이군인들의 재활에 운동과 레크리에이션을 접목하여 장애가 있는 사람들에게 스포츠와 레크리에이션 활동들을 제공한 최초의 인물로 널리 알려져 있다(Sherrill, 1993). 병원에서는 레크리에이션을 치료 수단으로 널리 이용하였지만 1940~50년대에는 스포츠가 오히려 독특한 방법이었다. 전쟁으로 인하여 절단되거나 척수손상

그림 10.4 공학을 적용한 장비를 사용하여 스포츠에 참가하고 있는 휠체어 사용선수

이 있는 사람이 많아졌기 때문에, 많은 나라에서 이러한 유형의 사람들의 기능을 향상시켜주기 위한 공학 개발을 후원하였다. 이에 따라 하키, 야구, 암벽등산 또는 수영 등을 할 수 있는 손의 역할을 하고, 스키, 골프, 스쿠버 다이빙, 달리기 등을 할 수 있는 다리 역할이 가능한 보장구를 다양하면서도 특수하게 제작하여 이용하고 있다. 휠체어 역시 도로 경주, 육상 트랙경기, 농구, 럭비, 골프, 댄스, 하이킹, 사이클링, 테니스 등과 같은 활동이 가능하도록 꾸준히 개발되어 선택의 폭이 넓어졌다. 보장구와 휠체어를 제외하더라도 장애가 있는 사람들의 스포츠 활동과 관련하여 공학을 여러 방면에 응용하려는 노력이 확대되고 있다.

- 스카이다이빙을 할 경우에는 호흡을 위해 호흡기가 필요한 사람은 변형된 호흡밸브가 부착된 산소통을 사용할 수 있다.
- 하지 마비인 사람들은 수동으로 조작할 수 있는 비포장도로용 또는 전천후 지형용 휠체어를 이용하여 바위가 많은 산에서도 이동할 수 있다.
- 정원에서 무릎을 꿇고 활동하는 것이 너무 어려운 사람들은 정원에서도 굴러가도록 제작된 도구들이나 핸들의 길이를 길게 만든 정원용 연장들을 사용할 수 있다.
- 자신의 음악을 작곡하길 원하지만 손이나 발을 움직일 수 없는 사람들은 머리에 착용하는 광 신호(컴퓨터에 연결됨)를 사용하여 작업할 수 있다.
- 한 팔만 있는 사람들이 낚시 받침대와 전기로 작동되는 릴을 사용하여 깊은 바다낚시를 할 수 있다.
- 전동 휠체어로 이동하는 사람들은 전동휠체어 축구와 플로어하키 같은 스포츠를 실시할 수 있다.

- 시각장애가 있는 사람들이 아이스하키를 할 경우에는 소리가 나는 퍽을 사용할 수 있다.
- 일어설 수 없지만 수상스키, 서핑, 아이스 스케이팅, 스노 스키 등을 원하는 사람들에게는 좌식 스키, 웨이브 스키, 아이스슬레이지 하키 또는 모노스키 등을 추천할 수 있다.
- 볼링용 변형 장비로는 위치를 알 수 있도록 소리를 발산하는 핀, 볼링 스틱 또는 손잡이가 있는 볼 등이 있다.
- 조정 보트(scull) 노 젓기, 카약, 카누 등을 위해 보트의 안정을 높여 주는 보조용 부유기(outrigger), 발이나 팔로 돌려 추진하는 장치(paddle wheel) 또는 한 팔을 사용하는 노 등이 있다.

스포츠 유형에 관계없이 장애가 있는 사람들은 이미 개발된 장비를 사용하고 있다. 가장 큰 문제는 그것이 가능한지 여부를 이해하는 것이 아니라 이미 이루어지고 있는 방법을 이해하는 것이다.

스포츠 공학을 이용한 스포츠 장비를 변형하려는 노력은 다수의 사람들을 대상으로 하는 것이 아니라 개인의 특성과 요구에 충족시키기 위한 것이기에 상업적으로 이용하기에는 어렵다. 그렇지만 새로운 장비 개발에 시간과 비용을 투자할 때 자신의 시행착오 과정에서 우연히 결과를 얻기보다는 문제 해결 테크놀로지를 제안하는 사람들로부터 학습하고자 하는 노력이 더 가치가 있다.

> **주요 내용**
> 다양한 스포츠와 활동들을 가능하게 하는 장비들이 대단히 많다.

환경 공학

환경 공학은 스포츠 시설 디자인에 이용된다. 체육관, 코트, 수영장, 운동장, 스키장의 슬로프 등은 스포츠와 레크리에이션을 가능하게 해주는 환경 공학의 예들이다. 환경 공학이 대부분의 스포츠와 레크리에이션 활동의 필수 요소이지만, 장애가 있는 사람들의 참여를 촉진하거나 제한하는 면에서 설계가 매우 중요하다는 점은 크게 인식되지 못하고 있다. 환경 공학은 체육관, 수영장, 운동장 등뿐 아니라 탈의실 및 라커룸, 코치 숙소, 휴게실, 치료실 등등까지도 포함한다는 점을 기억해 두는 것이 중요하다.

라커룸 안에 휠체어 사용자가 이동할 만한 공간이 있는가? 성별이 다른 성인 보조자(예를 들어, 남편을 돕는 아내, 10대의 딸을 돌보는 아버지, 남성 고객을 돕는 여성 서포터)가 필요한 사람이 사용할 수 있는 독립적인 공간이 확보되어 있는가? 응급 경보 및 정보 시스템에서 청각과 시각 형태의 정보를 제공하고 있는가? 장애가 있는 참가자들이 물이나 음료를 마시거나 운동 후에 샤워를 할 수 있는가? 참가하는데 잠재적 장벽이 되는 이 모든 것들이 환경 공학을 사용함으로써 쉽게 제거될 수 있는가? 가장 넓은 범위의 잠재적 사용자의 요구를 충족시키도록 설계되는 보편적 디자인의 철학은 모든 스포츠와 레크리에이션 환경이 만들어질 수 있다는 점에 기초를 두어야 한다. 다음은 보편적 디자인의 7가지 원칙들이다(Center of Universal Design, 1997).

- 사용의 공평성
- 사용 목적의 융통성
- 사용법의 단순성과 이해성

- 정보의 이해성
- 오류의 포용성
- 신체적 소모 축소
- 접근과 사용이 가능한 크기와 공간

환경 공학을 이용한 설계가 보편적으로 이루어지면 건립 당시나 개보수를 하더라도 장애 유무에 상관없이 모든 선수들이 여러 다양한 스포츠와 레크리에이션 시설을 이용할 수 있다.

> **주요 내용**
>
> 장비는 장애가 있는 사람들이 참가하길 원하는 가능한 모든 스포츠를 위해 존재하며, 장비 디자인을 위한 테크놀로지는 계속 발전하고 있다.

스포츠 테크놀로지

장비는 그 종류에 관계없이, 크기와 기능 두 가지 면에서 모두 가장 안전하고 효과적으로 사용하기 위해 선수에게 "적합"해야 한다. 예를 들어, 잘 맞지 않는 보장구나 휠체어를 사용하면 기구 접촉부위에 연조직 손상을 가져 올 수 있다. 장애가 있는 사람들은 여가용 공학 장비의 선택, 적합성, 적절한 사용 방법 등에 관한 전문 지식을 갖춘 전문가들을 만나기가 쉽지 않다는 것을 종종 경험하게 된다. 개인이 사용하는 공학 장비들은 종종 재활전문가들을 통해 획득하는 경우가 있는데, 이들은 레크리에이션 활동, 스포츠 경기, 그리고 장비와 관련된 훈련과 지식을 충분히 알지 못한다. 비교해서 말하자면, 장애와 관련된 경험이나 전문적 지식이 부족한 신체 활동 전문가로부터 활동 관련 공학 장비들을 보통 얻게 되는 것이다. 최근에 레크리에이션 시설에 접근할 수 있는 설계가 이루어지고 있는데, 레크리에이션 장비를 안전하게 효율적으로 사용하는데 필요한 교육 자료(training materials)는 극히 드문 상태이다(예를 들어, 장애인스키와 장비에 대한 매뉴얼, Professional Ski Instructors of America, 1997). 결과적으로, 장애가 있는 사람들은 종종 이용 가능한 레크리에이션 장비들이 있고 이를 충분히 사용할 수 있다는 것을 알지 못하고 있으며, 자신들의 흥미나 기술에 적합하지 않은 공학 장비들을 사용하고 있다. 이장의 후반부에 이용 가능한 몇 가지 아이디어를 제공하고 있다.

선수들은 새로운 공학 장비들과 장애에 적합한 장비의 개발이 필요하다는 점을 끊임없이 요구하고 있다. 레크리에이션으로 활동하거나 경기에 참가하는 선수들 모두가 일상생활 이상의 활동을 필요로 하는 경우가 종종 있기 때문에, 결과적으로 기능이 아주 좋고, 자신의 몸에 맞으며, 멋있는 장비를 희망하고 있다. 장비의 발전과정을 살펴보면, 선수들은 운동수행능력을 향상시키기 위해 자신들에게 적합하게 장비를 직접 개발하여 왔었는데, 이를 보고 일상생활용 장비 생산자들이 운동용 장비들을 생산하기에 이르렀다. 예를 들어, 1970년대에 휠체어 트랙 선수들은 휠체어를 보다 더 가볍고 쉽게 조작하기 위해 휠체어의 팔걸이와 발판을 잘라내었다. 이를 보고 휠체어 제작자들은 현재 흔히 볼 수 있는 "중량이 가벼운"휠체어를 제작하기 시작하였다(그림 10.5).

최근에 연구자들은 장애에 관계없이 모든 선수들이 사용할 수 있는 레크리에이션 공학 장비 설계를 하기 시작하였다. 예를 들어, Beneficial Designs은 현재 카누를 타는 모든 사람들에게 안전과 기능을 향상시켜

그림 10.5 휠체어 레이서들이 공기 역학적으로 설계된 장비를 사용한다

주는 카누 의자를 개발하고 있다(Siekman, Chesney, & Axelson, 1999; 그림 10.6 참조). 미국건강연구소(미국의료재활연구센터, 미국아동건강·인간발달연구소)가 연구기금을 지원하여 카누 의자를 개발하고 있는데, 이 연구는 균형을 잡고 앉을 수 없는 사람들을 위한 카누의자 개발 사업이다.

생체역학과 운동생리학 같은 분야의 스포츠 연구자들도 스포츠 참가에 필요한 기술을 보다 명확히 정의하고 선수들이 운동을 최적으로 수행하도록 도움으로써 장애가 있는 사람들의 레크리에이션과 스포츠 참가에 공헌하고 있다. 예를 들어, 휠체어 레이서들이 사용하는 헬멧과 바퀴들은 사이클 경기의 장비 발전과 동일한 것이다.

사람들이 주거 시설이나 근무하는 건물들에 쉽게 접근할 수 있도록 레크리에이션 환경 설계를 위한 표준들이 개발되고 있다. 최근에는 인도와 통로, 골프 코스, 수영장, 스타디움, 위락 공원, 운동장, 야외 레크

그림 10.6. 장애가 있음에도 불구하고 모든 탑승자들이 안전하게 카누의 좌석에 앉을 수 있게 되었다

리에이션, 그리고 기타 스포츠 환경에 대한 접근 시설 설계 표준이 출판되었다(Kirschbaum et al., 2001; U.S. Architectural & Transportation Barriers Compliance Board, 2002). 모든 사람들이 레크리에이션에 참여할 수 있도록 이러한 표준을 최소한 충족시키거나 그 이상이 되는 새로운 레크리에이션 시설이 건립되어야 한다. 기존의 시설 가운데 접근할 수 없는 시설은 그 상태를 객관적으로 측정하여야 한다. 객관적인 정보는 기존 건물의 관계자들을 교육시키기 위해서 뿐만 아니라 시설에 접근 시설을 설치하도록 계획하는 것이 가능해질 것이다. 예를 들어, 일반 추적평가절차(Universal Trail Assessment Process)는 외부 길과 기타 이동로를 평가하는데 사용할 수 있으며(Longmuir & Axelson, 2002), TrailWare 소프트웨어는 자료들을 요약하는데 사용될 수 있고(Axelson, Mispagel, & Longmuir, 2001), Web site(http://trailexplorer.org)를 통해 활동하는데 필요한 희망하는 활동을 선택하는데 필요한 정보를 얻을 수 있다.

> **주요 내용**
>
> 장애가 있는 사람들에게 장비는 적합하거나 적합하지 않을 수 있다. 그러나 선수는 스포츠 장비를 자신에게 적합하게 변형하여 사용하기 위한 아이디어를 가질 수 있다.

장비에 관한 정보

종종 장애가 있는 사람들 특정 스포츠에 참가하려도 할 때에 가장 큰 어려움은 "적합한" 장비를 찾는데 있다. 장비가 "적합한" 것은 경기에서 요구되는 기준과 개인의 능력 모두에 해당하는 것을 의미한다. 활동하는데 적합하고 개인의 능력에 잘 어울리는 장비가 개발될수록 운동수행에서 성공할 가능성이 크다(Longmuir & Axelson, 1996). 지금까지는 장애가 있는 사람을 위한 스포츠와 레크리에이션 장비에 대한 정보는 다음에 소개된 출판물을 통해 얻을 수 있었다.

- Adams, R. C., and McCubbin, J. A. (1991). *Games, sports, and exercises for the physically disabled.* 4th ed. Philadelphia: Lea & Febiger; Raleigh, NC: Lippincott, Williams & Wilkins.
- Burgess, E. M., and Rappoport, A. (1992) *Physical fitness: A guide for individuals with lower limb loss.* Washington, DC: Veterans Health Administration.
- Kege, B. (1985). Physical fitness. Sports and recreation for those with lower limb amputation or impairment. *Journal of rehabilitation*

Research and Development(Clin. Suppl. 1).
- Nesbitt, J. A., ed. (1986). *The international directory of recreation-oriented assistive diver's sources.* Marina del Ray, CA: Lifeboat Press.
- Paciorek, M. J., and Jones J. A. (1994). *Sports and recreation for the disabled. 2nd ed.* Carmel, IN: Cooper.

지난 20년간 많은 기술들이 급변하게 변화하고 있어, 이러한 문헌들이 장애가 있는 사람들이 스포츠와 레크리에이션에 폭넓게 참가하는데 도움을 줄 수 있는 훌륭한 안내 자료들이다. 이것들은 또한 장애인스포츠 단체, 상업 물품제작자, 그리고 보조 테크놀로지 사업자에게 장애에 적합한 장비 생산에 필요한 정보나 단서를 제공하여 왔다.

Palaestra, Sport 'n Spokes, Active Living 등과 같은 장애인스포츠와 레크리에이션 출판물들은 현존하거나 개발되고 있는 테크놀로지들에 대한 훌륭한 정보 자료를 지속적으로 제공하고 있다. 현재 활동 참가에 대해 특집으로 연재되고 있는 연구 결과들은 종종 장애 있는 사람들의 참가를 후원하는 개인, 활동-관련 또는 환경적 테크놀로지들에 대한 정보를 포함하고 있다. 추가로, 정규 특집 기사와 칼럼들도 때때로 현재 판매되거나 앞으로 판매될 다양한 새로운 장비에 대한 정보를 제공하고 있다. Sports' n Spokes는 각기 다른 종류의 레크리에이션 장비(예를 들어, 경량의 스포츠용 휠체어에 대한 설명[Sport 'n Sports, 2003])와 더불어, ski(Axelson, 1995), 핸드 사이클(Axelson, 1990)에 대한 비교 연구결과들을 정기적으로 게재하고 있다. Innovator of Disability Equipment and Adaptations 또는 IDEA (Pewaukee, WI), J. L. Pachner Ltd. (Niguel, CA), 그리고 Access to Recreation(Newburg Park, CA) 등 장애가 있는 사람들을 위한 많은 레크리에이션 장비 공급자들은 판매하고 있는 장애인스포츠용 장비에 대한 카탈로그를 매년 발행하고 있다.

장애인스포츠를 빛낸 인물

- 성명: Richard Orive
- 출신 국가: 스페인
- 종목: 수영
- 수상 경력
    - 2000년 Sydney 파랄림픽: 금메달 4개, 50m, 100m, 200m 및 4×50m 자유형 계주에서 4개의 세계신기록 작성
    - 1996년 Atlanta 파랄림픽: 금메달 3개, 은메달 1개, 그리고 2개의 세계신기록 작성
    - 아르헨티나, 스웨덴, 뉴질랜드 등에서 개최된 국제경기에 출전 메달 획득

Richard는 우수한 재능을 소유한 수영선수이다. 수영하는 동안에 그의 몸에 있는 뇌성마비 증세는 온데간데없이 사라져 버리곤 한다. 18세에 첫 번째 경기에 출전한 것은 비교적 늦은 편이지만, 그는 단기간에 엘리트 선수가 되었다. 그는 클럽 코치들의 세심한 지도하에 1일 2~4시간 훈련한다. 그의 생활에 대해서 트레이너들과 가족들이 추가로 살피고 있다. 2000년 Sydney 파랄림픽에서 그는 완벽한 모습을 보여 주었다. 4경기에 출전하여 4개의 금메달을 획득했으며, 4개 모두 세계기록이었다. 특히 짧은 시간에 어떤 선수도 그러한 업적을 달성한 선수가 없기 때문에 더욱 그렇다.

스포츠는 "인생 최대의 학교... 스포츠에서 얻는 거의 모든 가치는 평상시의 삶에 전이될 수 있습니다."

Richard는 "스포츠는 내 삶의 여정에서 매우 중요한 현재입니다."라고 언급하고 있다. 그는 스포츠의 가치를 삶에서 어떠한 것을 "할 수 있게 해주는 것"에 두고 있다. 또 그는 장애인스포츠가 처한 많은 논제들에 대해 심각하게 인식하고 있다. 그는 많은 분류 시스템, 사회적 인식의 부족, 그리고 일반 선수들과 동등한 스포츠 참가와 경기 기회 부족 등에 대해 걱정하고 있다. 그는 스포츠 현장에 자신들의 자리가 있다고 생각하는 사람들에게 모델로서 훌륭한 역할을 하는 우수한 경기 능력을 가진 젊은이다.

다른 분야에서처럼 인터넷은 스포츠와 레크리에이션 테크놀로지 정보를 검색하고 유포하는데 있어서 대변혁을 일으켰다. 대부분의 출판물들은 모든 독자들이 가장 쉽게 이용할 수 있기 때문에 상업적으로 판매하는 테크놀로지들에 대한 정보만을 제공한다. 인터넷의 한 가지 주된 장점은 개인이 장애에 적합하게 만든 테크놀로지들에 대한 정보를 많은 사람들이 공유할 수 있는 기회가 증대한 것이다.

보편적으로 설계된 레크리에이션 장비(폭넓은 시장 점유율을 가짐)와 대조적으로, 대부분의 장애인스포츠용으로 개발된 스포츠 및 레크리에이션 기술들은 상업적으로 활용하기에 적합하지 않다. 왜냐하면 장애유형과 스포츠에 대한 흥미가 상대적으로 독특하게 조화를 이루어야 하기 때문이다. 특히, 매우 특별하게 장비를 제작할 경우에 그렇다. 인터넷 검색 엔진에서 장애, 장비, 스포츠 등을 검색하면 수천 개의 검색결과가 제시될 것이다. 또한 누구든지 스포츠와 레크리에이션 테크놀로지에 대한 특정 정보를 찾을 수 있도록 수많은 양의 온라인 데이터베이스가 증가하고 있다. 그러한 대형 데이터베이스를 몇 가지 예로 들면 다음과 같다.

- 신체활동·장애센터(NCPAD): 레크리에이션과 스포츠 정보 및 장비 제작자 정보를 제공함(http://www.ncpad.org)
- ABLEDATA: 일상생활과 레크리에이션을 위한 보조 테크놀로지들을 제공함(http://www.abledata.com)
- AssistiveTech: ABLEDATA와 마찬가지로 일상생활과 레크리에이션을 위한 보조 테크놀로지들을 제공함(http://www.assistivetech.net)

NCPAD: National Center on Physical Activity and Disability

첨단 우주공학이 접목된 기술로 인하여 더 가볍고, 강하며 보다 유연하고 내구성이 좋으며, 효율성 있는 보조기를 생산하는데 점차 많이 이용되고 있다. 이러한 테크놀로지는 폭넓고 다양한 스포츠에서 여가를 위한 참가와 운동 경기 수행능력을 크게 향상시키고 있지만, 가격이 비싼 편이어서 대부분의 사람들은 테크놀로지가 가미된 장비를 사용하는 것은 매우 어렵다. 예를 들어, 계단이나 가파른 경사들을 안전하게 오르거나 내려갈 수 있는 하이킹용 전동휠체어는 상업적으로 판매되지만 판매 가격은 엄청나게 비싸다(예를 들어, 휠체어 1대 가격이 미화 10,000달러를 넘는다). 엘리트 선수들이 장비를 사용하는 대가로 장비 구입 보조금을 지원하는 스폰서가 있을 수 있지만, 비교적 적은 수의 회사들이 선수들을 후원하고 있으며, 선수들과 여가활동 참가자들이 증가하고 때문에 이러한 테크놀로지를 이용할 가능성은 거의 없다. 또 수준 높은 경기대회에 참가하기에는 운동기능이 부족한 경우가 대부분이다. 이러한 하이킹용 전동휠체어와 같이 많은 테크놀로지들이 일상생활용으로도 사용될 수 있기 때문에 보험 회사들과 기타 장비 공급자들이 "레크리에이션용"으로 간주되는 장비 구입을 가끔 후원하고 있다. 그래서 휠체어를 사용하는 사람은 보험회사나 장애 후원기관으로부터 신형의 프레임이 접히는 휠체어를 얻을 수도 있지만 아마도 일상생활과 스포츠 참가에 모두 적합한 프레임이 접히는 휠체어를 얻기는 어려울 것이다. Easter Seals이나 Shriners Hospitals 같은 자선 단체들과 사회서비스 조직들(예를 들어, Rotary Club, Lions Club)도 레크리에이션 테크놀로지를 얻고자 하는 선수들을 지원하고 있다.

장비 변형

장비 변형은 매우 하찮은 변화(예를 들어, 스크랩 폭, 길이 또는 재료)로부터 주문에 따라 매우 복잡한 설계로 만들어진 것들(예를 들어, 주문에 의해 주형으로 만든 레이싱 모노스키)까지 다양할 수 있다. 맞춤형 테니스 라켓 손잡이 같은 첨단기술이 적용된 장비는 최적의 기능을 발휘하도록 해 주지만 가격이 꽤 비싸다. 가격은 비용뿐 아니라 장비를 생산하는데 필요한 시간과 노력을 의미한다. 저비용 기술에 주로 의존하는 변형(글러브 손바닥 부분과 라켓 손잡이에 접착천을 박음질 하는 방법, 그림 10.7 참조)은 높은 수준의 기능을 발휘하도록 하는데 보다는 활동에 곧바로 참가하여 성공적으로 활동을 수행하게 하는 목표를 충족시켜 줄 것이다. 장애가 있는 대부분의 사람들은 레크리에이션 활동을 다양하게 즐기기 위해 간단한 장비의 변형(예를 들어, 스트랩, 소리나 빛 신호, 가벼운 중량의 장비, 거리를 단축시키는 방법)을 성공적으로 할 수 있다. 선수가 우수한 수준의 경기에 참가하여 최적의 운동수행을 발휘하기 위해서는 이에 적절한 첨단기술이 요구될 것이다.

이러한 레크리에이션과 스포츠 테크놀로지 변형과정은 팀이 조직되어 공동 노력으로 이루어져야 한다. 다음과 같은 팀 구성원들이 포함해야 한다.

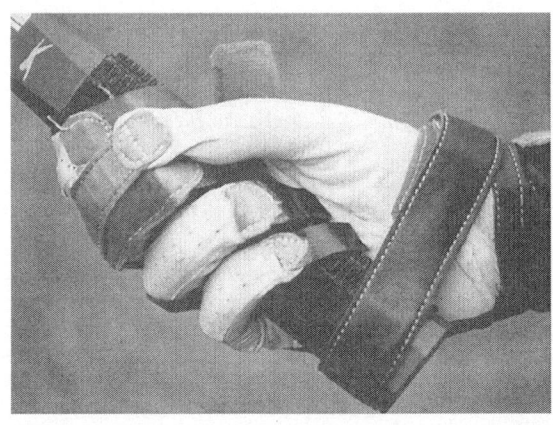

그림 10.7
테니스 라켓 손잡이에 스트랩을 부착하는 방식의 간단한 변형은 여가 활동에 다양하게 참가하도록 하는 매우 효율적인 방법이다

장애인스포츠를 빛낸 인물

- 성명 : Wesley Worrell
- 출신 국가 : 바베이도스
- 종목 : 휠체어 마라톤
- 수상 경력
  - 1999년 Pan Am Disabled Games
  - 바베이도스의 수많은 지역 로드레이스 우승자

장애인스포츠에서 비교적 신출내기인 Wesley는 장애인스포츠의 전도사이다. T-12 하반신 마비가 온 이후에 레이싱을 시작하였다. Wesley는 "내게 장애가 있게 된 이후로 스포츠는 나에게 많은 의미를 가지게 되었습니다. 스포츠는 나를 활동적인 사람이 되도록 해주었고 건강을 잘 유지하는 데에도 도움을 줍니다. 또 이제 사지를 사용할 수 없게 되었다는 이유 때문에 스스로 슬픔에 잠기는 공허함에서 벗어나게 해줍니다." 현재까지 Wesley는 파랄림픽에서 메달을 획득하지는 못했지만, 하프-마라톤과 마라톤 풀코스에서 그렇게 짧은 시간에 주목받는 선수가 될 만큼 많은 진보를 하고 있다. 그는 바베이도스에서 많은 대회에서 우승하였고 그 공로를 인정받아 시로부터 황금열쇠를 수여받았다.

"스포츠에 참가하길 원하는 많은 사람들이 후원과 재정적 지원을 잘 받지 못하고 있으며, 이것이 매우 중요한 요인으로 작용한다고 생각합니다."

그는 선수들을 위한 후원과 재정적 지원 부족, 그리고 기회의 증가 필요성에 대해 관심을 가지고 걱정하고 있다. 그의 노력은 현재 바베이도스의 다른 사람들을 위한 밑거름 역할을 할 것이다.

- 장애가 있는 사람(능력, 흥미, 요구 면에서 전문가)
- 설계사(테크놀로지 개발 전문가)
- 코치/스포츠 전문가 또는 시설 관리자/디자이너(활동이나 시설 디자인 및 유용성 요구면에서 전문가)

테크놀로지를 성공적으로 변형하는 데에는 창조적 사고가 매우 중요하다. 예를 들어, 휠체어의 디자인 또는 적합성이 변형될 수 있는 모든 방법을 고려해 보라. 개인에 따라 두툼하고 우툴두툴하거나 얇고 부드러운 타이어가 부착된 소형 또는 대형 바퀴를 사용할 수 있다. 좌석 위치도 손을 더 잘 뻗을 수 있고 시선을 더 잘 확보하기 위해 높이거나 안정성을 증가시키기 위해 낮출 수 있다. 바퀴의 캠버의 기울기도 안정성을 증가시킬 수 있다. 더 긴 휠베이스(wheel base)는 일직선을 보다 쉽게 나아갈 수 있도록 해 주지만 더 짧은 휠베이스는 턴하는 능력을 증가시킨다. 높이조절이 가능한 등 지지대는 앉는 자세를 변경하고 전후 또는 좌우 안정성을 얻게 하는데 사용될 수 있다(그림 10.8). 핸드림의 크기

그림 10.8
높이 조절이 가능한 등받이는 전후 또는 좌우 안정성에 영향을 미칠 수 있다.

는 자전거의 기어에 의해 제공되는 것과 유사한 효과를 얻기 위해 다양하게 할 수 있다. 더 큰 핸드림은 움직임을 시작하는 것을 쉽게 해주는 반면(저단 기어에서처럼), 더 작은 핸드림은 많은 양의 토크가 필요하지만 더 빠른 스피드를 얻을 수 있다(고단 기어에서처럼). 물론, 이러한 변형들 모두가 휠체어에만 해당된다. 다른 사람들, 활동-관련 그리고 환경공학들을 모두 고려하여 특정 활동에서 개인이 효과를 얻도록 하기 위한 변형 가능성은 거의 무한하다.

스포츠와 레크리에이션 테크놀로지를 사용하여 장비를 변형하는 단계에서 고려할 수 있는 모든 잠재적 변인들의 제공은 다음과 같이 효율적이고 단계적인 디자인 과정을 거치는 것이 중요하다(Longmuir & Axelson, 1996).

- 요구를 반영한다.
- 기존의 테크놀로지와 기구들을 검토한다.
- 특수한 디자인 기준을 설정한다(경기를 위한 장비 요구 포함).
- 원형과 동일한 견본을 만든다.
- 잠재적 사용자들로 하여금 시험제작 견본을 평가해 보도록 한다.
- 견본 수정 시 평가 결과들을 이용한다.
- 완성된 디자인에 관한 정보를 출판한다.

이 단계들을 거치면서 선수들은 자신이 흥미를 가지고 있는 스포츠나 레크리에이션 참가를 촉진시켜 줄 가장 효과적이며 효율적인 테크놀로지 변형을 가능하게 해준다. 새로운 테크놀로지들을 개발할 때 보편적 설계의 원칙들을 적용하면 넓은 범위의 잠재적 사용자들이 테크놀로지들을 보다 더 많이 이용할 수 있도록(그러므로 보다 더 잘 팔리도록) 해

줄 것이다(Axelson, 1993). 장애가 있는 사람들을 위하여 제품을 디자인할 때, 유사한 유형의 기구들을 위해 제시될 수 있는 수행 기준을 따르는 것도 중요하다. 예를 들어, 휠체어 디자인과 생산은 Rehabilitation Engineering and Assistive Technology Society of North America Wheelchair Standards를 이용하여 검사할 수 있다(Axelson, 1990). 마지막으로, 장비 변형 면에서, 자신들이 활동 유무에 상관없이 자신들이 발견한 것과 자신들이 시도한 것을 공유하는 것이 중요하다. 한 개인의 경험은 다른 사람들이 꿈을 이루는 열쇠가 될 것이다.

> **주요 내용**
>
> 특별한 장비를 제작하여 사용하는데 시간이 많이 필요하지 않다. 변형을 간단히 하는 것만으로도 여러 가지 활동에 참여할 수 있다.

맺음말

선수들에게 스포츠와 여가 활동에 참가할 기회가 많아지고 있으며, 적합한 장비를 갖추는 것은 활동에 성공적으로 참가하는 열쇠가 된다. 선수들이 스포츠에 참가하도록 하기 위해서는 장비가 필요하다. 그렇지만 이용 가능한 테크놀로지를 찾고 각 개인에게 "적합한" 장비를 구하여 운동에 참가하는 과정에 여전히 큰 장벽들을 놓여 있는 것이 사실이다. 장비를 변형하고자 시도할 때에는 항상 다른 사람들과 정보를 공유할 필요가 있다. 자신이 찾는 테크놀로지 유형이 이미 다른 사람들에 의해 만들어졌을 가능성이 있기 때문이다.

제11장

대회 운영

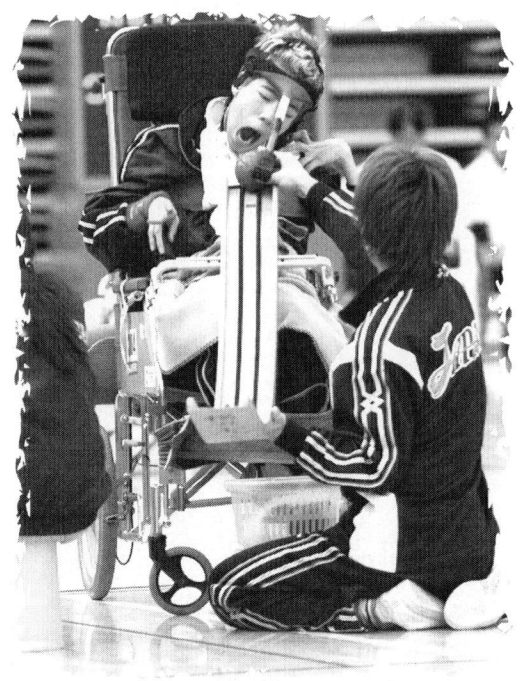

| 목표 |
- 대회를 운영하는데 필요한 여러 가지 사항들을 알아보고 일반 스포츠와의 유사성과 차이점들을 이해

| 주요 내용 |
- 스포츠 대회 운영
- 초기 계획
- 구조와 조직
- 위원회의 기능들
- 대회 운영의 초점
- 미디어와 장애 있는 선수들
- 국제 스포츠 대회 계획

본장은 장애인 스포츠 대회 운영에 필요한 사항들을 제시하였다. 대회 운영에서는 선수와 관중의 안전, 시설에 쉽게 접근할 수 있는 가능성 등이 중요하다. 대회를 훌륭히 운영하기 위한 공통적인 특징에 대해서 간략히 논의하고, 운영 본부의 배치와 국내 및 국제 대회를 위한 전략적 계획의 필요성을 알아보기 위하여 스포츠 관리 요인들의 개개 항목을 다루었다. 일반인들의 경기를 위한 스포츠 관리와의 공통점들도 강조하였다.

스포츠 대회 운영

대회의 성격이나 규모에 관계없이 계획과 조직을 철저히 하는 일은 대회의 성공에 필수적이다. 참가자들의 능력들에 상관없이 이 두 가지 요소들은 대회를 성공적으로 치루기 위해서 절대적으로 중요하다. 물론 장애가 있는 사람들이 참가하는 경우 추가적으로 고려해야 할 사항들이 있다. 장애가 있는 사람들과 없는 사람들이 참가하는 대회 관리에는 차이점보다는 공통점이 더 많다. 1990년대에 특별히 스포츠 대회를 전문적으로 운영할 수 있는 인력들이 나타나기 시작하였으며(Parks & Quarterman, 2003), 그에 따라 잘 훈련되고 준비된 전문가 집단이 파랄림픽, 데프림픽, 각종 세계선수권대회 등의 대규모 스포츠 대회를 효과적으로 조직·관리·운영하였다.

초기 계획

레크리에이션이나 스포츠 대회를 계획할 때 가장 중요한 것은 초기 계획단계에서 생성되는 아이디어를 개념화하는 것이다. 장애가 있는 선수들이 참가하는 국제 대회의 경우에 초기 계획은 실제 대회가 개최되기 몇 해 전부터 이루어진다. 대회 목적에 적합한 아이디어와 주제를 논의할 때에는 개방적이고 창조적이며 안전이 충분하게 고려된 환경에서 실시해야 한다. 무엇보다도 논의과정에서 실제 계획안을 명료하고 집중적으로 실시하여 가능한 한 많은 아이디어들을 제시하여야 한다. 이 과정은 참가자와 관중의 수나 특성과 상관없이 동일하게 이루어져야 한다.

운영위원회는 사업계의 외부 컨설턴트로 구성돼야 하는데, 이들은 스폰서와 마케팅의 실행가능성(feasibility)과 관련한 문제들을 객관적으로 대답할 수 있어야 한다. 이들은 지역 사회의 주요 사업 단체나 상공회의소로부터 올 것이다. 활발한 기능을 하는 기타 구성원들에는 선수, 스포츠 조직의 대표, 그리고 레크리에이션이나 스포츠 대회 운영 경험이 풍부한 사람들이 포함되어야 한다. 인근 대학교나 지역 사회의 단체와 함께 일할 경우에는 그 단체의 대표도 포함되어야 한다. 그러나 이 위원회는 작은 규모로도 관리할 수 있어야 한다.

브레인스토밍(brainstorming) 같은 아이디어 회의 기간은 몇 주 또는 몇 개월 동안 지속되기도 한다. 운영위원회에서는 대회 개최를 위한 몇 가지 구조를 조직하기 위한 논의가 활발해야 한다. 이 과정에서는 또 위원회에서 역할을 담당하는 사람들을 확인하고 결정해야 한다. 주제, 로고, 제목, 그리고 색상들을 결정함으로써 재정적 후원자들이 믿고 후원할 수 있도록 해야 한다. 운영위원회에서 논의되어야 하는 사항들은 다음과 같다.

- 대회 개최에 도움을 줄 수 있는 사람은 누구이며 그 능력은 어떠한가?
- 개최할 대회의 종류와 필요한 스포츠 시설들에는 어떤 것들이 있는가?
- 대회 개최 시기에 따라 스폰서 기회를 제공할 수 있는 다른 행사들이 있는가?
- 선수들과 관중들이 숙박할 방법은 무엇인가?
- 위원회와 부속 서비스들을 조직함에 있어서 해나가야 할 방법은 무엇인가?

장애인스포츠를 빛낸 인물

- 성명: Eli Wolff
- 출신 국가: 미국 메사추세츠 주 보스턴
- 종목: 축구
- 수상 경력
  - 2003년 세계축구챔피언십
  - 팬암축구챔피언십(1995, 1999, 2002)
  - 월드컵축구(2001), 파랄림픽 축구(1996)
  - Brown University 축구대표팀과 훈련(1996-2000)
  - 미국 축구협회 장애인축구위원회 설립자 및 회원(2000)
  - 2004년 미국 파랄림픽 대표팀 축구 선수

　Eli Wolff는 두 살 때, 발작을 일으켰다. 그러나 그것이 그의 삶을 바꾸지는 못했다. 오히려 Eli는 자신의 삶을 개척하고 스포츠를 수단으로 사용하였다. 이 조리 있는 남자는 초급 대학을 졸업했으며, 현재 국내 및 국제무대에서 장애인 스포츠의 후원자로서 일하고 있다. 이러한 여러 가지 후원자로서의 입지를 이용하여, Eli는 직업을 가진 상태로 하루 4시간 훈련을 하고 있다. 그는 전문 학술단체(예를 들어, National Association of Sport Sociology)의 회의와 장애-관련 전문 회의에서 발표하였다.

　스포츠는 Eli의 삶에서 중요한 일부분이다. 그는 "스포츠는 선수로서, 그리고 나의 전문 직업으로서, 내 삶에서 결정적인 측면입니다. 스포츠는 삶의 모든 측면에서 통합, 인정, 존경, 그리고 이해를 위한 하나의 강력한 수단으로 역할을 합니다."라고 말하고 있다. 이제 막 운동을 시작하는 사람들에게, Eli는 "그들은 선수들이고 선수의 몸을 가지고 있다" 그리고 "그들은 스포츠와 레크리에이션 활동에 참여할 권리를 가지며 누구도 그들이 다르다고 얘기하도록 두어서는 안 된다"라고 말해주고자 한다. 또 Eli는 장애를 가진 젊은 선수들이 자신들에 대하여 이야기하고 자신들을 옹호하는 방법을 배우고 장애인 스포츠에 대하여 다른 사람들을 교육시킬 방법을 학습할 필요가 있을 것이라는 점을 알아야 한다고 믿는다. 그가 말하고자 하는 요점은 스포츠에 참여하는 젊은 장애 선수들이 세상을 변화시킬 수 있다는 것이다. 장애인 스포츠 운동이 직면한 논제들은 보다 많은 장애인들이 관심을 가지고 참가함으로써 영향을 받을 수 있는데, 이 결과 전 세계의 스포츠 커뮤니티와 일반 대중이 장애인 스포츠의 문제점을 더 잘 인식할 수 있게 된다. Eli Wolff는 다른 사람들의 나아갈 길을 인도해 줄 수 있는 젊고, 교육받은 또 동기가 높으며 정치적으로 활동적인 장애인 선수로서 하나의 좋은 본보기이다.

운영위원회의 또 다른 활동은 실행가능성이 있는 연구를 수행하는데 경영 상담을 포함시키는 것일 것이다. 이 연구에서는 다음의 사항들을 탐색해야 한다(Jackson & Schmader, 1990).

- 가장 적절한 대회 형태는 무엇인가?
- 대회 개최에 있어서 기상 상태를 고려해야 하는가?
- 국가나 지역 내에서 정한 대회와 관련한 경기 종목은 무엇인가?
- 인구 통계학적 연구 결과에서 목표 집단이 있다는 사실을 알려주고 있는가?
- 제안된 대회에 대한 목표 집단의 태도는 어떠한가?
- 어떤 종류의 시설과 서비스들이 요구되는가?
- 대회를 위한 지역사회 후원의 특징은 무엇인가?
- 지역사회가 과거에 그러한 대회들을 후원한 적이 있는가?
- 지역사회로부터의 재정적 후원의 역사나 가능성은 어느 정도인가?

연구를 지속하기 위해서는 재정 지원이 계속 이루어져야 하는데 이 지원 방안은 초기 계획단계에서부터 진행되어야 한다.

추가적인 내용은 경영 상담에서 더욱 자세히 기록되어야 한다. 즉, 실행가능성 있는 연구는 위원회가 이용 가능한 리드 타임(기획에서 실시까지의 준비기간)과 비용의 양 등을 상세히 다룰 만큼 심층적일 것이다. 그러한 사업을 위한 비용은 연구의 중요도나 정교성 정도와 비례하며, 운영위원회의 첫 번째 자금 조달 노력의 일부분이어야 한다. 실행가능성이 있는 연구와 같은 활동은 준비기간을 충분히 두고 이루어져야 하는데, 자금 조달과 재정적 후원자들은 대회 종료까지 3개월에서 1년이나 2년 정도 후원한다(Jackson & Schmader, 1990). 가능성 있는 연구의 결과들은 계획과 조직 과정 전체에서 이용되어야 한다.

> **주요 내용**
>
> 장애인 스포츠를 위한 대회 개최 계획은 일반 스포츠를 위한 대회 개최 계획과 다른 점보다는 유사한 점이 더 많다.

구조와 조직

초기 계획 단계 후 그리고 실행가능성 있는 연구의 결과들이 긍정적일 때, 이벤트를 위한 조직과 구조가 일정한 형태를 갖출 수 있다. 운영위원회는 3~8명, 이사회는 10~15명으로 구성된다. 운영위원회나 이사회의 구성원의 역할은 명확하게 구분되어야 한다. Jackson과 Schmader(1990, p. 26)는 이사회 구성 인원을 다음과 같이 제시하였다.

- 의장으로서 역할을 하고 대회를 조정하기 위해 회사로부터 온 경영 간부
- 대출 및 차용에 대한 재정적 결정권을 가지고 있는 은행 간부나 기타 임원
- 섭외(홍보), 마케팅 또는 광고 전문가
- 공인회계사 또는 감사관
- 문화예술계의 지도자
- 전문 관광, 여행 또는 여가 산업 대표자
- 법 집행 대표자 혹은 변호사
- 지방자치단체의 공무원
- 응급의료서비스, 지역 병원, 스포츠 의학 전문가

대회 수행에 필요한 스포츠 장비에 경험이 있는 사람도 이 시기에 지명되거나 대회의 내용이 특별히 결정된 후에 선발될 수 있을 것이다.

이사회가 지명된 후, 다음 단계는 특수한 조직도를 만드는 것이다. 이것은 가능한 흠이 없는 방법으로 대회를 운영하는데 필요한 것을 고려하여 만들어질 것이다. 이사들은 여러 가지 업무를 담당할 때 능력 이상의 일을 담당해서는 안 된다. 그들의 임무는 대회가 효율적으로 개최되도록 특정 과제들을 전문가들에게 위임해야 하며, 이사들은 문제해결과 정확한 정보를 제공하는 역할을 한다.

> **주요 내용**
>
> 신중한 계획과 예견 – 아마도 대회가 실제 이루어질 몇 년 후에 필요하게 될 것을 통해 판단하는 작업 – 은 대회 개최의 성공을 위한 두 가지 중요한 열쇠이다.

위원회의 기능

Jackson과 Schmader(1990, pp.27-31)는 대회 관리를 효율적으로 하기 위한 필수적인 수많은 위원회들을 지적하였다. 대부분의 업무들은 시간이 충분해야 하고 전문적 자질을 겸비한 사람이 필요한데, 이런 사람들의 노력을 통해 선수, 코치, 그리고 관중들은 최상으로 가장 원만한 대회 운영을 직접 경험하게 될 것이다.

- 대회 진행 위원회- 모든 위원회 의장들은 정기적으로 정보를 교환하고 이사회를 요구에 대비한 확인

- 수송위원회- 모든 참가자들이 대회 출입이 순조롭도록 하는 것으로서 기증 차량, 운전기사, 방향 표지판 설치, 법 집행 대표자와의 연락, 회의 특별히 필요한 요구 수용(골프 카트), 그리고 주차 등
- 탤런트 및 프로그램 시간계획위원회- 오락 프로그램 구성, 행진, 개회식 및 폐회식, 저명인사 의전, 워크숍 등
- 스폰서 후원위원회- 광고 지면을 판매하거나 구매 계약자들을 위한 공간을 대여함으로써 대회 개최를 위한 재정 제공
- 회계위원회- 금전 통제, 재정 신고 준비, 그리고 국세청 세무 감사 준비
- 매점- 음식, 음료, 기념품, 사업 수행 허가, 상표 특허, 로고 허가 등
- 시설, 장비 및 비품- 시설 보안, 소모품 구입, 장비 구입, 대여 및 차용
- 유지 위원회- 운동장, 쓰레기 통제, 쓰레기 제거, 위생 상태
- 인사 위원회- 자원 봉사자들과 유급 근로자
- 마케팅위원회- 미디어 관계, 광고, 판촉, 매표 및 프로그램들
- 장식위원회- 간판, 포스터, 현수막 등

　이러한 많은 주요 위원회는 특정 하위조직을 가지게 된다. 예를 들어, 마케팅 위원회는 기자 자격심사와 광고를 위한 하위 조직을 가질 수 있는데, 이 하위조직들은 스폰서 후원 위원회와 판촉위원회와 접촉할 것이다. 하위조직에는 보통 시설, 장비 및 비품 관련 위원회가 있으며, 이 하위조직은 모두 유지위원회와 접촉하게 될 것이다. 탤런트 및 프로그램 시간계획위원회는 개회식과 폐회식을 위한 하위조직을 분리할 필요가 있을 것이며, 시상을 담당할 하위조직을 추가로 두어야할 가능성이 있다. 각 위원회와 하부조직의 특정 업무와 기능들을 확인함으

로써 임무가 중복되는 것을 피해야 한다.

Wyness(1984)가 제시한 기타 위원회들에는 테러리스트, 생화학 테러, 그리고 날씨, 이벤트를 위한 안전과 의료 응급계획뿐 아니라 보안위원회와 의료응급위원회가 포함될 것이다. 참가자들뿐 아니라 선수 보호 분야에 엄청난 액수의 비용이 소요된다. 대회 운영 계획에서 이러한 측면의 프로파일들이 증가할 수 있고 이것은 주최자의 임무가 되고 있다.

기술 또는 전자정보위원회는 모든 공공 민원처리, 조명 및 컴퓨터 지원 요구들을 처리하는데 적합할 것이다. 숙박위원회는 많은 수의 참가자들과 귀빈을 포함하는 1일 이상의 대회에 적합한 위원회이다. 대부분의 경우에, 귀빈 또는 의전 위원회는 의전 사항(예를 들어, 숙박, 수송, 식사, 그리고 클리닉을 위한 장비)을 수시로 처리하기 위해 초대형 행사에서는 구성된다. 추가로, 미국 Utah 주에서 열린 2002년 파랄림픽 대회 조직위원회에서 운영하는 홈페이지에는 위원회에서 다음의 업무를 주관하는 것으로 명시하였다(IPC, 2002a, 2002b).

- 일반 규정
- 입장 절차
- 전문 준비 위원회(technical arrangements)
- 의전
- 출판
- 회의

조직도는 대회를 성공적으로 수행하기 위한 복합적이면서도 통합된 청사진이 될 것이다. 대회 관리는 또한 코치위원회, 유니폼위원회(예를 들어, 각기 다른 임무를 하는 자원봉사자들에게 색이 다른 모자를 제공), 그리고 음식서비스위원회와 함께 경기규정과 심판위원회를 포함할 것이다(American Sport Education Program, 1996). 추가되는 위원회의 수와 특성은 조직의 복잡성에 따라 더해질 것이지만, 그러한 위원회들이 필요하다면 대회를 순조롭게 운영하기 위해 설립하는 것이 유리하다.

경기 임원

대회 운영을 담당하는 경기 임원은 시간 계획을 융통성 있게 운영하고 행사를 성공적으로 이끄는 절대적인 인력이다. 각 스포츠 종목마다 한 사람이 임명돼야 한다. 육상의 경우 코스 요원으로 지명되며, 수영에서는 대회 관리자 역할을 하는 사람이다. 이 사람들은 특정 스포츠에서 폭넓은 경험을 가지고 있어야 한다.

경기 임원은 조직력과 인내력이 있어야 하며, 종목에 대한 규정과 경기를 어떻게 조직되는가 하는 것에 대하여 잘 알고 있어야 할 뿐 아니라, 전체 실무 조직을 이해하고 의문이나 불만을 해소할 곳이 어디인지 알고 있어야 하며, 무엇보다도 사안을 신속히 해결할 수 있도록 다른 임원들과 의사소통을 원활하게 해야 한다. 경기 임원은 사실상 경기를 운영하기 위한 유능한 감독자이다. 행사 임원이 어떤 의문을 가지고 있을 때, 빠르고 정확하게 정보를 얻기 위해서는 무선으로 주요 위원회의 장들과 접촉해야 한다. 이렇게 함으로써 혼란을 줄일 수 있다. 항상 경기장에서 분쟁 조정자로서 여러 곳을 돌아다니는 것이 또한 훌륭한 전략이다. 이 사람은 코치나 대회장소 관리자들이 필요한 경우에 지원을 받을 수 있도록 명확하게 임명되어야 한다.

일반 행정 사항

일단 각 위원회가 조직되면, 확인해야 하고 그 범위와 책임을 서술한

"고려사항"이 있게 마련이다. 고려 사항의 일부는 각 위원회와 관련되며, 계약 형태로 법적 지원이 필요하다. 그래서 주최자들은 다음의 사항들을 확인해야 한다.

- 업무에 필요한 면허와 허가를 얻어야 한다.
- 특정 종목 혹은 행사 요금을 결정한다.
- 자원봉사자를 비롯한 모든 사람에게 위한 적절한 보험 적용범위를 결정한다.
- 구내매점과 기념품 판매를 위한 서명 동의를 확보한다.
- 경찰 지원과 안전 평가를 위한 서면 계획서를 만든다.
- 보조자들 명단, 보조자들의 임무 할당 및 활동 스케줄 목록을 만든다.
- 종합적인 건강관리 서비스를 위한 계약을 확보해야 한다(Wyness, 1984).

대회 운영의 초점

장애가 있는 사람들을 위한 대회를 통합하거나 분리하여 행사를 개최할 때 역점을 두어야할 몇 가지 사항이 있다. 특별히 강조해야할 분야는 접근 편의성과 의료 지원이다. 접근 편의성은 숙박시설, 경기 개최 장소, 급식시설, 이동시설 등에 대한 것이다. 의료지원은 기후, 문화적 차이, 장애 유형별 특성과 훈련의 효과, 미디어 폭로 등의 영향에 역점을 둘 필요가 있다.

접근 용이성

스포츠 경기에서 참가자들을 좌절시킬 수 있는 한 가지 요소는 물리적 장벽들이다. 숙박 편의시설들을 고려할 때, 접근 용이성의 정도를 확인하는 것이 필요하다. 숙박 시설들이 각기 다른 시기에 지어졌기 때문에, 접근 용이성을 관장하는 법률들도 다르게 적용된다. 한 사람에게 접근 가능한 시설은 다른 사람에게 반드시 그렇지 않을 수도 있다. 숙박시설을 점검할 때에는 다음의 사항의 접근 편의성과 관련한 문제점들을 목록으로 작성한다.

- 엘리베이터
- 욕실 입구 - 휠체어가 들어가기에 충분하고, 욕실 내부에서 휠체어를 조작할 수 있는 공간이 충분해야 함
- 욕조 - 휠체어에서 쉽게 이동할 수 있도록 휠체어 높이와 동일하게 함.
- 경사로 - 각기 다른 경사에서 어디에서나 이용 가능해야 함
- 점자 사인과 큰 글씨의 안내문
- 응급 시스템(조명, 경적)

대회가 개최되는 경기장에 접근하는 것 역시 편의성을 도모해야 한다. 관람석에는 장애가 있는 사람들을 고려한 장소가 별도로 있어야 한다. 경기장에 이르는 도로들을 포장해야 하며, 휠체어 사용자나 시각장애가 있는 사람들이 방해받을 수 있는 틈새가 없어야 한다. 농구 경기장에서는 엔드 라인 1.5m 밖에 휠체어 사용자들을 위한 지정 구역이 있어야 한다. 축구, 소프트볼 또는 육상경기장은 사람들이 구멍에 발이 들어가거나 진흙에 빠지지 않도록 설계되어야 한다. 장애인 주차 구역을 쉽게 식별할 수 있도록 추가 주차 구역이 만들어져야 한다. 이러한 구역을 제공하기 어려운 경우에는 골프 카트와 같은 대안 수송 수단들을 갖추어져야 한다. 사소한 것 같지만 이러한 시설들의 세밀히 고려되지 않으면 대회 참가자들과 관중들에게 좋지 않은 인상을 남길 수도 있다.

그림 11.1 행사장으로 들어갈 때에 이용할 수 있는 휠체어   그림 11.2 나무로 제작된 경사판

참가자들과 관중들을 위한 또 다른 중요한 고려 사항은 개최장소 주변의 음식점에 이르는 접근로이다. 큰 활자의 메뉴, 특정 음식 마련(저지방, 저염분, 저콜레스테롤, 저설탕), 접근 가능한 화장실, 그리고 폭이 넓은 출입구와 같은 접근 용이성관련 사항들이 중요하다. 후문을 통해 식당에 들어가는 것은 접근 편의성이 부족한 것이다. 또 장애가 있는 사람들에게 서비스를 직접 제공하는 종업원의 위생을 철저히 하도록 것도 중요하다. 이러한 배려가 있으면 손님들이 다시 찾을 가능성이 커질 것이다.

수송

수송은 대회에 참가한 사람들이 쉽게 이용할 수 있도록 계획되어야 한다. 큰 규모의 대회인 경우 여러 날에 걸쳐 대회를 개최하기 때문에 참가자들이 경기장과 떨어진 대학교의 캠퍼스나 시내 모텔 등지에서 숙박하는 경우에는 계획을 더욱 철저히 세워야 한다. 일반적으로 선수들이 숙소에서 경기장까지 걸어가더라도 30분 이상 소요되지 않도록 해야 하지만 그 이상의 시간이 소요되는 경우에는 수송 대책을 강구해야 한다. 가장 일반적인 방법은 버스나 벤을 이용하는 것이다. 일일 시간 계획표와 승하차 지점에 대한 안내를 잘 보이는 곳에 부착해야 하며, 이 내용은 선수나 코치들에게 제공되는 정보지 안에 포함되어야 한다. 휠체어를 사용하는 사람들이 버스를 쉽게 이용할 수 있는 경사로를 설치해야 하고, 자원봉사자들을 필요한 곳에 배치하여 장애가 있는 사람들을 도와주어야 한다. 마지막으로, 응급 상황이 발생할 경우에는 위해 골프 카트를 사용할 수도 있어야 한다.

안내 홍보물

대회 운영의 또 다른 중요한 측면은 참가자들에게 종목별 경기 일정을 참가자들에게 전달해 주는 것이다. 컴퓨터 프로그램 운영 인력을 갖추는 것도 필요하다. 경기 진행 총책임자가 시간계획에 대한 정보를 제공하는 것도 필수적이다. 특히 외부에서 장시간 무덥거나 추운 곳에서 머무름으로써 특정 장애가 있는 사람에게 해로울 수도 있는 경우에 중요하다.

참가자 정보와 신분증명서를 제공할 때 부적절한 방법들을 사용하는 것을 피하는 것이 중요하다. 개인의 품위를 떨어뜨리는 것은 반드시 피해야 한다. 개인의 경기관련 정보가 적혀 있는 플라스틱 손목 밴드(병원에서 사용하는 밴드와 유사한 것)를 사용하거나 뒷면에 모든 종류의 인식 정보가 있는 표식을 사용하는 것이 그 예이다. 목에 줄로 걸 수 있는 ID카드에는 사진이 첨부된 것을 사용한다.

관중 보호

규모에 관계없이 스포츠 행사의 주최자들은 선수뿐만 아니라 관중들의 요구를 고려해야 한다. Martinez(1991)는 행사를 계획할 때에 고려해야 하는 관중 보호의 필요성을 지적하였다.

- 갑작스런 자연 재해 또는 테러리즘에 대비한 피난 전략
- 재난 및 사고 경보(지휘) 체계, 다양한 의료진의 역할과 임무들
- 물품 공급 및 보관소
- 알코올 탈수증, 곤충의 쏘임, 심장 및 당뇨 발작, 간질, 알레르기, 그리고 보행자 상해
- 명확한 방향 표시 사인
- 적절한 조명
- 낙상 방지용 손잡이(핸드레일)
- 쉽게 식별할 수 있는 구급실 표시
- 상해를 일시적으로 방지하는 패딩
- 환경과 날씨 상태 예상
- 의료진이 경기장 구조를 잘 알도록 할 필요성(Carlson, 1992)

많은 관람객들의 안전을 책임질 수 있는 사고 지휘 시스템도 추가해야 한다(Martinez, 1991). 간략히 요약하면, 사고 지휘 시스템은 현장에서 지휘할 수 있도록 법 집행 또는 소방 관련 고위관리가 재원, 현장 안전, 보안, 커뮤니케이션 등을 조정함으로써 많은 사람들에게 상해가 발생하는 상황을 통제하는 시스템이다. 특별히 의료 위원회에서는 선별, 처치, 조사, 수송 등의 4가지 요인을 고려하여 의료진을 편성한다. 의료 인력은 미리 자신들의 임무를 이해해야 하며, 많은 상해가 발생하는 대회에서는 예정된 장소에 상주해야 한다(Martinez, 1991, p. 43).

선수 보호

일반적으로 장애가 있는 선수들의 보호와 처치는 일반 선수들을 위한 보호 및 처치 추천사항들을 따른다(9장 참조). 즉, 참가자나 경기장 수에 비례하여 의료진을 지원해야 한다. 의료인력 지원은 자격 있는 트레이너, 마사지 치료사, 물리치료사, 응급 센터, 응급 의료 기술자, 의료보조원(간호사, 검사기사 등) 또는 내과의사 등이다. 추가로, 대회 성격, 예상 인원수, 장애 유형에 따라 행사가 이루어지는 지역에 협력 병원을 지정해야 한다. 예를 들어, 협력 병원에는 청각 장애가 있는 사람이나 외국에서 온 선수를 위해 통역사를 배치해야 하며, 각 선수의 완전한 병력과 처방된 약물의 목록을 이용할 수 있어야 한다. 지역 소방 부서도 계획안에 지정하여 응급상황 시 사람들을 병원으로 수송하는 역할을 할 수 있도록 해야 한다. 또한 소방부서는 특히 경기장의 입구와 출구의 경비를 맡는데 중요한 역할을 해야 한다.

전반적인 의료 지원 서비스 계획은 가급적 응급 의학과 장애가 있는 사람에 대해 잘 아는 내과 의사가 감독해야 한다. 이 내과의사는 시설 관리자와 함께 일하는 것이 보다 바람직하다(Carlson, 1992, p.142). 의료 서비스 계획은 모든 참가자, 코치 그리고 의료 지원 인력이 원조를 받기 위해 가야 하는 곳을 알 수 있도록 설정되어야 한다. 이것은 경기장을 운영하고 자원봉사자들을 조직하는 사람들에게도 똑같이 해당된다. 응급 상황 시 가야 하는 곳을 아는 것은 시간을 절약해주며, 치료에 매우 중요하게 작용한다. 그러므로 응급 처치 장소를 명확하게 표시하는 것이 필수적이다. 모든 의료 인력들은 뚜렷한 색상의 모자나 유니폼을 착용하는 것이 도움이 된다. 응급 처치 센터의 위치, 일과 중이나 일과 후에 치료를 받을 수 있는 방법 그리고 병원 위치 등의 의료 정보가 담긴 핸드북이나 자료집 등이 대회전에 모든 참가자들에게 제공되어야 한다.

의료 비품들은 당뇨병 환자를 위한 다양한 유형의 인슐린, 항발작제, 그리고 알레르기 약물들을 포함해야 한다. 또 척수손상이나 뇌성마비가 있는 사람들의 자세를 고정시킬 수 있는 안전띠도 필요하다. 장애가 있는 사람들 중 일부는 한 번에 여러 종류의 약물을 투약하는 경우도 있기 때문에, 현재 의약품의 효능과 사용법에 관한 해설서를 응급 처치가 가능한 특정한 장소에 비치해야 한다.

　코치들은 항상 복용 약물이나 알레르기 반응 유무 등과 함께 각 선수와 장애 특성에 대한 정보를 가지고 있어야 하며, 급할 때 바로 찾을 수 있도록 전산화된 시스템에 입력시켜야 두어야 한다. 특정 약물의 영향이나 알레르기 반응을 일으키는 기질 등에 대한 정보를 의료 지원 인력이 이용할 수 있어야 한다는 점은 매우 중요하다. 이것은 특별히 담화장애나 말을 할 수 없는 사람들의 경우에 그러하다. 의료 관점에서 또 다른 고려 사항은 전 세계 선수들의 날씨(기후)와 문화적 변화에 따라 반응이 달라진다는 점이다. 때때로, 이것들 중에 어느 하나라도 극단적인 변화를 보일 때 간질이나 알레르기 반응을 촉발시킬 수 있다.

　장애가 있는 선수들과 일할 때, 생리학적 측면 면에서 선수들이 동일하게 훈련되지 않았거나 "건강이 양호한 상태"가 아닐 가능성이 있다. 이러한 이유 때문에 훈련하는 동안 보다는 경기가 끝나는 시점에서 몇 가지 문제를 일으킬 수도 있다. 예를 들어, 경기 종료 시에 탈진한 달리기 선수는 훈련을 충분히 하지 못했을 수도 있기 때문에, 그 결과로 다리에 경련이 발생할 것이다. 그러므로 선수가 참가하는 종목의 정확한 특성과 이 선수가 적절히 훈련되었는지를 발견하는 것도 의료 처치 면에서 영향을 미칠 수 있기 때문에 도움을 준다. 문제를 일으킬 가능성이 있는 기타 측면들로는 날씨(천식이 있는 사람들이 춥거나 비가 오는 날씨에는 호흡이 힘들 수도 있으며, 절단된 부위가 있는 사람들은 저체온

증이 쉽게 발생할 수 있음)와 보장구(수리할 필요가 있으며 물집이나 기타 연조직 유형의 상해를 일으킬 수 있음)가 있으며, 의료 지원팀에 보장구와 휠체어 수리 요원들을 포함시킬 필요가 있다.

　관리 관점에서 볼 때, 의료 지원 서비스의 일부 측면들은 다른 영역들과 조화를 이루어야 한다. 예를 들어, 커뮤니케이션 시스템은 의료 지원 서비스를 위해 절대적으로 필요하다. 커뮤니케이션은 현장으로부터 지휘 또는 중요 부서부(예를 들어, 병원 또는 담당 의사)까지 그리고 소방서까지 이용 가능해야 한다. 수송은 경기가 이루어지는 낮 시간 동안 뿐 아니라 참가자들이 대학 기숙사 내에 숙박하고 있는 저녁 시간에도 이용 가능해야 한다. 법 집행 인력과 응급 인력은 비상대피 루트들을 확인해야 한다. 비품들과 비품 이용방법도 잘 마련하여 모든 응급 처치 센터에서 비품을 잘 비축해두어야 한다. 의료 지원 인력은 각각의 교대명령 체계에 따라 근무해야 하며, 다양한 인력의 역할들과 책임들을 명확하게 파악해야 한다. 이러한 계획들은 대회 개최 전에 이루어져야 하며, 대회 종료 후 평가되어야 한다(Martinez, 1991).

　주, 지역, 국내 및 국제 경기에서 선수와 관중들의 물리적 안전과 보안도 보살펴야 한다. 매우 시각적인 효과가 높은 행사에서 "의견을 주장"하기 위해 개인이나 과격 집단의 위협 때문에, 경비원, 담, 장벽 그리고 특정 지역 접근 허용 여부를 인식 시스템들을 사용하여 결정하는 방법이 계획 과정에서 이루어져야 한다. 테크놀로지를 결합하는 형태의 방법은 이러한 면에서 지속적으로 사용될 것이며, 이것은 행사의 재정 지출의 주된 요인 될 것이다(Parks, & Quarterman, 2003). 안전하다는 느낌은 대형 이벤트에서 관중과 선수들에게 중요한 사항이다.

> **주요 내용**
>
> 선수와 관중을 위한 보안과 의료 요구들은 행사 계획의 중요한 측면이다. 특히 의료 측면에서 장애가 있는 선수들은 몇 가지 특수하고 독특한 요구를 가지고 있을 것이며, 행사 관리자들은 이러한 것들을 잘 고려해야 한다.

미디어와 장애인스포츠 선수

대회 운영의 또 다른 중요한 측면은 미디어와 관련된 부분이다. 규모가 작은 대회는 미디어 담당 인력을 1~2명 정도로 운영할 수도 있지만, 규모가 큰 대회에서는 홍보전문가들 또는 미디어 관련 시스템이 완비된 프레스 센터가 있어야 한다. 프레스 센터는 기자 대표들, 전화선, 컴퓨터, 탁자, 음식, 사전 보도 보도자료 등을 게시할 수 있을 만큼 충분히 넓어야 한다. 그렇지만, 최상의 설비를 갖춘 미디어 센터도 장애 있는 선수들을 포함한 행사를 중요한 뉴스나 스포츠 스토리로 취급해주지는 않고 있다. 종종 장애가 있는 사람들의 이야기는 진정한 스포츠 스토리라기보다는 인간적인 면에서의 관심이나 단순한 흥미기사로 분류되어 버린다. 가능한 가장 전문적인 보도 자료를 제시하여 대회 운영 시 미디어의 기능을 충분히 활용할 수 있어야 한다. 프레스 센터의 분위기는 미디어에 현재의 생동감 있는 정보를 보도하고, 미디어 관계자들은 자신들의 임무를 충실히 해야 할 것이다. 선수들 개개인은 먼저 선수이며 장애는 두 번째라는 점을 강조하도록 한다.

국제 스포츠 대회 계획

　장애 있는 선수들의 대회 운영 계획을 수립하여 실행할 때에는 일반 선수들을 위한 주요 국제 경기뿐 아니라 파랄림픽, 데프림픽, 특수올림픽, 종목별 세계선수권대회 등 장애가 있는 선수들이 참가하는 주요 국제 경기에서 제공되는 프로그램들을 상세하게 제시해야 한다.

　이러한 것들은 매우 복잡한 일이기 때문에, 이 단락에서는 장애가 있는 선수들을 위한 스포츠 행사의 중요한 부분에 포함되어야 할 구성요소들의 예들만을 제시하였다. 이러한 구성 요소들은 모든 것을 포함하는 것이 아니라 큰 경기를 주최하지 못했었거나 대형경기에 친숙하지 못한 사람들을 위한 지침으로서 역할을 할 수 있다. 스포츠 경영, 스포츠 마케팅, 스포츠 재정과 판촉에 대해 현재 이용할 수 있는 문헌과 연구들이 풍부하기 때문에, 장애인 엘리트 선수들은 일반 선수들의 스포츠 경험과 관련 요소들(예를 들어, 마케팅, 재정, 연구)을 참고하여 보다 더 관련이 있는 경험을 할 가능성이 있는 영역을 이용할 수 있다.

　언급된 모든 경기들은 인상에 남을 만한 개회식과 폐회식을 포함하고 있다. 개회식은 일반적으로 다음의 내용을 포함한다.

- 로고와 마스코트의 화려한 전시
- 초청국의 정부 대표와 스포츠 조직(IOC와 IPC) 공식 대표자의 환영 인사
- 대회의 공식 주제가와 기타 음악 공연
- 성화 점화 및 대회기 게양
- 불꽃놀이, 유명인사, 연예인 등을 포함하는 다양한 식후 행사 (오락)

유사한 활동으로, 폐회식은 경기와 운동경기 수행을 축하하는 축제의 일환으로 다음의 내용들을 포함한다.

- 다음 대회 개최지의 대표자에게 대회 양도
- 성화 소화
- 국가별 입장(보통 선수들이 뒤섞여 입장)
- 노래, 댄스 그리고 기타 화려한 무대 이벤트로 구성된 오락
- 불꽃놀이

개회식과 폐회식은 수만의 관중, 선수, 코치, 심판 등을 수용할 수 있는 대형 경기장에서 개최된다. 이러한 각각의 국제 경기에서 제공되는 스포츠 프로그램과 더불어, 사회 및 문화 프로그램들이 선수나 코치들뿐 아니라 관람객들을 위해 제공된다. 이러한 것들은 종종 다음의 내용을 포함한다.

- 오락실
- 사교 클럽
- 야간 무도회 및 공연
- 수집용 핀 교환센터
- 음식 매점
- 티셔츠, 핀, 단추, 펜, 스포츠웨어, 우편엽서, 기념 스탬프와 우편 소인, 모자, 등의 판매
- 구입 가능한 선수와 대회의 사진을 만드는 공식 사진사들

보통 경기에 관련된 기사를 실은 신문이 매일 출간된다. 그러한 신문

에는 전날의 경기 결과, 메달 집게, 선정된 선수나 스포츠 리더에 대한 특집기사 등이 있다. 국제 경기대회의 경우에 미디어 센터는 보통 대회 장소의 중앙에 위치해 있다. 각국의 기자에게는 자격인증서(출입증)를 발급하고, 보도를 촉진하도록 일정한 공간, 타자기 그리고 전화기를 제공한다. 추가로 공식 보도 자료들이 작성된다. 종종 미디어 대표자들(신문과 방송의 뉴스 기자들, Palaestra나 Sports 'n Spokes 같은 스포츠 잡지의 기자들)은 경품, 필름 및 영상 자료뿐만 아니라 경기에 참가하는 선수들의 프로파일들, 교섭 리스트 등에 대한 관련 자료들을 공급한다.

　이러한 대회에서는 참가자들에게 보안과 관련 사항들을 준수하기 위해 주의사항이 기록된 출입증(인증서)을 발급한다. 이 사항은 인식표에 기록되는데, 선수, 코치, 심판, 기자, 초청 귀빈, 고위 공무원, 국가 사절, 의료진, 조직위원회 그리고 자원봉사자들 등이 출입증을 받는 사람들이다. 통용되는 인증서에는 출입 허가 및 제한 구역을 구분하여 표시한다.

　주요 국제 경기에서는 선수들과 관중들을 위한 의료 서비스들을 다양한 방법으로 제공한다. 예를 들어, 파랄림픽에서는 보장구와 휠체어 수리지역을 지정한다. 이 지역은 전문가들이 요원으로 있을 뿐 아니라 선수 스스로 수리하는데 필요한 공간 및 비품과 장비를 갖추고 있다. 추가로, 응급 처치 센터와 의료 응급처치 지역들이 운동장 전 지역에 산재되어 있다. 이 시설들과 서비스들은 모든 사람들이 이용가능하다.

　경기 및 친목 프로그램과 더불어, 분류, 선수 자격심사(증명), 공식회의, 코치와 선수 훈련 워크숍, 그리고 약물검사의 기회와 공간이 일반적으로 제공된다. 학술회의들도 대회(예를 들어, 1996년 애틀랜타 파랄림픽 경기 직전에 파랄림픽 학술회의가 열림) 전에 포함될 수 있을 것이다. IPC는 파랄림픽 대회전에 학술회의를 제외시켰지만 올림픽 게임 전에 개최되는 학술회의에 장애인분과를 포함시켰다.

장애인스포츠를 빛낸 인물

- 성명: Marsha Wetzel
- 출신 국가: 미국, 뉴욕 주 로체스터
- 종목: 농구, 소프트볼, 미니 마라톤, 사이클
- 수상 경력
  - 1985, 1989 Deaflympics 여자 농구 금메달
  - 청각장애 소프트볼 국내 Championships 4회 출전
  - 여자농구 심판(NCAA Division)

　Marsha Wetzel은 자신을 "타고난 선수"라고 말한다. 선천성 청각장애였던 Marsha는 최중도 청력 손실을 가지고 있었지만 역시 청각장애 있던 양부모의 후원으로 위축되거나 활동에 소극적이지도 않았다. 고등학교 3년 동안 축구, 농구, 소프트볼 팀 주장을 했다. 대학 시절과 Gallaude 대학 입학 동안에 농구와 소프트볼 선수로 활동하였다. 그녀는 미국 청각장애 농구 대표팀 선수로 1985년과 1989년 데프림픽에서 두 차례 금메달을 획득하였다. 또 4차례 국내 청각장애인 소프트볼 대회에 참가하였다. Marsha는 오레곤주에서 버지니아 주까지 그리고 벤쿠버에서 샌디애고까지 사이클로 국토횡단을 하였다. 그녀의 부모들 역시 선수로 활약하였으며, Marsha에게 독립심을 길러 주었다. 그녀의 아버지는 1953년 데프림픽에 참가한 바 있다.

"청각장애인의 개성과 청각장애인 문화를 자랑스럽게 생각하세요."

　현재 Marsha는 청각장애가 있는 유일한 여성 심판이라는 점에서도 돋보이고 있다. 그녀는 14년 동안 심판으로서 역할을 충실히 수행하였으며, Patriot League와 Atlantic 10 Women's Basketball Conference에서 3년간 일하였다. Marsha에 의하면, 스포츠 참여가 "책임, 근면, 그리고 체력 유지, 팀워크, 인내 등에 대하여 많은 것들을 가르쳐주었다."고 한다. 또, 스포츠가 그녀의 삶에서 자신을 더 낫고 더 강한 인상을 심는데 도움을 주었고, 세상살이의 어려움 잘 처리하도록 준비하게 해주었다고 진술하고 있다. Marsha는 자신의 청력 손실이 장애가 될 수 없다고 생각한다. Marsha는 청각장애가 있는 더 젊은 선수들의 모델이 되고 있으며, "나를 봐 - 너도 역시 할 수 있어!"라고 자신 있게 말할 수 있다.

선수들과 코치들은 선수촌에서 숙식한다. 이 선수촌에 포함되는 것으로는 레스토랑, 숙박, 종교 서비스, 텔레비전, 도서관, 영화관, 정보센터, 디스코텍, 오락실, 공중전화, 우체국, 미용실, 여행사, 은행과 자동현금입출금기, 사진관 그리고 화원 등이 있다(Atlanta Paralympics Organizing Committee, 1996; Salt Lake 2002 Organizing Committee, 2002).

> **주요 내용**
>
> 스포츠 경기에 사회 및 문화 행사를 포함시키는 것이 중요하다.

맺음말

대회 운영에서 가장 중요한 측면은 치밀한 계획과 정확한 예견이다(Wyness, 1984). 대회 운영에 대해 제공하는 책들이 필요한 위원회와 그 위원회 각각의 기능에 대하여 세밀히 다루고 있다. 이 장은 행사 관리를 개략적으로 살펴보았으며, 장애가 있는 선수들을 위한 스포츠 행사를 계획하고 실행할 때 고려할 필요가 있는 측면들을 강조하였다. 강조점은 장애를 가진 엘리트 선수들을 위한 특별한 요구뿐 아니라 일반 선수들의 경기와의 많은 유사점에도 두었다.

대회 운영 계획은 예술이자 과학이다. 이러한 과정의 여러 측면들을 전문적으로 다루고 있는 사람들과 조직들이 있으며, 장애인스포츠 경기가 일반인들을 위한 스포츠에서처럼 성공의 기회를 동일하게 가질 수 없는 이유는 전혀 없다.

제12장

장애인스포츠에서의 논쟁

| 목표 |
- 장애인스포츠 운동에 영향을 미치고 있는 논쟁에 대한 이해

| 주요 내용 |
- 통합
- 등급분류
- 윤리적인 문제
- 도핑
- 대중매체의 보도
- 청소년 스포츠의 발전
- 마케팅

장애인스포츠는 사회적으로 성숙하기 위한 발전과정에서 많은 논쟁과 요구에 직면해 있다. 장애 있는 선수들을 동등한 조건에서 경쟁할 수 있도록 하는 등급분류는 가장 활발한 논의가 이루어지고 있는 문제이다. 일반스포츠에서처럼 장애인스포츠에서도 윤리 문제, 도핑과 약물 복용, 대중매체 보도에서의 적절한 표현, 청소년 스포츠의 발전, 마케팅 등의 논의가 이루어지고 있다. 이 장에서는 현재 장애인스포츠에서 논의되고 있는 몇 가지 문제들에 대해 다룰 것이다.

통합(inclusion and integration)

역사적으로, 특히 20세기에 장애 있는 사람들은 통합의 확대와 사회 속으로의 수용을 경험하고 있다(DePauw, 1986c; DePauw & Doll-Tepper, 2000). 결과적으로 장애 있는 사람들은 스포츠에서도 통합을 경험하고 있다. 그러나 이들의 통합은 그리 쉽지 않았다. 특히, 미국과 캐나다에서의 통합은 연방 법률과 정치적 압력에 의해 이루어졌으며(Allard & Bornemann, 2001; Stevens, 1998), 다른 나라들에서는 정치적 압력과 문화적 관습에 의해 통합이 이루어지고 있다.

전 세계적으로 장애인스포츠는 사회적 요인들(예, 정치적, 경제적, 사회역사적, 사회문화적)의 상호작용에 의해 형성되었다. 통합은 이러한 경향 중의 하나이다. 국제적으로, 장애 있는 선수들은 올림픽에서 통합을 경험하고 있다. 동·하계 올림픽 시범종목, 파랄림픽이라는 용어의 사용 허가, 영연방 대회(Commonwealth Games)에서의 모든 종목의 통합 등이다. 이러한 경향에 따라 장애 있는 선수들은 일반 선수들과 함께 경쟁할 수 있는 기회를 더 많이 갖게 되었다. 장애인스포츠에서 진정한 통합은 다음의 세 가지 주요 문제와 관련이 있다.

- 능력에 의한 분류 또는 장애에 의한 분류
- 참가를 위한 스포츠 또는 경쟁을 위한 스포츠
- 통합된 스포츠 또는 분리된 스포츠(DePauw, 1990a)

이러한 문제들에 대해서는 단순한 구분보다 종합적인 이해가 필요하다. 능력과 장애의 관점에서 한 쪽은 장애에 따른 스포츠 경쟁 등급화를 강조하고(예, 시각 장애, 절단 수준, 뇌성마비 정도, 척수 손상 수준), 다른 한 쪽은 능력에 따른 집단 구성을 강조한다(예, 장애 미고려, 혼합[cross-disability] 등급). 참가와 경쟁의 관점에서는 경기의 목적(예, 참가를 목적으로 하는 특수올림픽, 경쟁을 위한 파랄림픽)을 이해해야 한다. 통합과 분리의 관점에서는 장애가 없는 사람뿐만 아니라 장애인(혼합 등급)이 경쟁하거나, 장애에 따른 분리 경쟁(파랄림픽) 또는 특정 장애 집단 구성(특수올림픽, 데프림픽)이 있다. 추가적으로, 이러한 상황에는 일반경기 선수들의 경쟁 내에 장애 있는 선수를 위한 분리 경기 개념이 포함된다.

여러 해 동안, 스포츠에 장애 있는 선수들을 포함시키기 위한 노력이 많이 있었다. 한 예로, 1990년 11월에 장애 있는 선수들의 통합을 위한 국제파랄림픽위원회가 설립되었다(Merklinger, 1991, p.8). 특히 이 위원회는 올림픽과 영연방 대회에 초점을 두고 있다. 이 위원회는 후에 장애 있는 선수들의 통합을 위한 위원회(CIAD)로 개칭되었다. 또한, 연구를 위한 기금 모금 활동(Man in Motion World Tour)을 했던 Rick Hansen이 IPC 의장직을 수락하기도 했다(Hansen은 2년 2개월 2일 동안, 4대륙, 34개국, 4만km를 휠체어로 완주했으며, 척수손상 연구를 위한 2천6백십만 달러를 모금하였다). 1993년 6월에 공표된 CIAD의 목적은 다음과 같다:

CIAD: commission for inclusion of athletics with a disability

- 올림픽과 영연방 대회에 장애 있는 선수들의 통합을 위한 로비 전략 개발
- 주요 국제경기에 장애 있는 선수들의 적절한 통합에 대한 관심과 이해 증진
- 주요 국제경기에 포함된 종목의 성공적인 실행 촉진
- 주요 국제경기에 장애 있는 선수들을 위한 통합 모델 개발
- 독자성을 가진 정형화되고 효과적인 적절한 연합기구 설립
- CIAD에 대한 권익과 재정 지원

CIAD는 1994년 British Columbia의 Victoria에서 개최된 영연방 대회에 많은 노력을 하였다. 1991년 4월 국제경기연맹은 1994년 경기에 6개의 시범종목을 포함하는데 합의하였다. 최종적으로 채택된 종목은 남자 오픈 휠체어 마라톤, 육상 남자 오픈 휠체어 800m, 남·여 S9등급 100m 자유형, 남·여 시각장애 론볼 단식 등이다.

1992년 여름 영연방대회연맹은 1994년 경기에 더 많은 장애인선수들의 참가를 허가하였다. 선수들은 별도의 메달, 선수촌 생활, 선수자격 부여, 개·폐회식 참가, 참가국 유니폼 착용을 허가받았다.

1997년 영연방대회연맹은 각국의 파랄림픽 위원회와 경기단체들의 자문을 받아 장애가 있는 선수들을 위한 종목을 승인하였다. 이러한 결정을 2006년 영연방대회부터 적용하려 하였으나, Manchester 조직위원회는 2002년 대회부터 장애인스포츠 종목을 포함하도록 결정하였다. 결국, 20개국 160명의 장애인선수들이 수영, 육상, 론볼, 역도, 탁구 등 다섯 종목에 참가하였다(Commonwealth Games Federation, 2003).

비록 장애 있는 선수들이 주요 국제스포츠대회에 참가하고 있지만, 이러한 노력은 계속되어야 한다. IPC 내에서뿐만 아니라 IPC와 IOC 간의 논의는 통합을 둘러싼 문제를 해결할 때까지 계속될 것이다.

IPC와 IOC의 긴밀한 협조는 20세기 후반과 21세기 초반에 이루어졌다. IPC의 Robert Steadward 의장(1989년~2000년 역임)은 IPC가 IOC와 함께 할 것임을 선언하였다. IPC의 Phil Craven 의장(2001 임기 시작)은

2003년에 IOC 위원으로 선출되었다. 미래의 올림픽 대회를 위한 발표에 파랄림픽 대회도 포함되었다(3장 참조).

　국제경기에서 장애 있는 선수들의 통합에 대한 한 가지 의문점은 참가 승인과 선수들이 직면하고 있는 여러 가지 문제들도 해결할 수 있는가이다. 예를 들어, 장애인스포츠를 참가 목적 또는 경쟁 목적으로 볼 것인지, 장애 혹은 스포츠를 강조해야 할 것인지는 이전에 주목을 받지 못했었다. 장애인스포츠에서 장애에 비중을 둘 경우 특정 장애를 위한 종목은 제한될 수밖에 없다.

　선수들에 대한 통합과 분리에서, Fay(2001)는 장애가 있는 선수들의 수직적 통합 전략을 제시하였다(즉, 엘리트 경쟁을 통해 기초수준부터 선수들을 통합). 그는 스포츠 경영의 관점에서 조직 내 스포츠 매니저와 리더십을 다루었으며, 장애인 선수들의 통합에 대한 문제를 다루었고, 몇 가지 측정 전략을 제공하였다. 통합 흐름 속에서, Hedrick과 Hedrick(1993)은 차별을 조장할 수 있는 장애인스포츠의 현재 조직과 구조에 의문을 제기하였다. 그들은 장애인스포츠가 주요 국제기구의 합법적인 회원이 됨으로써 현재의 분리모델이 점차적으로 바뀌어야 한다고 제안하였다(pp. 14-15). 또한, 전 세계적으로 장애가 있는 선수와 장애인스포츠를 수용하는 수단으로써 장애인스포츠의 다양한 기구들을 국제기구(예, IPC)에 통합시켜 효율적으로 운영할 것을 요구했다(Landry, 1992).

　McCrae(2001)가 언급한대로, 통합은 쉽게 이루어지지 않는다. 그는 대중적인 방식과 이러한 목적을 달성하기 위한 수단이 있어야 함을 강조했다. 그러나 단일 모델이 개발될 수 있을지 아직은 알 수 없다.

> **주요 내용**
>
> 장애인스포츠에서 통합은 중요한 문제로 남아있다.

장애인스포츠를 빛낸 인물

- 성명: Kuniko Obinata
- 출신지: 일본 도쿄
- 종목: 스키
- 경기실적
  - 1998년과 2002년 동계 파랄림픽 대회 메달 수상자
  - 알파인 스키 세계 3위

Kuniko Obinata는 절단부위가 있지만 매우 성실한 스키 선수로서, 스키 자체가 그녀의 인생이다. 훈련은 시즌 중에 주 5일, 비시즌 중에는 주 3일한다. 경기 시즌 동안에는 일본 장애인 국가대표 스키 팀의 감독이 Kuniko를 지도한다. 코치와 좌식 스키 기술자는 Kuniko의 노력에 도움을 주었다.

Kuniko는 1998년 나가노 동계 파랄림픽 대회의 알파인스키에서 금, 은, 동메달을 땄다. 2002년 솔트레이크 동계 파랄림픽 대회에서는 동메달을 땄으며, 2003년 세계 알파인 스키대회에서는 3위에 올랐다. 그녀의 성실함은 14년 동안 장애인스포츠에 꾸준히 참가한 것만으로도 입증된다.

Kuniko는 "스포츠는 다양한 방식으로 나를 성장시켰을 뿐 아니라 나의 한계에 도전하게 했다"고 믿고 있다. 그녀는 또한 매우 활동적이며, 스포츠를 "대중들과 전 세계의 관심을 불러일으킬 수 있는 표현방식으로 매우 중요한 수단이며, 그것이 평생의 주제"라고 보고 있다. 그녀의 확고한 감정은 장애를 가진 청소년들에게 직접적인 영향을 주었다. 그녀는 "그들이 완전히 열중할 수 있는 무언가를 찾아야 한다."고 제안했다. Kuniko는 또한, 장애가 있는 선수들의 사회적인 위상과 입장에 초점을 두고 있다. 그녀는 모든 나라에서 우선적으로 장애가 있는 선수들을 선수로 인정하고, 최상의 훈련이 될 수 있도록 동등한 기회를 제공해야 한다고 요구하고 있다. Kuniko는 선수로서, 역할 모델로서, 타인이 성공할 수 있는 윤리적이고 성공적인 길을 제시하고 있다.

등급분류

장애 있는 선수들의 경쟁을 위한 등급분류는 오랫동안 논쟁거리가 되고 있다. 등급분류의 목적은 손상이나 장애 정도에 상관없이 공정한 방식으로 경쟁하게 하는 것이다. 한 편으로는, 기능적 능력에 의거하여 스포츠에 적용한 등급분류의 목적이 장애가 아니라 능력에 근거한 선수들의 의미 있는 경쟁을 제공하는 것이다. 이렇게 능력이 강조되고, 스포츠의 수정/변형이 약화됨에 따라 중증 장애가 있는 사람들은 엘리트 선수 경쟁에서 제외되고 있다. 수많은 경쟁 등급에 대한 행정적인 문제와 업무 발생으로 인해 후자의 등급 분류 목적이 부분적으로 확대되고 있다(예, 현재 성차와 장애유형에 따른 100m 경기가 50개를 넘는다. - 시각 3종목, 뇌성마비 8종목, 절단 9종목, 기타장애 6종목, 휠체어 7종목).

Sherrill(1993)에 따르면, 스포츠 주제로서 스포츠 등급분류 이론은 많은 연구가 필요하다고 했다. 그녀는 등급분류에 대한 현재의 논쟁점에는 다음과 같은 사항을 포함한다고 했다.

- 스포츠 등급분류가 의무분류인가 또는 기능분류인가 하는가?
- 스포츠 등급분류는 특정 장애(예, 뇌성마비, 척수손상)에 따라야 하는가? 또는 모두를 포함할 수 있는 하나의 체계이어야 하는가?
- 등급분류체계가 각각의 스포츠에 따라야 하는가? 또는 몇 가지 스포츠를 포함하는 일반적인 체계이어야 하는가?

등급분류에 대한 연구결과들은 복잡해지고 있으며, 이러한 연구들은 앞서 언급한 목적 차이에 기초하여 수행되었고, 보고서를 작성하였다. 성차와 거리, 선수 등급에 따른 트랙과 필드경기의 선수 수행력 차이(Coutts & Schutz, 1988; Ridgeway, Pope, & Wilkerson, 1988; Wicks et al., 1983)는 공정성을 위한 등급분류 필요성을 지원하는데 사용되었다. 이와 반대로, Higgs 등(1990)의 연구 결과와 Gorton과 Gavron(1987) 등의 연구 결과는 등급분류의 수에 대한 감소를 지원하고 있다.

Strohkendl(2001)은 "과학과 연구에서 스포츠 등급분류에 대한 관심이 증가하고 있다"(p. 281)고 언급하면서 의무분류 체계와 기능분류 체계에 관한 논쟁이 있다고 하였다. 그는 기능분류 체계(특정 유형과 손상의 정도보다는 선수의 기능적 능력에 근거한)가 1992년 바르셀로나 파랄림픽 대회에 적용되어 경기 수의 감소를 가져왔으나, 여전히 등급분류 이론의 개발과 적용이 필요하다고 했다. Strohkendl은 논의되고 연구되어야 할 세 가지 주요 영역을 제시하였다.

- 장애 있는 사람들을 위한 공정하고, 합리적이며, 적절한 등급분류 체계의 목적과 규정
- 장애 있는 사람들을 위한 스포츠 상황에서 등급분류 체계의 중요성
- 스포츠와 선수 중심 등급분류 체계의 계획과 적용

Strohkendl이 언급한 것은 시행착오에 근거해서 발생한 시스템보다는 주제에 대한 체계적이고 조직적인 과학적 탐구를 제안한 것이다.

1990년대를 지나 21세기에 들어서면서, 통합이나 기능적 분류체계는 국제적 경쟁에서 지속적으로 평가되고, 다듬어지고 있다. 이러한 동일한 체계가 국내 경쟁, 특히 국제적 경쟁 자격화로 확산될 것이다. 그러나 설사 그렇다고 하더라도, 언제쯤 일반적으로 수용될 수 있을 것인가?

> **주요 내용**
> 장애 있는 선수들의 경쟁을 위한 등급분류는 오래된 논쟁점이다.

등급분류: 통합과 분리

　등급분류는 장애가 있는 선수들 사이에서의 공정한 경쟁을 위한 우선적인 관심사이다. 그러나 좀 더 확장적인 상황에서 스포츠와 장애의 중심은 일반 선수들과의 경쟁이다. 이러한 논쟁점은 일반 선수들의 경기 내에 장애인스포츠 경기의 통합, 장애 있는 선수들과 일반 선수들의 경쟁 등 두 가지 방식으로 생각할 수 있다.

　장애 있는 선수의 증가에 따라 올림픽, 팬아메리칸게임(Pan American Games), 세계대학경기(World University Games), 영연방대회(Commonwealth Games), 세계챔피언십대회(World Championships)와 같은 주요 국제 경기 내에 장애가 있는 선수들을 위한 경기의 통합을 주장하고 있다. 그러나 이러한 경쟁 유형의 주장에도 불구하고, 여전히 등급분류 문제는 완전하게 확정되지 않고 있다.

　또한, 일반 선수와 나란히 경쟁하는 장애 있는 선수들에 대한 논의는 스포츠와 장애 관련 문헌에서 사실상 무시되고 있다. 올림픽에서의 주목할 만한 예들(1948년과 1952년 사격에서 금메달을 딴 Karoly Takacs; 소아마비임에도 불구하고 1952년 마장마술에서 은메달을 딴 Liz Hartel; 1984년 뉴질랜드를 대표하여 휠체어 양궁에 출전한 Neroli Fairhall)을 제외하고는, 이러한 경쟁 유형은 지역 수준에 머물러 있다. 스포츠와 장애의 미래에서는 통합과 등급분류 관련 문제가 중요하다.

　등급분류는 항상 장애인스포츠, 특히 국제 경쟁에서 중요한 요소이다. 1990년대에, 파랄림픽의 의무분류 체계는 기능분류 체계가 사용되면서 대체되었다. 비록 등급분류 문제가 논쟁 중에 있지만, 이것은 장애인스포츠의 기본적인 철학과 관련되어 있다.

등급분류와 파랄림픽의 미래

파랄림픽은 선수들을 적절히 등급화(맹/시각장애 선수를 위한 세 가지와 신체장애 선수들을 위한 많은 등급)하기 위해 몇 가지 등급분류 체계를 사용해왔다. 주요 경쟁에서 등급 수 감소에 대한 압력과 현재 체계에 대한 상당한 반대와 이로 인한 이익과 불이익을 받는 선수들이 있다. 일반 선수들 사이에서는 100m 챔피언이 두 명(남성과 여성)이지만, 장애인스포츠에서는 수상자가 셀 수 없이 많다(Higgs, 2003).

2004년 아테네 파랄림픽 대회 기간 동안, 선수의 수를 줄여 경쟁 등급 수를 줄이라는 압력이 더 커졌고, 이것은 앞으로 모든 파랄림픽 대회에서도 마찬가지일 것이다. 공평성에 대한 새로운 접근이 요구되고 있다. Higgs(2003)는 공정성, 투명성, 쉬운 이해, 즉각적인 결과 판단, 그리고 의미 있는 경쟁 제공에 대해 언급하고 있다. 예를 들어 트랙경기에서 그는, 다른 출발시간이나 트랙 상의 다른 지점에서 동일한 레이스를 모든 등급이 함께 하는 것을 제안했다. 이것은 개인이 아니라 출발 지점을 기초로 등급을 구성하기 때문에 더 많은 등급이 포함되면서 경기 수를 줄일 수 있다. 또한, 투포환이나 탁구와 같은 스포츠에 장애 등급분류를 기초로 한 출발 등급 점수제를 제안했다. 시간과 거리에 따라 많은 단위로 나누게 되면, 이 방법에 따라 장애 있는 선수들은 경기에 대한 출발 점수를 얻을 수 있다(예를 들어, 어떤 선수는 8점에서 출발하고, 또 다른 선수는 3점에서 출발한다). 이 체계는 골프에서 사용하는 핸디캡 체계와 유사하다.

> "통합 등급분류에 대한 우리의 현재 접근은 가장 심한 장애를 가진 사람들을 등급 분류의 가장 낮은 곳에 둠으로써 상처를 준다. 이것은 부당하며, 배제를 하는 것이다. 공평하고, 통합적이며, 실용적인 방법을 찾아야만 한다…이것이 우리에게 주어진 일이다." (Higgs, 2003)

윤리적인 문제

　올림픽에서 나타나는 윤리적으로 심각한 문제들이 장애인스포츠에서는 나타나지 않을 것이라는 믿음은 순진한 생각이다. 팀과 선수를 관리할 때 금지된 방법(부스팅이나 도핑)을 통한 운동수행력 향상을 시도하는 것을 반드시 고려해야 하며, 이를 소홀히 할 경우 자칫 팀과 선수의 자격박탈을 가져온다(Riding, 2001). 휠체어와 다른 보조 장비의 특수화 방법 또한 철저하게 관리해야 한다.

　2000년 시드니 파랄림픽 대회에서 윤리적인 문제의 한 사례가 발생했다. 정신지체 경기에 참가한 스페인 선수가 나중에 정신지체가 아니라는 것이 밝혀졌다. 이후 이 선수는 정신지체인국제스포츠연맹(International Sports Federation for Persons with Mental Handicap)이 후원하는 경기에서 제명되었고, 파랄림픽 대회 참가도 금지되었다.

　1992년 바르셀로나 파랄림픽 대회에서는 팀 부정이 발생했다. 미국의 남자 농구팀이 금메달을 박탈당했는데, 선수 중의 한명인 David Kiley가 금지약물인 Darvocet에 양성반응을 보인 것이다.

　약물복용과 관련하여, 일반 선수들과 달리 장애 있는 선수들에게는 중요한 차이점과 필요성이 내재되어 있다. 예를 들어, 특정 약물은 고통 또는 근육 수축(진통)의 원인이 되는 신경학적 반응을 억제하는데 필요하다. 그러나 이러한 약물은 선수들에게 고통을 억누르게 하여 자신의 능력 이상으로 훈련을 하게하며, 자칫 목숨을 잃을 수도 있다(Riding, 2001). 수행력에서 합성스테로이드의 일종인 동화스테로이드의 역할이 일반 선수들에게는 명확히 기술될 수 있지만, 장애인 선수들에게는 생존 기능을 위해 필수적이라면 어떻게 할 것인가? 올림픽에서 약물복용의 규정을 완전하게 적용할 수 있을 것인가? 파랄림픽과 올림픽의 차이가 있다면, IOC에서는 어떻게 받아들일 것인가?

　선수들은 심각한 윤리적 문제에만 직면해 있는 것이 아니다. 스포츠 사업이 급속히 변하고 경쟁적인 본질을 가지고 있기 때문에 관리자, 코치들은 선택의 문제에 직면해 있다. 스포츠가 보증하는 선전(endorsement)은 곧 돈을 의미하며, 그것은 가시성을 높여준다. 따라서 스포츠 사업은 이것을 얻기 위하여 노력한다. 인증을 얻기 위한 방법은 훈련, 약물 사용, 장비 조작에 영향을 미칠 수 있다.

　Wheeler(2001)는 (장애인)스포츠 세계에서 윤리 문제를 묘사하는 방법으로 윤리적 상대성 개념을 언급하고 있다. 선수와 행정가, 전문가, 코치, 기관, 국가의 결정과정과 체계는 사회와 그 안에 있는 개인에 의존한다는 가정이다. 따라서 우리는 스포츠 환경의 일부분인 선수와 보상, 다른 비윤리적 행동들을 차별 있게 다루어야 한다.

　윤리적 문제를 해결할 수 있는 방법이 있는가? Wheeler(2001)는 모든 스포츠 경험 국면(예, 청소년, 경쟁, 은퇴 시기)에서의 파랄림픽 선수들을 위한 표준화된 윤리적 코드를 발전시켰다. 자율신경과반사증(autonomic dysreflexia)의 원인이 되는 부스팅(boosting, 신체를 활성화시키는 물질)은 경기 중에 수행력 향상을 가져온다고 보고되고 있다. 경수 또는 상위 흉수 손상이 있는 사람들은 자율신경과반사증인 비정상적인 교감신경계 반사를 가질 수 있다. 비록 이러한 반사가 지속적으로 일어나지는 않지만, 부스팅을 통해 조절할 수 있다. 이러한 반사는 건강의 위험요소가 될 수 있고, 특히 방광 팽창이나 염증으로 하지에 고통을 주는 원인이 될 수 있다. IPC에 따르면, 자극에 대한 반사장애(dysreflexic)를 나타내는 선수들을 예선에서 탈락시키고 있다.

도핑

도핑(운동수행력 향상을 위해 사용)과의 싸움은 올림픽과 파랄림픽 선수들에게는 매우 중요한 문제이다. IOC와 IPC는 도핑에 대해 엄격한 입장을 취하고 있으며, 운동수행력 향상을 위한 약물사용 예방을 위한 정책과 절차를 갖추고 있다. 특히, IPC 의학 및 반도핑 체계(Medical & Anti-Doping Code)는 선수의 수행력 향상에 영향을 미치는 특정 물질과 방법을 금지하고 있다. 금지 물질과 방법에 대한 목록은 IPC 체계에 따른 벌칙을 규정하고 있다. 자격박탈과 정지가 일반적인 벌칙이다. 2003년도에 IPC는 IPC 의학 및 반도핑 체계를 세계 반도핑 체계와 기준으로 개정했다.

장애 있는 선수들 사이에서 도핑의 유행은 잘 드러나지 않고 있지만, 많은 사람들은 스포츠 세계의 어느 곳에서나 마찬가지의 문제라고 믿고 있다. 1983년 장애인스포츠에서 도핑 검사를 처음 시도한 이후 지속적으로 실시하고 있다. 다음은 파랄림픽 대회에서의 약물 검사에 대한 연대별 주요 사건이다.

- 1983년 노르웨이의 오슬로에서 열린 장애인 경기를 위한 국제스포츠조직 (International Sports Organization for the Disabled Games)에서 샘플 채취를 했으나 분석하지는 않았다.
- 1984년 Stoke Mandeville에서 파랄림픽 휠체어육상 선수들에 대한 샘플을 채취했다.
- 1986년, 스웨덴의 Gothenburg에서 열린 세계 챔피언십에서 육상, 수영, 양궁에서 100명의 샘플을 채취하고 분석하였다. 4개의 샘플에서 양성반응이 나타났는데, 하나는 암페타민, 나머지 셋은 강하지 않은 흥분제였다. 샘플채취 절차가 의문 시 되고, 국제조정위원회의 객관

적인 도핑 정책이 없어서 결과는 무효화되었다.
- 1988년 서울파랄림픽대회에서, 선수 50명을 검사하여 한명이 양성 반응을 나타내었다.
- 장애인스포츠에 대한 반도핑 정책은 IPC 의무위원회 작업을 통해 공표되고 발전하였다. IPC는 IOC의 금지약물과 같은 목록을 사용한다.
- 1992년 바르셀로나파랄림픽대회 이후 약물검사는 IPC가 주관하는 국제 경기에서 시행하고 있다.
- 1992년 바르셀로나 파랄림픽에서 2000년 시드니 파랄림픽까지, 총 12명이 양성반응을 나타내었다. 선수들의 자격은 박탈되었고, 메달은 재수여되었다.
- 2000년 시드니 파랄림픽에서는 경기 전 약물검사를 시행하였다. 경기 전 128건의 약물 검사에서 9명이 양성반응을 보였다. 거의 500건의 검사에서 2명이 추가적으로 양성반응을 보였다. 모든 선수들은 동화스테로이드나 이뇨제 사용으로 주요 도핑 위반을 하였고, 선수 자격 박탈과 4년간의 출전정지를 받았다.

> **주요 내용**
>
> IPC의 반도핑 노력에도 불구하고 장애 있는 선수들은 수행력 향상을 위한 금지된 물질(예, 도핑과 부스팅)을 사용하고 있다.

대중매체의 보도

왜 파랄림픽과 장애인스포츠는 대중매체에서 필수적인 보도내용으로 다루지 않는가? 1990년대의 파랄림픽에는 전체적으로 350만 명 이상이 참여하고 있다. 1996년 파랄림픽의 개·폐회식에는 각각 66,257명과 57,640명이 참여하였다. 2천 개 이상의 대중매체 대표자들이 경기를 공인하였다. 이것은 1998년 월드컵이나 1998년 월드시리즈(야구), 슈퍼볼, 1999년 여자 월드컵과 같은 기타 거대한 스포츠와 견줄만하다(Wanzel, Gibeault, & Tsarouhas, 2001, p.854).

보도내용이 부족한 이유는 무엇보다도 사회적 관점과 장애에 대한 이해 부족이 그 이유일 것이다. 사실, 사람들의 미지에 대한 공포는 경기에 대하여 보고, 담당하고, 읽는 것조차 흥미를 읽게 한다. 이것은 사회적 변화가 필요함을 의미한다. 아마도 신문과 잡지는 "언론의 힘"을 통해 태도를 변화시킬 수 있다(Howe, 2001). 장애인스포츠를 스포츠 행사로서 첫 번째로 다루고, 장애를 두 번째로 다루게 된다면, 장애인스포츠가 실제적으로 다가올 수 있을 것이다. 기사는 인물 면이 아니라 스포츠 면에서 다루어져야 한다. 보도내용은 객관적이고 전문적이어야 하며, 타 선수나 경기만큼 비판적이어야 한다.

대중매체에서의 공정한 보도내용에 대한 계속적인 투쟁 노력은 새로운 현상이 아니다. 파랄림픽에 대한 보도내용이 가장 일관성이 없으며, 주목을 끌지 못한다. 1996년 애틀랜타 파랄림픽에 대한 연구에서, Schantz와 Gilbert (1997)는 1개월 보름 동안에 걸쳐 프랑스와 독일 신문의 경기 보도내용을 조사하였다. 전혀 예상하지 못했던 것은 아니지만, 프랑스와 독일 신문의 스포츠 면은 경기에 거의 관심이 없다는 결론을 얻었다. 스포츠 수행보다는 선수가 장애를 어떻게 조정하느냐에 관심이 있었다. 더욱이, 스포츠의 대부분은 휠체어경기였으며, 장애의 특성은 언급하지 않았다.

1990년대 Casey Martin은 규칙에 의해 금지되어 있지만, 그는 장애로 인해 프로 대회에서 카트를 사용하는 권리에 대해 법률 소송을 하였고,

이로 인해 파랄림픽 스포츠는 아니지만 골프가 폭 넓게 보도되었다. Casey가 결국 승소하였으나, 결과적으로 대중매체의 보도와 관련하여 얻은 이득은 없었다. Mass와 Hasbrook(2001)은 Casey Martin의 소송 기간 동안의 몇 가지 골프 잡지를 분석하여, "장애가 있는 골프선수들이 광고와 사진에서 제외되고 있으며, 기사에서는 최소한의 관심만을 받고 있다"고 밝히고 있다(p.21). 더 나아가 연구자들은 여성 골프 선수와 노년의 골프 선수들이 증가하고 있음에도 불구하고 골프 잡지들은 계속해서 경시하고 있다고 주장하고 있다.

대중매체 관련 교육과정은 반드시 장애인스포츠에 대한 보도내용을 포함해야 한다. 학생들은 지역사회의 경기에 대한 참여, 보도, 기사 작성, 사진 촬영에 대한 기회를 가져야 한다. 이러한 경기에 대한 경험이 커질수록 이러한 경기들이 대중에게 더 쉽게 다가갈 수 있다.

스포츠는 사람, 문화, 성, 인종을 초월한 공통적인 것으로 고려되어야 함에도 불구하고 현실에서는 그렇지 않다. Pearce와 Kane(2001)은 두 가지 대중 스포츠 잡지의 장애인 관련 내용을 분석했다. 잡지에서 인종과 성의 표현은 주요 출판 경향을 보이고 있다고 밝혔다. 즉, 남성이 여성보다 많은 특징과, 백인이 다른 인종보다 많았다는 것이다. 다시 말하면, 언론의 힘은 실제 또는 이미지에서, 인종과 성에 관한 한 장애인 자신의 대중매체 형식에서도 유사한 유형을 보이고 있다.

> **주요 내용**
>
> 많은 이유 즉, 장애에 대한 사회적 이해 부족으로, 장애인스포츠에 대한 대중매체의 보도가 부족하다.

소년 스포츠의 발전

청소년은 우리의 미래다. 경쟁 스포츠와 여가활동에 참여하고 있는 장애가 있는 청소년 선수들은 규정은 아니지만 여전히 제외되고 있다. 기회가 있다고 알려져 있지만, 대규모의 청소년 참가는 중요시 되지 않았다(Sherrill, 2001a). 그들은 눈에 띄지 않는다. 그들에 경기에 참가했을 때, 그들의 참가는 인물면이나 뉴스보도의 마지막에서 다룬다. 장애가 있는 청소년(예, 절단, 정신지체 선수, 청각장애 선수)은 모든 수준의 축구경기에 참여하고 있다.

스포츠에서 모든 사람의 성-평등 기회를 강조하고 있는 DeFrantz(2000)는 "스포츠는 우리 모두를 포함한다... 이것은 전 세계가 하나가 될 수 있는 강력한 힘이다... 그러나 불행히도 초등학교와 중학교 교육과정에는 스포츠에 참여할 기회가 거의 없다..."고 주장했다(p. 17). 초기 발달과정 상에 적절한 체육교육 내용이 없는, 기본 움직임과 기술의 학습 기회 부족은 곧 장애가 있는 청소년들이 경쟁 스포츠 세계에 참여할 수 있는 능력을 제한시킨다.

Gavron(2000, p. 26)은 또한, (미국에서) 체육교육은 ⑴ 경쟁 스포츠의 유용한 제공 부족 ⑵ 장애아동과 청소년들이 참가하고자 하는 의욕이나 지식 부족 ⑶ 성인 영역으로의 진행과정을 도울 수 있는 지식, 관심, 지원의 부족 ⑷ 공립학교에서의 진행과정을 도울 수 있는 재정지원이나 지원 체계 부족 ⑸ (적어도 미국의)공립학교 환경 내에서 전 생애에 걸친 통합 스포츠 모델과 철학의 부족 등으로 쇠퇴하였다고 주장하였다.

장애인스포츠를 빛낸 인물

- 성명 : Junichi Kawai
- 국적: 일본, 시즈오카
- 종목: 수영
- 수상 경력
    - 1992년 바르셀로나 파랄림픽 은·동메달 획득
    - 1992년 바르셀로나 파랄림픽 100m 자유형 최초 금메달 획득
    - 1996년 애틀랜타 파랄림픽 2개의 금메달과 은·동메달 획득
    - 2000년 시드니 파랄림픽 2개의 금메달과 3개의 은메달 획득
    - 2000년 시드니 파랄림픽 대회에서 50m 자유형, 400m 혼계영 세계기록 수립

이 어린 선수에게는 사명감이 있다. 그는 장애 청소년들에게 "목표를 세우고 최선을 다해라"라고 강조했다. 그는 목표를 이루었다. 그는 참가하는 파랄림픽마다 메달을 땄다. 그는 1992년에 시각장애 수영 1000m 자유형에서 최초로 금메달을 땄다.

"목표를 세우고 최선을 다해라."

애틀랜타 파랄림픽(1996)에서 그는 참가 종목에서 2개의 금메달과, 각각 1개씩의 은메달과 동메달을 땄다. 2000년 시드니에서는 2개의 금메달과 3개의 은메달을 땄으며, 50m 자유형과 400m 혼계영에서 세계기록을 수립하였다. 선천성 시각장애인인 Junichi는 주 6회, 2-3시간씩 훈련하였다. 고등학교 시절의 코치는 그를 장애인스포츠에 참가하게 한 계기가 되었다.

Junichi는 집중력 있고 훈련이 잘 된 대표적인 선수가 되었다. 그는 "스포츠는 나에게 완전한 삶을 주었다"라고 느끼고 있다. 그는 전 세계적으로 장애인스포츠에 대한 대중적인 이해의 부족과 많은 장애인 선수들에 대한 재정적 기초가 불안정해서 생존 수단을 제공하지 못한다는 점에 걱정을 하고 있다. 그러나 Junichi Kawai는 이러한 걱정에도 불구하고 그의 목표를 설정하고 훌륭하게 성취하였다.

마케팅

일부 사람들은 파랄림픽과 같은 주요 경기가 마케팅에서 성공할 수 있을 것이라 생각하고 있다. 그러나 현실은 그렇지 않다. 지난 10년 동안 많은 성장에도 불구하고 장애인스포츠에 대한 사회적 수용과 대중적 호감도는 크지 않다(Lienert, Malone, & Yilla, 2003; Moeller, 2001; Schantz, 2003; Wanzel, Gibeault, & Tsarouhas, 2001). 휘티스 박스(Wheaties box)에 유명 선수들과 함께 등장한 나이키 광고에서의 통합, 드물지만 Sudafed와 같은 주요 기업의 시상 등이 몇몇 성공 사례이다.

파랄림픽 스포츠는 기업 스폰서에 관한 한 "우수한 잠재성을 가진 저개발 자산이다"(Wanzel, Gibeault, & Tsarouhas, 2001). 기업 스폰서는 세계적 발전과 지속적인 가시화가 핵심이다. 그러나 기업 스폰서가 사람들의 태도를 변화시킬 수 있는가?

Schantz(2003)는 2000년 파랄림픽에 대한 연구에서, "장애인의 스포츠 경쟁에 대한 태도는 양면(이중)적이고, 여전히 스포츠에 의존한 기이한 행동이라는 생각으로 가득 차있다"고 밝히고 있다(p.85). 여전히 존재하는 이러한 태도에도 불구하고 기업들은 이와 같은 사업을 계속 할 것인가?

맺음말

장애인스포츠는 계속해서 발전하고 있다. 정당성 획득에 대한 노력을 통해, 장애인스포츠도 선수들의 불법적 운동수행 향상방법 사용과 윤리적인 문제, 청소년 스포츠 발전에 대한 기대 등의 문제들에 직면해 있다. 장애인스포츠의 독특성은 통합의 노력과 대중매체의 관심 부족이다. 장애인스포츠는 계속 발전할 것이며, 이러한 문제에 대한 논쟁도 계속될 것이다.

제13장

장애 있는 여성 스포츠 선수

| 목표 |
- 소녀와 여성 장애인스포츠 선수들의 업적 인정과 사회와 스포츠에서 여성 장애인의 경험 이해

| 주요 내용 |
- 역사적 관점
- 올림픽에서의 여성 선수
- 마라톤에서의 여성 선수
- 공정성 문제

역사적으로, 다양한 사회 집단들이 주류 사회와 주문화로부터 배제되어 왔다. 이러한 "소외"집단에는 여성, 특정 인종과 소수 민족, 장애인, 빈곤 계층, 동성애자 등이 포함된다. 장애 있는 여성 선수들은 소외 때문에 이중고에 시달리고 있다(Holcomb, 1984). 여성 장애인 선수들의 스포츠 세계도 예외는 아니다.

장애인스포츠를 다룬 초기의 책들(예, Guttmann, 1976; Paciorek & Jones, 1989; Sherrill, 1986; Stewart, 1991; van Hal, Rarick, & Vermeer, 1984; Vermeer, 1986)은 인종, 소수민족, 또는 성 등의 다양성을 거의 또는 아예 언급하지 않았다. 장애 있는 여성을 최초로 언급한 저자는 '스포츠에서의 여성'이라는 책을 쓴 작가와 청각장애인스포츠에서 성과 인종 문제를 다룬 Stewart(1991)이었다. 지금까지 일부 장애인스포츠 관련 서적들은 장애 있는 여성 선수들에 대한 내용을 일부만 다루고 있다(예, Doll- Tepper, Kroner, & Sonnenschein, 2001; Driscoll, Benge, & Benge, 2000; Steadward, Wheeler, & Watkinson, 2003). 이 책은 장애인스포츠에 대한 개략적인 내용을 다루고 있으며, 본 장은 스포츠 현장에서 소녀와 여성 장애인들의 성취 과정과 세부 사항들에 대해 기술하였다.

비록 장애인스포츠 관련 서적들이 소수 민족에 대한 차별 또는 계층, 성차, 종교, 문화 등과 같이 성에 대해 거의 다루고 있지 않지만, 한 사람의 스포츠 경험은 하나의 특정 준거에 의해 변화한다는 것은 잘 알려진 사실이다(예, Birrell, 1988; Boutilier & San Giovanni, 1983; Theberge, 1985). 본 장은 장애가 있는 사람들이 스포츠에 참가하는 데에 영향을 미치는 다양한 상호작용 요인들의 하나로서 성에 대하여 기술하였다.

최근에 연구자들은 연구 영역에 장애가 있는 여성 선수들을 포함시키고 있으나, 여성 선수뿐만 아니라 성과 스포츠에 대한 연구는 매우 제한적이다. 1980년대 후반에 캐나다에서 여성 장애인과 스포츠 및 신체활동 참여에 대한 조사를 실시하였다. 1986년과 1988년 사이에 캐나다 장애인스포츠연맹(Canadian Federation of Sport Organizations for the Disabled)은 캐나다여성체력프로그램(Fitness Canada women's program)의 지원 하에 캐나다 전체의 소녀와 여성 지체장애인들(physical disabilities)을 대상으로 설문 조사하였다. 그 결과는 다음과 같다(Physical Activity & Women With Disabilities: A National Survey, 발췌)

- 현재의 신체활동 수준은 불충분하다.
- 신체활동은 어느 정도 중요하거나 매우 중요하다.
- 스스로 신체활동 기회를 찾는데 어려움이 있다.
- 응답자들은 비경쟁적이고 레크리에이션 성향의 활동을 선호한다.
- 신체활동에 참가하더라도 만족하지 않는 경우가 있다.
- 신체활동 참가는 거의 자발적이거나 가족과 친구의 영향이었다.
- 응답자들은 즐거움과 기쁨을 위해서, 더 나은 기분을 위해서, 편안함과 스트레스 감소를 위해서, 체력 향상과 유지를 위해서 참가하고 있었다.
- 참가 제약 요인에는 시간 제약, 시설 접근성 제한, 교통 문제, 이용 가능 정보 부족 등이다. 장애와 의학적 문제는 참가 제약의 우선 사항이 아니었다.
- 집에서 가깝고, 접근 가능한 시설, 유능한 지도자, 참가 파트너, 장애가 있는 여성 프로그램에 대한 많은 정보로 인해 더 많은 참가가 이루어졌다.
- 응답자들은 성, 장애에 따른 구분을 선호하지 않았다. 통합 상황을 좋아한다.

역사적 관점

 거의 알려지지 않았고 대부분 인식하고 있지 못하지만, 소녀와 장애 있는 여성의 경쟁 스포츠 역사는 1900년대 초로 거슬러 올라가며, 20세기와 21세기에 걸쳐 계속적으로 변화해 왔다. 최근까지도 이러한 역사는 대부분의 장애인스포츠 역사로부터 분리하기가 어렵기 때문에, 성, 인종, 소수민족, 특정 장애 유형에 대한 특정 참고자료를 사용했다. 일반적으로, (청각장애를 포함한) 장애 있는 여성 선수들은 장애인스포츠의 변화와 일반 스포츠의 역사와 함께 하였다. 그러나 그들의 이야기는 전해지지 않았고, 그들의 목소리는 들리지 않았다.

 장애 있는 여성들은 스포츠 영역으로의 통합 권리를 위해 싸웠다(Hedrick & Hedrick, 1991). 실제 장애인스포츠에는 비교적 청소년들이 활동했고(DePauw, 1986c; 1990a; Steadward & Walsh, 1986), 스포츠에 소녀와 여성의 참가는 새로운 현상이었다. 장애인스포츠에 대한 역사는 1960년대부터 시작되었다. 장애가 있는 여성 선수들은 남성 선수들과 함께 선수로서 더 큰 확신과 인정을 받았다. 장애가 있는 여성 선수의 참가와 성취 결과를 포함하여 상세한 장애인스포츠 연대표는 부록 A에 제시하였다. 이 연대표에는 모두가 포함된 것은 아니지만, 우선적으로 서구적 관점이 제시되어 있다. 다음의 하위 단락에 요약되어 있다.

> **주요 내용**
>
> 장애 있는 여성 선수들은 100여년 이상 장애인스포츠를 포함한 스포츠에 참가하고 있다.

청각장애

1924년 국제청각장애인스포츠위원회(CISS)의 후원 아래 청각장애인들은 국제청각장애인경기대회의 참가 기회를 얻었다. 이후에, 청각장애인 국제 및 국내 경기의 참가한 여성은 총 참가자의 대략 1/4에서 1/3이었다.

청각장애인스포츠를 총괄하는 사람은 미국이나 국제적으로 남성들이 하고 있다. 특히, 모든 CISS 회장은 남성이었고, 주요 임원들도 남성들이 차지하고 있었다. CISS는 국제올림픽위원회의 시행 이전인 1980년대 후반에 와서야 여성을 임원으로 선출하였다(Stewart, 1991, p. 7).

1980년대 후반, 미국에서 2명의 청각장애 여성이 주요 임원으로 취임하였다. 미국청각장애선수협회(American Athletic Association of the Deaf)는 Utah 출신의 Shirley Platt를 최초의 여성 회계담당 비서관으로 선출하였고, Washington D.C. 출신의 Donalda Ammons 미국 청각장애인 팀 대회위원회(United States World Games for the Deaf Team Committee)의 최초 여성 의장이 되었다.

지체장애

지체장애가 있는 선수들을 위한 조직적인 스포츠는 1944년 영국의 Stoke Mandeville 병원의 척수손상 센터에서 시작되었다. 병원장이었던 Ludwig Guttmann 경에 의해 상이군경들의 재활 수단의 일부분으로써 시작된 휠체어스포츠가 발전된 것이다. 4년 후 13명의 남성과 3명의 여성(모두 병원 환자)들이 휠체어 양궁 경기에 참가하였고, 이것이 최초의 Stoke Mandeville 경기가 되었다.

Stoke Mandeville 대회가 남성과 여성이 대회에 참가한 대회였으나, 초기 휠체어농구 대회에는 남성들만이 참가하였다. 1940년대 중반 휠체어농구가 시작된 이후로, 여성이 참가하는 데에는 20여년이 흘렀다. 1968년, Tel Aviv 파랄림픽에서 여성 휠체어농구가 공식적으로 소개되었다. 이후 여성들이 참가한 휠체어농구 대회는 국제Stoke Mandeville경기대회(1970), Pan American 휠체어경기대회(1971), 유럽챔피언대회(1974), 월드컵챔피언대회(1990) 등이 있다.

1968년 Tel Aviv 파랄림픽에 미국 여성이 참가했지만, 국제휠체어농구협회는 1974년까지 여성 참가를 금하는 차별을 했다(Hedrick & Hedrick, 1991). 다음 해에 최초의 여성 국제 토너먼트가 개최되었다.

1960년대 초 장애가 있는 선수들의 국제 경기는 단지 청각장애가 있는 사람들과 휠체어 사용자들만이 참가하였다. 그러나 스포츠 협회가 추가로 결성되었고, 다른 지체장애인들을 포함시키면서 경기가 더욱 조직화되었다. ISOD, CP-ISRA, IBSA, ICC, IPC 등의 조직들은 처음부터 남녀 모두에게 임원이 될 수 있는 기회를 동등하게 제공하고 있다.

오늘날, 국제대회에 참가하는 선수들 중 약 1/3은 여성이지만 CISS만은 남성들이 주요 임원을 차지하고 있다. 영국 출신의 Elizabeth Dendy는 국제뇌성마비스포츠레크리에이션협회의 최초의 여성 임원으로서 ICC 회의를 주재하였다. Dendy는 IPC 최초의 여성 임원이 되었다.

정신지체

국제특수올림픽위원회(Special Olympics International)와 국제정신지체인경기연맹(International Sports Federation for Persons with Intellectual Disabilities)은 항상 정신지체 남녀 선수들이 스포츠에 참가하고 있다. 정당하고 합리적인 분배로 남성과 여성 선수의 국내외의 경기에 참가하고 있다.

장애인스포츠를 빛낸 인물

- 성명: Anne-Mette Bredahl
- 국적: 덴마크
- 종목: 크로스컨트리와 바이애슬론, 골볼
- 수상 경력
  - 1994년 파랄림픽 금메달 수상자
  - 임상 심리학자

　　Anne-Mette Bredahl은 특별히 스포츠를 좋아하지 않는 둔하고 서투른 아이라고 생각했다. 그녀는 22살에 시력을 완전히 잃었고, "운동경기"뿐 아니라 동계스포츠선수조차 아니었다. 이런 그녀가 1994년 릴리함메르 동계 파랄림픽에서 장애가 있는 사람들과 일반 선수를 통틀어 덴마크의 첫 번째 동계 대회 금메달 수상자가 되었다.

　　그녀는 챔피언이 되었다! 그녀의 훈련은 하루에 1-2시간씩 혹독하게 진행되었다. 안내자는 Anne에게 가장 중요한 사람으로서, 그녀를 보조하고 그녀 자신과 그녀의 능력을 믿을 수 있게 도와주었다.

　　스포츠는 인생을 상징한다고 한다. Anne는 훈련과 세계 수준 선수로서의 엄격함이 "내 바쁜 인생을 지배할 수 있는 에너지를 주었다. 나는 임상 심리학자로서 10년을 보냈다. 나는 책과 논문 작성, 장애와 관련된 공부를 하는 사람들을 위한 강의, 장애가 있는 사람들의 진로 제시, 대학과 고등학교에서의 강의, 사업설명회 개최도 했다." Anne는 젊은 선수들에게 운동선수로서 열심히 할 것과 열심히 하는 것은 "독립적인 삶을 얻을 수 있는 길"이라고 강조한다. 또한, 스포츠 경기에 참가하는 것은 "사람들이 우리를 인식하게 하는 도전이다."라고 생각하고 있다. Anne는 통합과 등급분류에 대해 각각의 필요에 따라 주장하는 찬반양론이 있다고 언급했다. 논쟁 문제가 복잡하기 때문에 세계적으로 수용 가능한 빠르고 쉬운 방식으로의 해결을 어렵게 한다. Anne는 스포츠 참가와 주변의 계속적인 도움으로 인해 개인적이고도 전문적인 챔피언이 되었다.

올림픽에서의 여성 선수

　1984년 사라예보 동계 올림픽과 로스엔젤리스 하계 올림픽에서 최초로 장애가 있는 선수들이 시범경기에 참가하였다. 하계 올림픽 시범종목은 종목은 여성 800m 휠체어 레이스와 남성 1,500m 휠체어 레이스였다. 이 경기들은 1988년 서울과 1992년 바르셀로나 파랄림픽까지 이어졌다. Sarajevo (1984)와 Calgary(1988) 동계올림픽에서 시각장애와 지체장애가 있는 선수들의 알파인과 노르딕 경기가 진행되었으나, Albertville (1992) 동계올림픽에서는 진행되지 않았다. 외발의 Diana Golden은 Calgary에서 가장 유명한 장애가 있는 여성 스키선수가 되었다.

　일부 장애 있는 여성 선수들이 하계 올림픽에 참가하게 되었다. 소아마비 선수였던 Liz Hartel는 1952년 헬싱키 올림픽 마장마술 종목에서 은메달을 획득하였다. Neroli Fairhall은 1984년 로스앤젤레스 올림픽에 뉴질랜드 양궁 대표 팀의 일원으로 참가하였다. 그녀는 휠체어를 타고 올림픽 대회에 참가하였다.

　두 여성은 올림픽과 파랄림픽 모두에 성공적으로 참가하였다. 1996년 올림픽에서 Paola Fantato는 이탈리아 대표단으로서 휠체어를 타고 양궁 경기장에 입장하였다(Mascagni, 1996). 2주 후에, 애틀랜타 파랄림픽에도 참가하였다. Marla Runyan은 시각장애인 중거리 선수이자 7종 경기 선수로서 2000년 시드니 올림픽에 참가하였다. Runyan은 2003년 보스턴 마라톤 대회에 참가해서 5번째 완주를 하였다.

마라톤에서의 여성 선수

1974년 보스턴 마라톤 대회에서 장애 있는 선수들이 도로경기와 마라톤 경기에 참가할 수 있었다. 휠체어를 탄 최초의 여성 선수는 Sharon Rahn Hedrick이었다. 그녀는 1977년에 경기에 참가하여 3시간 48분 51초의 기록으로 완주하였다. 이후 참가자들의 기록은 눈에 띄게 향상되었다(그림 3.1 참조). 1990년 남자부 기록은 1시간 29분 53초, 여자부 기록은 1시간 43분 17초로서 남성과 여성의 기록 차이는 몇 년에 걸쳐 좁혀졌다. 이렇게 운동수행력과 기록은 향상되었지만, 여성 선수의 수는 상대적으로 적어지고 있다(해마다 3명 또는 4명). Jean Driscoll은 휠체어 종목(push rim) 여성 부문에서 보스턴 마라톤 역사상 다른 어떤 선수(남여, 일반 또는 장애)보다 많은 8번이나 우승했다. Cheri Blauwet은 2003년에 뉴욕 마라톤 휠체어 부문에서 1시간 59분 30초의 신기록을 세웠으며, 이는 2002년 자신의 기록을 15분 앞당긴 것이었다. 그녀는 또는 로

그림 13.1
사진 제공 Sue Gavron
미국 좌식배구팀의 위치선정과 이동 연습

스앤젤레스 마라톤에서 1시간 50분 06초의 기록으로 우승하였다(여성 스포츠 재단 Woman's Sports Foundation, 2003).

보스턴 마라톤 대회 이후, 다른 마라톤 대회(예, 몬트리올, 일본, 로스 엔젤리스, 롱비치)와 도로 경기(예, Lilac BloomsdayRun, Wheels of Fire, Gasparilla)에서도 휠체어 부문 경주가 실시되었다. 남성과 여성 장애인 선수들은 순회경기의 상금을 통해 직업으로서의 경기가 가능해졌다.

> **주요 내용**
>
> 장애 있는 여성 선수들의 업적은 일반 여성 및 장애가 있는 남성 선수들의 업적과 동등한 것이다.

공정성 문제

장애인스포츠 참가에서 공정성 문제는 성과 인종 문제보다 크다. 여기에는 성, 장애 유형 및 정도, 스포츠의 종류가 서로 맞물려 있다.

경기에 여성 선수들이 처음 참가하면서(예, 1952년 Stoke Mandevill 경기, 1924년 국제 청각장애인 경기대회), 주요 국제대회에 여성 종목이 포함되었다(91페이지 표 5.1 참조). 그러나 파랄림픽에 참가한 여성 선수들은 많지 않았다(DePauw, 1994; Sherrill, 1997). 1992년 바르셀로나 파랄림픽에서의 남성과 여성의 성비는 3:1이었으나, 1996년 애틀랜타 파랄림픽에서의 남성과 여성의 성비는 4:1로 감소하였다. 애틀랜타 파랄림픽에서는 103개 참가국 중에 49개국(47%)에서 여성 선수가 없었고,

대부분의 나라도 9명 이하이였다(Sherrill, 1997).

이러한 경향으로 인하여 IPC 스포츠 위원회는 미래의 파랄림픽에서 여성 대표와 참여의 문제를 진술한 여성의 권리를 만들었다. 스포츠에 장애 있는 여성 선수들의 참가가 중요하다는 인식을 하였다. 여성과 스포츠에 관한 Brington 선언(Brington Declaraton on Women and Sport; 1994)의 첫 번째 원칙은 사회와 스포츠에서의 공정성과 평등이다. 특히, 이 선언문에서는 "그 목적이 여가와 레크리에이션, 건강 증진이나 우수 경기력이든지 간에 스포츠 참가의 동등한 기회는 인종과 피부색, 언어, 종교, 신념, 성, 연령, 혼인, 장애, 정치적 신념이나 소속, 국가나 사회에 상관없이 모든 여성의 권리"라고 언급하고 있다. 이는 1998년 윈드후크 법률(Wyndhoek Call for Action)에서 재확인되었고, 몬트리올에서 열린 2002 세계 여성과 스포츠 회의(2002 World Conference on Women and Sport)에서 진척상황이 보고되었다.

미국에서 장애 있는 선수들의 스포츠 기회는 지역 사회 레크리에이션과 스포츠 프로그램으로부터 대학 대항 프로그램까지 확장되었다. Illinois 대학과 Wright 주립대학의 지체장애 선수들과 Gallaudet 대학의 청각장애 학생들에게는 운동선수 장학금을 포함해 대학 스포츠 경험을 제공하고 있다(5장 참조). 비록 이러한 스포츠 기회를 여성이 이용할 수는 있지만, 많은 사람들이 남성을 선호한다.

> **주요 내용**
>
> 공정성 문제와 스포츠에서의 소녀 및 여성의 적절한 주장은 장애인스포츠 운동에서 비교적 최근에 관심을 끌고 있다.

장애인스포츠를 빛낸 인물

- 이름 : Lori Miller
- 국적: Warsaw, Indians
- 종목: 마장마술, 사이클, 골볼, 알파인 스키 등 여러 종목 선수
- 수상 경력
  사이클, 골볼, 스키 종목의 국내 및 국제 수준에서 메달 및 상위권
  역사와 미국인 연구 분야의 대학원 학력
  시각장애 재활과 적응, 이동성에 관한 석사학위
  저자, 지도자(mentor), 자원봉사자

Lori Miller는 "당신의 제한성을 다른 사람에게 맡겨두지 말라"라고 말한다. Lori는 이러한 철학을 가지고 맹인으로서 살아가고 있으며, 세 차례의 암도 극복했다. 그녀의 집념은 개인적이고, 전문적이며, 선수로서의 성공에 기반이 되었다. 여러 종목의 선수로서 그녀는 마장마술, 골볼, 사이클, 알파인 스키, 기타 종목에서 높은 수준의 성공을 거두었다. 새로운 스포츠를 배우고 전념하는 그녀의 자발성은 운동선수의 표상이다.

"당신의 제한성을 다른 사람에게 맡겨두지 말라."

Lori Miller에게는 또 다른 면이 있다. 그녀는 시각장애에 대한 논문을 쓰고, 그녀의 경험과 성공에 대한 강연을 한다. 그녀는 지역사회 자원봉사자이며, 스포츠 영역에서는 청소년 장애인들을 도와주고 있다. 그녀는 또한, 캐나다의 Nothwest Territory의 DeNe Dogribe 인디안 부족의 지도자(mentor)와 동기부여자 역할을 하고 있다. 인구의 약 23%가 퇴행성 시각장애를 가지고 있으나 시각장애로 받아들여지지 않고 있다(Lori Miller, personal communication, June, 18, 2003). Lori Miller는 엘리트 선수이고, 우수한 시민이며, 특히 사회에서 살아남아 있는 인물이다.

맺음말

비록 많은 발전이 있었지만, 여성과 장애 있는 사람들은 스포츠에서 오랫동안 소외되어 왔다(Birrell, 1988; DePauw, 1997, 2003). 여성과 장애인스포츠 움직임에 유사성이 있음을 확인하였다. 이러한 유사성에는 특정의 문화 및 태도의 유사성(Mastro, Hall, & Canabal, 1988), 스포츠 참가에 대한 의료적 제한성, 비차별과 기회 평등에 대한 법률 위임, 스포츠를 통해서, 그리고 스포츠 내에서의 사회화, 전문 조직에의 참여(예, 미국체육학회, 미국올림픽위원회), 여성과 장애인을 위한 첫 번째 스포츠로서의 농구, 일반 스포츠세계의 벽을 무너뜨린 보스턴 마라톤 대회, 스포츠 참가에 대한 일반적인 장벽 등이 있다. 이러한 장벽에는 학교나 지역사회 프로그램, 역할 모델, 지도자, 접근성의 부족 등이 있다(Grimes & French, 1987).

아마도 장애 있는 여성 선수들의 스포츠 평등에서의 가장 큰 장벽은 전통적이고 역사적인 스포츠 모델이다. 전문선수와 남성 지배적인 영역으로서, 스포츠는 사회의 다른 분야에서도 찾을 수 있는 가부장적 사회 규범(Hall, 1985)과 성 차별 및 불평등을 보존하는데 중요한 역할을 한다(Theberge, 1985, p. 193). 스포츠의 "남성 지배"는 여성의 완전한 참여를 배제하는 데 영향을 주어왔다(예, Birrell, 1988; Felshin, 1974; Theberge, 1985). 마찬가지로, 스포츠의 "육체중심주의"는 장애인을 배제하는 경향이 있다(DePauw, 1997, 2003; Hahn, 1984). 장애와 여성 움직임의 주제로서, 신체에 대한 전통적 개념과 사람 몸에 대한 객관화는 스포츠 영역에서 더욱 중요시되고 있다.

스포츠의 "배타적인" 특성에 대한 반대 입장으로서, 장애인스포츠 운동은 스포츠세계에서 장애가 있는 선수들의 통합을 옹호하고 있다. 비록 장애 있는 여성들이 전장에서 홀로 싸우는 것은 아니지만, 그들의 노력은 아직 끝나지 않았다. 장애가 있는 여성들이 스포츠 경쟁에서 마주치는 추가적인 장벽들은 미래의 여성들이 더 많은 기회를 갖도록 하기 위해 극복할 수 있거나 극복해야 한다. 스포츠의 미래가 통합과 장애가 있는 선수들을 포함해 가면서, 장애가가 있는 여성 선수들은 선수로서만이 아니라 코치, 행정가, 트레이너, 임원, 관람객도 될 수 있다. 이후에 그들은 야심을 가진 청소년들에게 역할 모델이 되어야 한다. 장벽이 제거됨에 따라, 스포츠 프로그램은 더욱 유용하고 접근가능하게 될 것이다.

제14장

장애인스포츠의 미래

| 목표 |
- 장애인스포츠 미래에 대한 동향 이해

| 주요 내용 |
- 동향
- 통합
- 장애인스포츠의 이미지
- 스포츠와 사회 및 장애

장애 있는 선수의 스포츠 참가와 경쟁에 대한 사회적 태도는 지난 반세기 동안 크게 변했다. 이것은 부분적으로 1990년대의 장애인 권리 운동에 대한 영향이며, 이러한 사실들에는 장애에 대해 "모자람(less than)"을 의미하는 의학적 모델이 "차이(difference)"를 의미하는 사회적 모델로 변화된 것과 경험을 공유함으로써 사회적 낙인을 인정하고, 장애인을 수동적(일반적으로 휠체어에 고정된 상태로 앉아있는 로고)으로 묘사하는 대신에 능동적(휠체어를 타고 움직이는 모습)으로 묘사하는 것 등이 있다(Shapiro, 1993; Sherrill, 1997).

동향

장애인스포츠의 미래는 문화적 배경에 따른 정치, 사회, 경제적 요소뿐만 아니라 엘리트 스포츠 환경에 지속적으로 영향을 받을 것이다. 등급분류 문제, 약물 검사, 기술 발전, 훈련 기법의 향상, 스포츠 의학 등은 엘리트 장애인스포츠가 계속적으로 발전하는 요소가 될 것이다. 21세기의 장애인스포츠는 다음과 같이 기술할 수 있다(DePauw, 1990a, 2001c; DePauw & Gavron, 1995)

- 장애인스포츠 프로그램이 확대되고 발전되어 장애 있는 엘리트 선수들을 국가 및 국제적 수준으로 이끄는 수직 구조
- 장애보다는 스포츠를 중심으로 설립된 국가 및 국제 스포츠 기구 내에서 그리고 장애인스포츠를 강하게 연계시킬 수 있는 조직으로서의 여러 장애를 포함하는 국가 및 국제 스포츠 조직 설립
- 경기력이 우수한 선수와 높은 경기력 기준을 강조하는 측면 증가

- 장애 있는 선수들 간에 스포츠 내에서의 특성화가 증가되고 여러 종목에 출전하는 선수의 수 감소
- 장애의 특성보다는 스포츠의 특성과 능력에 따른 등급분류와 경기
- 스포츠 프로그램에 참가하는 장애인(성인, 청소년, 노인) 수 증가
- 장애 있는 소녀와 여성의 동등한 스포츠 참가 기회에 대한 관심 증가와 인종, 사회경제적 지위에 대한 관심 증가
- 올림픽이나 세계선수권대회 등과 같은 주요 국제 경기를 포함한 스포츠 세계에 장애 있는 선수들의 통합 증가
- 코치, 임원, 행정가 사이에서 뿐만 아니라 장애인스포츠 조직 내에서 장애 있는 사람들의 통합 확대
- 장애 있는 선수와 청소년들의 독립적인 생활 수단으로써의 스포츠에 대한 대중의 의식과 수용력 증가

> **주요 내용**
>
> 장애인스포츠와 장애가 있는 선수에 대한 사회적 관점은 장애가 있는 사람들을 선수로서 인정하는 데까지 발전하고 있다.

통합

"발전적인 통합과 수용"의 동향이 정확하다면, 우리는 장애 있는 사람들을 스포츠에 더 많이 통합시켜야 한다. 이러한 동향이나 가설에서 중요한 것은 통합이 의미하는 것이 무엇이냐를 이해하는 것이다. 여기에

서는 스포츠의 "참된" 접근 또는 장애인들이 정보에 근거한 스포츠 참가를 결정할 수 있도록 하는 스포츠의 재구조화라고 주장하고 있다(DePauw, 1994, 1997).

통합은 소외된 집단(예, 장애인, 소수 인종, 여성)이 지배 문화(예, 백인, 남성, 일반인)의 사람들에게 제공되는 것과 유사한 선택권을 갖는 것이다. 스포츠 접근성은 장애 있는 모든 사람들에게 스포츠 참가(그리고 경기), 일반인의 스포츠 참가를 위한 선택이나 희망을 의미하는 것이 아니다. 이것은 기회를 의미한다. 스포츠에서 장애 있는 사람들의 통합은 "선택권"과 신체조건 때문에 배제되지 않은 것을 의미한다(DePauw, 2003). 통합은 일반인들과 함께 경기하고 참여하는 것을 선호하는 것을 의미하는 것이 아니라 오히려 참가하는 것에 선택권을 주고, 분리된 상황에서 경기하거나 혹은 일반인과 함께 참가하고 경기하는 것을 의미한다.

장애인스포츠의 이미지

장애인스포츠의 목적이 스포츠를 통한 재활수단으로부터 스포츠를 위한 스포츠, 경쟁을 위한 경기로 변화하고 있다. 스칸디나비아의 사회학자 Soeder(1995)는 장애인스포츠의 이미지를 재활(rehabilitation)로서의 스포츠, 색다른 구경거리(freak show)로서의 스포츠, 자기 역량 발휘(empowerment)로서의 스포츠로 구분하였다. 역사적으로 볼 때, 대부분의 사람들은 장애인스포츠의 이미지를 재활수단으로서 보았다. 이러한 이미지는 장애에 초점을 둔 것이며, 장애로 인해 발생되는 여러 가지 한계의 극복을 강조하고 있고, 관전자로 하여금 경기에서의 업적을 성공적인 재활의 평가 기준으로 봐라보도록 조장하는 것이다. 색다른 구경

거리로서의 이미지는 이례적으로 특별난 스포츠라는 데에 초점을 두는 것이며, 관중들이 운동선수가 아닌 운동수행 자체에 얼을 빼앗기는 것을 의미한다. 세 번째 이미지는 자기주도로서의 장애인스포츠이다. 이 이미지는 현재 삶에서 능력이 있는 유능한 인간으로서의 선수에 초점을 두는 것이며, 관중들이 장애보다 선수의 운동수행에 관심을 두는 것이다. 자기 역량 발휘로서의 장애인스포츠 이미지는 장애인스포츠 미래의 핵심이며 수단이 될 것이다.

스포츠와 사회 및 장애

올림픽 스포츠 운동과 장애인 선수를 위한 스포츠 운동 양자의 접근은 필연적인 것이다(Landry, 1992). 장애 있는 선수들의 국제 경기 결과를 볼 때(예, 파랄림픽, 데프림픽, 특수올림픽) 스포츠는 더 이상 일반 선수들만의 특권이 아니다.

스포츠와 스포츠에 대한 사회적 관점으로 볼 때에 단지 신체장애로부터의 해방이었던 것이 변화하여 현재는 특이한 스포츠 형태와 운동경기의 또 다른 표현 방식을 포함하고 있다(DePauw, 1997). 비록 스포츠가 신체적 능력, 근력, 지구력, 세련미의 표현 마당으로 남아있지만, 사회적 관점은 확장되어 휠체어를 사용하는 선수와 신체적, 정신적, 감각 장애와 같은 기타 장애인들을 포함하고 있다.

> **주요 내용**
>
> 장애인스포츠는 광의의 스포츠 관점으로 볼 때에 순수한 스포츠 분야가 되고 있다.

장애인스포츠를 빛낸 인물

- 성명: Sarah Reinertsen
- 국적: California
- 종목: 육상과 3종경기
- 수상 경력
  - Carlsbad 3종경기, San Diego 국제 3종경기, Pendleton 올림픽 3종경기 참가(2003)
  - 런던 마라톤(2002); 뉴질랜드 Millennium 마라톤(2000); 뉴욕 마라톤(1997, 1998) 참가
  - 단거리와 마라톤에서 수 많은 기록 보유
  - 사회운동가로서 Challenged 육상 재단 프로그램 매니저로 활동

Sarah는 7살 때 선천적 조직의 결함으로 인해 무릎 위를 절단했다. 4년이 지난 후에, 그녀는 달리기를 배웠고, 결코 뒤를 돌아보지 않았다. 단거리의 시작과 함께, Sarah는 국제대회에 참가했고, 세계 기록을 세웠다. Sarah는 도로 경기에 후원을 받았고, 널리 알려진 국내 및 국제 하프 및 정규 마라톤에 참가하게 되었다. 만족스럽지는 않지만, Sarah는 국제적인 3종 경기 선수가 되었다.

이와 같은 일은 하는 동안, 그녀는 정보학 학사와 석사학위를 받았고, 다양한 능력을 인정받아 NBC-TV의 방송저널리스트가 되었다.

그녀는 또한 상지절단자 최초로 5,000보(1,524미터) 산악 경기에 참가하였고, Suffolk County 스포츠 명예의 전당에 이름을 올린 최초의 신체장애인이 되었다. Sarah는 또한 사회운동가였다. 2002년 런던 마라톤을 통해 Sarah와 그의 동료들은 베트남 지뢰제거를 위해 많은 돈을 모금하였다. 그녀는 현재 캘리포니아의 Challenged 육상 재단에서 장애인 선수들을 위한 기금 모금과 기회 제공 및 촉진과 관련된 일을 하고 있다.

선수로서 Sarah의 성공은 그녀의 능력에 초점을 맞추었기 때문이며, 또 다른 절단장애 친구, 물리치료사, 다른 장애인 선수들과 같은 다양한 길잡이들 덕이었다. Sarah는 여전히 지역 육상 클럽에서 일주일에 5-6번 훈련을 하고 있다. Sarah는 "스포츠는 항상 내 인생의 중심이며, 내가 하는 모든 일의 원동력이다." Sarah Reinertsen은 항상 앞을 바라보며, 새로운 도전을 위해 전진할 것이다.

역사적으로, 스포츠는 어느 정도 배타적이고 엘리트적인 사회구조를 갖고 있다. 따라서 스포츠는 사회적으로 구조화되고 있다. 스포츠는 여성과 소수 인종/민족 뿐 아니라 가장 최근에 스포츠에 발을 들여놓은 장애 있는 사람들의 통합에 의해 계속적으로 변화해왔고, 앞으로도 변화할 것이다. 접근성은 중요한 첫 번째 단계이다. 접근성(통합)은 변화와 적응(adaptation)이다. 변화에 대한 적응은 사회적 구조로써 스포츠가 기본적인 변화를 경험할 수 있도록 요구하고 있다(DePauw, 1997, 2003).

이러한 기본적인 변화는 진행 중이다. IOC와 IPC의 협조 관계의 발전으로 올림픽과 파랄림픽의 연계가 그 좋은 예이다. 이러한 연계에는 다음과 같은 사항들이 포함되어 있다(Wolff, 2004, 개인 문서)

- 파랄림픽 선수와 코치, 임원들의 훈련 기회
- 파랄림픽 운동에 대한 교육과 재정 지원
- 올림픽 관계자에 파랄림픽과 파랄림픽 선수 포함
- IOC와 대중매체의 노력을 통해 파랄림픽 경기와 파랄림픽 운동에 대한 관심과 이해 증진

21세기 초에, 국제올림픽아카데미의 행사에 정기적으로 장애인 선수들을 포함시켰고, 발표자로 IPC 위원장인 Robert Steadward와 Phil Craven을 포함시켰으며, 장애인스포츠를 주제에 포함시켰다. 2004 국제올림픽아카데미 관련 요약문(Wolff, 2004, 개인 문서)에는 다음과 같은 내용이 포함되어 있다:

- 파랄림픽과 특수올림픽은 장애인 문제에 대한 태도와 관심에 잠재된 영향력을 가지고 있다.

- 사회적 변화는 장애 있는 사람들이 사회적으로 동등한 대우와 활동적인 구성원이 될 수 있도록 해 줄 것이다.
- 대중매체의 더 많은 보도는 관심을 높일 수 있는 핵심이다.
- 경기는 세계 공동체의 교육, 통념의 쇠퇴, 장애 있는 사람들의 사회 통합, 모든 인간은 성취할 수 있다는 생각의 변화를 일으킬 수 있는 수단이다.

> **주요 내용**
>
> IPC와 IOC의 긍정적인 업무관계는 장애가 있는 사람의 엘리트 경기 경험을 늘어나고 있다.

장애인들이 그들의 능력을 세계에 보여줄 수 있는 장으로서의 스포츠에 대한 의문점은 다음과 같이 표현할 수 있다.

- 스포츠를 통해서, 장애 있는 선수들은 그들의 능력을 보여주고, 그들의 능력을 강조하며, 개인적인 목표에 도달하기 위해 굳은 결심을 해야 한다.
- 스포츠는 용기, 독립심, 결단력 촉진을 통해 자신감과 성취감을 가져다준다.
- 사회 전체에 강인함과 자신감을 심어 주는 스포츠를 통해 수용과 기회의 균등이 촉진될 수 있다.
- 광범위한 영역에 참가하려는 장애가 있는 선수들의 인식이 증가하고, 이것은 많은 문화 내에서 의식과 이해를 도모하게 된다. 이와 더불어 사회 내에서 태도를 변화시킬 수 있다.

- 스포츠는 어떠한 형태의 차별도 없이 모든 사람의 참가라는 올림픽 헌장의 적용을 가능하게 한다. 그것은 포용력, 수용성, 다양성 등과 같은 가치를 증진 시킨다.
- 장애 있는 선수들은 화합과 조화라는 올림픽 가치의 좋은 예이다. 장애가 있는 선수들은 뛰어난 소질에 대한 열망과 성취할 수 있는 기회를 가질 가치가 있음을 증명하는 일이다.
- 사회에서의 접촉과 평등성으로 인한 대중매체의 보도내용이 증가함으로서 더 많은 공적 재정지원을 늘릴 수 있다.
- 스포츠는 장기적으로 볼 때에 장애 있는 사람에게 도움이 될 기술의 진보를 촉진한다.

맺음말

장애인스포츠가 본격적으로 시작된 것은 100여 년 전이다. 오늘날의 장애 있는 선수들은 과거보다 훨씬 많은 스포츠 참가와 경쟁의 기회를 가질 것이다. 앞으로의 스포츠는 오늘날의 청소년들에게 제공하고 있는 것과 같은 방식으로 장애 청소년들에게도 사회화의 길이 될 것이다. 장애 있는 사람들을 포함한 스포츠의 시대가 다가오고 있다.

부록

- 장애인스포츠 연대표
- 약어목록
- 국제장애인스포츠 조직
- 지역 파랄림픽 위원회
- 정기 간행물 및 저널

장애인스포츠

부록 A

장애인스포츠 연대표

1984   최초 올림픽 여자 양궁 휠체어 선수 자격 획득 및 대회 참가(Neroli Fairhall, 뉴질랜드)
최초 올림픽 시범경기 종목으로 휠체어경주대회 개최- Paul Van Winkle(벨기에) 1,500m 우승 (3분 58초 50), Sharon Rahn Hedrick 800m 우승(2분 15초 50)
최초 장애인스키 경기 포함(사라예보 동계올림픽)
국제장애인스포츠경기 중 하나인 제7회 파랄림픽경기가 최초로 미국(뉴욕 Hempstead, Hofstra 대학)에서 개최. 영국 Stoke Mandeville에서 국제 스토크맨드빌경기 개최
(최초 휠체어마라톤 경기 포함)
제3회 동계 국제 장애인스포츠경기(제3회 동계파랄림픽경기) 개최(오스트리아 Innsbruck)
George Murray(휠체어마라토너) 위티스 시리얼 박스(Wheaties cereal box; 미국의 유명 스포츠 스타들이 표지모델로 나오는 곳)의 모델 출현
상업 잡지인 Runner's World에 Linda Downs(1982년 뉴욕 마라톤 참가 여성장애인선수) 기사 전문을 최초로 게재
파랄림픽 경기("Paralympic Games")라는 용어를 IOC에서 승인
장애인의 스포츠, 체육, 레크리에이션에 대한 잡지인 Palaestra 발간

1985   미국 최초 세계청각장애인대회 Los Angeles에서 개최(제15회)
미국 올림픽 스포츠 페스티발(U.S. Olympics Sports Festival) 최초 장애인 선수
(남 26명, 여 16명) 참가
전미뇌성마비및기타장애인경기대회(National Cerebral Palsy/Les Autres)에 뇌성마비와 기타장애 선수 이외에 왜소증과 신체장애인 선수들 참가
왜소증선수들을 위한 스포츠 조직으로 미국왜소증선수협회 결성
제3회 동계 스페셜올림픽 개최(Utah Park City)
USOC 장애인스포츠위원회(COSD)에서 특별연구위원회 창설

1986   보스톤 마라톤 대회 휠체어 푸쉬림(push rim) 경기에 상금 지급 시작
스페인 정신장애인을 위한 국제스포츠연맹 구성
NASCP가 미국뇌성마비선수협회로 재조직
미국기타장애인스포츠협회 구성

1987   Rick Hansen이 휠체어를 타고 2년 동안 34개국을 거쳐 총 24,901.55마일의 세계일주, 2천6백10만달러의 연구기금 모금
        3월 14일 네덜란드 Arnhem에서 새로운 국제장애인스포츠 조직(이후 국제파랄림픽위원회로 명명)의 창설에 대한 세미나 개최
        제11회 동계 세계청각장애인경기대회(데프림픽) 개최(Oslo)
        제7회 스페셜올림픽 여름캠프 개최(Indiana, South Bend)
        Candace Cable - 보스톤 마라톤대회 5회 우승, Andre Viger - 3회 우승, John Brewer - quad division 7회 우승

1988   Calgary 동계올림픽 남녀 모두 시범경기로 쓰리트랙 알파인과 시각장애인 노르딕 경기 포함
        한국 하계 올림픽에 시범경기로 남자 1,500m 휠체어 경주와 여자 800m 휠체어 경주 포함. Sharon Hedrick - 800m 휠체어 경주에서 2분 11초의 기록으로 두 번째 금메달 획득
        제8회 서울 파랄림픽경기 성공적으로 개최, 올림픽과 유사한 수준의 경기로 부상, 올림픽조직의원회가 파랄림픽조직위원회를 도움
        제4회 동계세계장애인경기대회(제4회 동계파랄림픽) 개최(Innsbruck)
        IOC에서 공식적으로 스페셜올림픽위원회(Special Olympics)를 인정, 정신지체 운동선수들의 관심을 대표하는 기관으로써 스페셜올림픽위원회와 협력할 것을 약속
        나미비아 빈트후크(Windhoek)에서 채택된 행동으로의 강령(Windhoek Call for Action)에 장애인 여성과 소녀 포함

1989   남녀 각 7명의 장애인선수들이 처음으로 미국 올해의 장애인 선수로 명명
        국제파랄림픽위원회(IPC) 구성(독일 Dusseldorf)
        IPC의 초대 회장으로 Robert D. Steadward 선출
        제16회 세계청각장애인올림픽(데프림픽) 개최(뉴질랜드 Christchurch)
        제4회 동계 세계스페셜올림픽 개최(캘리포니아 Reno, Nevada, Lake Tahoe)

1990   미국청각장애인선수협회(AAAD; 미국청각장애인스포츠연맹) 최초 여성사무총장 선출 (Shirley Platt)
        청각장애 여성 최초로 세계청각장애인대회의 미국팀 감독 지명(Dr. Donalda Ammons)
        쓰리트랙 스키선수인 Diana Golden - Subaru와 스폰서십 계약, 장애인스키선수를 위한 Chapstick Challenge 대변인으로 선출

1991   Jean Driscoll - 장애인선수 최초 올해의 Sudafed 여성 장애인 선수 (Sudafed Female Athlete of the Year)로 선정
        Sue Moucha - 국제올림픽아카데미에 참석한 최초 장애인선수
        Jan Wilson - USOC 장애인스포츠프로그램의 최초 진행자(coordinator)
        제12회 동계세계청각장애인경기대회(데프림픽) 개최(캐나다 Banff)
        제8회 하계 스페셜올림픽 개최(Minnesota Minneapolis)
        Active Living 발간(캐나다)

1992　제9회 하계 파랄림픽 개최(Barcelona), 사마라치 IOC 위원장 참석 및 격려, 이후 파랄림픽과 올림픽의 연계를 돈독히 함
　　　미국 남자 휠체어농구팀 약물검사 양성반응으로 인해 금메달 박탈
　　　제1회 정신장애인(Persons with Mental Handicaps)을 위한 파랄림픽 경기 개최(마드리드)
　　　동계 올림픽에 이어 제5회 동계 파랄림픽 개최(프랑스 Tignes-Albertville)
　　　Connie Hansen과 Candace Cable - 유일하게 모든 하계올림픽 시범종목 경기(exhibition events)에 참가
　　　Tanni Grey(영국) - Her Majesty The Queen의 올해의 the Sunday Times Sportswoman으로 선정
　　　Tricia Zorn(미국) - 바르셀로나 파랄림픽에서 10개의 금메달과 2개의 은메달 획득(1988년 서울 파랄림픽에서도 12종목 우승)

1993　USOC와 함께 COSD가 장애인 선수들의 참가를 확대하기 위하여 장애인스포츠 관리조직으로 개편
　　　IPC에 스포츠과학위원회 설립
　　　제17회 국제청각장애인대회(데프림픽) 개최(불가리아 Sofia)
　　　제5회 동계 세계스페셜올림픽 개최(오스트리아 Salzburg와 Schladming)

1994　제6회 동계 파랄림픽대회 개최(노르웨이 Lillehammer)
　　　여성 장애인의 스포츠 및 사회에서의 평등을 위한 여성과 스포츠에 대한 Brighton 선언 발표
　　　Monique Kalkman(네덜란드) - 올해의 암스테르담 스포츠맨상 수상
　　　Mark E. Shepherd Sr. - USOC 장애인스포츠 분과의 두 번째 코디네이터로 선출

1995　USOC가 IPC 공식 지정기관, 즉 미국 공식 파랄림픽위원회로 선정
　　　제13회 동계 세계청각장애인경기대회(데프림픽) 개최(핀란드 Rovaniemi)
　　　제9회 하계 스페셜올림픽 개최(Connecticut, New Haven)

1996　IPC가 공식적으로 제10회 하계 파랄림픽(Georgia Atlanta)의 주최(호스트)가 되었고 이후 대회 개최의 책임을 이어가고 있음. 파랄림픽이 최초로 전세계적인 스폰서를 갖게 되었음
　　　Jean Driscoll(미국) - 보스톤 마라톤에서 최초 7번 우승(all division)

1997　제18회 세계청각장애인경기대회(데프림픽) 개최(Copenhagen)
　　　제6회 동계 스페셜올림픽 개최(캐나다 Toronto와 Collingwood)

1998　제7회 동계 파랄림픽 개최(일본 Nagano)
　　　제1회 시각장애인스포츠선수권대회 개최(7월, Madrid)에서 공식적인 IPC사무실 개관(9월 3일, Bonn, 사마란치 IOC 위원장 참석)

1999　제14회 동계 세계청각장애인경기대회(데프림픽) 개최(스위스 Davos)
　　　제10회 특수올림픽 하계캠프 개최(North Carolina, Raleigh)
　　　USOC가 파랄림픽선수협의회(the Paralympic Athletes Council)와 파랄림픽스포츠조직(the Paralympic Sport Organization) 구성

2000 IOC 위원장인 Juan Antonio Samaranch와 IPC 위원장인 Dr. Robert D. Steadward가 시드니에서 협력조약 체결
제11회 하계 파랄림픽 개최(시드니)
시드니 올림픽과 파랄림픽 경기에 Marla Runyan(법적 맹) 참가
미국 내 장애인 선수들의 대표기관으로서 미국 파랄림픽 법인의 구성을 위해 COSD 재개편
Jean Driscoll이 보스톤 마라톤대회에서 기록을 갱신하면서 8회 우승 달성

2001 제19회 데프림픽 개최(로마)
제7회 동계 스페셜올림픽 개최(알라스카 Anchorage)
장애인 운동선수 출신인 Phil Craven이 IPC 2대 위원장으로 선출
Laureus 세계 스포츠상에 장애인선수상 포함 - 호주의 양하지마비 요트선수인 Vinny Lauwers가 수상, Tiger Woods는 올해의 선수상을 수상했으며 Cathy Freeman은 올해의 여자선수상을 수상했음
국제정신지체장애인선수협회는 IPC 조사위원회가 2000년 시드니 파랄림픽 경기에서 정신지체 선수들의 등급분류와 평가 과정이 적절하지 못했음을 밝혀낸 이후에 IPC 구성원에서 탈퇴

2002 제8회 동계 파랄림픽 개최(Utah, Salt Lake City)
개최된 영연방경기대회에 공식적으로 장애인스포츠가 포함(Manchester, 5개 종목, 20개국 160명 선수 참가)

2003 Prague에서 개최된 제115회 IOC 총회에서 Phil Craven IPC 위원장이 새로운 IOC 위원으로 선출
IPC는 세계반도핑규약에 서명하였으며, IPC 반도핑규약을 WADA의 기준과 전세계반도핑규약 수준으로 수정
제15회 데프림픽 개최(스웨덴 Sundsvall)
제11회 스페셜올림픽 하계캠프 개최(Dublin, 미국 이외의 장소에서 개최된 최초의 대회)
2003년을 유럽 장애인의 해로 지정(유럽위원회, European Commission), 2003년을 국제파랄림픽의 해로 선포(IPC)
국제선수연합회(IAAF)의 세계선수권대회에 IPC 시범경기(exhibition events) 포함
시각장애인인 Marla Runyan - 보스톤마라톤 일반 경기에서 5위 기록
Jean Driscoll이 보스톤 마라톤 공식 중계자로 선정
파랄림픽 출전 선수인 Scott Hollonbeck, Tony Iniguez, Jacob Heilveil은 USOC의 차별에 대해 법적으로 고소

2004 제12회 하계 파랄림픽 개최(Athens)
휠체어 테니스 선수인 Randy Snow - 최초 미국올림픽 명예의 전당에 오름. 명예의 전당 내 불변의 등급으로서 파랄림픽 선수 분류가 이어지고 있음
"올해의 국제스포츠맨"으로 The Isabel Ferrer Prize를 캐나다의 파랄림픽선수인 Ljiljana "Lilo" Ljubisic이 5회 수상
미국여자골볼팀이 장애인 스포츠팀 최초로 올림픽 트레이닝 센터에 입소

2005	제20회 데프림픽 개최(Melbourne)
	제8회 동계 스페셜올림픽 개최(일본 Nagano)
2006	제9회 동계 파랄림픽 개최(이탈리아 Torino)
2007	제16회 동계 데프림픽 개최 예정(Utah, Park City)
	제12회 스페셜올림픽 하계캠프 개최 예정(중화인민공화국)
2008	제13회 하계 파랄림픽 개최 예정(베이징)
2009	제21회 데프림픽 개최 예정(대만 Taipei)
2010	제10회 동계 파랄림픽 개최 예정(캐나다 Burnaby와 Vancouver)

부록 B

약어 목록

주 : 본 목록이 모든 내용을 포함하고 있는 것은 아니다. 본 목록은 장애인스포츠 전반에서 좀 더 일반적이고 자주 사용되는 약어들이다. 약어 중의 일부는 본 책에서 사용하지 않은 것도 있으나, 인터넷 상의 특정 사이트나 일반적인 장애인스포츠 사이트에서 찾아볼 수 있을 것이다.

AAASP	American Association of Adapted Sports Programs
ADA	Americans with Disabilities Act
ADIR	Athletes with Disabilities Injury Registry
AK	above-knee amputation
APC	Asian Paralympic Committee
ASCOD	African Sports Confederation of Disabled
B-1, B-2, and B-3	Standard classifications used for athletes with visual impairments
BK	below-knee amputation
BPA	British Paralympic Committee
BSAD	British Sport Association for the Disabled
CAHPER	Canadian Association for Health, Physical Education, and Recreation
CFSOD	Canadian Federation of Sport Organizations for the Disabled
CIAD	Commission for Inclusion of Athletes with a Disability
CISS	International Committee of Sports for the Deaf
COSD	Committee on Sports for the Disabled

CP	cerebral palsy
CPC	Canadian Paralympic Committee
CP-ISRA	Cerebral Palsy-International Sport and Recreation Association
DAAA	Dwarf Athletic Association of America
DBS	Deutsches Behinderten Sportverband (German sport Association for the Disabled)
DSB	Deutscher Sportbund (German sports Association)
DSO	disability sport organization
DSOD	Danish Sport Organization for the Disabled
DS/USA	Disabled Sport USA
EPC	European Paralympic Committee
FASD	Finnish Association of Sports for the Disabled
FESPIC	Far East and South Pacific International Games
FINA	Federation International de Natation Amateur
FITA	International Archery Federation
FPC	Finnish Paralympic Committee
HKSAP	Hong Kong Sports Association for the Physically Disabled
LAAF	International Association of Athletics Federations
IBSA	International Blind Sport Association
ICC	International Coordinating Committee
ICF	International Classification of Functioning, Disability and Health
IF	international federation (international sport governing body)
INAS-FID	International Sports Federation for Persons with Intellectual Disability
INAS-FMH	International Sport Federation for Persons with Mental Handicap
IOA	International Olympic Academy
IOC	International Olympic Committee
IPC	International Paralympic Committee
IPCSSC	International Paralympic Committee Sport Science Committee
ISMWSF	International Stoke Mandeville Wheelchair Sports Federation

ISOD	International Sports Organization for the Disabled
KOSAD	Korean Sports Association for the Disabled
LA	les autres
LPA	Little People of America
NASCP	National Association of Sport for Cerebral Palsy
NDSA	National Disability Sports Alliance
NFWT	National Federation of Wheelchair Tennis
NGB	National Governing Body (category of member in USOC)
NHS	National Handicapped Sports
NHSRA	National Handicapped Sports and Recreation Association
NOC	National Olympic Committee
NSOD	Norwegian Sport Organization for the Disabled
NWAA	National Wheelchair Athletic Association
NWBA	National Wheelchair Basketball Association
OOC	Olympic Organizing Committee
PSO	Paralympic Sport Organization
SCI	spinal cord injury
SHIF	Svenska Handikappidrottsforbundet (Swedish Sports Organisation for Disabled)
SOI	Special Olympics International
UNESCO	United Nations Educational, Scientific and Cultural Organization
USAAA	United States Amputee Athletic Association
USABA	United States Association of Blind Athletes
USADSF	United States of America Deaf Sports Federation
USCPAA	United States Cerebral Palsy Athletic Association
USLASA	United States Les Autres Sports Association
USOC	United States Olympic Committee
USOTC	United States Olympic Training Center
WC	wheelchair
WGD	World Games for the Deaf

부록 C

국제 장애인스포츠 조직

Cerebral Palsy-International Sport and Recreation Association (CP-ISRA)
P.O. Box 16
6666 ZG Heteren
The Netherlands
Phone : +31 26 47 22 593
Fax : +31 26 47 23 914
e-mail : Cpisra_NL@Hotmail.com
www.cpisra.org

Deaflympics
7310 Grove Rd., Suite #106
Frederick, MD 21704
Fax : +1 301 620 2990 (USA)
e-mail : info@deaflympics
www.deaflympics.com

Fédération Equestre Internationale (FEI)
Avenue Mon Repos 24
P.O. Box 157
1000 Lausanne 5
Switzerland
Phone : 41 21 310 47 47
Fax : 41 21 310 47 60
www.horsesport.org

Fédération Internationale de Basketball (FIBA)
8, Ch. de Blandonnet
1214 Vernier
Geneva
Switzerland
Phone : (+41-22) 545.00.00
Fax : (+41-22) 545.00.99
e-mail : info@fiba.com
www.fiba.com

FIBA Europe
Widenmayerstrasse 18
80538 Munich
Germany
Phone : (+49-89) 78 06 08 -0
e-mail : info@europe.fiba.com

Fédération Internationale de Canoe (FIC)
Calle de la Antracita, 7 4 floor
E 28045 Madrid
Spain
Phone : +34-91 506 11 50; +34-91 506 11 51
Fax : +34-91 506 11 55
e-mail : message@canoeicf.com
www.canoeicf.com

Fédération Internationale d'Escrime (FIE)
Avenue Mon-Repos 24
Case postale 128
CH-1000 Lausanne 5
Switzerland
Phone : +41 21 320 31 15
Fax : +41 21 320 31 16
e-mail : contact@fie.ch
www.fie.ch

Fédération internationale de Football Association (FIFA)
Hizigweg 11
Postfach 85
CH-8030 Zurich
Switzerland
www.fifa.com

Fédération Internationale de Gymnastique (FIG)
10, rue des Oeuches
Case postale 359
CH-2740 Moutier 1
Switzerland
Phone : +41 32 494 64 10
Fax : +41 32 494 64 19
e-mail : webmaster@fig-gymnastics.org
www.fig-gymnastics.com

Fédération Internationale de Handball (FIH)
Peter Merian-Strasse
CH-4002 Basle
Switzerland
Phone : +41 61 228 90 40
Fax : +41 61 228 90 55
e-mail : ihf@magnet.ch
www.ihf.info

Fédération Internationale des Luttes Associées (FILA)
3, ave. Ruchornet
CH-1003 Lausanne
Switzerland
www.fila-wrestling.com

Fédération Internationale de Natation Amateur (FINA)
Av. de l'Avant-Poste 4
1005 Lausanne
Switzerland
Phone : 41-21 310 4710
Fax : 41-21 312 6610
www.fina.org

Fédération Internationale de Roller Skating (FIRS)
Rambla Catalunya, 121, 2-3
08008 Barcelona
Spain
e-mail : info@rollersports.org
www.rollersports.org

Fédération Internationale de Ski (FIS)
Blochstr. 2
CH-3653 Oberhofen
Switzerland
www.fis-ski.com

Fédération Internationale de Softball (ISF)
1900 So. Park Rd.
Plant City, FL 33563

USA
Phone : 813-864-0100
Fax : 813-864-0105
e-mail : isf@internationalsoftball.com
www.internationalsoftball.com

Wheelchair Tennis Department
International Tennis Federation (ITF)
Bank Lane
Roehampton, London SW15 5XZ
England
Phone : +44 392 208 878 6464
Fax : +44 392 208 392 4741
e-mail : wheelchairtennis@itftennis.com
www.itfwheelchairtennis.com

Fédération Internationale de Volleyball (FIVB)
12, ave. de la Gare
CH-1001 Lausanne
Switzerland
Phone : +41 21 345 35 35
Fax : +41 21 345 35 45
www.fivb.org

Handicapped Scuba Association (HSA) International
1104 EI Prado
San Clemente, CA 92672-4637
Phone : 949-498-4540
Fax : 949-498-6128
www.hsascuba.com

International Association of Athletics Federation (IAAF)
17, rue Princesse Florestine

BP 359
MC-98007 Monaco Cedex
Monaco
www.iaaf.org

International Blind Sports Association (IBSA)
Street : José Ortega y Gasset, 18
28006 Madrid
Spain
www.ibsa.es

International Sports Federation for Persons with Mental Handicap (INAS-FID)
Box 1002
S-821 11 Bollnäs
Phone : +46 278 62 60 67
Fax : +46 278 244 56
e-mail : anna.olsson@inas-fid.org

International Skating Union (ISU)
Chemin de Primerose 2
1007 Lausanne
Switzerland
Phone : +41 21 612 66 66
Fax : +41 21 612 66 77
www.isu.org

International Sport Organization for the Disabled (ISOD)
Ferrez 16
28008 Madrid
Spain
Phone : 34-91-547-17-18
Fax : 34-91-541-99-61
www.is-od.com

International Stoke Mandeville Wheelchair Sports Federation (ISMWSF)
ISMWSF Secretariat
Olympic Village
Guttmann Rd.
Aylesbury, Bucks HP21 9PP
United Kingdom
Phone : +44 (0) 01296 436179
Fax : +44 (0) 01296 436484
e-mail : info@ismwsf.powernet.co.uk

International Table Tennis Federation (ITTF)
Avenue Mon Repos, 30
1005 Lausanne
Switzerland
Phone : 41 21 340 7090
Fax : 41 21 340 7099
e-mail : ittf@ittf.com
www.ittf.com

The International Tennis Federation (organization for Paralympic Tennis)
Bank Lane
Roehampton, London
SW15 5XZ
United Kingdom
Phone : +44 (0)20 8878 6464
Fax : +44 (0)20 8392 4744
www.itftennis.com

International Weightlifting Federation (IWF)
Rosenburg HP.U.L.
Postafiok 614
1374 Budapest
Hungary
Phone : +36.1.353 0530
Fax : +36.1.353 0199
e-mail : iwf@iwf.net
www.iwf.net

International Wheelchair Road Racers Club, Inc.
c/o Joseph M. Dowling
30 Myano Ln., Box 3
Stamford, CT 06902
Phone : 203-967-2231

International Wheelchair Aviators
Mike Smith, President
P.O. Box 2799
Big Bear City, CA 92314
Phone : 909-585-9663
Fax : 909-585-7156
e-mail : IWAviators@aol.com
www.wheelchairaviators.org

Recreational Sports Development and Stimulation Disabled International (RESPO DS-DI)
P.O. Box 263
8440 AG Heerenveen
The Netherlands

International Wheelchair Rugby Federation
Pawel Zbieranowski
67 Riverside Blvd.
Thornhill, ON L4J 1H8
Canada
Phone : 905-886-1252
e-mail : Pawel.Zbieranowski@sbe.scarborough.on.ca

부록 D

지역 파랄림픽위원회

본 부록에서 제시하고 있는 정보는 2004년 6월 30일 기준이며, 각 위원회의 e메일과 웹사이트, 관련 정보를 다루었다.

자료출처 : www.paralympic.org

국가파랄림픽위원회(National Paralympic Committees) : Africa

Algeria
Algerian Sports Federation for Disabled
Contact : Mr. Djamel Belaboid
4 Rue Youcef Meliani
Chateau Neuf, EI Biar
Alger 16030
Algeria
Phone : +213 (2192) 8248
Fax : +213 (2192) 3974

Angola
Comite Paralimpico Angolano
e-mail : cpa@nexus.ao

Benin
Fed. Handisport du Benin-Comité National Paralympique
e-mail : sgeorges27@hotmail.com

Botswana
Paralympic Association of Botswana
e-mail : rathedirr@mopipi.ub.bw

Burkina Faso
National Paralympic Committee Burkina Faso
e-mail : yameogojean_s@hotmail.com

Burundi
Féd. Sportive des Handicapés du Burundi
e-mail : ndenzabel@yahoo.fr

Cape Verde Islands
Comité Caboverdeano Desp. Para Deficientes
e-mail : cedeficientes@cvtelecom.cv

Central African Republic
Federation Centrafricaine Handisports
e-mail : dameca.intnet@caramail.com

Congo
Fédération Congolaise des Sports des Personnnes Handicapées
e-mail : jmboyo@yahoo.fr

Côte d'Ivoire
Fédération Handisport Côte d'Ivoire
e-mail : jeanmarcromain@yahoo.fr

Egypt
African Sports Confederation of Disabled
e-mail : info@ascod.org
Web : www.ascod.org

Ethiopia
Ethiopian Paralympic Committee
e-mail : mysc@telecom.net.et

Gabon
Fed. Gabonaise Omnisports pour Personnes Handicapées
e-mail : bakita_lionel@yahoo.fr

Gambia
Gambia Assn. of the Physically Disabled
e-mail : sulcolley@hotmail.com

Ghana
National Paralympic Committee of Ghana
e-mail : npcghana2004@yahoo.com

Guinea
Guinea Sports Federation for Disabled
e-mail : handicapgui@mirinet.net.gn

Kenya
Kenya National Paralympic Committee
e-mail : npckenya@hotmail.com

Lesotho
National Paralympic Committee of Lesotho
e-mail : mnkuatsana@hotmail.com

Libya
Libyan Federation of Sports for Disabled
e-mail : libyanfsd@yahoo.com

Madagascar
Fédération Malagasy de Handisport
e-mail : sabinb@simicro.mg

Mali
Mali Federation of Sport for the Disabled
e-mail : amaldeme@afribone.net.ml

Mauritania
Federation Handisport of Mauritania
e-mail : femhandis@hotmail.com

Mauritius
Mauritius National Paralympic Committee
e-mail : udadim@intnet.mu

Morocco
Royal Moroccan Fed. of Sports for the Disabled
e-mail : H.federation@caramail.com

Mozambique
Inst. Nac. para Deficientes Visuals e Ciegos
Contact : P.O. Box 364
Beira
Mozambique
Phone : +258 (3) 323999
Fax : +258 (3) 328549

Namibia
Namibia Sports Fed. of the Disabled
e-mail : utev.maltzahn@webmail.co.za

Niger
Fédération Nigérienne Sports pour Personnes Handicapés
e-mail : baroseyni@yahoo.fr

Nigeria
Special Sports Federation of Nigeria
e-mail : wsc_disabled@yahoo.co.uk

Portugal (Gui-Bi)
Federacao de Desportos Para Deficientes da Guiné-Bissau
Contact : Dr.José Manuel Vaz Fernandes
c/o Rua Braancamp
no 12-r/ch. Dto
1250 Lisboa
Portugal (Gui-Bi)
Phone : +351 (21) 3861673
Fax : +351 (21) 3860657

Rwanda
Federation Rwandaise Handisport
e-mail : sporthand@yahoo.fr

Senegal Republic
CNP Handisport
e-mail : hagne@metissacana.sn

Sierra Leone
Association of Sports for the Disabled
e-mail : olympic@sierratel.sl

South Africa
Disability Sport South Africa
e-mail : burchell@mweb.co.za
Web : www.dissa.co.za

Sudan
National Paralympic Committee of Sudan
Contact : Dr.Ali Mohamed Ahmed El Fadl
P.O. Box 3071
Khartoum
Sudan
Phone : +249 (11) 781461
Fax : +249 (13) 318966

Tanzania
Sports Assn. for Disabled Persons of Tanzania
e-mail : iddi_ok@yahoo.com

Togo
Federation Togolaise de Sports pour Personnes Handicapees
e-mail : fetospha2002@yahoo.fr

Tunisia
Federation Sports pour Handicapés
e-mail : ftsh@planet.tn

Uganda
Uganda National Paralympic Committee
e-mail : apcpd@infocom.co.ug

Yaounde
Cameroonian Paralympic Committee
e-mail : cpc_fecash@yahoo.fr

Zambia
Zambia Federation of Sports for the Disabled
Contact : Mr.Keshi Chisambi
P.O. Box 37071
10101 Lusaka
Zambia
Phone : +260 (1) 264893
Fax : +260 (1) 261241

Zimbabwe
Zimbabwe Paralympic Committee
e-mail : 105121.314@compuserve.com

국가파랄림픽위원회(National Paralympic Committees) : Americas

Argentina
Comité Paralimpico Argentino
e-mail : hramirez@cvtci.com.ar

Bahamas
Bahamas Assn. for the Physically Disabled
Contact : Ms. Marcela Inés Abascal
Ramsay 2250
1428 Buenos Aires
Argentina
Phone : +54 (9611) 47941785
Fax : +1 (242) 3227984

Barbados
Paralympic Association of Barbados
e-mail : PAB18@hotmail.com

Bermuda
Bermuda Sports for Disabled
e-mail : southern@ibl.bm

Bolivia
Federacion Nacional de Ciegos de Bolivia
e-mail : fenaciebo@bolnet.bo

Brazil
Brazilian Paralympic Committee
e-mail : cpb@urbi.com.br
Web : www.brasilparaolimpico.org.br

Canada
Canadian Paralympic Committee
e-mail : brian@paralympic.ca
Web : www.paralympic.ca

Chile
Federacion Paralimpica de Chile
e-mail : chile_paralimpico@latinmail.com

Colombia
Federacion Paraolimpica Colombiana
e-mail : comiteparalimpicocolombiano@hotmail.com

Costa Rica
Assn. Costarricense de Deportes para Ciegos
e-mail : chupis@amnet.co.cr

Cuba
Federacion de Deportes y Recreacion
e-mail : chang@inder.co.cu

Dominican Republic
Organ. Dominicana de Ciegos Inc.
e-mail : pedropablo86@hotmail.com

Ecuador
Federedis "Mitad del Mundo"
e-mail : momentum@ccia.com

El Salvador
Instituto Nacional de Deportes de El Salvador
e-mail : siresa2004@yahoo.com

Guatemala, C.A.
Comité Paralimpico Guatemalteco
e-mail : copag_guatemala@yahoo.com

Haiti
Fédération Haitienne des Associations & Institutions des personnes han
e-mail : jean_chevalier_sanon@hotmail.com

Honduras
Comité Paralimpico Honduras
e-mail : comiteparalimpicohon@hotmail.com

Jamaica
Paraplegic Association
e-mail : monarehab@jamweb.net

Mexico
Comité Paralimpico Mexicano (COPAME)
e-mail : durandz@servidor.unam.mx

Nicaragua
Comité Paraolimpico Nicaraguense
Contact : Ms. Sandra López Gomez
Apartado Postal 383
Antigua Hacienda El Retiro
Managua
Nicaragua
Phone : +505 (266) 35162224042
Fax : +505 (266) 3704

Panama
Asociacion Nacional de Deportes para Ciegos
e-mail : mmcdeb@hotmail.com

Peru
Centro de Rehabilitación Profesional (Cerp IPSS)
Contact : Dra. Gabi Curi Jaramillo
Prolong. Cangallo CDRA.
3 S/N La Victoria
Lima 13
Peru
Phone : +51 (1) 3242983
Fax : +51 (1) 3239331

Puerto Rico
Comité Paralimpico de Puerto Rico
e-mail : quilesmal@aol.com

Suriname
Stichting Suriname Para Olympisch Comite
e-mail : frankcameron65@hotmail.com

United States
U.S. Paralympics
e-mail : charlie.huebner@usoc.org
Web : www.olympic-usa.org

Uruguay
Uruguayan Paralympic Committee
e-mail : RLong@latu.org.uy

Venezuela
Comité Paralimpico Venezolano
e-mail : fevesruedas@cantv.net

국가파랄림픽위원회(National Paralympic Committees) : Asia

Bangladesh
National Games for Disabled Association
e-mail : makasem@hotmail.com

Cambodia
National Paralympic Committee of Cambodia
e-mail : ncdp_dir@online.com.kh
Web : www.ncdpcam.org

China (People's Rep.)
China Sports Association for Disabled Persons
e-mail : npcchina@cdpf.org.cn
Web : www.cdpf.org.cn

Chinese Taipei
Chinese Taipei Paralympic Committee
e-mail : fouhwan@ctsod.org.tw
Web : www.ctsod.org.tw

Hong Kong
Hong Kong Sports Association for the Physically Disabled
e-mail : admin@hksap.org
Web : www.hksap.org

India
Paralympic Committee of India
e-mail : npc_india2001@yahoo.com

Indonesia
Indonesian Body for the Promotion of Sports for the Disabled
e-mail : bpocpusat@yahoo.com

Japan
Japan Paralympic Committee
e-mail : kunio@jsad.or.jp
Web : www.jsad.or.jp

Korea
Korea Sports Association for the Disabled
e-mail : jaejinpark@hanmir.com
Web : www.kosad.or.kr

Kyrgyz Republic
Invalid Sport Fed. of the Kyrgyz Republic
Contact : Mr. Klimentiy Epelman
P.O. Box 1949, Glavpochtamt
720000 Bishkek
Kyrgyz Republic
Phone : +7 (996) 312210685
Fax : +7 (996) 312210672

Lao PDR
Lao Paralympic Committee
e-mail : olympicl@laotel.com

Macao, China
Assn. Recreativa dos Deficientes de Macau
Contact : Mr. Antonio Fernandes
Torreao Do Jardin de S. Francisco
P.O. Box 571

Macao
Macao, China
Phone : +853 (563)214
Fax : +853 715169

Malaysia
Malaysian Paralympic Council
e-mail : mparacou@tm.net.my

Mongolia
Mongolian Paralympic Committee
e-mail : UBTDS@magicnet.mn

Myanmar
Myanmar Disabled Sports Federation
e-mail : Y.swe@mptmail.net.mm

Nepal
National Para Sports Association-Nepal
e-mail : npsanepal@hotmail.com

Pakistan
National Paralympic Committee of Pakistan
e-mail : imran_shami@hotmail.com

Philippines
Philippine Sports Assn. of the Differently Abled
e-mail : pspada@skyinet.net

Singapore
Singapore Disability Sports Council
e-mail : info@sdsc.org.sg
Web : www.sdsc.org.sg

Sri Lanka
　National Federation of Sports for the Disabled
　e-mail : slfrd@mail.ewisl.net
　Web : www.nfsd.wb.gs

Tajikistan
　Disability Sport Federation of Tajikistan
　e-mail : DSF_Tajik@mail.ru

Thailand
　Paralympic Committee of Thailand
　e-mail : sadt@lox1.loxinfo.co.th

Vietnam
　The Vietnam Sports Association for the Disabled
　e-mail : vsad@hn.vnn.vn

국가파랄림픽위원회(National Paralympic Committees) : Europe

Albania
　Albanian National Paralympic committee
　e-mail : koksh@albaniaonline.net

Andorra
　Fed. Andorrana d'Esports per minusvalids
　e-mail : fadem@andorra.ad

Armenia
　Armenian National Paralympic Committee
　e-mail : rsarg@mail.com

Austria
　Austrian Paralympic committee
　e-mail : office@oepc.at
　Web : www.oepc.at

Azerbaijan
　Paralympic committee of Azerbaijan Republic
　e-mail : azenpc@azintex.com

Belarus
　Paralympic committee of the Republic of Belarus
　e-mail : typhlo-bel@mail.ru

Belgium
　Belgian Paralympic Committee
　e-mail : Nico.Verspeelt@skynet.be

Bosnia and Herzegovina
　Paralympic Committee of Bosnia & Herzegovina
　e-mail : npcbih@bih.net.ba

Bulgaria
　Bulgarian Paralympic Association
　e-mail : disabled@olympic.bg

Croatia
　Croatian Sports Federation for the Disabled
　e-mail : ticijan.komparic@hssi-hpo.hr
　Web : www.hssi-hpo.hr

Cyprus
 Cyprus National Paralympic Committee
 e-mail : paralympic@cytanet.com.cy

Czech Republic
 Czech Paralympic Committee
 e-mail : cpvpha@mbox.vol.cz
 Web : www.paralympic.cz

Denmark
 Dansk Handicap Idraets-Forbund
 e-mail : handicapidraet@dhif.dk
 Web : www.dhif.dk

Estonia
 Estonian Paralympic Committee
 e-mail : paralympic@paralympic.ee
 Web : www.paralympic.ee

Faroe Islands
 Itrottasamband Fyri Brekad
 e-mail : isb@post.olivant.fo
 Web : www.isb.fo

Finland
 Finnish Paralympic Committee
 e-mail : maria.laakso@paralympia.fi
 Web : www.paralympia.fi

France
 Federation Francaise Handisport
 e-mail : international@handisport.org

Georgia
 Georgian Paralympic Committee
 e-mail : ligadzneladze@mail.ru

Germany
 National Paralympic Committee Germany
 e-mail : keuther@dbs-npc.de
 Web : www.paralympics.de or www.dbs-npc.de

Greece
 Hellenic Paralympic Committee
 e-mail : npc_greece@hotmail.com

Hungary
 Hungarian Paralympic Committee
 e-mail : h.paralympic@acenet.hu
 Web : www.hparalimpia.hu

Iceland
 Icelandic Sports Association for the Disabled
 e-mail : if@isisport.is
 Web : www.isisport.is/if

Ireland
 Paralympic Council of Ireland
 e-mail : info@pcireland.ie

Italy
 Italian Paralympic Committee
 e-mail : fisd.tecnica@libero.it
 Web : www.fisd.it

Kazakhstan
Association for Phys. Culture and Sports for the Disabled
e-mail : mvrozhkov@host.kz

Latvia
Latvian Paralympic Committee
e-mail : Id@labklajiba.rcc.lv

Liechtenstein
Liechtensteiner Behinderten Verband
e-mail : Ibv@supra.net

Lithuania
Lithuanian Paralympic Committee
e-mail : vidas@kksd.It

Luxembourg
Federation Sportive des Handicapés
Contact : Mr. Marc Schreiner
47, rue de Luxembourg
7540 Berschbach
Luxembourg
Phone : +352 44905516
Fax : +352 329181

Macedonia (FYROM)
Federation for Sport and Recreation for Disabled of Macedonia
e-mail : ssrim@mt.net.mk

Malta
Malta Federation of Sports Associations for Disabled Persons
e-mail : info@razzett.org

Moldova
Paralympic Committee of Moldova
e-mail : paralympic@mail.ru

Netherlands
Netherlands Paralympic Committee
e-mail : e.de.winter@nebasnsg.nl
Web : www.nebasnsg.nl

Norway
Norges Funksjonshemmedes Idrettsforbund
e-mail : funksjh@nif.idrett.no
Web : www.nfif.no

Poland
Polish Paralympic Committee
e-mail : mail@pkpar.com.pl
Web : www.pkpar.com.pl

Portugal
Federacao Portuguesa de Desporto para Deficientes
e-mail : fpddpor@mail.telepac.pt

Romania
Romanian Sport Federation for Disabled People
e-mail : frsph@mcit.ro

Russian Federation
Paralympic Committee of Russia
e-mail : oms@vos.org.ru

Serbia and Montenegro
Paralympic Committee Serbia and Montenegro
e-mail : pulago@beotel.yu

Slovakia
Slovak Paralympic Committee
e-mail : spcoffice@paralympic.sk
Web : www.spv.sk

Slovenia
Sports Federation for the Disabled of Slovenia
e-mail : zsis@siol.net
Web : http://sport.si21.com/sport-invalidov

Spain
Spanish Paralympic committee
e-mail : cpe@csd.mec.es
Web : http://paralimpicos.sportec.es

Sweden
Swedish Sports Organization for the Disabled
e-mail : stig.carlsson@shif.rf.se
Web : www.handikappidrott.se

Switzerland
Swiss Paralympic Committee
e-mail : mail@swissparalympic.ch
Web : www.swissparalympic.ch

Turkey
National Paralympic Committee of Turkey
e-mail : info@paralimpik.org.tr

Turkmenistan
National Paralympic Committee of Turkmenistan
e-mail : npc_tkm@mail.ru

Ukraine
Ukrainian Natl. Com. of Sport for Disabled
e-mail : npc_ukraine@sport.kiev.ua

United Kingdom
British Paralympic Association
e-mail : info@paralympics.org.uk
Web : www.paralympics.org.uk

Uzbekistan
Invalid Sport Association of Rep. of Uzbekistan (ISA)
e-mail : umidm@albatros.uz

국가파랄림픽위원회(National Paralympic Committees) : Middle East

Afghanistan
Afghanistan Paralympic Federation
e-mail : manager@afghanparalympic.org

Bahrain
Bahrain Disabled Sports Federation
e-mail : GCCOC@batelco.com.bh

Iran
Islamic Republic of Iran National Paralympic Committee
e-mail : info@npc.ir
Web : www.npc.ir

Iraq
Iraqi Paralympic Committee
e-mail : khatan_inpc@yahoo.com

Israel
Israel Sports Association for the Disabled
e-mail : isad1@barak-online.net

Jordan
Jordan Sports Federation for the Handicapped
e-mail : JSFH@go.com.jo

Kuwait
Kuwait Disabled Sports Club
e-mail : disabled@kuwait.net
Web : www.kuwait.net/~disabled/

Lebanon
Handi-Sport Lebanese Federation
e-mail : lwah@lwah.org.lb

Oman
Oman National Disabled Sports Team
e-mail : salam@omantel.net.om

Palestine
Palestinian Sport Federation for the Disabled
e-mail : psfd@gawab.com

Qatar
Qatar Sport Federation for Special Needs
e-mail : qsfsn@qatar.net.qa

Saudi Arabia
Saudi Sports Federation for Special Needs
e-mail : nasserr_99@hotmail.com

Syria
Syrian Federation for Disabled Sport
e-mail : syrdisabled@shuf.com
Web : www.sport-sy.com

United Arab Emirates
U.A.E. Disabled Sports Federation
e-mail : uaedsf@emirates.net.ae

국가파랄림픽위원회(National Paralympic Committees) : South Pacific

Australia
Australian Paralympic committee
e-mail : darren.peters@paralympic.org.au
Web : www.paralympic.org.au

Fiji Islands
Fiji Sports Association for the Disabled
e-mail : samv@tfl.com.fj

New Zealand
Paralympics New Zealand
e-mail : chobbs@paralympics.org.nz
Web : www.paralympics.org.nz

Papua New Guinea
Papua New Guinea Disabled Sports Association
e-mail : takale_tuna@treasury.gov,pg

Samoa
Samoa Paralympic Committee
e-mail : m_tuala@hotmail.com

Tonga
Tonga Sports & Recreation Assn. for People with a Disability
e-mail : tasanoc@kalianet.to
Web : http://kalianet.to/tasanoc

Vanuatu
VandiSports
e-mail : vanuatudisable@vanuatu.com.vu

부록 E

정기 간행물 및 저널

본 목록은 장애 있는 사람들의 체육, 스포츠, 레크리에이션 관련 정보를 제공해주는 정기 간행물의 이름과 웹사이트 주소이다. 장애인스포츠 조직과 관련한 뉴스레터도 포함되어 있다.

Ability Magazine
www.abilitymagazine.com

Able Date
www.abledata.com

Active Living
www.cripworld.com

Adapted Physical Activity Quarterly
www.humankinetics.com/products/journals

American Journal of Art Therapy
www.arttherapy.org/aboutaata/journal.htm

American Journal of Health Education
www.aahperd.org

American Journal of Physical Medicine and Rehabilitation
www.amjphysmedrehab.com

American Journal of Sports Medicine
www.sportsmed.org

American Rehabilitation
www.ed.gov/pubs/AmericanRehab

Archives of Physical Medicine and Rehabilitation
www.physiatry.org/publications/aboutaj.html

Athletic Therapy Today
www.humankinetics.com/products/journals

Bulletin of Prosthetics Research
Prosthetics Research Study
www.prs-research.org

Canadian Abilities Foundation
www.enablelink.org/about_abilities.html

Clinics in Sports Medicine
www.medicine.ucsd.edu

Disabled Sports USA
Challenge Magazine
www.dsusa.org/challmag-current.html

Exceptional Child (Council for Exceptional Children)
www.cec.sped.org

Exceptional Parent Magazine
www.eparent.com

Exercise and Sports Science Reviews
www.acsm-essr.org

International Journal of Rehabilitation Research
www.intjrehabilres.com
inMotion
www.amputee-coalition.org
Journal of Leisurability
www.lin.ca/resource/html/jofl.htm
Journal of Physical Activity and Health
www.humankinetics.com/products/journals
Journal of Physical Education, Recreation and Dance
www.aahperd.org
Journal of Prosthetics and Orthotics
www.oandp.org/jpo
Journal of Rehabilitation
www.nationalrehab.org
Journal of Sport Rehabilitation
www.humankinetics.com/products/journals
Journal of Sports Science and Medicine (JSSM)
http://jssm.uludag.edu.tr
Medicine and Science in Sports and Exercise
www.ms-se.com
National Wheelchair Athletic Association Newsletter
www.herlpitt.org/bobby/publications.htm
New Mobility
www.newmobility.com
No Limits
www.nolimitstahoe.com
Palaestra
www.palaestra.com
Paraplegia News
www.pvamagazines.com/pnnews

Pediatric Exercise Science
www.humankinetics.com/products/journals
Physical Therapy
www.apta.org/PTmagazine
Physician and Sportsmedicine
www.physsportsmed.com/journal.htm
Rehabilitation Gazette
www.post-polio.org/gini
Research Quarterly for Exercise and Sport
www.aahperd.org
Sit Down Sports
www.sitdownsports.com
Sit ski
www.sitski.com
Ski Racing Magazine
www.skiracing.com
Sports Medicine Reports
www.biomedcentral.com/currsportsmedrep
Sports 'n Spokes
www.sns-magazine.com
Strategies
www.aahperd.org
Teaching Exceptional Children
www.unlv.edu/Colleges/Education/ERC
Therapeutic Recreation Journal
http://scolar.vsc.edu:8005/VSCCAT/ABP-0759
Update
www.aahperd.org

참고문헌

Abel, T., Kroner, M., Bleicher, I., Rojas, S., Kupfer, A., and Platen, P.2003. Comparison of physical responses to synchronous and asynchronous arm cranking on a handbike. In Proceedings, 13th international symposium in adapted physical activity, July 3-7, 2001, ed. M. Dinold, G. Gerber, and T. Reinelt (pp. 350-354). Vienna : Manz Verlag Schulbuch.

Active Living Alliance for Canadians with a Disability. 1994. Moving to inclusion. Ottawa, ON : Author.

Adams, R.C., and McCubbin, J.A. 1991. Games, sports and exercises for the physically disabled. 4th ed. Philadelphia : Lea & Febiger.

Adelson, E., and Fraiberg, S. 1974. Gross motor development in infants blind from birth. Child Development 5 : 114-126.

Adeoja, T.A. 1987. Psychological and social problems of physical disability : State of the art and relevance to physical education. In International perspectives on adapted physical activity, ed. M.E. Berridge and G.R. Ward(pp.25-31). Champaign, IL; Human Kinetics.

Alexander, M.J. 1984. Analysis of the high jump technique of an amputee. Palaestra 1: 19-23, 44-48.

Allard, R., and Bornemann, R. 2001. Inclusion--the Canadian experience. In New horizons in sports for athletes with a disability, proceedings of the international Vista '99 conference, Cologne, Germany, August 28-September 1, 1999, ed. G. Doll-Tepper, M. Kroner, and W. Sonnenschein (pp. 534-582). London: Meyer &Meyer Sport.

American Academy of Orthopedic Surgeons. 1991. Athletic training and sports medicine. Park Ridge, IL: Author.

American Alliance for Health, Physical Education, Recreation and Dance. 1975 Annotated bibliography in physical education, recreation, and psychomotor function of mentally retarded persons. Reston, VA: Author.

American Alliance for Health, Physical Education, Recreation and Dance. 1976. Involving impaired, disabled, and handicapped persons in regular camping programs. Reston, VA: Author.

American college of Sports Medicine. 1990. The recommended quantity and quality of exercise for developing and maintaining fitness in healthy adults. Medicine and Science in Sports and Exercise 22: 265-274.

American College of Sports Medicine. 1997. ACSM's exercise management for persons with chronic diseases and disabilities. Champaign, IL : Human Kinetics.

American College of Sports Medicine. 2003. Exercise management for persons with chronic diseases and disabilities. Champaign, IL: Human Kinetics.

American Sport Education Program. 1996. Event management for sport directors. Champaign, IL: Human Kinetics.

Ammons, D. 1986. World games for the deaf. In Sport and disabled athletes, ed. C. Sherrill (pp. 65-72). Champaign, IL: Human Kinetics.

Anderson, S.C. 1980. Effectiveness of an introduction to therapeutic recreation courses on students' attitudes toward the disabled. Leisurability 7: 13-16.

Andrew, G.M., Reid, J.G., Beck, S., and McDonald, W.1979. Training of the developmentally handicapped young adults. Canadian Journal of Applied Sport Sciences 4: 289-293.

Appenzeller, H. 1983. The right to participate. Charlottesville, VA: Michie.

Arnhold, R.W., and McGrain, P. 1985. Selected kinematic patterns of visually impaired youth in sprint running. Adapted Physical Activity Quarterly 2 : 206-213.

Asken, M.J. 1990. The challenge of the physically challenged: Delivering sport psychology services to physically disabled athletes. Sport Psychologist 5 : 370-381.

Asken, M.J., and Goodling, M.D. 1986a. Sport psychology I: An undeveloped discipline from among the sport sciences for disabled athletes. Adapted Physical Activity Quarterly 3: 312-319.

Asken, M.J., and Goodling, M.D. 1986b. Sport psychology II: The basic concepts of readiness and concentration. Sports 'n Spokes 12: 22-24.

Asken, M.J., and Goodling, M.D. 1986c. Sport psychology III: Techniques for performance enhancement and competitive stress management. Sports 'n Spokes 12: 27-29.

Atlanta Paralympic Organizing Committee. n.d. The triumph of the human spirit. Atlanta: Author.

Atlanta Paralympic Organizing Committee. 1996. Guide to the Games. Atlanta : Author.

Aufsesser, P.M. 1982. Comparison of the attitudes of physical education, recreation, and special education majors toward the disabled. American Corrective Therapy Journal 36: 35-41.

Australian Coaching Council. 1989. Coaching athletes with disabilities. Sports Coach 12 (4): 6-8.

Australian Sports Commission. 1989. Intellectual Disabilities: Coaching athletes with disabilities. Canberra, NSW: Author.

Australian Sports Commission. 1993. Coaching athletes with disabilities: General principles. Canberra, NSW: Author.

Australian Sports Commission. 2001. Give it a go. Canberra, NSW: Prime Printers Pty Limited.

Axelson, P. 1993. Design beyond the norm. International Design Magazine, 46-47.

Axelson, P. 1995. Snow show. Sports 'n Spokes 21: 23-44.

Axelson, P. 1996. Geared for action: 1996 handcycle survey. Sports 'n Spokes 22; 26-29.

Axelson, P., and Castellano, J. 1990. Take to the trail ...everything you wanted to know about off-road wheelchairs. Sports 'n Spokes 16: 20-24.

Axelson, P.W., Mispagel, K.M., and Longmuir, P.E. 2001. Trailware: Technology for the universal design of outdoor environments. In Proceedings of the RESNA 2001 annual conference, ed. R. Simpson (pp. 118-120). Arlington,VA : RESNA Press.

Barker, R.G., Wright, B.A., and Gonick, H.R. 1983. Adjustment to physical handicap and illness: A survey of the social psychology of physique and disability. Social Science Research Council Bulletin 5 (55): 5.

Barrish, M.B., and Ndungane, E. 1988. Sport for the physically disabled in South Africa. Journal of the International Council for Health, Physical Education, and Recreation 25: 13-15, 27.

Beal, O.P., Glaser, R.M., Petrofsky, J.S., Smith, P.A., and Fox, E.L. 1981. Static components of handgrip muscles for various wheelchair propulsions. Federation Proceedings 40: 497.

Beasley, C.R. 1982. Effects of a jogging program on cardiovascular fitness and work performance of mentally retarded adults. American Journal of Mental Deficiency 86: 609-613.

Bell, D. 2003. Encyclopedia of international games. Jefferson, NC: McFarland & Company.

Berg, K. 1970. Effect of physical training of school children with cerebral palsy. Acta Paediatrica Scandinavica (Suppl. 244): 27-33.

Beuter, A.C. 1983. Effects of mainstreaming on motor performance of intellectually normal and trainable mentally retarded students. American Corrective Therapy Journal 37: 48-52.

Bhambhani, Y. 2001. Bridging the gap between research and practice in paralympic sport. In New horizons in sports for athletes with a disability, proceedings of the international Vista '99 conference, Cologne, Germany, August 28-September 1, 1999, ed. G. Doll-Tepper, M. Kroner, and W. Sonnenschein (pp. 5-25). London: Meyer &Meyer Sport.

Bicknell, J. 1972. Riding for the handicapped. Outdoors 3 (3): 33.

Biering-Sorensen, F. 1980. Classification of paralyzed and amputee sportsmen. In Proceedings of the first international medical congress on sports and the disabled, ed. H. Natvig (pp. 44-54). Oslo, Norway: Royal Ministry of Church and Education, Office of Youth and Sport.

Birk, T.J., and Birk, C.A. 1987. Use of ratings of perceived exertion for exercise prescription. Sports Medicine 4: 1-8.

Birk, T., Gavron, S., Ross, S.E., Hackett, K., Boullard, K., and Olson, R. 1984. Relationship of perceived exertion and heart rate response during exercise testing in wheelchair users. Paper presented at American Alliance of Health, Physical Education, recreation and Dance, April 8, 1983, Minneapolis.

Birk, t., Gavron, S., Ross, S.E., Hackett, K., Boullard, K., Olson, R., and Gosling, R. 1983. Physiological profiles of three women from the 5th International Cerebral Palsy Games. Paper presented at the 4th International Symposium in Adapted Physical Activity, London.

Birrell, S.J. 1988. Discourses on the gender/sport relationship: From women in sport to gender relations. In Exercise and sports science reviews, ed. K.B. Pandolf (pp. 459-502). New York: Macmillan.

Birrer, R.B. 1984. The Special Olympics: An injury overview. Physician and Sportsmedicine 12: 95-97.

Blair, S., Kohl, H., and Goodyear, N. 1987. Rates and risks for running and exercise injuries: Studies in three populations. Research Quarterly for exercise and Sport 58: 221-228.

Bloomquist, L.E. 1986. Injuries to athletes with physical disabilities: Prevention implications. Physician and Sportsmedicine 14: 96-105.

Bobath, B. 1971. Motor development: Its effect on general development and application to the treatment of cerebral palsy. Physiotherapy 57: 526-532.

Bonace, B., Karwas, M.R., and DePauw, K.P. 1992. Sport and marginalized individuals. Paper presented at the National Girls and Women in Sport Symposium, October 1992, Slippery Rock, PA.

Boutilier, M.A., and SanGiovanni, L. 1983. The sporting woman. Champaign, IL: Human Kinetics.

Boyd, J. 1967. Comparison of motor behavior in deaf and hearing boys. American Annals of the Deaf 112: 598-605.

Bradbury, T. 2001. Athletes doing it for themselves: Self-coaching guidelines for elite athletes. In New horizons in sports for athletes with a disability, proceedings of the international Vista '99 conference, Cologne, Germany, August 28-September 1, 1999, ed. G. Doll-Tepper, M. Kroner, and W. Sonnenschein (pp. 81-96). London: Meyer & Meyer Sport.

Brandmeyer, G.A., and McBee, G.F. 1985. Social status and athletic competition for the disabled athlete: The case of wheelchair road racing. In Sport and disabled athletes, ed. C. Sherrill (pp. 181-188). Champaign, IL: Human Kinetics.

Brasile, F.M. 1986. Wheelchair basketball skills proficiencies versus disability classification. Adapted Physical activity Quarterly 3: 6-13.

Brasile, F.M. 1990a. Performance evaluation of wheelchair athletes: More than a disability classification level issue. Adapted Physical Activity Quarterly 4 (7): 289-297.

Brasile, F.M. 1990b. Wheelchair sports: A new perspective on integration. Adapted Physical Activity Quarterly 4 (7): 3-11.

Brasile, F.M. 1992. Inclusion: A developmental perspective--a rejoinder to examining the concept of reverse integration. Adapted Physical Activity Quarterly 9: 293-304.

Brasile, F. 2003. A decade of skills-testing results and their implications for wheelchair basketball classification. In Proceedings, 13th international symposium in adapted physical activity, July 3-7, 2001, ed. M. Dinold, G. Gerber, and T. Reinelt (pp. 350-354). Vienna: Manz Verlag Schulbuchr.

Brattgard, S.O. 1970. Energy expenditure and heart rate in driving a wheelchair ergometer. Scandinavian Journal of Rehabilitation and Medicine 2: 143-148.

Bremner, A., and Goodman, S. 1992. Coaching deaf athletes. Canberra: Australian Sports commission.

Brenes, G., Dearwater, S., Shapera, r., LaPorte, R.E., and Collins, E. 1986. Highdensity lipoprotein cholesterol concentrations in physically active and sedentary SCI patients. Archives of Physical Medicine and Rehabilitation 67: 445-450.

Breukelen, K. 2001. Wheelchair & performance. In New horizons in sports for athletes with a disability, proceedings of the international Vista '99 conference, Cologne, Germany, August 28-September 1, 1999, ed. G. doll-Tepper, M. Kroner, and W. Sonnenschein (pp. 171-179). London: Meyer & Meyer Sport.

Brighton Declaration on Women and Sport. 1994. www.sportsbiz.bz/womensportinternational/conferences/brighton_declaration.htm.

Broadhead, G.D. 1986. Adapted physical education research trends: 1970-1990. Adapted Physical Activity Quarterly 3: 104-111.

Brubaker, C. 1984. Determination of the effects of mechanical advantage on propulsion with hand rims. Wheelchair Mobility 1982-3: 1-3.

Brubaker, C., and McLaurin, C. 1982. Ergonomics of wheelchair propulsion Wheelchair III, 22-42.

Brud, R., and Grass, K. 1987. Strapping to enhance athletic performance of wheelchair competitors with C.P. Palaestra 3: 28-32.

Buell, C. 1979. Association for blind athletes as seen by a blind sportsman. Journal of Visual Impairment and Blindness 73: 412-413.

Bulbulian, R., Johnson, R., Bruber, J., and Darabos, B. 1987. Body composition in paraplegic male athletes. Medicine and Science in Sports and exercise 19: 195-210.

Burgess, E.M., and Rappoport, A. 1992. Physical fitness: A guide for individuals with lower limb loss. Washington, DC: Veterans Health Administration.

Burke, E.J., Auchinachie, J.A., Hayden, R., and Loftin, J.N. 1985. Energy cost of wheelchair basketball. Physician and Sportsmedicine 13 (3): 99-105.

Burkett, L.N., Chisum. J., Cook, R., Norton, B., Taylor, B., Ruppert, K., and Wells, C. 1987. Construction and validation of a hysteresis brake wheelchair ergometer. Adapted Physical Activity Quarterly 4: 60-71.

Butterfield, S.A. 1991. Physical education and sport for the deaf: Rethinking the least restrictive environment. Adapted Physical Activity Quarterly 8: 95-102.

Byrens, D.P. 1983. Analysis of the competitive wheelchair stroke. Unpublished master's thesis, University of Alberta.

Cameron, B.J., Ward, G.R., and Wicks, J.R. 1978. Relationship of type of training to maximum oxygen uptake and upper-limb strength in male paraplegic athletes. Medicine and Science in Sports and Exercise 9: 58.

Canabal, M., Sherrill, C., and Rainbolt, W.1987. Psychological mood profiles of elite cerebral palsied athletes. In International perspectives on adapted physical activity, ed. M.E. Berridge and G.R. Ward (pp. 157-163). Champaign, IL: Human Kinetics.

Canadian Association for Health, Physical Education and Recreation/ l'Association canadienne pour la sante l'education physique et le loisir. 1988. Jasper talks: Strategies for change in adapted physical activity in Canada. Ottawa, ON: Author.

Capel, S.A., Sisley, B.L., and Desertrain, G.S. 1987. The relationship of role conflict and role ambiguity to burnout in high school basketball coaches. Journal of Sport Psychology 9: 106-117.

Carlson, L. 1992. Spectator medical care. Physician and Sportsmedicine 20 (1):141-142, 144.

Carter, M.J., Van Andel, g., and Robb, G. 1985. Therapeutic recreation: A practical approach. St. Louis: times Mirror/ Mosby.

Cauette, M., and Reid, G. 1985. Increasing the work output of severely retarded adults on a bicycle ergometer. Education and Training of the Mentally Retarded 20: 296-304.

Ceccotti, F.S. 1984. Wheelchair sport injuries: an athletic training approach. Paraplegia News, 29-30.

Center for Universal Design. 1997. The principles of universal design. Version 2.0. Raleigh, NC: North Carolina State University.

Chappell, A.L. 1992. Towards a sociological critique of the normalization principle. Disability, Handicap & Society 7 (1): 35-50.

Chawla, J.C., Bar, C., Creber, I., Price, J., and Andrews, B. 1977.Techniques for improving the strength and fitness of spinal cord injured patients. Paraplegia 17: 185-189.

Clark, G., French, R., and Henderson, H. 1985. Teaching techniques that develop positive attitudes. Palaestra 2: 14-17.

Clark-Carter, D.D., Heyes, A.D., and Howarth, C.I. 1986. The efficiency and walking speed of visually impaired people. Ergonomics 29: 779-789.

Clark-Carter, D.D., Heyes, A.D., and Howarth, C.I. 1987. The gait of visually impaired pedestrians. Human Movement Science (Amsterdam) 3 (6): 277-282.

Clarke, H.H., and clarke, D.H. 1963. Developmental and adapted physical education. Englewood Cliffs, NJ: Prentice Hall.

Clarke, K.S. 1966. Caloric costs of activity in paraplegic persons. Archives of Physical Medicine and Rehabilitation 47: 429-435.

Clarke, K. 1984. The Amateur Sports Act of 1978 and the athlete with disabilities. Rehabilitation World 8: 19-20.

Clarke, K.S. 1986. Perspectives for the future of the disabled in sport. Adapted Physical Activity Quarterly 3: 152-155.

Clinkingbeard, J.R., Gersten, J.W., and Hoehn, D. 1964. energy cost of ambulation in traumatic paraplegia. American Journal of Physical Medicine 42: 157-165.

Coaching disabled athletes: The role of NSA. 1985. Coaching Director 1(2): 7-10.

Cocoran, P.J. 1980. Sports medicine and the physiology of wheelchair marathon racing. Orthopedic clinics of North america 11: 697-716.

Cohen, G.L. 1993. Women in sport. Newbury Park, CA: Sage.

Comité International des Sports des Sourds. 1975-1985. CISS handbook. Washington, DC: Gallaudet University.

Commonwealth Games Federation. 2003. Post games report. www.thecgf.com.

Cooke, R.E. 1984. Atlantoaxial instability in individuals with Down's syndrome. Adapted Physical Activity Quarterly 1: 194-196.

Cooper, M.A. 1988. The computer as a tool in coaching disabled athletes. Palaestra 4: 30-32, 35.

Cooper, M.A., Sherrill, C., and Marshall, D. 1986. Attitudes toward physical activity of elite cerebral palsied athletes. Adapted Physical Activity Quarterly 3: 14-21.

Copeland, R., and Sherrill, C. 1986. colors seen best by visually impaired athletes: Implications for coaching. Abstracts of research papers, 1986 AAHPERD convention. Reston, VA: American Alliance of Health, Physical Education, Recreation and Dance.

Cordellos, H. 2002. No limits: Legendary blind athlete leads the way to hew horizons. Waco, TX: WRS.

COSD forum. 2000. Palaestra 16:55.

COSD forum. 2003. Palaestra 19: 9.

COSD minutes. 1991, May.

Coutts, K.D. 1988. Heart rates of participants in wheelchair sports. Paraplegia 26: 43-49.

Coutts, K.D., Rhodes, E.C., and McKenzie, D.C. 1983. Maximal exercise responses of tetraplegics and paraplegics. Journal of Applied Physiology 55: 479-482.

Coutts, K.D., Rhodes, E.C., and McKenzie, D.C. 1985. Submaximal exercise responses of tetraplegics and paraplegics. Journal of Applied Physiology 59: 237-241.

Coutts, K.D., and Schutz, R.W. 1988. Analysis of wheelchair track performances. Medicine and Science in Sports and Exercise 20 (2): 188-194.

Coutts, K.D., and Steryn, J.L. 1987. Aerobic and anaerobic power of Canadian wheelchair athletes. Medicine and Science in Sports and Exercise 19: 62-65.

Cowan, J. 1993. Brave in the attempt. Olympian 19: 23.

Cowell, L.L., Squires, W.G., and Raven, P.B. 1986. Benefits of aerobic exercise for the paraplegic: A brief review. Medicine and Science in Sports and Exercise 18: 501-508.

Coyle,C.P., and Kenney, W.B. 1990. Leisure characteristics of adults with physical disabilities. Therapeutic Recreation Journal 24 (4): 64-73.

Crews, D., Wells, C.L., Burkett, L., and McKeenman-Hopkins, V. 1982. A physiological profile of four wheelchair marathon racers. Physician and Sportsmedicine 10: 134-143.

Crocker, P.R.E. 1993. Sport and exercise physiology and research with individuals with physical disabilities: Using theory to advance knowledge. Adapted Physical Activity Quarterly 10: 324-335.

Curtis, K.A. 1981a. Wheelchair sports medicine: Part 1. Basics of exercise physiology. Sports 'n Spokes 7 (1): 26-28.

Curtis, K.A. 1981b. Wheelchair sports medicine: Part 2. Training. Sports 'n Spokes 7 (2): 16-19.

Curtis, K.A. 1981c. Wheelchair sports medicine: Part 3. Stretching routines. Sports 'n Spokes 7 (3): 16-18.

Curtis, K.A. 1982. Wheelchair sports medicine: Part 4. Athletic injuries. Sports 'n Spokes 8 (1): 20-24.

Curtis, K.A. 1991. Sport-specific functional classification for wheelchair athletes. Sports 'n Spokes 17 (2): 45-47.

Curtis, K.A., and Dillon, D.A. 1985. Survey of wheelchair athletic injuries: Common patterns and prevention. Paraplegia 23: 170-175.

Daignault, L. 1990. Integration battle heats up at Commonwealth Games. Abilities 1: 6-7.

Dal-Monte, A., Faina, M., Maglio, A.,Sardella, G., and Guide, G. 1982. Cardiotelemetric and blood lactate investigations in paraplegic subjects during several sports activities. Journal of Sports Medicine and Physical Fitness 22: 172-184.

D'Alonzo, B.J. 1976. Rights of exceptional children to participate in interscholastic athletics. Exceptional Children 43: 86-92.

Davies, E. 1975. Adapted physical education. 3rd ed. New York: Harper & Row.

Davis, G.M., Kofsky, P.R., Shephard, R.J., and Jackson, R.W. 1981. Classification of psycho-physiological variables in the lower-limb disabled. Canadian Journal of Applied Sport Sciences 6(3): 141.

Davis, G.M., Shephard, R.J., and Jackson, R.W. 1981. Cardiorespiratory fitness and muscular strength in the lower-limb disabled. Canadian Journal of Applied Sports Sciences 6: 159-165.

Davis, G.M., Shephard, R.J., and Ward, G.R. 1984. Alterations of dynamic strength following forearm crank training of disabled subjects. Medicine and Science in Sports and Exercise 16:147

Davis, L.J. 1995. Enforcing normalcy : Disability, deafness, and the body. London : Verso.

Davis, R. 2002. Inclusion through sports : A guide to enhancing sport experiences. Champaign, IL : Human Kinetics.

Davis, R., and Ferrara, M. 1991, November. Training profiles of elite wheelchair athletes. Paper presented at the 8th International Symposium of Adapted Physical Activity, Miami.

Davis,, R., Ferrara, M., Woodard, R., and Campbell, A. 2001, September. Perceptions of student athletic trainers caring for Special Olympic athletes. Paper presented at the World Congress and Exposition on Disabilities, Atlanta.

Dawson, M. 1981. A biomechanical analysis of gait patterns of the visually impaired. American Corrective Therapy Journal 35: 66-71.

Decker, J.I. 1986. Role conflict of teacher / coaches in small colleges. Sociology of Sport Journal 3: 356-365.

Declaration of Rights of Disabled Persons. 1975. UN Resolution #3447. www.un.org/ issues/ docs/ d-disabl.asp.

DeFrantz, A. 2000. School sport and competition: Commentary. Perspectives 1: 17-20.

Dendy, E. 1978. Recreation for the disabled people-what do we mean? Physiotherapy 64: 290-297.

DePauw, K.P. 1985a. History of sports for individuals with disabilities. Able Bodies 4: 1, 3.

DePauw, K.P. 1985b. USOC's commitment to sports for individuals with disabilities. Palaestra 1:6.

DePauw, K.P. 1986a. Horseback riding for individuals with disabilities : Programs, philosophy, and research. Adapted Physical Activity Quarterly 3: 217-226.

DePauw, K.P. 1986b. Research on sport for athletes with disabilities. Adapted Physical Activity Quarterly 3:292-299.

DePauw, K.P. 1986c. Toward progressive inclusion and acceptance: Implications for physical education. Adapted Physical Activity Quarterly 3:1-6.

DePauw, K.P. 1988. Sport for individuals with disabilities: Research opportunities. Adapted Physical Activity Quarterly 5: 80-89.

DePauw, K.P. 1990a, Sport, society and individuals with disabilities. In Problems in movement control, ed. G. Reid. New York: North-Holland.

DePauw, K.P. 1990b. PE and sport for disabled individuals in the United States. Journal of Physical Education, Recreation and Dance 61: 53-57.

DePauw, K.P. 1990c. Teaching and coaching individuals with disabilities: Research findings and implications. Physical Education Review 13: 12-16.

DePauw, K.P. 1994. A feminist perspective on sport and sports organizations for persons with disabilities. In Vista '93—the outlook, ed. R.D. Steadward, E.R. Nelson, and G.D. Wheeler. Edmonton, AB: Rick Hansen Centre.

DePauw, K.P. 1997. The(in)Visibility of Disability: Cultural contexts and "sporting bodies."Quest 49: 416-430.

DePauw, K.P. 2000. Women with disabilities. In Encyclopaedia of sports medicine: Women in sport, ed. B. Drinkwater (vol. 8, pp. 301-310). London: Blackwell Science.

DePauw, K.P. 2001a. Disability sport. In International encyclopedia of women and sport (vol. 1, pp. 326-330). Great Barrington, MA: Berkshire Reference Works.

DePauw, K.P. 2001b. Equity issues in disability sport. In New horizons in sport for athletes with a disability, proceedings of the international Vista '99 conference, Cologne, Germany, August 28-September 1, 1999, ed. G. Doll-Tepper, M. Kroner, and W. sonnenschein (pp. 619-630). Oxford, England: Meyer & Meyer Sport.

DePauw, K.P. 2001c. The Paralympic movement: Past, present & future. ICHPERSD Journal 37: 43-47.

DePauw, K.P. 2003, July. Challenging limits and expectations: Sport and athletes with a disability. European College of Sport Science, Salzburg, Austria.

DePauw, K.P., and Clarke, K.C. 1986. Sports for disabled U.S. citizens: Influence of amateur sports act. In sport and disabled athletes, ed. C. Sherrill (pp. 35-50). Champaign, IL: Human Kinetics.

DePauw, K.P., and Doll-Tepper, G. 1989. European perspectives on adapted physical activity. Adapted Physical Activity Quarterly 6: 95-99.

DePauw, K.P., and Doll-Tepper, G.M. 2000. Toward progressive inclusion and acceptance: Myth or reality? The inclusion debate and bandwagon discourse. Adapted Physical Activity Quarterly 17: 135-143.

DePauw, K.P., and Gavron, S.J. 1991. Coaches of athletes with disabilities. Physical Educator 48: 33-40.

DePauw, K.P., and Gavron, S.J. 1995. Disability and sport (pp. 6, 7, 9). Champaign, IL: Human Kinetics.

DePauw, K.P., and Rich, S. 1993. Paralympics for the mentally Handicapped. Palaestra 9: 59-64.

DePauw, K.P., and Sherrill, C. 1994. Adapted physical activity: Present and future. Physical Education Review 17: 6-13.

Doll-Tepper, G., and Depauw, K.P. 1989. COSD forum: Sport for the disabled in the Federal Republic of Germany. Palaestra 5 (6): 13.

Doll-Tepper, G., Kroner, M.k., and Sonnenschein, W., eds. 2001. New horizons in sport for athletes with a disability (vols. 1 and 2). Cologne: Meyer & Meyer Verlag.

Donaldson, G.W., and Swan, M.D. 1979. Administration of eco-education. Reston, VA: American Alliance of Health, Physical Education, Recreation and Dance.

Donnelly, P. 1996. Approaches to society inequality in the sociology of sport. Quest 48: 221-242.

Dreisinger, T.E., and Londeree, B.R. 1982. Wheelchair exercise: A review. Paraplegia 20: 20-34.

Driscoll, J., Benge, J., and Benge, G. 2000. Determined to win. Colorado Springs, CO: Shaw Books.

Dummer, G., Ewing, M., Halbeck, R., and Overton, S. 1986. Cognitive reactions of athletes with cerebral palsy to success and failure in sports competition. Abstracts of research papers, 1986 AAHPERD convention (p. 219). Reston, VA: American Alliance for Health, Physical Education, Recreation and Dance.

Dunn, J.M. 1987. The state-of-the-art of research concerning physical education for handicapped children and youth. In proceedings of the CIVITAN-I-M SPECIAL NETWORK International Conference on Physical Education and Sport for Disabled Persons, ed. L. Bowers, S. Klesius, and B. Price. Tampa: University of South Florida.

Dunn, J.M., Morehouse, J.W., and Fredericks, H.D. 1986. Physical education for the severely handicapped. Austin, TX: Pro-Ed.

Durstine, L. 1997. ACSM's exercise management for persons with chronic diseases and disabilities. Champaign, IL: Human Kinetics.

Ellery, P.J., and Forbus, W.R. 1999. Technology in adapted physical education, using internet technology in adapted physical education. In Proceedings 11th international symposium in adapted physical activity, May 3-7, 1997, ed. D. Drouin, C. Lepine, and C. Simard (pp. 106-113). Quebec, PQ: Institut be readaptation en deficience physique de Quebec, Canada.

Ellis, M.K., and Darby, L.A. 1993. The effect of balance on the determination of peak oxygen consumption for hearing and nonhearing athletes. Adapted Physical Activity Quarterly 10: 216-225.

Ellis, W.K. 1992. Accessible camping in national parks. Sports 'n Spokes Jan./Feb.: 47-50.

Emes, C. 1978. Physical work capacity of wheelchair athletes. Research Quarterly 48: 209-212.

Engel, B.T. 1992. Therapeutic riding programs: Instruction and rehabilitation. Durantgo, CO: Barbara Engel Therapy Services.

Engel, R., and Hildebrandt, G. 1974. Wheelchair design: Technological and physiological aspects. Proceedings of the Royal Society of Medicine 67: 409-411.

Enoka, r.M., Miller, D.I., and Burgess, E.M. 1982. Below-knee amputee running gait. American Journal of Physical Medicine 62 (2): 66-84.

European charter for sport for all: Disabled persons. 1987. Strasbourg, France: Council of Europe.

Fay, T. 2001. Strategic approaches to vertical integration and equity for athletes with disabilities: An examination of critical factors. In New horizons in sport for athletes with a disability, proceedings of the international Vista '99 conference, Cologne, Germany, August 28-September 1, 1999, ed. G. doll-Tepper, M. Kroner, and W. Sonnenschein (pp. 499-528). Oxford, England: Meyer & Meyer Sport.

Felshin, J. 1974. The triple option ... for women in sport. Quest 21: 36-40.

Ferrara, M. 1990. Sports injuries to disabled athletes. Paper presented at the USODA meeting, February 1990, Tampa.

Ferrara, M., and davis, R. 1990. Injuries to elite wheelchair athletes. Paraplegia 28: 335-341.

Floyd, W.F., Guttmann, L., Noble, C.W., Parks, K.R., and Ward, J. 1966. A study of the space requirements of wheelchair users. Paraplegia 4: 24-37.

Frederick, K.L. 1991. A comparison of rural and urban parent perceptions of elementary multihandicapped students' leisure activities. Unpublished master's thesis, Bowling Green State University, Bowling Green, OH.

French, R., Henschen, K., and Horvat, M. 1985. The psychological characteristics of female wheelchair basketball players. Abstracts of research papers. Reston, VA: American Alliance of Health, Physical Education, Recreation and Dance.

Fung, L. 1992. Participation motives in competitive sports: A cross-cultural comparison. Adapted Physical Activity Quarterly 9: 114-122.

Gandee, R., Datta, S.R., Chatterjee, B.B., and Roy, B.N. 1973. Performance evaluation of amputee prosthesis systems in below-knee amputees. Ergonomics 16: 797-810.

Gandee, R., Winningham, M., Deitchman, R., and Narraway, A. 1980. The aerobic capacity of an elite wheelchair marathon racer. Medicine and Science in Sports and Exercise 12: 142.

Gass, G.C., and Camp, E.M. 1979. Physiological characteristics of trained Australian paraplegic and tetraplegic subjects. Medicine and Science in Sports and Exercise 11: 256-259.

Gavron, S. 1989. Early play and recreational experiences of elite athletes with disabilities of the VII Pan Am Games. Paper presented at the 7th International Symposium in Adapted Physical Activity, June 1989, Berlin.

Gavron, S.J. 1991. Track and field for all persons. In Sport instruction for individuals with disabilities, ed. D. Grosse, C. Cooper, S. Gavron, J. Huber, and J. Stein (PP. 217-234). Reston, VA: American Alliance of Health, Physical Education, Recreation and Dance.

Gavron, S.J. 1999. Role of disability sport specialist: Addressing serious disabilities. In Psychomotor domain training and serious disabilities, 5th ed., ed. P. Jansma (PP. 75-86). Lanham, MD: University Press of America.

Gavron, S.J. 2000. School sports and competition: Adapted physical activity. Perspectives 1:12-31.

Gavron, S., and DePauw, K. 1989. National coaches of disabled skiing: A background survey. Journal of Applied Research in Coaching and Athletics 4(1): 17-34

Gavron, S.J. and UIIman, D. 2001. Athletes and cancer: Stigma of role model? North American Society for the Sociology of Sport conference abstracts (P.71), October 31-November 3, 2001, San Antonio, TX.

Gehlsen, G.M., and Karpuk, J. 1992. Analysis of the NWAA swimming classification system. Adapted Physical Activity Quarterly 9: 141-147.

Gessaroli, M.E., and Robertson, D.G,E. 1980. Comparison of two wheelchair sprint starts. Canadian Journal of Applied Sport Science 5 (4): 202.

Gibbons, S.L., and Bushakra, F.B. 1989. Effects of Special Olympics participation on the perceived competence and social acceptance of mentally retarded children. Adapted Physical Activity Quarterly 6: 40-51.

Gibson, P.M. 1979. Therapeutic aspects of wilderness programs: A comprehensive literature review. Therapeutic Recreation Journal 3(3): 21-33.

Giddens, A. 1977. Studies in social and political theory. New York: Basic Books.

Gilstrap, T., and Sherrill, C. 1989. Personality profiles of elite blind female athletes. Palaestra 6:21-23, 31-33.

Glaser, R.M., and Collins, S.R. 1981. Validity of power output estimation for wheelchair locomotion. American Journal of Physical Medicine 60: 180-189.

Glaser, R.M., Foley, D.M., Laubach, L.L., Sawka, M.N., and Suryaprasad, A.G. 1979. Exercise test to evaluate fitness for wheelchair activity. Paraplegia 16: 341-349.

Glaser, R.M., Laubach, L.L., Foley, D.M., Barr, S.A., and Suryaprasad, A.G. 1978. Interval training program for wheelchair users [abstract]. Medicine and Science in Sports 10: 54.

Glaser, R.M., Sawka, M.N., Brune, M.F., and Wilde, S.W. 1980. Physiological responses to maximal effort wheelchair and arm crank ergometry. Journal of Applied Physiology 48: 1060-1064.

Goodbrand, S. 1987. A comparison of the psychological mood profiles of elite cerebral palsied athletes and cerebral palsied nonathletes. Unpublished master's thesis, McGill University, Montreal.

Gorton, B., and Gavron, S. 1984. A biomechanical analysis of the running patterns of mentally retarded boys and girls in the 50-meter dash. In Adapted physical activities: Proceedings of the fourth international symposium in adapted physical activity, ed. A. Brown (pp. 98-114). Bodmin, Cornwall: Hartnoll.

Gorton, B., and Gavron, S.J. 1987. A biomechanical analysis of the running pattern of blind athletes in the 100-m dash. Adapted Physical Activity Quarterly 4: 192-203.

Grant, J., and Pryke, G. 1987. The organization of disabled sport. In Physical education and disability, ed. R. Lockwood (pp. 209-213). Parkside, Australia: Australian Council for Health, Physical Education, and Recreation.

Greenwood, C.M., Dzewaltowski, D.A., and French, R. 1990. Self-efficacy and psychological well-being of wheelchair tennis participants and wheelchair nontennis participants. Adapted Physical Activity Quarterly 7(1): 12-21.

Gregson, I. 1998. Irresistible force: Disability sport in Canada. Victoria, BC: Polestar Book.

Grimes, P.S., and French, L. 1987. Barriers to disabled women's participation in sport. Journal of Physical Education, Recreation and Dance 58: 24-27.

Grosse, S., Cooper, C., Gavron, S., Huber, J., and Stein, J.U., eds. 1991. Sport instruction for individuals with disabilities: The best of practical pointers. Washington, DC: American Alliance of Health, Physical Education, Recreation and Dance.

Guttmann, L. 1971, July 16. Sport for the disabled. Times Educational Supplement, 31-32.

Guttmann, L. 1976. Textbook of sport for the disabled (p. 13). Oxford: HM & M.

Hahn, H. 1984. Sports and the political movement of disabled persons : Examining nondisabled social values. ARENA Review 8: 1-15.

Hale, S. 1988. Dynamic analysis of the above the knee amputee swing phase during speed walking under varying prosthetic conditions. Unpublished master's thesis, Dalhousie University, Halifax, NS.

Hall, M.A. 1985. Knowledge and gender: Epistemological questions in the social analysis of sport. Sociology of Sport Journal 2: 25-42.

Hamilton, N., and Adrian, M. 1987. A kinematic analysis of the wheelchair javelin throw. Abstracts of research papers, 1987 AAHPERD convention. Reston, VA: American Alliance for Health, Physical Education, Recreation and Dance.

Hanrahan, S.J., Grove, J.R., and Lockwood, R.J. 1990. Psychological skills training for the blind athlete: A pilot program. Adapted Physical Activity Quarterly 7: 143-155.

Hansen, R., and Taylor, J. 1987. Rick Hansen: Man in motion. Vancouver, BC: Douglas & McIntyre.

Hanson, B. 1993. Minnesota Association for Adapted Athletics. In Proceedings of achieving a balance: National Adapted Physical Activity conference, ed. D. Beaver (pp. 10-15). Macomb, IL: Western Illinois University.

Hedrick, B. 1979, December. A look at disabled sports. Parks & Recreation, p.54.

Hedrick, B. 1984. The effects of wheelchair tennis participation and mainstreaming upon the perceptions of competence of physically disabled adolescents. Unpublished doctoral dissertation, University of Illinois at Urbana-Champaign.

Hedrick, B. 1985a. The effect of wheelchair tennis participation on adolescents. Therapeutic Recreation Journal 14: 34-36.

Hedrick, B. 1985b. Women's wheelchair basketball: A perspective on the U.S. program. Sports 'n Spokes 11: 14-17.

Hedrick, B., Byrnes, D., and Shaver, L. 1989. Wheelchair basketball. Washington, DC : Paralyzed Veterans of America.

Hedrick, B., Byrnes, D., and Shaver, L. 1994. Wheelchair basketball. 2nd ed. Washington, DC : Paralyzed Veterans of America.

Hedrick, B., and Hedrick, s. 1991. Women's wheelchair basketball. In A century of women's basketball, ed. J. Hult and M. Trekell (pp.367-378). Reston, VA: American Alliance for Health, Physical Education, Recreation and Dance.

Hedrick, B., and Hedrick, S. 1993. The undiscovered athlete : A perspective on collegiate sports for persons with disabilities. Paper presented at CESU conference, July 1993, Buffalo, NY.

Hedrick, B., and Morse, M. 1991. Setting goals in wheelchair basketball. Sports 'n Spokes 17 (4): 64-65.

Hedrick, B., Morse, M., and Figoni, S. 1988. Training practices of elite wheelchair roadracers. Adapted Physical Activity Quarterly 5: 140-153.

Hedrick, B., Wang, Y.T., Moeinzadeh, M., and Adrian, M. 1990. Aerodynamic positioning and performance in wheelchair racing. Adapted Physical Activity Quarterly 7: 41-51.

Henschen, K., Horvat, M., and French, R. 1984. A visual comparison of psychological profiles between able-bodied and wheelchair athletes. Adapted Physical Activity Quarterly 1: 118-124.

Hetzler, R.K., Knowlton, R.G., Hammill, J., Noakes, T., and Schneider, T. 1986. A physiological and biomechanical comparison of able-bodied persons to wheelchairdependent persons during wheelchair ergometry. Abstracts of research papers, 1986 AAHPERD convention. Reston, VA: American Alliance for Health, Physical Education, Recreation and Dance.

Hewett, F.M., and Forness, S.R. 1974. Historical origins. Boston: Allyn & Bacon.

Heyward, S. 1992. Access to education for the disabled. A guide to compliance with Section 504 of the Rehabilitation Act of 1973. Jefferson, NC: McFarland.

Higger, Y. 1984. Biomechanical analysis of stand-up and wheelchair basketball set shooting. Unpublished master's thesis, University of Alberta.

Higgs, C. 1983. An analysis of racing wheelchairs used at the 1980 Olympic Games for the Disabled. Research Quarterly for Exercise and Sport 54: 229-233.

Higgs, C. 1986. Propulsion of racing wheelchairs. In Sport and disabled athletes, ed. C. Sherrill (pp. 165-172). Champaign, IL : Human Kinetics.

Higgs, C. 1990. Wheelchair racquetball : A preliminary time motion analysis. Adapted Physical Activity Quarterly 7: 370-384.

Higgs, C. 1992. Wheeling in the wind : The effect of wind velocity and direction on the aerodynamic drag of wheelchairs. Adapted Physical Activity Quarterly 9(1) : 74-87.

Higgs, C. 2003. Classification and the future of the Paralympic Games. Paper presented at the 2003 ISAPA, Seoul.

Higgs, C., Babstock, P., Buck, J., Parsons, C., and Brewer, J. 1990. Wheelchair clarification for track and field experts: A performance approach. Adapted Physical Activity Quarterly 7(1): 22-40.

Hildebrandt, G., Voigt, E.D., Bahn, D., Berendes, B., and Kroger, j. 1970. Energy cost of propelling a wheelchair at various speeds : Cardiac responses and effect on steering accuracy. Archives of Physical Medicine and Rehabilitation 51: 131-136.

Hockey, K., and Goodman, S. 1992. Coaching athletes with vision impairments. Canberra: Australian Sports Commission.

Holcomb, L.P. 1984. Disabled women: A new issue in education. In Perspectives on disability, ed. M. Nagler (pp.381-388). Palo Alto, CA: Health Markets Research.

Hooper, C.A. 1982. Socialization of wheelchair athletes in sport. Abstract in Dissertation Abstracts International 43: 1976A. University Microfilms NO. 84-235, 7242.

Horvat, M., French, R., and Henschen, K. 1986. A comparison of the psychological characteristics of male and female able-bodied and wheelchair athletes. Paraplegia 24: 115-122.

Horvat, M., French, R., and Henschen, K. 1988. Special Olympics training programs around the world...a survey. Palaestra 5: 28-31.

Horvat, M., Golding, L., Beutel-Horvat, T., and McConnell, T. 1984. A treadmill modification for wheelchairs. Research Quarterly for Exercise and Sport 55: 297-301.

Howe, P.D. 2001. Read all about it! Representation of a distinctive community: The printed media, sport and disability. In 2001 North American Society for the Sociology of Sport, 22nd conference, Marginality, power and sport, abstracts (p. 60). October 31-November 3, 2001, San Antonio, TX.

Huber, C.A. 1984. An overview and perspective on international disabled sport: Past, present, future. Rehabilitation World 8: 8-11.

Hughes, E. 1949. Social change and status protest: An essay on the marginal man. Phylon 10: 58-65.

Hullemann, K.D., List, M., Matthes, D., Wiese, G., and Zika, D. 1975. Spiroergometric and telemetric investigations during the XXI International Stoke Mandeville Games. Paraplegia 13: 109-123.

Hult, J.S., and Trekell, M. 1991. A century of women's basketball: From frailty to Final Four. Reston, VA: American Alliance for Health, Physical Education, Recreation and Dance.

International Paralympic Committee. 2002a. Handbook. www.paralympic.org (accessed March 7, 2002).

International Paralympic Committee. 2002b. Results. summer sports. www.paralympic.org (accessed May 23, 2002).

International Paralympic Committee. 2003a. 7 a-side football. www.paralympic.org (accessed November 1, 2003).

International Paralympic Committee. 2003b. Alpine skiing. www.paralympic.org (accessed November 4, 2003).

International Paralympic Committee. 2003c. Archery. www.paralympic.org (accessed November 5, 2003).

International Paralympic Committee. 2003d. Athletics. www.paralympic.org (accessed November 1, 2003).

International Paralympic Committee. 2003e. Boccia. www.paralympic.org (accessed November 2, 2003).

International Paralympic Committee. 2003f. Cycling. www.paralympic.org (accessed November 5, 2003).

International Paralympic Committee. 2003g. Equestrian. www.paralympic.org (accessed November 3, 2003).

International Paralympic Committee. 2003h. Goalball. www.paralympic.org (accessed November 7, 2003).

International Paralympic Committee. 2003i. Ice sledge hockey. www.paralympic.org (accessed November 5, 2003).

International Paralympic Committee. 2003j. judo. www.paralympic.org (accessed November 1, 2003).

International Paralympic Committee. 2003k. Nordic skiing. www.paralympic.org (accessed November 2, 2003).

International Paralympic Committee. 2003l. Powerlifting. www.paralympic.org (accessed November 5, 2003).

International Paralympic Committee. 2003m. Sailing. www.paralympic.org (accessed November 3, 2003).

International Paralympic Committee. 2003n. shooting. www.paralympic.org (accessed November 6, 2003).

International Paralympic Committee. 2003o. Swimming. www.paralympic.org (accessed November 4, 2003).

International Paralympic Committee. 2003p. Table tennis. www.paralympic.org (accessed November 4, 2003).

International Paralympic Committee. 2003q. Volleyball. www.paralympic.org (accessed November 3, 2003).

International Paralympic Committee. 2003r. Wheelchair basketball. www.paralympic.org (accessed November 2, 2003).

International Paralympic Committee. 2003s. Wheelchair fencing. www.paralympic.org (accessed November 6, 2003).

International Paralympic Committee. 2003t. Wheelchair rugby. www.paralympic.org (accessed November 3, 2003).

International Paralympic Committee. 2003u. Wheelchair tennis. www.paralympic.org (accessed November 3, 2003).

International Paralympic Committee Constitution. 1991. IPC Newsletter, Spring.

International Sports Organization for the Disabled (ISOD). n.d. A brief presentation of ISOD. Pamphlet available from ISOD.

Jackson, R.W., and Davis, G.M. 1983. The value of sports and recreation for the physically disabled. Orthopedic Clinics of North America 14 (2): 301-315.

Jackson, R.W., and Frederickson, A. 1979. Sports for the physically disabled: The 1976 Olympiad (Toronto). American Journal of Sports Medicine 7: 293-296.

Jackson. R., and Schmader, S.W. 1990. Special events: Inside and out. Champaign, IL: Sagamore.

Jochheim, K.A., and Strohkendl, H. 1973. Value of particular sports of the wheelchair disabled in maintaining health of the paraplegic. Paraplegia 11: 173-178.

Johansson, J.O., and DePauw, K.P. 1991. Sport socialization of Swedish disabled athletes. Paper presented at 1991 ISAPA, Miami.

Johnson, R.E., Sundheim, R., and Santos, J. 1989. An outcome study of special Olympics training techniques on athletes in track and field. Palaestra 5: 9-11, 62.

Jones, J. 1988. Training guide to cerebral palsy sports. 3rd ed. Champaign, IL: Human Kinetics.

Jones, J., ed. 1990. Focus on training. Palaestra 6 (4): 57-58.

Jones, J., ed. 1991. Focus on training. Palaestra 7 (4): 56-57.

Jones, J., ed. 1992. Focus on training. Palaestra 8 (1): 60-61.

Joukowsky, A.A.W., and Rothstein, L. 2002. Raising the bar: New horizons in disability sport. New York: Umbrage Editions.

Karwas, M.R., and DePauw, K.P. 1990. Parallels Between the women's and disabled sport movements. Abstracts of research papers, 1990 AAHPERD convention. Reston, VA: American Alliance for Health, Physical Education, Recreation and Dance.

Kegel, B. 1985. Physical fitness. Sports and recreation for those with lower limb amputation or impairment. Journal of Rehabilitation Research and Development (Clin. Suppl. 1): 1-125.

Kegel, B., Burgess, E.M., Starr, T.W., and Daley, W.K. 1981. Effects of isometric muscle training on residual limb volume, strength, and gait of below-knee amputees. Physical Therapy 61: 1419-1426.

Kelly, J., and Frieden, L. 1989. Go for it: A book on sport and recreation for persons with disabilities. Orlande, FL: Jovanovich.

Kennedy, M.J. 1980. Sport role socialization and attitudes toward physical activity of wheelchair athletes. Unpublished master's thesis, University of Oregon, Eugene.

Kennedy, S.O. 1988. Flexibility training for wheelchair athletes. Sports 'n spokes 13: 43-46.

Kenyon, G., and McPherson, B 1973. Becoming involved in physical activity and sport: A process of socialization. In Physical activity: Human growth and development, ed. G.L. Rarick (pp. 303-332). New York: Academic Press.

Kirschbaum, J.B., Axelson, P.W., Longmuir, P.E., Mispagel, K.M., Stein, J.A., and Yamada, D.A. 2001. Designing sidewalks and trails for access part II of II: Best practices design guide. Washington, DC: Federal Highway Administration.

Knaus, R.L. 1987. Physiological and psychological benefits of exercise for athletes with disabilities: An interview with George Murray. Journal of Osteopathic Sports Medicine 4 (1): 7-9.

Knoppers, A. 1987. Gender and the coaching profession. Quest 39: 9-22.

Knowlton, R.G., Fitzgerald, P.L., and Sedlock, D.A. 1981. Mechanical efficiency of wheelchair-dependent women during wheelchair ergometry. Canadian Journal of Applied Sport Sciences 6: 187-190.

Kobberling, G., Jankowski, L.W., and Leger, L. 1989. Energy cost of locomotion in blind athletes. Adapted Physical Activity Quarterly 6: 58-67.

Koivumaki, K. 1987. Sports and physical activities for special groups. In Sports and physical education in Finland. Helsinki: Finnish Society for Research in Sport and Physical Education.

Kowalski, E., and McCann, H. 1991. The Victory Games: Milestone on the road to Barcelona, Palaestra 8 (1): 24-29.

Kristen, L., Patriksson, G., and Fridlund, B. 2003. Benefits of sport activities for disabled children and youth. In Proceedings, 13th international symposium in adapted physical activity, July 3-7, 2001, ed. M. Dinold, G. Gerber, and T. Reinelt (pp. 394-398). Vienna: Manz Verlag Schleicher.

Kruimer, A., Hoeberigs, J.H., and Vorteveld, H. 1985. Classification system for wheelchair basketball. Workshop on sport for disabled (proceedings) (pp. 111-117). The Netherlands: Amersfoot.

Labanowich, S. 1978. Psychology of wheelchair sports. Therapeutic Recreation Journal 12: 11-17.

Labanowich, S. 1988. A case for the integration of the disabled into the Olympic Games. Adapted Physical Activity Quarterly 5: 264-272.

Labanowich, S., Karman, P., Veal, L.E., and Wiley, B.D. 1984. Principles and foundations for the organization of wheelchair sports. sports 'n Spokes 2: 26-32.

Lakomy, H.K.A., Campbell, I., and Williams, c. 1987. Treadmill performance and selected physiological characteristics of wheelchair athletes. British Journal of Sports Medicine 21: 130-133.

LaMere, T., and Labanowich, S. 1984a. The history of sport wheelchairs: 1. Background of wheelchair basketball. Sports 'n Spokes 2: 6-11.

LaMere, T., and Labanowich, S, 1984b, The history of sport wheelchairs: 2. The racing wheelchair. Sports 'n Spokes 2: 12-16.

Landry, F. 1992. Olympism, Olympics, Paralympism, Paralympics: Converging or diverging notions and courses on the eve of the third millennium? Paper presented at the 1st Paralympic congress, August 31, 1992, Barcelona.

Lenskyj, H. 1991. Women, sport and physical activity: Research and bibliography. Ottawa, ON: Minister of Supply and Services Canada.

Leonard, J. 1980. A sociological perspective of sport. Minneapolis: Burgess.

Lewallen, r., Quanbury, A.O., Ross, K., and Letts, R.M. 1985. A biomechanical study of normal and amputee gait. In Biomechanics IX-A, ed. D.A. Winter, R.W. Norman, R.P. Wells, K.C. Hayes, and A.E. Patla (pp. 587-593). Champaign, IL: Human Kinetics.

Lewis, S., Higam, L., and Cherry, D. 1985. Development of an exercise program to improve the static and dynamic balance of profoundly hearing impaired children. American Annals of the Deaf 4 (130): 278-283.

Lewko, J. 1979. Significant others and sport socialization of the handicapped child. In Psychological perspectives in youth sports, ed. F. Smoll and R. Smith (pp. 249-277). New York: Wiley.

Lienert, C., Malone, L., and Yilla, A. 2003. Attitudes towards disability sport: Results of a study using the disability sport survey. In 14th international symposium in adapted physical activity, abstracts (p. 83). August 4-7, 2003, Seoul.

Lilly, M.S. 1983. Divestiture in special education: An alternative model for resource and support services. Unpublished manuscript.

Lindstrom, H. 1984. sports for disabled: Alive and well. Rehabilitation World 8: 12-16.

Lindstrom, H. 1985. An integrated classification system. Palaestra 2 (1): 47-49.

Lindstrom, H. 1986. Sports classification for locomotor disabilities: Integrated versus diagnostic systems. In Sport and disabled athletes, ed. C. Sherrill (pp. 131-136). Champaign, IL: Human Kinetics.

Lindstrom, H. 1990. The dramatic birth of a new international body for the disabled. Palaestra 6: 12-15.

Linton, S. 1998. Claiming disability: Knowledge and identity. New York: NYU Press.

Lipton, B.H. 1970. Role of wheelchair sports in rehabilitation. International Rehabilitation Review 21 (2): 25-27.

Lockette, K.F., and A.M. Keys. 1994. Conditioning with physical disabilities. Champaign, IL: Human Kinetics.

Longmuir, P.E., and Axelson, P. 1996. Assistive technology for recreation. In Evaluating, selecting, and using appropriate assistive technology, ed. J.C. Galvin and M.J. Scherer (pp. 162-197). Gaithersburg, MD: Aspen.

Longmuir, P., and Axelson, P. 2002. Universal Trail Assessment Process training guide: Assessing outdoor paths, access routes, and trails to collect access, mapping, and maintenance information. Minden, NV: PAX Press.

Lorinez, N. 2001. The classification of the elite athlete in disability sport--an athlete's "holistic" Perspective. In New horizons in sports for athletes with a disability, proceedings of the international Vista '99 conference, Cologne, Germany, August 28-September 1, 1999, ed. G. Doll-Tepper, M. Kroner, and W.Sonnenschein (pp. 303-317). London: Meyer & Meyer Sport.

Lugo, A., Sherrill, C., and Pizarro, A. 1992. Use of a sport socialization inventory with cerebral palsied youth. Perception and Motor Skills 74: 203-208.

Lundberg, A. 1980. Wheelchair driving evaluation of a new training outfit. Scandinavian Journal of Rehabilitation Medicine 12: 67-72.

Lussier, L., Knight, J., Bell, G., Lohmann, T., and Morris, A.F. 1983. Body composition in two elite female wheelchair athletes. Paraplegia 21: 16-22.

Maas, K., and Hasbrook, C.A. 2001. Media promotion of the paradigm citizen/golfer: an analysis of golf magazines' representations of disability, gender, and age. Sociology of Sport Journal 18: 21-36.

MacGowan, H.E. 1983. The kinematic analysis of the walking gait of sighted and congenitally blind and sighted children. Abstract in Dissertation Abstracts International 44: 703a.

Madorsky, J.B., and Curtis, K.A. 1984. Wheelchair sports medicine. American Journal of Sports Medicine 12: 128-132.

Madorsky, J.B., and Kiley, D.P. 1984. Wheelchair mountaineering. Archives of Physical Medicine and Rehabilitation 65: 490-492.

Madorsky, J.B., and Madorsky, A. 1983. Wheelchair racing: An important modality in acute rehabilitation after paraplegia. Archives of Physical Medicine and Rehabilitation 64: 186-187.

Mangus, B. 1987. sports injuries, the disabled athlete, and the athletic trainer. Athletic Training 22 (7): 305-308.

Martinez, R. 1991. Catastrophes at sporting events. Physician and Sportsmedicine 19 (11): 40, 43-44.

Mascagni, K. 1996. Paola Fantato: Sports as a means of social integration. Olympic Review 26: 75.

Mastenbroek, A.C. 1979. Delta and net muscular efficiency in wheelchair athletes during steady rate exercise in two types of wheelchairs. Unpublished master's thesis, University of Oregon, Eugene.

Mastro, J.V., Canabal, M., and French, R. 1986. Mood profiles of visually impaired and sighted beep baseball platers. Abstracts of research papers, 1986 AAHPERD convention. Reston, VA: American Alliance for Health, Physical Education, Recreation and Dance.

Mastro, J.V., and French, R. 1986. Sport anxiety and elite blind athletes. In Sport and disabled athletes, ed. C. Sherrill (pp. 203-208). Champaign, IL: Human Kinetics.

Mastro, J.V., French, R., Henschen, K., and Horvat, M. 1985. Use of the State-Trait anxiety inventory for visually impaired athletes. Perceptual and Motor Skills 61: 775-778.

Mastro, J.V., French, R., Henschen, K., and Horvat, M. 1986. Selected psychological characteristics of blind golfers and their coaches. American Corrective Therapy Journal 40: 111-114.

Mastro, JV., Hall, M.M., and Canabal, M.Y. 1988. Cultural and attitudinal similarities: Female and disabled individuals in sport and athletics. Journal of Physical Education, Recreation and Cance 59: 80-83.

Mastro, J.V., Sherrill, C., Gench, B., and French, r. 1987. Psychological characteristics of elite visually impaired athletes: The iceberg profile. Journal of Sport Behavior 10: 39-46.

Mayberry, R.P. 1978. The mystique of the horse is strong medicine: Riding as therapeutic recreation. Rehabilitation Literature 39: 192-196.

McCann, C.B. 1979. Wheelchair medical classification system. Proceedings of the first international conference on sport and training of the physically disabled athlete (pp. 25-35). University of Alberta, Edmonton.

McCann, C.B. 1980. Medical classification: Art, science, or instinct? Sports 'n Spokes 5: 12-14.

McCann, C.B. 1981. Does the track athlete need medical classification? A possible effect of wheelchair design. Sports 'n Spokes 7: 22-24.

McCann, C.B. 1984. Classification of the locomotor disabled for competitive sports: Theory and practice. International Journal of Sports Medicine (Suppl. 5): 167-170.

McCann, C.B. 1987. The structure and future of sport for the disabled: The Arnhem seminar. Palaestra 3: 9-40.

McCormick. D. 1985. Injuries in handicapped alpine ski racers. Physician and Sportsmedicine 13: 93-97.

McCrae, D. 2001. The integration and inclusion of world class disability sports programs. In New horizons in sports for athletes with a disability, proceedings of the international Vista '99 conference, Cologne, Germany, August 28-September 1, 1999, ed. G. Doll-Tepper, M. Kroner, and W. Sonnenschein (pp. 499-528). London: Meyer &Meyer Sport.

McCubbin, J.A., and Shasby, G.B. 1985. Effects of isokinetic exercise on adolescents with cerebral palsy. Adapted Physical Activity Quarterly 2: 56-64.

McLaurin, C.A., and Axelson, P. 1990. Wheelchair standards: an overview. Journal of Rehabilitation Research and Development 2: 100-103.

McPherson, B.D., Curtis, J.E., and Loy, J.W. 1989. The social significance of sport. Champaign, IL: Human Kinetics.

Merklinger, A. 1991. Committee on integration of athletes with a disability. International Paralympic Committee Newsletter 2: 8-9.

Miles. D.S., Sawka, M.N., Wilde, S.W., Durbin, R.J., and Gotshall, R.W. 1982. Pulmonary function changes in wheelchair athletes subsequent to exercise training. Ergonomics 25: 239-246.

Miller, D.I. 1981. Biomechanical considerations in lower extremity amputee running and sports performance. Australian Journal of Sport Medicine 13(3): 55-87.

Miller, P. 1995. Fitness programming and physical disability. Champaign, IL: Human Kinetics.

Moeller, R. 2001. Perspectives of marketing and sponsoring in disability sports: A different approach. In New horizons in sports for athletes with a disability, proceedings of the international Vista '99 conference, Cologne, Germany, August 28-September 1, 1999, ed. G. Doll-Tepper, M. Kroner, and W. Sonnenschein (pp. 863-873). London: Meyer &Meyer Sport.

Monnazzi, G. 1982. Paraplegics and sports: A psychological survey. International Journal of Sports Psychology 13: 85-95.

Morris, A.F. 1984. A philosophy of sports and recreation at a comprehensive rehabilitation center. Rehabilitation World 8: 30-31, 60-61.

Morris, A.F. 1986. A case study of a female ultramarathon wheelchair road racer. Paraplegia 24: 260-264.

Morris, J. 1992. Personal and political: A feminist perspective on researching physical disability. Disability, Handicap, & Society 7: 157-166.

Munson, A.L., and Comodeca, J.A. 1993. The act of inclusion. Athletic Management 5 (4): 14-17.

Murphy-Howe, R., and Charboneau, B. 1987. Therapeutic recreation intervention: An ecological perspective. Englewood Cliffs, NJ: Prentice Hall.

Mustain, K. 2001. Exercise as a complementary therapy for breast cancer [abstract]. North American Society for the Sociology of Sport Conference abstracts (p. 33)/ October 31-November 3, 2001, San Antonio, TX.

Myers, K. 1991. Pushing a wheelchair...fast! Sports 'n Spokes 16: 51-54.

Nash, S. 2002. Youth force. Sports 'n Spokes 28 (6): 54-57.

National Center on Physical Activity and Disability (NCPAD). www.ncpad.org.

National Disability Sports Alliance Association (NDSA). www.ndsaonline.org.

National Wheelchair Basketball Association (NWBA). www.nwba.org.

Nesbitt, J.A., ed. 1986. The international directory of recreation-oriented assistive diver's sources. Marina del Rey, CA: Lifeboat Press.

Nilsen, R., Nygaard, P., and Bjorholt, P.G. 1985. Complications that may occur in those with spinal cord injuries who participate in sport. Paraplegia 23: 52-58.

Nixon, H. 1988. Getting over the worry hurdle: Parental encouragement and sports involvement of visually impaired children and youths. Adapted Physical Activity Quarterly 5(1): 29-43.

Nixon, H.L. 1989. Integration of disabled people in mainstream sports: Case study of a partially sighted child. Adapted Physical Activity Quarterly 6(1): 17-31.

Nugent, T.J. 1964. Let's look beyond. Recreation in Treatment Centers 3: 3-42.

Nunn, C. 1991. Coaching amputee athletes. Canberra: Australian Sports Commission.

Ogilvie, B.C. 1985. Sports psychologists and the disabled athlete. Palaestra 4(1): 36-40, 43.

O'Leary, H. 1987. Bold tracks: skiing for the disabled. Evergreen, CO: Cordillera Press.

Orr, R. 1979. Sport, myth and the handicapped athlete. Journal of Physical Education, Recreation and Dance 50: 33-34.

Owen, E. 1982. Playing and coaching wheelchair basketball. Urbana, IL: University of Illinois Press.

Pachner, J.L. 1993-1994. Products to assist the disabled sportsman. Laguna Niguel, CA: Author.

Paciorek, M.J. 1993. Technology only a part of the story as world records fall. Palaestra 9: 14-19.

Paciorek, M.J., and Jones, J.A. 1989. Sports and recreation for the disabled: A resource handbook. Indianapolis: Benchmark press.

Paciorek, M.J., and Jones, J.A. 1994. Sports and recreation for the disabled. 2nd ed. Carmel, IN: Cooper.

Paciorek, M.J., and Jones, J.A. 2001. Disability sport and recreation resources. Traverse City, MI: Cooper.

Paralympian. 2000. IOC-IPC cooperation agreement signed. www.paralympic.org/ paralympian/ 20004/ 2000405.htm (accessed May 23, 2002).

Paralympic Games. 2001, August 24. Paralympic Summer Games sydney 2000. www.paralympic.org/ games/ 2000/ 01 (accessed July 2003).

Pardine, P., Napoli, A., and Eustace, A. 1985. Personality profiles of world-class disabled athletes. Abstracts of research papers, 1985 AAHPERD convention. Reston, VA: American Alliance for Health, Physical Education, Recreation and Dance.

Park, R. 1928. Human migration and the marginal man. American Journal of Sociology 33: 881-893.

Parks, J.B., and Quarterman, J. (2003). Contemporary sport management. 2nd ed. Champaign, IL : Human Kinetics.

Parks, W. 1986. A model program: The journal wheelchair sports camp program. Palaestra 3 (2): 16-19.

Patrick, D.L. 1997. Rethinking prevention for people with disabilities, part I: A conceptual model for promoting health. American Journal of Health Promotion 11: 257-260.

Patrick, G.D. 1986. The effects of wheelchair competition on self-concept and acceptance of disability in novice athletes. Therapeutic Recreation Journal 4 (20): 61-71.

Patterson, T.S. 2000. The effects of a therapeutic horseback riding experience on selected behavioral and psychological factors on ambulatory adults diagnosed with multiple sclerosis. Unpublished master's thesis, Bowling Green State University, Bowling Green, OH.

Pearce, K., and Kane, M.J. 2001. Disability, sport and media. In 2001 North American Society for the Sociology of Sport, 22nd conference, Marginality, Power and Sport, abstracts (p. 60). October 31-November 3, 2001, San Antonio, TX.

Physical activity and women with disabilities: A national survey. n.d. Ottawa, ON: Fitness Canada.

Pitetti, K.H. 1993. Introduction. Exercise capacities and adaptations of people with chronic disabilities: Current research, future directions, and widespread applicability. Medicine and Science in Sports and Exercise 25(4): 421-422.

Pitetti, K.H., Jackson, J.A., Stubbs, N.B., Campbell, K.D., and Battar, S.S. 1989. Fitness levels of adult Special Olympic participants. Adapted Physical Activity Quarterly 6: 354-370.

Platt, L. 2001. Medical and orthopaedic conditions in Special Olympic athletes. Journal of Athletic Training 36(1): 74-80.

Pope, C.J., McGrain, P., and Arnhold, R.W. 1986. Running gait of the blind: A kinematic analysis. In Sport and disabled athletes, ed. C. Sherrill (pp. 173-179). Champaign, IL: Human Kinetics.

Pope, C.J., Sherrill, C., Wilkerson, J., and Pyfer, J. 1993. Biomechanical variables in sprint running of athletes with cerebral palsy. Adapted Physical Activity Quarterly 10: 226-254.

Principles and philosophy. www.specialolympics.org (accessed July 1, 2004).

Professional Ski Instructors of America. 1997. Adaptive manual. Lakewood, CO: Author.

Pyfer, J.L. 1986. Early research concerns in adapted physical education. Adapted Physical Activity Quarterly 3: 95-103.

Rarick, G.L., Dobbins, D.A., and Broadhead, G.D. 1976. The motor domain and its correlates in educationally handicapped children. Englewood Cliffs, NJ: Prentice Hall.

Renwick, R., and Friefield, S. 1996. Quality of life and rehabilitation. In Quality of life in health promotion and rehabilitation, ed. R. Renwick, I. Brown, and M. Nagler. Newbury Park, CA: Sage.

Rich, S. 1990. Factors influencing the learning process. In Adapted physical education and sport, ed. J. Winnick (pp. 121-130). Champaign, IL: Human Kinetics.

Richardson, D.B. 1986. Movement purpose values among wheelchair athletes. Abstracts of research papers, 1986 AAHPERD convention. Reston, VA: American Alliance of Health, Physical Education, Recreation and Dance.

Ridhter, K.J., Adams-Mushett, C., Ferrara, M.S., and McCann, B.C. 1992. Integrated swimming classification: A faulted system. Adapted Physical Activity Quarterly 9 (1): 5-13.

Ridgeway, M., Pope. C., and Wilkerson, J. 1988. A kinematic analysis of 800-meter wheelchair racing techniques. Adapted Physical Activity Quarterly 5: 96-107.

Riding, M. 2001. Doping-a Paralympic perspective. In New horizons in sports for athletes with a disability, proceedings of the international Vista '99 conference, Cologne, Germany, August 28-September 1, 1999, ed. G. Doll-Tepper, M. Kroner, and W. Sonnenschein (pp.273-277). London: Meyer & Meyer Sport.

Riggen, K., and Ulrich, D. 1993. The effects of sport participation on individuals with mental retardation. Adapted Physical Activity Quarterly 10(1): 42-51.

Rimmer, J.H. 1994. Fitness and rehabilitation programs for special populations. Dubuque, IA: Wm. C. Brown.

Rimmer, J.H. 1999. Health promotion for people with disabilities: The emerging paradigm shift from disability prevention to prevention of secondary conditions. Physical Therapy 79: 495-502.

Rimmer, J.H., Braddock, D., and Pitetti, K.H. 1996. Research on physical activity and disability: An emerging national priority. Medicine and Science in Sports and Exercise 28: 1366-1372.

Rimmer, J.H., and Kelly, L.E. 1991. Effects of a resistance training program on adults with mental retardation. Adapted Physical Activity Quarterly 8(2): 146-153.

Road racing training. 1986, Spring. National Wheelchair Athletic Association Newsletter, 18-19.

Roeder, L.K., and Aufsesser, P.M. 1986. Selected attentional and interpersonal characteristics of wheelchair athletes. Palaestra 2: 28-32.

Roper, L.K., and Silver, C.1989. Regular track competition for athletes with mental retardation. Palaestra 5: 14-16, 42-43, 58-59.

Roswal, G.M. 1988. Coaches' training the Special Olympics way. Palaestra 5: 36-37, 41.

Roswell, G., Jacobs, D., and Horvat, M. 1986. Psychological make-up and self-concept of the juniror wheelchair athlete. NCPERH Newseletter 15: 6.

Rothschild, C.S. 1968. Prejudice against the disabled and the means to combat it. In Social and psychological aspects of disability: A handbook for practitioners, ed. J. Stebbins (pp. 261-267). Baltimore: University Park Press.

Ryser, D.K., Erickson, R.P., and Calahan, T. 1988. Isometric and isokinetic hip abductor strength in persons with above-knee amputations. Archives of Physical Medicine and Rehabilitation 10 (69): 840-845.

Sage, G.H. 1987. Pursuit of knowledge in sociology of sport: Issues and prospects. Quest 39: 255-281.

Salt Lake 2002 Organizing Committee. 2002. Salt Lake 2002 Paralympic media guide. Salt Lake City: Author.

Sanderson, D.J., and Sommer, H.J. 1985. Kinematic features of wheelchair propulsion. Journal of Biomechanics 18: 423-429.

Schantz, O. 2003. Spectators at the Sydney 2000 Paralympics, a field study. In 14th international symposium in adapted physical activity, abstracts (pp. 84-85). August 4-7, 2003, Seoul.

Schantz, O., and Gilbert, K. 1997. Misconstrued ideals: Media coverage of the 1996 Atlanta Paralympic Games--an analysis of German and French newspapers. In Proceedings 11th international symposium in adapted physical activity, Active Living--Differently, May 3-7, 1997, ed. D. Drouin, C. Lepine, and C. simard (pp. 248-256). Quebec, PQ: Institute de readaptation en deficience physique de Quebec.

Schuman, S. 1979. Wheelchair frame modification. Sports 'n spokes 4: 5-6.

Scruton, S. 1998. Stoke Mandeville: Road to the Paralympics. Aylesbury, England: Peterhouse Press.

Seaman, J.A. 1999. Physical activity and fitness for persons with disabilities. President's Council on Physical Fitness and Sports Research Digest 3 (9).

Shapiro, J. 1993. No pity: People with disabilities forging a new civil rights movement. New York: Random House.

Shephard, R.J. 1990. fitness in special populations. Champaign, IL: Human Kinetics.

Sherrill, C. 1986. Social and psychological dimensions of sports for disabled athletes. In Sport and disabled athletes, ed. C. Sherrill (pp. 21-33). Champaign, IL: Human Kinetics.

Sherrill, C. 1990. Psychological status of disabled athletes. In Problems in motor control, ed. G. Reid (pp. 339-364). Amsterdam: North-Holland.

Sherrill, C. 1993. Paralympics 1992: Excellence and challenge. Palaestra 9: 25-42.

Sherrill, C. 1997. Disability, identity and involvement in sport and exercise. In The physical self: From motivation to well-being, ed. K.R. Fox (pp. 257-286). Champaign, IL: Human Kinetics.

Sherrill, C., ed. 2001a. Adapted physical activity, recreation and sport: Cross-disciplinary and lifespan. 6th ed. St. Louis: McGraw-Hill.

Sherrill, c. 2001b. Gender concerns in integration, development and recruitment of female athletes with a disability. In New horizons in sport for athletes with a disability, proceedings of the international Vista'99 conference, Cologne, Germany, August 28-September 1, 1999, ed. G. Doll-Tepper, M. Kroner, and W. Sonnenschein (pp.631-642). Oxford, England: Meyer & Meyer Sport.

Sherrill, C., Adams-Mushett, C., and Jones, J. 1986. Classification and other issues in sports for blind, cerebral palsied, les autres, and amputee athletes. In Sport and disabled athletes, ed. C. Sherrill (pp. 113-130). Champaign, IL: Human Kinetics.

Sherrill, C., and DePauw, K.P. 1997. History of adapted physical activity and education. In History of exercise and sport science, ed. J.D. Massengale and R.A. Swanson (pp. 39-108). Champaign, IL: Human Kinetics.

Sherrill, C., Pope, C., and Arnhold, R. 1986. Sport socialization of blind athletes. Journal of Visual Impairment and Blindness 80 (5): 740-744.

Sherrill, C., and Rainbolt, W.J. 1986. Sociological perspectives of cerebral palsy sports. Palaestra 4 (2): 21-26, 50.

Sherrill, C., and Rainbolt, W.J. 1987. Self-actualization profiles and able-bodied and cerebral palsied female athletes. Abstracts of research papers. 1987 AAHPERD convention. Reston, VA: American Alliance for Health, Physical Education, Recreation and Dance.

Sherrill, C., Rainbolt, W.J., Montelione, T., and Pope, C. 1986. Sport socialization of blind and cerebral palsied elite athletes. In Sport and disabled athletes, ed. C. Sherrill (pp. 189-196). Champaign, IL: Human Kinetics.

Shogan, D. 1998. The social construction of disability: The impact of statistics and technology. Adapted Physical Activity Quarterly 15: 269-277.

Siekman, A., Chesney, D., and Axelson, P. 1999. Design of a universal canoe seating system. In Proceedings of the RESNA 1999 annual conference, ed. S. Sprigle (pp. 266-268). Arlington, VA: RESNA Press.

Skrotsky, K. 1983. Gait analysis in cerebral palsied and nonhandicapped children. Archives of Physical Medicine and Rehabilitation 64: 291-295.

Smith, A.W. 1990. A biomechanical analysis of amputee athlete gait. International Journal of Sport Biomechanics 6: 262-282.

Smith, A.W., Smith, L., Fraser, C., and Grebert, J. 1988. Biomechanical analyses of amputee athlete gait. In The athlete maximising participation and minimising risk, ed. M. Torode (pp. 123-132). Sydney: Cumberland College of Health Sciences, Australian Sports Federation.

Snow, R. 2001. Pushing forward: A memoir of motivation, Dubuque, IA: Kendall/ Hunt.

Snyder, E.E. 1984. Sport involvement for the handicapped: Some analytical and sensitizing concepts. ARENA Review 8: 16-26.

Soeder, M. 1995. Empowerment, rehabilitation or freak show: Sports lfor the disabled and the socialization of young people with disabilities. In Quality of life through adapted physical activity and sport--conference proceedings, ed. I. Morisbak (pp. 46-59). Omslag, The Netherlands: BB Grafisk.

Songster, T. 1986. The Special Olympics sport program: An international sport program for mentally retarded athletes. In Sport and disabled athletes, ed. C. Sherrill (pp. 73-80). Champaign, IL: Human Kinetics.

South Australian Sport and Recreation Association of People with Integration Difficulties (SASRAPID). 2004. www.sasrapid.com.au/philosophy/philosophy.

Special Olympics, Inc. n.d.a. Aquatics. www.specialolympics.org/Special+ Olympics+Public+Website/English/Coach/ Sports_Offered/Aquatics.htm (accessed November 4, 2003).

Special Olympics, Inc. n.d.b. Athletics. www.specialolympics.org/Special+Olympic+Public+Website/English/Coach/ Sports_Offered/Athletics.htm (accessed November 4, 2003).

Special Olympics, Inc. n.d.c. Badminton. www.specialolympics.org/Special+Olympics+Public+Website/English/ Coach/Sports_Offered/Badminton.htm (accessed November 3, 2003).

Special Olympics, Inc. n.d.d. Basketball. www.specialolympics.org/Special+Olympics+Public+Website/English/ Coach/Sports_Offered/Basketball.htm (accessed November 6, 2003).

Special Olympics, Inc. n.d.e. Bocce. www.specialolympics.org/Special+Olympics+Public+Website/English/Coach/ Sports_Offered/Bocce.htm (accessed November 2, 2003).

Special Olympics, Inc. n.d.f. Bowling. www.specialolympics.org/Special+Olympics+Public+Website/English/Coach/Sports_Offered/Bowling.htm (accessed November 4, 2003).

Special Olympics, Inc. n.d.g. Cross country skiing. www.specialolympics.org/Special+Olympics+Public+Website/English/coach/Sports_Offered/Cross+Country+Skiing.htm (accessed November 3, 2003).

Special Olympics, Inc. n.d.h. Cycling. www.specialolympics.org/Special+Olympics+Public+Website/English/Coach/Sports_Offered/Cycling.htm (accessed November 1, 2003).

Special Olympics, Inc. n.d.i. Divisioning. www.specialolympics.org/Special+Olympics+Public+Website/English/Coach/Divisioning/default.htm (accessed November 9, 2003).

Special Olympics, Inc. n.d.j. Equestrian. www.specialolympics.org/Special+Olympics+Public+Website/English/Coach/Sports_Offered/Equestrian.htm (accessed November 1,2003).

Special Olympics, Ins. n.d.k. Figure skating. www.specialolympics.org/Special+Olympics+Public+Website/English/Coach/Sports_Offered/Figure+Skating.htm (accessed November 2, 2003).

Special Olympics, Inc. n.d.I. Floor hockey. www.specialolympics.org/Special+Olympics+Public+Website/English/Coach/Sports_Offered/Floor+Hockey.htm (accessed November 4, 2003).

Special Olympics, Inc. n.d.m. Football. www.specialolympics.org/Special+Olympics+Public+Website/English/Coach/Sports_Offered/Football.htm (accessed November 5, 2003).

Special Olympics, Inc. n.d.n. Golf. www.specialolympics.org/Special+Olympics+Public+Website/English/Coach/Sports_Offered/Golf.htm (accessed November 7, 2003).

Special Olympics, Inc. n.d.o. Gymnastics. www.specialolympics.org/Special+Olympics+Public+Website/English/Coach/Sports_Offered/Gymnastics.htm (accessed November 7, 2003).

Special Olympics, Inc. n.d.p. Powerlifting. www.specialolympics.org/Special+Olympics+Public+Website/English/Coach/Sports_Offered/Powerlifting.htm (accessed November 8, 2003).

Special Olympics, Inc. n.d.q. Rollerskating. www.specialolympics.org/Special+Olympics+Public+Website/English/Coach/Sports_Offered/Rollerskating.htm (accessed November 3, 2003).

Special Olympics, Inc. n.d.r. Sailing. www.specialolympics.org/Special+Olympics+Public+Website/English/Coach/Sports_Offered/Sailing.htm (accessed November 5, 2003).

Special Olympics, Inc. n.d.s. Snowboarding. www.specialolympics.org/Special+Olympics+Public+Website/English/Coach/Sports_Offered/Snowboarding.htm (accessed November 4, 2003).

Special Olympics, Inc. n.d.t. Snowshoeing. www.specialolympics.org/Special+Olympics+Public+Website/English/Coach/Sports_Offered/Snowshoeing.htm (accessed November 4, 2003).

Special Olympics, Inc. n.d.u. Softball. www.specialolympics.org/Special+Olympics+Public+Website/English/Coach/Sports_Offered/Softball.htm (accessed November 4, 2003).

Special Olympics, Inc. n.d.v. Speed skating. www.specialolympics.org/Special+Olympics+Public+Website/English/Coach/Sports_Offered/Speed+Skating.htm (accessed November 3, 2003).

Special Olympics, Inc. n.d.w. Table tennis. www.specialolympics.org/Special+Olympics+Public+Website/English/Coach/Sports_Offered/Table+Tennis.htm (accessed November 2, 2003).

Special Olympics, Inc. n.d.x. Team handball. www.specialolympics.org/Special+Olympics+Public+Website/English/Coach/Sports_Offered/Team+Handball.htm (accessed November 4, 2003).

Special Olympics, Inc. n.d.y. Tennis. www.specialolympics.org/Special+Olympics+Public+Website/English/Coach/Sports_Offered/Tennis.htm (accessed November 5, 2003).

Special Olympics, Inc. n.d.z. Volleyball. www.specialolympics.org/Special+Olympics+Public+Website/English/Coach/Sports_Offered/Volleyball.htm (accessed November 4, 2003).

Spoke-tacular, 2003, March. Sports 'n Spokes 29 (2).

Squires, J. 1987. Classification: Can the best means to the fairest end be found? Palaestra 3 (4): 45-48.

Steadward, R.D. 1980. Analysis of wheelchair sport events. In Proceedings of the first international medical congress on sports for the disabled, ed. H. Natvig (pp. 184-192). Oslo, Norway: Royal Ministry of Church and Education, State Office for Youth and Sports.

Steadward, R.D. 1987. Advance in knowledge related to disabled athletes. CAHPER/ ACSEPL Journal 5 (53): 36-38.

Steadward, R.D. 1990. International Paralympic Committee. IFAPA Newsletter. Berlin: International Federation of Adapted Physical Activity.

Steadward, R.D., Nelson, E.R., and Wheeler, G.D. 1994. Vista '93--The outlook. Edmonton, AB: Priority Printing.

Steadward, R.D., and Peterson, C. 1997. Paralympics: Where heroes come. Altona, MB: DW Friesens.

Steadward, R.D., and Walsh, C. 1986. Training and fitness programs for disabled athletes: Past, present and future. In Sport and disabled athletes, ed. C. Sherrill (pp. 3-19). Champaign, IL: Human Kinetics.

Steadward, R.D., Wheeler, G.D., and Watkinson, E.J., eds. 2003. Adapted physical activity. Edmonton, AB: University of Alberta Press.

Stein, J.U. 1983. Bridge over troubled waters--Research and recommendations for relevance. In Adapted physical activity ed. R.L. Eason, T.L. Smith and F. Caron (pp. 189-198). Champaign, IL: Human Kinetics.

Stein, J.U. 1986. International perspectives: Physical education and sport for participants with handicapping conditions. In Sport and disabled athletes, ed. C. Sherrill (pp. 51-64). Champaign, IL: Human Kinetics.

Stevens, T. 1998. Ted Stevens Olympic & Amateur Sports Act, USCA 2205 etseq.1998. http://home.earthlink.net/~albatrossyc/amateuract.html

Stewart, D.A. 1985. Silently succeeding: How to become a better coach of deaf athletes. Coaching Review 8: 30-33.

Stewart, D.A. 1987. Social factors influencing participation in sport for the deaf. Palaestra 4 (3): 22-28, 50.

Stewart, D.A. 1990. Global dimensions of World Games for the Deaf. Palaestra 6: 32-35, 43.

Stewart, D.A. 1991. Deaf sport: The impact of sports within the Deaf community. Washington, DC: Gallaudet University Press.

Stewart, D.A. 1993. Participating in deaf sport: Characteristics of deaf spectators. Adapted Physical Activity Quarterly 10: 146-156.

Stewart. D.A., and Ammons, D. 2001. Future directions of the Deaflympics. Palaestra 3: 45-49.

Stewart, D.A., McCarthy, D., and Robinson, J. 1988. Participation in deaf sport: Characteristics of deaf sport directors. Adapted Physical Activity Quarterly 5: 233-244.

Stewart, D.A., Robinson, J., and McCarthy, D. 1991. Participation in deaf sport: Characteristics of elite deaf athletes. Adapted Physical Activity Quarterly 8 (2): 136-145.

Stewart, N. 1981. The value of sport in the rehabilitation of the physically disabled. Canadian Journal of Applied Sport Sciences 6 (4): 166-167.

Stotts, K.M. 1985. Health maintenance: Paraplegic athletes and nonathletes. Archives of Physical Medicine and Rehabilitation 67: 109-114.

Strike, S.C., and Wells, J. 2003. A kinematic analysis of a trans tibial amputee in the take off of a vertical jump. In Proceedings, 13th international symposium in adapted physical activity, July 3-7, 2001, ed. M. Dinold, G/ Gerber, and T. Reinelt (pp. 466-471). Vienna: Manz Verlag Schleicher.

Strohkendl, H. 1986. The new classification for wheelchair basketball. In Sport and disabled athletes, ed. C. Sherrill (pp. 101-112). Champaign, IL: Human Kinetics.

Strohkendl, H. 2001. Implications of sports classification systems for person with disabilities and consequences for science and research. In New horizons in sports for athletes with a disability, proceedings of the international Vista '99 conference, Cologne, Germany, August 28-September 1, 1999, ed. G. Doll-Tepper, M Kroner, and W. Sonnenschein (pp. 281-301). London: Meyer & Meyer Sport.

Suggs, W. 2004. Varsity with an asterisk. Chronicle of Higher Education, February 13, A35-37.

Szyman, R. 1980. The effect of participation in wheelchair sports. Unpublished doctoral dissertation, University of Illinois at Urbana-Champaign.

Taylor, A.W., McDonnell, E., and Brassard, L. 1986. The effect of an arm ergometer training programme on wheelchair subjects. Paraplegia 24: 105-114.

Taylor, A.W., McDonnell, E., Royer, D., Loiselle, R., Luch, N., and Steadward, R. 1979. Skeletal muscle analysis of wheelchair athletes. Paraplegia 17: 456-460.

Theberge, N. 1985. Toward a feminist alternative to sport as a male perspective. Quest 37: 193-202.

Thiboutot, A., Smith, R.W., and Labanowich, S. 1992. Examining the concept of reverse integration: A response to Brasile's new perspective on integration. Adapted Physical Activity Quarterly 9: 283-292.

Thiboutot, T. 1986. Classification: Time for change. Sports 'n Spokes 11: 42-44.

Tiessen, J.A. 1997. The triumph of the hyman spirit: The Atlanta paralympic experience. Oakville, ON: Disability Today Publishing Group.

United States Olympic Committee. 1989. USOC constitution and by-laws. Colorado Springs, CO: Author.

United States Olympic Committee. 1993. 1993 United States Olympic Committee fact book. Colorado Springs, CO: Author.

United States Olympic Committee constitution. 2001. www.olympic-usa.org (accessed May 23, 2002).

United we stand. 1988. International Fund Sports Disabled Arnhem, The Netherlands: Author.

U.S. Architectural and Transportation Barriers Compliance Board. 2002. www.access-board.gov.

USCPAA. n.d. United States Cerebral Palsy Athletic Association. Kingston, RI: Author.

Valliant, P.M., Bezzubyk, I., Daley, L., and Asu, M.E. 1985. Psychological impact of sport on disabled athletes. Psychological Reports 3 (56): 923-929.

Van Hal, L., Rarick, G.L., and Vermeer, A. 1984. Sport for the mentally handicapped. Haarlem, The Netherlands: Uitgeverij de Vrisesborch.

Vanlandewicjk, Y. 2003. Scientific support for elite athletes with a disability: A plea for international cooperation. Paper presented at the 2003 ISAPA, Seoul.

Vanlandewijck, Y., Spaepen, A., Daly, D., and Theisen, D. 2001. Understanding handrim wheelchair propulsion. In New horizons in sports for athletes with a disability, proceedings of the international Vista '99 conference, Cologne, Germany, August 28-September 1, 1999, ed. G. Doll-Tepper, M. Kroner, and W. Sonnenschein (pp. 205-221). London: Meyer & Meyer Sport.

Vermeer, A. 1986. Sports for the disabled. Haarlem, The Netherlands: Uitgeverij de Vrisesborch.

Vinton, D.A., Hawkins, D.E., Pantzer, B.D., and Farley, E.M. 1978. Camping and environmental education for handicapped children and youth. Washington, DC: Hawkins.

Von Selzam, H. 2001. Paralympic and Olympic games--separate or together? In New horizons in sports for athletes with a disability, proceedings of the international Vista '99 conference, Cologne, Germany, August 28-September 1, 1999, ed. G. Doll-Tepper, M. Kroner, and W. Sonnenschein (pp. 583-597). London: Meyer & Meyer Sport.

Wall, A.E. 1990. Fostering physical activity among Canadians with disabilities. Journal of Physical Education, Recreation and Dance 61: 52, 54, 56.

Walsh, C.M. 1986. The effect of pushing frequency on the kinematics of wheelchair sprinting. Unpublished master's thesis, University of Alberta.

Walsh, C.M., Holland, L.J., and Steadward, R.D. 1985. Get fit: Aerobic exercises for the wheelchair user. Edmonton, AB: University of Alberta (Research and Training Centre for the Physically Disabled).

Walsh, C.M., Marchiori, G.E., and Steadward, R.D. 1986. Effect of seat position on maximal linear velocity in wheelchair sprinting. Canadian Journal of Applied Sport Sciences 11: 186-190.

Wang, W., and DePauw, K.P. 1991. Early sport socialization of Chinese disabled athletes. Paper presented at 1991 International Symposium on Adapted Physical Activity, Miami.

Wantanabe, K.T., Cooper, R.A., Vosse, A.J., Baldini, F.D., and Robertson, R.N. 1992. Training practices of athletes who participated in the National Wheel-chair Athletic Association training camps. Adapted Physical Activity Quarterly 9 (3): 249-260.

Wanzel, R., Gibeault, H., and Tsarouhas, A. 2001. Marketing sport for persons with a disability. In New horizons in sports for athletes with a disability, proceedings of the international Vista '99 conference, Cologne, Germany, August 28-September 1, 1999, ed. G. Doll-Tepper, M Kroner, and W. Sonnenschein (pp. 851-873). London: Meyer & Meyer Sport.

Weiss, M., and Curtis, K. 1986. Controversies in medical classification of wheelchair athletes. In Sport and disabled athletes, ed. C. Sherrill (pp. 93-100). Champaign, IL: Human Kinetics.

Wells, C.L., and Hooker, S.P. 1990. The spinal injured athlete. Adapted Physical Activity Quarterly 7: 265-285.

West, J., ed. 1991. The Americans with Disabilities Act: From policy to practice. New York: Milbank Memorial Fund

Wheeler, G. 2001. Ethical issues in the paralympics--what is right and what is fair? In New horizons in sports for athletes with a disability, proceedings of the international Vista '99 conference, Cologne, Germany, August 28-September 1, 1999, ed. G. Doll-Tepper, M. Kroner, and w. Sonnenschein (pp. 395-433). London: Meyer & Meyer Sport.

Whitaker, G., and Molstead, S. 1988. Role modeling and female coaches. Sex Roles 18: 555-566.

Wicks, J.R., Oldridge, N.G., Cameron, B.J., and Jones, N.L. 1983. Arm cranking and wheelchair ergometry in elite spinal cord-injured athletes. Medicine and Science in Sports and Exercise 15: 224-231.

Williams, T. 1994. Disability sport socialization and identity construction. Adapted Physical activity Quarterly 11: 14-31.

Wirta, R.W., Golbranson, F.L., mason, R., and Calvo, K. 1990. analysis of belowknee suspension systems: Effect on gait. Journal of Rehabilitation Research 27 (4): 385-396.

Wolff, E.A., and Hums, M.A. 2003, October. Sport without disability: Understanding the exclusion of athletes with a disability. Paper presented at the Annual Conference of the North American Society for Sociology of Sport, Montreal, PQ, Canada.

Women's Sports Foundation. 2003. Cheri Blauwet breaks NYC marathon course record. www.women'ssportsfoundation.org (accessed November 14, 2003).

Wong, K.M., Chizinsky, K., MacLeod, S.T., Wright, W.E., Axelson, P.A., and Chesney, D.A. 1998. Trails web site with universal access information. In Proceedings of the RESNA 1998 annual conference, ed. S. Sprigle (pp. 358-360). Arlington, VA: RESNA Press.

Woodman, L. 1988. Coaching advances for athletes with disabilities. NICAN Net-working 1 (2): 1-2.

World Curling Federation. 2003. Wheelchair curling. www.wheelchaircurling.ch/EN/rc.htm (accessed November 7, 2003).

World Health Organization. 2002. International classification of functioning, disability and health. Geneva: Author. www3.who.int/icf/icftemplate.cfm.

Wright, J., and Cowden, J. 1986. Changes in self-concept and cardiovascular endurance of mentally retarded youths in a Special Olympics swim training program. Adapted Physical Activity Quarterly 3: 177-183.

Wyness, G.B. 1984. Strategic reminders for effective event management. Athletic Business 8: 72-77.

York, S., and Kimura, I. 1986. An analysis of basic construction variables of racing wheelchairs used in the 1984 International Games for the Disabled. Research Quarterly for Exercise and Sports 58: 16-20.

Zwiren, L., and Bar-Or, O. 1975. Responses to exercise of paraplegics who differ in conditioning level. Medicine and Science in Sports and Exercise 7: 94-98.

영문색인

주 : 페이지 수에 딸린 이탤릭체 f 와 t 는 각각 그림과 표를 의미함.

A

abbreviations
accessibility
Adams, R.C.
Africa
African Francophone Games for the Handicapped
African Sports Confederation of the Disabled (ASCOD)
Akef, N. 42
Amateur Sports Act
American Association of Adapted Sports Programs (AAASP)
American Athletic Association of the Deaf
American with Disabilities Act (ADA)

Ammons, D.
Arab Games for the Handicapped
archery
Architectural Barriers Act of 1968
Asia Pacific Games for the Deaf
athletes
  classification of
  equipment for
  female
  injury management for
  in Iran
  notable examples
  volleyball team members
athletic preparation. See also coaching
  components of training
  contraindications to exercise
  exercise guidelines
  fitness articles
  goal setting
  training principles
athletics
atlanto-axial syndrome
attitudes
Aufsesser, P.
Australia

B

badminton
Barret, E.
barriers to inclusion
See also inclusion and integration
basketball
Bell, D.
Ben-Bahri, W.
Bhambhani, Y.
Billmeier, S.
biomechanics
Blauwet, C.
Bleakney, A.
Blind, World Championship for the

blind athletes
Blind Athletes, United States Association of (USABA)
Blind Sports Association (IBSA), International
blisters
boccie/boccia
Bokharaei, E.
Boston Marathon
Bourne, C.
bowling
Bradbury, T.
Brawner, B.
Bredahl, A-M.
Britain
British Commonwealth Paraplegic Games
British Sports Association for the Disabled (BSAD)
Bugarin, K.
Bundfaard, C.
Burgess, E.M.

C

camping, accessible
Canadian disability sport organizations
Canadian perspectives
cerebral palsy (CP)
Cerebral Palsy Games
Cerebral Palsy-International Sport and Recreation Association (CP-ISRA)
challenges and controversies
classification
concluding comments
doping
ethics issues
inclusion and integration
marketing
media representation
youth sport development
China
Christen, L.
Christianity
chronology of disability sport
Civil Rights Act of 1964
classification of athletes
coaches, lack of
coaching
concluding comments on
disability-specific strategies
general principles
goal setting
research on
Committee on Sports for the Disabled (COSD)
competitive events
state and local
summer sports
winter sports
Cote, K.
Craven, P.
Culp, A.
curling
Curtis, J.E.
Curtis, K.A.
cycling

D

Danish Sport Organization for the Disabled (DSOD)
Davis, R.
deaf athletes
Deaflympics
categorization in

description of
organization overseeing
sports offered in
Deaf sport, defined
de Coubertin, P.
decubitus ulcers
DeFrantz, A.
Dehghani, A.
de Lange, E.
Demby, B.
Dendy, E.
DePauw, K.P.
de Souza, M.L.P.
DeWitt, M.
diet
disability sport
 challenges in
 chronology of
 competitions
 defined
 equipment
 event management
 future of
 history of
 sport medicine and
 structure and organizations for
 terminology
 world view
disability sport organizations
 international
 sport specific
 U.S.
Disabled Sports USA (DS/USA)
divisioning
Doll-Tepper, G.
doping
Down syndrome

dressage
Driscoll, J.
duration of exercise
Durksa, E.
Dwarf Athletic Association of America (DAAA)
Dwarf Games, The World

E

Ellery, P.J.
Engel, B.T.
equal playing fields
equestrian events
equipment
 activity-specific
 adaptations
 environmental technologies
 finding
 fit and design
 function and
 importance of
 personal
 ethics issues
European Charter for Sport for all
European Paralympic Committee (EPC)
European Special Olympic Games
event management
 administrative details
 athlete care
 committees and functions
 concluding comments
 field manager
 information dissemination
 initial planning
 international
 media exposure

physical accessibility
spectator care
structure and organization
transportation
events, sporting
summer sports
winter sports
exercise guidelines 1
exercise physiology

F

Fairhall, N.
Fantato, P.
Far East and South Pacific Games for the Disabled
Fay, T.
female athletes with disabilities
concluding comments
equity issues
historical perspective
in marathons
in Olympic Games
research on
fencing
Ferrara, M.
figure skating
Firouzi, P.
fitness articles 196, 197t-198t, See also journal resources
Flavel, A.
Font, D.
Forbus, W.R.
Ford, G.
Frei, H.
frequency of exercise
Freud, S.

Fung, L.
future of disability sport
concluding comments on
images
inclusion
sport, society, and disability
trends

G

gait performance
Gavron, S.
Geierspichler, T.
Germany
Gilbert, K.
global view of sport and disability
Africa
Australia
Britain
Canada
China
conclusions on
Denmark
European Charter for Sport for All
European Paralympic Committee (EPC)
Germany
Hong Kong
international perspectives
Japan
Korea
Middle East
New Zealand
Scandinavia
goal ball
goal setting
Golden, D.
golf

Golkar, A.
Gorton, B.
Graham, C.
Guttmann, L.
gymnastics

H

Hansen, R.
Hart, R.
Hartel, L.
Hasbrook, C.A.
Haslacher, D.
hearing aids
hearing-impaired athletes
Hedrick, B.
Hedrick, S.R.
Higgs, C.
Hippocrates
historical perspectives on research
historical perspectives on sport
historical treatment of persons with disabilities
history of disability sport
international disability sport
research
trends and milestones
United States disability sport
hockey
Holmes, C.
Hong Kong
Hopf, Y.
horseback riding
Huebner, C.

I

iceberg profile

images of disability sport
inclusion and integration
barriers to
legislation on
three issues in
trends
Individuals with Disabilities Education Act (IDEA)
injuries
common
contraindications to exercise
prevention of
treatment considerations
Intellectual Disability, International Sports Federation for Persons with (INASFID)
intellectual impairments
intensity of exercise
intercollegiate and interscholastic athletic programs
International Blind Sports Association (IBSA)
International Committee of Sports for the Deaf (CISS)
International Coordinating Committee of the World Sports Organizations
international disability sport
history of
organizations
International Ex-Servicemen's Wheelchair Games
International Olympic Committee (IOC)
International Paralympic Committee (IPC)
international perspectives
See also world view
international ski and sport associations
international sport event planning
International Sports Federation for Persons with Intellectual Disability (INAS-FID)
International Sports Organization for the Disabled (ISOD)

International Stoke Mandeville Wheelchair Sports Federation (ISMWSF)
international structure for disability sport
Iran
Itard, J.M.

J

Jackson, R.W.
Japan
Jones, J.A.
journal resources
judo

K

Kane, M.J.
Kanner, L.
Karamonova, R.
Kari, T.
Kawai, J.
Kegel, B.
Kern, M.
Khosravinia, A.
Kiley, D.
Kleynhans, E.
Korea
Kowalski, E.
Kryjanovski, T.

L

Lakeshore Foundation
Landry, F.
Lasko-McCarthey, P.
learning disabilities
legislation
Lewellen, H.

Li, Q.
Lipton, B.
Llorens, L.
Locke, J.
Loy, J.W.

M

Maas, K.
Mangus, B.
marketing of disability sport
Martin, B.
Martin, C.
Martinez, R.
Maymon, B.
McCann, H.
McCrae, D.
McCubbin, J.A.
McPherson, B.D.
McWilliams, G.J.
media representation
medications
Middle East
athletes in Iran
perspectives from
milestones
Miller, K.L.R.
Miller, L.
Milton, M.
Montessori, M.
Morgan, J.
Morse, M.
Moyers, E.D.
Musil, R.
Myklebust, R.

N

National Ability Center, The
National Disability Sports Alliance (NDSA)
National Sports Center for the Disabled
National Wheelchair Basketball Association
navigation canes
Neitlispach, F.
neoprene
Nesbitt, J.A.
New Zealand
Nicholson, R.
Nilsson, E.
Nugent, T.

O

Obinata, K.
O'Leary, H.
Olympic Games
organizations
international
sport specific
U.S.
orienteering
Orive, R.
outdoor recreation activities
overload principle

P

Paciorek, M.J.
Pan American Games
Paralympic, defined
Paralympic committees by region
Paralympic Games
classification and
description of
elite-level competition in
marketing of
sports offered in
Summer Paralympics
swimming for the blind
Winter Paralympics
Paralyzed Veterans of America
Patterson, T.S.
Pavlov, I.
Pearce, K.
Pedersen, N.
Pelendridou, K.
periodicals and journals
physical activity and historical periods
Physical impairments
Plato
Platt, L.
Platt, S.
powerlifting
pressure sores
prostheses
psychological parameters

R

Rappoport, A.
recreation
reareation activities, outdoor
Rehabilitation Act of 1973
Reinertsen, S.
research
coaching and
historical perspectives on
selected findings
on women in disability sport
research foundation for disability sport
Rich, S.
Ricker, P.

Riding, M.
roller skating
Rubens-Alcais, E.
rugby
Runyan, M.

S

Sadeghimehryar, M.
 sailing
Samaranch, J.A.
Santos, A.
Sauvage, L.
Scandinavia
Schantz, O.
Scherney, A.
Schmader, S.W.
 sensory impairments
See also blind athletes; deaf athletes
Sequin,
Shephard, R.J.
Shepherd, M.E.
Sherrill, C.
Shilov, S.
 shirley, M.
 shooting
Shriver, E.K.
 sitting volleyball
 skiing
Skiing Program, Winter Park Disabled
 ski programs
 snowboarding
 snowshoeing
 soccer
 social reform
See also legislation
Soeder, M.

softball
Special Olympics International (SOI)
 competitions and sport opportunities
 description of
 divisioning in
 INAS-FID versus
 sports offered in
 specificity
 sport equipment
 activity-specific
 adaptations
 environmental technologies
 finding
 fit and design
 function and
 importance of
 personal
Sport for All, European Charter for
 sporting events
 summer sports
 winter sports
sport psychology
sports medicine
 common injuries
 contraindications to exercise
 defined
 disability sport and
 injury prevention
 professional preparation
 treatment considerations
state and local competitive events
Steadward, R.
Stewart, D.A.
Stoke Mandeville Wheelchair Games
Strohkendl, H.
Strokin, A.
Summer Paralympics

summer sports
swimming
symbol boards

T

table tennis
Takacs, K.
Tampa General Rehabilitation Center
team handball
tennis
terminology
Teuber, M.
Tiik, S.
Torres, X.
training, athletic
  components of training
  contraindications to exercise
  exercise guidelines
  fitness articles
  general training principles
  goal setting
training and coaching
  concluding comments on
  disability-specific strategies
  general principles
  research on
training and sport camps
Transplant Games
trends

U

United States Association of Blind Athletes (USABA)
United States disability sport
  history of
  organizations
United States Olympic Committee (USOC)

universal design
USA Deaf Sports Federation (USADSF)
U.S. Paralympics

V

Van DeWalle, D.
Vanlandewijck, Y.
Variety Village Sport Training and Fitness Center
visual impairments
volleyball
Vosler, D.L.

W

water polo
Webster, L.J.
Wellness Classic
Wetzel, M.
wheelchairs
  event management and
  pressure sores and
  as sport equipment
  technology and propulsion
Wheelchair Sports, USA
Wheelchair Sports Federation, International Stoke Mandeville (ISMWSF)
Wheeler, G.
Williams, B.
Williams, T.
Wilson, J.
Winter Paralympics
Winter Park Disabled Skiing Program
winter sports
Winter World Games for the Disabled
Wolff, E.
  women in disability sport

concluding comments
equity issues
historical perspective
in marathons
in Olympic Games
research on
World Championship for the Blind
World Dwarf Games, The
World T.E.A.M. Sports
world view
  Africa
  Australia
  Britain
  Canada
  China
  conclusions on
  Denmark
  European Charter for Sport for All
  European Paralympic Committee (EPC)
world view (continued)
  Germany
  Hong Kong
  international perspectives
  Japan
  Korea
  Middle East
  New Zealand
  Scandinavia
Worrell, W.
wrestling
Wu, W.
Wyness, G.B.

Y

Yaggie, J.
youth sport development

Z

Zhu, H.
Zorn, T.

저자소개

Karen P. DePauw(PhD)는 버지니아주 블랙스버그의 버지니아 공과대학 교무처장 및 동대학원 원장을 맡고 있다. 그녀는 1981년부터 장애인스포츠 관련 일을 하고 있으며, 12년 동안 미국올림픽위원회(USOC)의 장애인스포츠위원으로 활동하고 있다. 그녀는 또한 미국올림픽위원회의 장애인과 관련된 Task Force 팀원이며, 1996년 조지아주 아틀란타 파랄림픽 학술대회 조직위원회 일원으로 활동했다.

Dr. DePauw는 국제특수체육학회(International Federation on Adapted Physical Activity, IFAPA)의 학회장으로 활동하고 있으며, 미국체육학회(American Alliance for Health, Physical Education, Recreation and Dance, AAHPERD), 미국대학스포츠의학회(American College of Sports Medicine, ACSM), 전국대학체육협회(National Association for Physical Education in Higher Education, NAPEHE), 전국장애인체육및레크리에이션 협회(National Consortium on Physical Education and Recreation for Handicapped, NCPERH), 북미특수체육협회(North American Federation for Adapted Physical Activity, NAFAPA)의 회원으로도 활동하고 있다. 그녀는 또한, 특수체육학회지(Adapted Physical Activity Quarterly)의 편집장 역할을 맡고 있다. Dr. DePauw는 여가시간에 골프와 사이클, 여행을 즐긴다.

Susan J. Gavron(PED)은 오하이오주 볼링그린주립대학에서 부교수로 명예퇴직했다. 그녀는 평생 장애인의 다양한 프로그램, 통합교육, 캠핑, 스포츠 참가에 노력하였다.

Dr. Gavron은 전국 및 국제규모의 장애인엘리트스포츠 선수들을 연구했다. 그녀는 미국올림픽위원회(USOC) 장애인스포츠위원회의 연구고문단으로 참여하였다. 그녀는 또한 장애인의 체육과 여가활동에 대한 폭 넓은 프로그램 경험을 갖고 있다. 그녀는 자신의 업적에 대한 공로로 오하이오주로부터 수많은 상을 받았다. 최근에 퇴직을 한 Dr. Gavron은 소방대원이면서 응급구조사로 활동하고 있으며, 여가시간에 사진촬영과 낚시, 독서를 즐긴다.